U1018616

华东政法大学

课程和教材建设委员会

主　任　何勤华

副主任　杜志淳　王立民　顾功耘　叶　青　唐　波

委　员　闵　辉　焦雅君　罗培新　岳川夫　金其荣

贺小勇　刘宪权　吴　弘　刘宁元　杨正鸣

宣文俊　王嘉禔　范玉吉　张明军　高富平

何明升　林燕萍　叶　萌　徐永康

秘书长　唐　波（兼）

国际贸易法学

陈宪民 ⊙主编

LAW

北京大学出版社
PEKING UNIVERSITY PRESS

图书在版编目(CIP)数据

国际贸易法学/陈宪民主编. —北京:北京大学出版社,2009.12
(高等学校法学系列教材)
ISBN 978-7-301-16452-5

Ⅰ.国… Ⅱ.陈… Ⅲ.国际贸易-贸易法-高等学校-教材
Ⅳ.D996.1

中国版本图书馆 CIP 数据核字(2009)第 227331 号

书　　名:国际贸易法学
著作责任者:陈宪民　主编
责 任 编 辑:尹　璐　徐　音　王业龙
标 准 书 号:ISBN 978-7-301-16452-5/D·2520
出 版 发 行:北京大学出版社
地　　址:北京市海淀区成府路 205 号　100871
网　　址:http://www.pup.cn
电　　话:邮购部 62752015　发行部 62750672　编辑部 62752027
出版部 62754962
电 子 邮 箱:law@pup.pku.edu.cn
印 刷 者:北京飞达印刷有限责任公司
经 销 者:新华书店
730 毫米×980 毫米　16 开本　24 印张　456 千字
2009 年 12 月第 1 版　2014 年 12 月第 4 次印刷
定　　价:40.00 元

未经许可,不得以任何方式复制或抄袭本书之部分或全部内容。
版权所有,侵权必究
举报电话:010-62752024　电子邮箱:fd@pup.pku.edu.cn

前　言

国际贸易法是一门历史悠久、内容丰富、实用性强的法律学科，是主要适用于不同国家的企业、组织或个人之间的贸易关系的法律规范。随着国际经济的发展，这门法律学科的调整范围从单纯的货物贸易活动扩大到技术贸易和服务贸易活动。特别是20世纪90年代，世界贸易组织建立，其法律体系被人们认为是最为丰富的管制国际贸易活动的规制，其原则和法律规范已得到国际间的普遍遵守。本书的作者都是从事国际贸易法教学的教师，他们在教学中积累了丰富的经验，对国际贸易法的专题有深入研究。

本书主要是为我校本科生提供的教材，为了避免教学内容的重叠，经我校国际经济法教研室老师商讨，除国际贸易法的理论和实体法外，简略合并了国际贸易管制制度的内容，全书以九章内容涵盖国际贸易法的教学，符合我校国际贸易法54个学时的教学安排。

本书的编撰力求内容准确、体例创新，同时，也对国际贸易中出现的问题进行讨论和分析。各章具体分工如下：

第一章	导论	陈宪民
第二章	国际货物买卖法律制度	甘瑛
第三章	国际货物运输法律制度	陈宪民
第四章	国际货物运输保险法律制度	魏红
第五章	国际贸易结算与支付法律制度	张国元
第六章	国际贸易争议解决法律制度	罗国强
第七章	美欧与中国外贸规范的法律制度	刘俊
第八章	管制国际贸易的国际法律制度	李娟　陈欣　陈宪民
第九章	国际贸易救济制度	刘俊

本书由我负责全书的组织和统筹工作。在此，感谢同事们在撰写本书时对我的支持，同时，也要感谢为本书出版付出辛勤工作的北京大学出版社王业龙、徐音、尹璐，以及我的学生朱工宇、焦健和赖姝婷。

由于本书篇幅和撰写时间有限，缺点和不妥之处势必难免，希望读者和同行不吝赐教。

陈宪民

2009年9月6日于上海

目　录

第一章 导 论

第一节 国际贸易法的定义和调整对象

一、国际贸易的定义

按经济学的概念，国际贸易并无严格的标准定义，经济学家们往往以不同的理论学说阐述国际贸易的内涵。归纳诸多学者的理论，主要有以下几种观点：

基本贸易理论认为，贸易通常产生于竞争性需求与供给的相互作用。[①] 在《国富论》中，亚当·斯密(Adam Smith)通过将国家比做家庭而提倡自由贸易。[②] 大卫·李嘉图(David Ricardo)和马克思继承了亚当·斯密的绝对优势理论，把劳动视为一切价值的基础。他们认为，各个国家都会根据各自的绝对优势进行贸易和专业化生产，从而获得收益。进而，大卫·李嘉图在19世纪早期的著作《政治经济学及税赋原理》中提出了比较优势理论，它意味着相对的而不必是绝对意义上的优势。即使某个国家在所有产品的生产上都是最有效率的，而另一国则都是效率最低的，但只要它们在生产不同产品的优势或者劣势上存在着任何差别，它们就能够从相互之间的贸易或者是与第三国的贸易中获益。著名的瑞典经济史学家埃利·赫克谢尔(Eli F. Heckscher)在其1919年的一篇短文中则提出了贸易模式决定因素理论的核心思想，他的学生伯蒂尔·俄林(B. G Ohlin)发展了他的理论，这就是后来著名的赫克谢尔—俄林理论(“H-O定理”)。该理论认为，一国应该出口那些密集使用其本国充裕生产要素的产品。后来的诺贝尔奖获得者保罗·萨缪尔森则给予了赫克谢尔—俄林理论进一步的充实，他推导出了该理论得以完全成立的数学条件。随着科学技术的发展，美国哈佛大学教授弗龙(R. Vernon)于1966年在其著作《国际投资和产品周期中的国际贸易》一书中提出了“技术差距”和“产品生命周期”理论(technological-gap theory, product life cycle theory)。他认为新产品在其发明阶段，企业对其技术优

---

① 参见〔美〕托马斯·A.普格尔、彼得·H.林德特:《国际经济学》(第十一版)，李克宁等译，经济科学出版社2001年版，第14页。

② 在亚当·斯密1776年出版《国富论》之前的几个世纪里，支配欧洲人思考国际贸易问题的基本理论是重商主义。重商主义把国际贸易视为一国主要的福利来源。重商主义的核心观念是，国家的福利或财富以国家对金银的持有为基础。在这样一种国民财富观下，出口被认为是有利的，而进口则是不利的(除了国内无法生产的原材料外)。重商主义把贸易视为一场“零和活动”——一国的收益来自他国的损失，因为国际贸易中一国的盈余必定是其他国家的赤字，而且推动出口和限制进口的主要受益者是国内的生产者。

势拥有暂时的垄断权，可以促进出口贸易增长；其后，产品在其他国家大量生产出来，发明国享有技术优势的利益被逐渐压缩；等到技术扩散后，发明国的绝对利益就消失了，另一个新技术的生命周期又开始了。①

国际贸易的内涵随着国际贸易的发展而发展。传统的国际贸易都是以国际货物买卖为中心，包括与此直接相关的国际货物运输、保险以及国际支付。随着经济全球化进程的加快和国际贸易形式与内容的增多，尤其在二战后，国际技术贸易和国际服务贸易逐渐成为现代国际贸易的重要内容。

二、国际贸易法的定义

国际贸易法是二战后法学发展史上一个引人注目的法律学科，其调整范围已从单纯的货物贸易活动逐步扩大到技术贸易和服务贸易活动。目前，有关这些贸易活动的国际管理和规制的规范已形成，并得到国际间的普遍遵守。因此，有理由说国际贸易制度统一化运动是其他国际法学所不能企及的。

关于国际贸易法的定义，学界与实践众说纷纭，但基本可分为广义说与狭义说两大类。

广义说认为，国际贸易法是调整国际贸易关系的原则、规则和制度的总称。有国内学者认为，"国际贸易法是调整各国之间商品、技术、服务的交换关系以及与这种交换关系有关的各种法律制度与法律规范的总和。"②还有学者认为，"国际贸易法是调整国际贸易领域中各种经济关系的法律规范的总和。"③部分国外学者也认同此观点，如"国际贸易法是关于以跨越国境的物品、金钱、资本、技术的转移和劳务的提供等为内容的法。"④

狭义说认为，国际贸易法是规范营业地处于不同国家的企业组织或个人之间的、具有私法性质的贸易关系的法律规范的总称。⑤ 国际贸易法与外交法、条约法、战争法、海洋法一样，是国际法的一个分支。狭义说的代表人物有英国的施瓦曾伯格、布朗里，法国的卡罗、朱亚尔、弗洛里，德国的艾尔勒，日本的金泽良雄等。⑥ 狭义说的概念最早见于1965年12月20日联合国秘书长向联合国第二十届大会所提出的报告。在该报告中，国际贸易法被定义为"支配不同国家间具有私法性质的商事关系的规范群"，即国际贸易法是调整国际货物买卖、票据

① 参见王传丽主编：《国际贸易法》（第二版），法律出版社2004年版，第6页。
② 同上书，第8页。
③ 陈安主编：《国际贸易法》，鹭江出版社1987年版，第1页。
④ 〔日〕松冈博编：《现代国际取引法讲义》，法律文化社1996年版，第1页。
⑤ 参见张锦源编著：《国际贸易法》，三民书局1991年版，第7页。
⑥ 参见沈木珠：《WTO背景下国际经济法性质新析》，载《江淮论坛》2004年第5期，第40页。

与银行信用证、保险、运输、知识产权中的民商事关系的法律规范的总和。[①]

随着国际贸易法的内容日趋丰富和完善,国际贸易法的研究不断走向深入,对于国际贸易法定义的界定问题更显重要。给国际贸易法下定义,主要应考虑三个要求:第一,要明确它的调整对象,否则,这门法律不能成为一个独立的法律部门;第二,要体现国际贸易法所规范的行为具有“跨国性”的特点,这种跨国行为以及由此产生的跨国贸易关系可发生在多种主体之间。第三,明确国际贸易法的规范,以便区别相关国际经济立法,从而突出国际贸易法的部门法地位。我们认为,国际贸易法是调整跨国贸易关系和与贸易有关的其他各种关系的法律规范的总和。所谓“跨国贸易关系”包括货物、技术和服务的跨国交易关系与跨国贸易管理关系;而“与贸易有关的其他各种关系”则指与贸易有关的行政管理关系,如产品责任、知识产权、特定的投资措施等。在这些关系中,国际贸易法只对与贸易发生联系的行为进行规范。“跨国”一词表明国际贸易法调整的关系可以发生在不同国家的自然人和法人之间,还可以发生在一个政府与他国企业组织或个人之间。[②] 因此,国际贸易法不仅仅调整跨国的具有私法性质的贸易关系,还应规范带有公法性质的与贸易有关的其他法律行为。

三、国际贸易法的调整对象

法律部门划分的标准首先并主要是法律调整的对象。[③] 调整对象是指某一法律部门所调整的特定的社会关系。国际贸易法的调整对象就是国际贸易关系。所谓国际贸易关系就是指跨越一国国境的贸易关系,包括商品、技术、服务的交换关系,以及自然人、法人、国家或地区和国际组织间交换关系而形成的贸易行为。

国际贸易法的调整范围包括:

(1) 国际货物贸易的法律规范与制度,主要是国际货物买卖法律制度;

(2) 国际服务贸易的法律制度和法律规范,主要是国际运输与保险、国际支付与结算、国际金融服务、国际电讯服务、国际咨询服务等等;

(3) 国际技术贸易的法律规范制度,主要是专利、商标、技术转让等行为;

(4) 国际贸易管制的法律制度和法律规范,主要是与进出口法律管制有关的法律规范与制度、商品检验、反倾销、反补贴、保障措施,以及与贸易有关的非关税措施等等。

上述有关国际贸易调整的内容产生的法律争议主要通过世界贸易组织争端

---

① See UNCITRAL, Year Book of the United Nations Commission on International Trade Law, 1970, Vol. 1, p. 20, note 2—3.

② 参见冯大同编著:《国际贸易法》,北京大学出版社 1995 年版。

③ 参见葛洪义:《法理学》,中国政法大学出版社 2002 年版,第 256 页。

解决机制、国际贸易争议司法解决法律制度、国际惯例和国内法予以解决。

关于国际贸易法的调整内容,目前国内有一种新兴观点:"中外学者对是否应该将公法性质、调整国际贸易中政府宏观贸易行为的法律如 GATT,与私法性质、调整国际贸易中私人具体商事行为的法律如 CISG 分为两个部门——国际贸易法与国际商法见解各异。最早将国际经济法作为一个独立学科进行研究的美国学者倾向于将两者分开。在美国的法学教育中,与国际贸易有关的法律内容被分为两门课程——国际贸易法和国际商法。加拿大也是如此。"①

从国际贸易法起源看,国际贸易法的前身——国际商法,属于国际私法部分的内容,最早被称为"商人习惯法"。15 世纪欧洲中央集权国家兴起以后,这部分法律内容渐渐被各国纳入国内法范畴而失去了原有的国际性。1966 年联合国成立国际贸易法委员会,旨在通过国际协调,减轻各国国内立法在这部分法律内容上的冲突给国际商业贸易带来的困难。布雷顿森林体系的建立,标志着国际经济法作为一个独立法律体系的开端。正是这个体系的形成,使得与传统国际商法性质完全不同的国际贸易公法成为国际经济法的一个组成部分。因此,国际贸易法与国际商法之分是有其渊源的。国际贸易法包含公、私法两部分内容,这两部分内容各有其独立的特征,将它们分开是有理论依据和历史缘由的。此外,从法学教育的目的出发,将两部分内容分开更有实际的意义。

但是,近几年来,随着多边贸易体制日臻成熟,加之 WTO 的成立和强力运作,促进了各国贸易管理法的发展。在此背景下,国际贸易法的研究呈现出以贸易管理体制和相关制度为主题的趋势。美国国际贸易法泰斗杰克逊教授于 1990 年所著的《世界贸易体制》和英国著名的国际贸易法专家麦高文所著的《国际贸易法则》均采取对每一制度或问题,分别探讨 WTO 规范、美国法和欧盟法三方面,但并不涉及实务面的贸易私法(包括习惯法)。定期出版于瑞士日内瓦的《世界贸易杂志》和《世界贸易资料》,在国际贸易法学界极具权威性,其所刊论文与资料,也都以多边贸易管理规范和各国贸易管理制度为主。美国乔治城大学法学院出版的《国际贸易法律与政策》,同样不涉及私法,而视公法规范为国际贸易法的内涵。

我国大陆学者尚未对此发表明确看法,但台湾地区已有学者认为,国际贸易法应包括六部分,分别为:(1) 贸易组织(国际组织)法;(2) 国际贸易谈判法;(3) 贸易管理措施;(4) 贸易促进与拓展法;(5) 贸易救济法(涉及反补贴、反倾销和保障措施等);(6) 贸易争讼法(仅指国家之间贸易争端解决方法)。

应该承认,自二战以来,贸易公法规范的发展速度远远快于贸易私法规范,内容也比贸易私法丰富。因此,重视国际贸易公法规范的研究,是无可非议的。

---

① 黄东黎:《国际贸易法学》,法律出版社 2004 年版,第 1—3 页。

但是,国际贸易活动具有多环节的特点,每笔交易,除了买卖双方签订合同外,还需要与运输、保险和银行等部门建立交易关系,还可能需要接受海关、商品检验机构和外贸主管机构的监督与管理。因此,国际贸易活动既要受私法规范约束,也要服从于贸易公法规范。私法规范和公法规范的形成有前有后,其制定者不尽一致,其适用的对象有所不同,其调整的领域各有侧重,其实施的空间也有大有小。然而,它们并行不悖,交互作用,共同服务于国际贸易的诸环节,构成颇为复杂但又完整的现代国际贸易法的体系。如果将国际贸易法的研究局限于私法规范或公法规范,可能有利于构建一个逻辑严密的国际贸易法学体系,但无益于现实所提出的国际贸易关系以及与之有关的其他关系的整体性调整,无助于完整全面地分析和解决国际贸易现实中的问题。基于这些理由,我们认为,国际贸易法的范围应包括国际贸易私法和国际贸易公法两个部分。当然,根据实际需要,突出某一部分的重要性,并强化其研究,开展专题研讨,未尝不可。①

第二节 国际贸易法的法律渊源与发展

一、国际贸易法的法律渊源

国际贸易法的渊源指国际贸易法的主要表现形式,包括国内渊源和国际渊源两个方面。国内渊源主要是国内立法,有些国家还包括法院判例;国际渊源包括国际经济条约、国际商务惯例以及重要国际组织关于国际经济方面的规范性决议。

(一) 国内立法

国内立法作为国际贸易法的渊源,指各国制定的关于调整涉外经济关系的法律、法令、条例、规定等规范性文件。由于国际经济的发展,一国为便于进行对外经济贸易活动,往往参照国际上通行的实践或规定,结合本国情况,制定本国专门适用于对外经济关系的法律,如对外贸易法、外国投资法、外汇管理法、国际商事合同法、海关法、反倾销法、反补贴法、保障措施法等等,这些法律法规当然成为国际贸易法重要的国内渊源。此外,有些既调整涉外民商事又调整国内民事法律关系的法律法规如专利法、版权法、商标法、合同法等,也是国际贸易法的国内渊源。

(二) 法院判例

在英美法系国家,上级法院作出的判决对下级法院而言,具有判例作用,在以后相类似的案件中,下级法院应遵照该判例进行审判。所以,判例是这些国家

---

① 参见陈立虎:《试论国际贸易法的定义、范围和渊源》,载《华东船舶工业学院学报(社会科学版)》2001 年第 3 期。

的法的重要渊源。在不少著名案例中,法官归纳总结出一系列法律原则,对国际经济活动产生了深刻的影响。在国际层面上,在 WTO 体制下,其争端解决机制虽未明确提出遵循判例的原则,但在其解决争端实践中,WTO 争端解决机构实际上经常引用以前裁决的案件作为判断或解释当前案件的依据,形成事实上的判例。无论不同国家的观点如何,一些权威性的国际仲裁机构所作出的国际贸易仲裁裁决和国内法院作出的国际贸易判例对后来的裁决和判决都具有约束作用,因此说国际贸易判例是国际贸易法的又一渊源不无道理。即使大陆法系国家也不得不承认国际贸易判例在英美法系国家的国际贸易法中的重要地位。其实,当大陆法系国家的法官在审理国际贸易纠纷案时,如果参考或采纳了同类判例,则该类判例实际上就起到了法律的作用。因此,重要的国际贸易判例的影响力是不容忽视的。[①]

(三) 国际经济条约

国际经济条约指国家之间、国际组织之间或国家与国际组织之间为确定彼此间的经济权利义务而达成的协议。有关国际贸易关系的国际条约,是国际贸易法的最重要的渊源,而调整国际贸易关系的带有普遍性的国际公约和多边条约更是国际贸易法的直接渊源。国际经济条约分为双边经济条约、区域性经济条约和世界性多边条约。双边经济条约是指两个国家之间缔结的调整双边经济关系的条约;区域性经济条约是指为设立区域性国际经济组织或者区域性经济合作而签订的基本文件,如区域性经济一体化协定或区域性经济合作为协调成员方涉外经济法律政策而签订的条约;世界性多边条约是指由世界上大多数国家或许多国家通过国际组织或国际会议共同制定的行为规范。国际经济条约主要有以下几类:

(1) 在国际贸易管理方面,主要有 1944 年《国际货币基金协定》、1947 年《关税与贸易总协定》、《建立世界贸易组织协定》及其附件中的相关协定等。

(2) 在国际货物买卖领域,主要有 1980 年《联合国国际货物买卖合同公约》、1974 年《国际货物买卖合同时效公约》及 1980 年《修订国际货物买卖时效期限公约的议定书》、1983 年《国际货物销售代理公约》和 1985 年《国际货物买卖合同法律适用公约》等。

(3) 在国际货物运输领域,主要有 1924 年《统一提单的若干法律规则的国际公约》(海牙规则)、1968 年《关于修订统一提单的若干法律规则的国际公约》(维斯比规则)、1978 年《联合国海上货物运输公约》(汉堡规则),1929 年《统一国际航空运输某些规则的公约》(华沙公约)及其 1955 年《海牙协定书》、1961 年《统一非缔约承运人所办国际航空运输某些规则以补充华沙公约的公约》(瓜

① 参见沈木珠:《国际贸易法研究》,法律出版社 2002 年版,第 10 页。

达拉哈拉公约),1938 年《国际铁路货物运送公约》(后经多次修订)、1951 年《国际铁路货物联运协定》(后经多次修订),1973 年《联合运输单证统一规则》、1980 年《联合国国际货物多式联运公约》等。

(4) 在国际贸易支付方面,有 1930 年《汇票和本票统一法公约》、1931 年《支票统一法公约》、1988 年《联合国国际汇票和国际本票公约》(尚未生效)等。

(5) 在技术贸易领域,也即与贸易有关的知识产权条约主要有 1883 年《保护工业产权巴黎公约》(1979 年第七次修订)、1891 年《商标国际注册马德里协定》(1979 年第七次修订)、1886 年《保护文学艺术作品伯尔尼公约》(1971 年第七次修订)和 WTO 体制之《与贸易有关的知识产权协定》等等。

(6) 在服务贸易领域,有 WTO 体制之《服务贸易总协定》及其后通过的各项具体协议等。

(7) 在解决国际贸易争议方面,有 WTO 体制之《争端解决规则和程序的谅解》、1958 年《承认与执行外国仲裁裁决公约》、1976 年《联合国国际贸易法委员会仲裁规则》等。

(四) 国际商务惯例

国际商务惯例是在长期的国际经济交往中经过反复使用而形成的不成文的规则。成文的国际经济贸易惯例是由某些国际组织或商业团体制定的,如国际法协会的 1932 年《华沙—牛津规则》,国际商会的 2000 年《国际贸易术语解释通则》、1993 年《跟单信用证统一惯例》,国际海事委员会的 1994 年《约克·安特卫普规则》等。国际惯例一般具有任意性,只有在当事人双方明确表示援引某惯例的规定时,该国际惯例才对其有约束力。对这类惯例,允许当事人修改或补充。在一国法律或相应国际条约赋予其效力的情况下,国际商务惯例实际上具有强行法的作用。

"国际贸易中的标准格式合同可以被认为是国际惯例的一种存在方式。合同本来是只拘束合同当事人的法律文件,不具有任何作为法律的意义。但是由于国际贸易合同的复杂性,为了更有效、更安全地拟定合同和履行合同,国际上通行的做法是,采用这种预先准备好的标准格式合同作为国际贸易合同交涉的基础,并且以此作为正式的合同文书。"①

这类标准格式合同有的形成于商业习惯,有的来自于权威的同行业国际团体或者联合国的有关机构。例如,国际买卖合同中的 GAFTA 等英国的原材料交易团体的格式、关于原油买卖合同的由支配市场的特定企业所拟定的合同格式;关于工业设施建设合同(设备输出合同)的由联合国欧洲委员会等公共性机构或 FIDIC 等团体所拟定的合同格式;关于租船合同的由 BIMCO 等团体所拟定的

① 何力:《国际贸易法》,复旦大学出版社 2000 年版,第 14 页。

各种格式;装运单据的背面条款、海上货物保险的有关条款等等。这类合同的条款在缔结国际贸易合同时基本上没有消除、增加或变更。

标准格式合同中一般都有准据法条款,如当事人约定遵从特定国法律,国际私法的准据法规则便在这里起作用。这类标准格式合同虽然还称不上是国际习惯法,不属于一般意义上的国际贸易惯例的范畴,但是在国际贸易实践中,它们已经是被反复适用的惯例。它们会不会进一步发展成为一般意义上的国际贸易惯例,目前还不能断言。不过,现今公认的国际贸易惯例也大多经历过类似的发展阶段。[①]

(五) 重要国际组织的决议

重要国际组织的决议指普遍性的国际组织所作出的有关国际经济的规范性决议。根据国际法,国际组织并无立法权,国际组织所通过的决议一般来说并不对其会员国具有强制力,按照《联合国宪章》规定,其只“具有建议的效力”。而“建议”本质在于:它们不创设遵守的法律义务。因此,国际组织的决议不同于经国家签署或批准而产生法律约束力的国际条约。但是,符合国际法公认的准则且具有重要意义的国际组织决议具有法律效力,应当看做是国际法的渊源。1974 年 5 月 1 日第六届特别联大全体会议通过的《建立国际经济新秩序宣言》和《建立国际经济新秩序行动纲领》,1974 年 12 月 12 日第二十九届联大全体会议通过的《各国经济权利和义务宪章》,其中所确立的国家对自然资源永久主权原则、建立新的国际经济秩序原则等,均已被国际社会公认,完全具有国际法的效力,是国际贸易法渊源中一个不可分割的组成部分。

二、国际贸易法的发展

(一) 国际贸易法的发展历程

国际贸易法的发展与统一经历了五个阶段:

第一阶段为中世纪,该时期是商人习惯法的形成和发展时期。它产生于意大利、法国、德国的自治城市中,是在从事东西方贸易往来的特殊商人阶层中发展起来的一种商人习惯。其主要内容有:买卖契约、代理、合伙、汇票、海商法以及保护公开市场的规则等。例如,13 世纪产生了对后世影响极大的三部海法:《巴塞罗那海法》,也称《康梭拉德海法》(Libro del Consolat del Mar),被称为是后世纪国际公法与国际私法的渊源,实际是市行政长官与裁判官的判决;《奥内隆法典》(Charter d'Oléron),也称《海事判例集》,是关于 12 世纪的海事案件裁判录;以及《维斯比海法》(Waterrecht of Wisbly)。

第二阶段是 17—19 世纪,该时期为国内商法兴起和国际贸易条约产生时

① 参见何力:《国际贸易法》,复旦大学出版社 2000 年版,第 14 页。

期。法国率先于 1673 年和 1681 年先后颁布了两部商事法典:《商事条例》与《海事条例》。1807 年根据这两个条例颁布了《商法典》,1804 年颁布《拿破仑法典》,从此形成了欧洲大陆民、商分立的法律制度。之后,德国于 1861 年制定了《商法典》,1900 年制定《民法典》等等。而意大利等国家则采用了民商合一的法律制度。在英国,把商人习惯法纳入普通法,则是由首席大法官曼斯费尔德在 1756 年至 1788 年完成的。

第三阶段是二战后至联合国贸法会成立,该时期是国际贸易统一法的初步发展时期。联合国在 1962 年通过的《关于自然资源永久主权的决议》、1974 年通过的《建立国际经济新秩序宣言》、《建立国际经济新秩序行动纲领》与《各国经济权利与义务宪章》为新的国际经济秩序的建立奠定了基石,并成为国际贸易法十分重要的内容。

第四阶段从联合国贸法会成立至乌拉圭回合谈判结束,该时期为国际贸易统一法的全面发展时期。例如,罗马国际统一私法研究所编纂的 1964 年的两个海牙公约《国际货物买卖统一法》、《国际货物买卖合同成立统一法》,它们构成了 1980 年通过的《联合国国际货物买卖合同公约》的前身。

第五阶段是从乌拉圭回合谈判结束至今,该时期是国际贸易统一法新发展时期。如 1995 年的《建立世界贸易组织协定》。还有其他区域贸易协定,如北美自由贸易区协定、欧盟的贸易制度以及亚太经合组织文件等。

（二）国际贸易法的新发展

随着经济全球化进程的推进,国际贸易法已进入了一个新的发展时期,自乌拉圭回合通过多边贸易谈判,达成了一系列多边贸易协定、协议、决议和谅解,并根据《建立世界贸易组织协定》成立了世界贸易组织后,国际贸易法的发展呈现出以下三个特点:

1. 调整领域逐步扩大

传统的国际贸易法调整的领域只限于货物贸易,而 WTO 已经将自己的管辖领域扩大到包括货物、技术、服务贸易三大领域。

2. 法律体系不断补充和完善

乌拉圭回合谈判建立的 WTO 法律体系是在 GATT 法律体系的基础上加以完善的。《建立世界贸易组织协定》及其四个附件实际上是对原有国际贸易法律体系的补充。

此外,联合国贸发会于 1996 年公布的《电子商务示范法》、2000 年通过的《电子签字示范法》,世界知识产权组织于 1996 年通过的《WIPO 版权条约》和《WIPO 表演和录音制品条约》等等也都是对国际贸易法体系不断补充的例证。

3. 立法内容日趋完善

(1) WTO 对 GATT 的立法内容进行了修改和补充。表现在:废除了长期困扰 GATT 体制的"祖父条款";在确立无条件的最惠国待遇、国民待遇和透明度原则的基础上,还将其扩大适用于服务贸易、与贸易有关的知识产权等领域;争端解决机制确定了强制管辖权,革除了 GATT 机制的原有弊端等等。

(2) 对国际货物买卖惯例进行修改。INCOTERMS 2000 作为国际贸易领域最普遍适用的惯例,对 INCOTERMS 1990 作出了三项实质性修改,不但明确买卖合同的交货地点及价格构成,而且解决了买卖双方在交易中的责任划分。贸易术语的标准化、规范化,简化了交易程序,节约了交易时间和费用,减少了贸易中的纠纷,对促进国际贸易的顺利发展起了很大作用。

因此,从国际贸易法渊源的内涵,以及它的发展方向,可以看出调整国际贸易行为的法律规范最主要是由调整国际贸易行为的国际规范和调整国际贸易行为的国内规范所组成,在理论上人们也称之为国际贸易的公法规范和国际贸易的私法规范,国际贸易法的渊源和新发展的法律规范都涵盖这些内容。

第三节 国际贸易法的主体与基本原则

一、国际贸易法的主体

国际贸易法的主体是指,在国际贸易法律关系中可以享受权利及承担义务的法律人格者,又称国际贸易法律关系的参加者或当事人,包括自然人、法人、国家和国际经济组织。

(一) 自然人

国际条约和各国法律一般都规定,具有权利能力和行为能力的自然人是国际贸易法律关系的主体。他们在国际贸易关系中的主要作用是,从事投资、贸易、金融、房地产、技术转让等各种经济活动。他们以自己的名义独立参与国际经济交往,并独立承担相应的国际经济义务。我国宪法和外商投资企业法都明确规定允许外国个人在中国投资,同中国的企业或者其他经济组织进行各种经济形式的合作。

各国法律都根据一个人是否具有正常的认识和判断能力以及丧失这种能力的程度,把自然人分为完全行为能力人、限制行为能力人和无行为能力人。凡精神健全的成年人为完全行为能力人,达到一定年龄的未成年人为限制行为能力人,幼儿为无行为能力人。许多国家实行禁治产制度,即对因丧失理智而无法处理其个人事务者,经法院宣告为无行为能力人,禁止治理财产。自然人的行为能力以有权利能力为前提,但有权利能力的人不一定都有行为能力。能作为国际贸易法主体的自然人,首先必须是完全行为能力人。

(二) 法人

法人在国际贸易法律关系中占有十分重要的地位,其中跨国公司在国际贸易交往中的地位和作用最为突出。联合国跨国公司委员会拟定的《跨国公司行动守则（草案）》关于“跨国公司”的定义是：指一个企业，组成这个企业的实体设在两个或两个以上的国家，而不论这些实体的法律形式和活动范围如何；这种企业的业务是通过一个或多个决策中心，根据一定的决策体制经营的，因而具有一贯的政策和共同的战略；企业的各个实体由于所有权或别的因素有联系，其中一个或数个实体能对其他实体的活动施加重要影响，尤其是可以同其他实体分享知识、资源以及分担责任。跨国公司往往凭借其拥有的经济、技术、资金等方面的优势，在国际贸易活动中有着比发展中国家更为优越的经济实力。跨国公司根据同东道国政府签订的开发自然资源等特许协议，还可以享有某些专属于东道国的权利，如法律上的优惠权或豁免权等。但这并不意味着跨国公司具有国际法律人格，它们只是国际贸易活动的法律主体。

（三）国家

国家是国际贸易法的主要缔结者。国家作为国际贸易关系的主体，主要是指以国家名义参加国际贸易关系的国家代表和政府机关。在国际贸易法律关系中，国家同其他国家或国际经济组织缔结或参加有关调整国际贸易关系的条约或协定；在本国制定对外经济政策和法律，依法对本国的涉外经济活动进行管理和法律调整；同时，以民事主体的身份直接参与对外经济贸易活动，成为国际贸易关系的当事人。国家作为国际贸易法的主体，其主要作用是对国际经济活动进行管理、监督和协调。

（四）国际经济组织

国际经济组织是在二战后大量出现的国际贸易关系的新主体。国际经济组织主要可分为世界性国际经济组织和区域性国际经济组织两类，前者如世界银行、世界贸易组织、国际货币基金组织等。在国际贸易法律关系中，国际经济组织制定或促成制定有关调整国际贸易关系的条约或协定；协调各国有关立法，收集、传播和制定有关国际贸易、投资、技术转让的资料、情报和政策；同时，与国家和私人之间签订大量的国际贸易合同和协议，促进国际经济交流和协作。国际经济组织在国际经贸活动中更多地发挥着协调各国调整国际贸易活动的立法的作用，即通过组织起草有关的国际公约或示范法的方式，协调和统一各国调整国际贸易活动的国内法。

国际经济组织作为国际贸易法律关系的主体，其资格取决于所具有的法律行为能力，即国际经济组织要成为国际贸易法的主体，必须具备一定的法律人格，这是国际经济组织开展有效的国际经贸活动的前提。但是，国际经济组织的法律人格并不是当然具有的，其法律人格依赖于国际经济组织的目的和职能在其宪法性文件中所作的详细说明或暗示。这就是说，国际经济组织的法律地位是由国际经济组织赖以成立的基本组织文件予以确立的。例如，《罗马条约》第

216 条规定,欧共体具有法人资格,这就意味着欧共体具有与第三国建立契约性联系的能力;《世界贸易组织协定》第 8 条第 1 款也确认,世界贸易组织具有法律人格。除国际经济组织的基本文件规定其主体资格外,国际经济组织主持下成员国签署的新协议,以及该组织与其他主权国家、国际组织签订的协定中有关国际经济组织法律地位的条款也都是国际经济组织具有独立主体,具有一定的权利能力和行为能力的依据。同时应该指出的是,即使一些国际经济组织在其章程及有关条约、协定中并没有规定该组织的法律地位,但是该组织在实践中所发挥的作用也是确立其法律地位的重要参考依据。例如,国际法院在 1949 年发表的关于"履行联合国职务中遭受损害之赔偿"的咨询意见书中,提出了国际组织具备法律人格的前提条件:(1) 为达到共同目标而设立了比协调各国行动中心更高级的组织;(2) 建立了本身的机构;(3) 具有特定的任务;(4) 独立于其成员,能表达其本身的意志。

国际经济组织的行为能力内容主要包括:(1) 缔约权。国际经济组织可签订其本身运作所需的合同,包括购买办公设备、租赁房产、雇佣员工等。但是国际经济组织的缔约能力应受制于其基本文件规定的宗旨。(2) 取得和处置财产的能力。国际经济组织在履行其职责时,需要参与同自然人或法人的各种合同关系,如与银行交易,签订不动产买卖、设施服务、交通、保险、印刷、版权等合同,通过这些合同取得和处置不动产及动产。(3) 法律诉讼能力。

国际经济组织的法律人格如仅仅局限于其成员国领域,显然限制了其活动范围。成员国承认的国际经济组织的法律人格,还需得到非成员国的承认。特别是区域性国际经济组织和专业性国际经济组织,由于在其管辖权范围之外进行广泛的国际贸易交往活动,其法律人格更需要非成员国的承认。在实践中,国际经济组织的法律人格得到了广大国家,包括非成员国和私人的普遍承认。明显的例证是,各国法院一般都承认国际经济组织的法律人格,而不论该组织的基本文件或本国法是否有明确规定。此外,国际经济组织之间、国际经济组织与国家或私人之间都已签订了大量的有关协议或合同。

二、国际贸易法的基本原则

国际贸易法的基本原则,是指被国际社会普遍接受的、指导国际贸易活动的基本原则。国际贸易法基本原则应具有普遍意义,适用于国际贸易法的一切领域,并构成国际贸易法的基础。换言之,所有的国际贸易法中各项具体法律制度的建立和运用都必须受到国际贸易法基本原则的指导和制约。

(一) 国际贸易公法的基本原则

根据 1974 年 12 月联合国大会通过的《各国经济权利和义务宪章》,各国间经济关系的原则是:(1) 各国主权、领土完整,各国政治独立;(2) 一切国家主权平等;(3) 互不侵犯;(4) 互不干涉内政;(5) 公平互利;(6) 和平共处;(7) 各民族权利平等,实行民族自决;(8) 以和平手段解决各种争端;(9) 纠正使用强迫手段侵夺别国正常发展所需要的自然资源的各种非正义行为;(10) 真诚地履行各种国际义务;(11) 尊重人权以及各种基本自由;(12) 不谋求霸权以及各种势力范围;(13) 增进国际社会正义;(14) 开展国际合作以促进发展;(15) 在上述各项原则的范围内,地处内陆的国家享有进出海口的自由通道。国际贸易法的基本原则除了吸收现代国际公法中一般公认的原则外,为了适应建立新的国际经济秩序的需要,还确立了一些新的带有公法性质的基本原则。这些新的基本原则主要是:

1. 经济主权和国家对自然资源的永久主权原则

经济主权和国家对自然资源的永久主权原则,是指每个国家对其全部财富、自然资源和经济活动享有永久主权,包括拥有权、使用权和处置权在内,并且自由行使此项权利。自然资源是一国民族生存和发展的物质基础,经济主权和国家对自然资源的永久主权是国家主权的不可分割的部分,是国家主权在经济权利上的具体体现。这项权利意味着它有权独立,也意味它在国际社会中的平等地位,并不听命于强权的干涉。该原则已构成了新的国际经济秩序的基础,是国际贸易法最重要的基本原则之一。

从法理上讲,经济主权和国家对自然资源的永久主权是从国家主权中自然衍生出来的权利。主权在法律方面的直接表现就是国家的属地管辖权,而属地管辖权的内涵是国家对其境内的任何人、物、事进行管理和控制的权力,包含了对境内任何经济活动和从事经济活动的任何公司实体的管理和控制的权力。[①]主权在政治方面直接表现其独立性和自主性,意味着主权实体在行使其内政外交方面权力时不受任何外来干涉和影响,其中也包括主权实体在确定其经济制度和对外经济交往上的独立权和自主权。主权在国家领土和财产方面的直接表现就是主权实体对这些因素的所有权,即主体对其领土和财产(包括自然资源和各种经济要素)的拥有、使用、处置和收益的权利。因而,这些权利的法律性是毋庸置疑的。

广大发展中国家特别倡导这一原则,有其历史和现实的原因。从历史上看,发展中国家在二战前,大多处于殖民地、半殖民地地位。帝国主义国家疯狂争夺殖民地的主要目的之一就是可以大肆掠夺殖民地的自然资源。二战后,发展中国家在政治上取得独立,但在经济上仍没取得真正的独立,本国的自然资源控制在外国公司或跨国公司手中,这对发展本国经济极为不利。从 20 世纪 50 年代

---

① See L. Wildhaber, Sovereignty and International Law, R. St. J. MacDonald and D. M. Johnstone (eds), The Structure and Process of International Law, 1983, p. 425.

起,广大发展中国家在联合国大会上为此展开了不懈的努力。1962 年联大第十七届会议通过了《关于自然资源永久主权的宣言》,正式确认了经济主权和国家对自然资源永久主权的原则;1974 年 5 月联合国大会第六届特别会议通过了《建立国际经济新秩序宣言》和《建立国际经济新秩序行动纲领》,该两项文件不仅再一次确认了各国对本国境内的全部自然资源享有完整和永久的主权,而且还确认了各国对其境内的一切经济活动也享有完整和永久的主权;1974 年联大第二十九届会议通过了《各国经济权利和义务宪章》,该文件总结和归纳了发展中国家关于建立国际经济新秩序的基本要求,明确地界定了经济主权和国家对自然资源永久主权的含义,并因此成为发展中国家维护国家经济主权的纲领性文件。

国家经济主权原则具体内容可归纳为五个方面:(1) 各国对本国内部和外部一切经济事务享有充分的、独立的权利;(2) 各国对境内一切自然资源享有永久主权;(3) 各国对境内的外国投资以及跨国公司的活动享有管理监督权;(4) 各国对境内的外国资产有权收归国有或征收;(5) 各国对世界贸易享有平等参与权和决策权。

2. 公平互利原则

公平互利原则是指所有国家在法律上一律平等,并且以国际大家庭平等成员的资格,有权充分地和切实有效地参加决策过程;特别是有权通过相应的国际组织,并遵循这些组织的现行规章或逐步改善中的规章,公平分享由此而取得的成果。公平互利原则不仅适用于发达国家之间的经济关系,而且也适用于发达国家和发展中国家之间的经济关系,适用于不同社会、经济和法律制度国家之间的经济关系。

不同的历史时期有不同的公平的概念。在自由资本主义时期(1648 年至 1870 年),资本主义国家之间的经济公平基于平等原则。在帝国主义时期(1870 年至 1945 年),歧视原则取代了平等原则,特别是在宗主国与其殖民地之间的关系上。二战后建立的"布雷顿森林体系"(Bretton Woods System)确立了"互惠"和"非歧视"原则,在形式上恢复了平等原则。20 世纪 60 年代以来,公平的概念也被引入关于建立新国家经济秩序的联合国大会决议,赋予新的含义。在这些联合国大会决议中,公平更多地与政治平等和经济平等相关,特别是与发展中国家的发展权密切相关。人们越来越意识到,平等(equality)不等于公平(equity)。虽然公平深深根植于平等之中,不确保平等原则的实现,就不能有公平;但是,如果在国际经济关系中仅仅保持形式上的平等,本身并不能保证公平的实现,因为"地位不平等国家之间的平等本身就是不平等"(equality among inequality is inequity)。在由一个不同经济发展水平的国家组成的国际社会中,公平意味着赋予穷国某些权利,要求富国承担某些义务。20 世纪 60 年代以来,自从普惠制被引入国际经济法后,平等被重新赋予实质即公平互利的意义。[1] 在联合国关于建立国际经济新秩序的一系列规范性文件中,确立和重申了公平互利原则。《建立国际经济新秩序宣言》中,将"国家待遇公平"作为国际经济新秩序的基础。在其列举的建立国际经济新秩序的20条原则中,有关公平互利的规定包括:"国际社会的全体成员在公平待遇的基础上,开展最广泛的合作,这就有可能消除世界上广泛存在的各种差距,保证共同繁荣富强";"在发展国家出口的原料、初级产品、制成品和半制成品的价格同其进口的原料、初级产品、制成品、设备的价格之间,建立某种公平合理的关系,从而不断改善其不利的贸易条件,并且进一步发展世界经济";"在国际经济合作的所有可能的领域内,尽可能为发展中国家提供特惠和非互惠待遇"。1974年《各国经济权利和义务宪章》的宗旨明确规定,"促进建立以一切国家待遇公平、主权平等、共同收益和协力合作为基础的国际经济新秩序",同时明确将"公平互利"作为国际经济关系的基本准则。该宪章在许多条款中提及"公平"或"公平互利"的概念,诸如"公平合理的价格","公平合理的国际经济关系",所有国家"公平分享"参与国际决策的各种效益,"以公平合理的方式解决一切国家的各种贸易问题",国际贸易"应当根据公平互利和相互给予最惠国待遇的原则"进行,所有国家都有义务"为发展中国家提供公平合理的贸易条件"。1995年《建立世界贸易组织协定》的前言也指出,"有必要根据互惠和互利的安排,达到切实降低关税和其他贸易壁垒"。为此,WTO明确规定奉行非歧视原则,并具体规定了体现和贯彻非歧视原则的两个重要的贸易公法制度——最惠国待遇(most favored nation treatment)制度与国民待遇(national treatment)制度。

3. 贸易便利化与市场开放原则

贸易便利化即全面地、尽可能地实现国际贸易程序的统一、简化与快捷。其基本内涵是:简化和统一与货物进出口及货物运往目的地的运输相关的手续中所要求的数据和票据;实现信息和数据的标准化和一体化;改进和统一包括运输和海关设施在内的有形基础设施;加强和精简港口过境和中转运输程序;统一贸易和运输法规。更重要的是,还须同时加大市场准入力度,降低关税,弱化各种关税或非关税壁垒,以促进市场开放。因为国际贸易天生具有跨国性,其效益与市场开放水平以及贸易便利程度成正比。贸易便利化与市场开放不仅可提高法律与行政规定的透明度和可预测性,还能增加商业机会,降低交易风险,并有助于各国贸易法的融合与统一,而法律的趋同化与标准化又可进一步促进国际贸易发展,从而形成良性循环。

---

① 参见曾华群:《论"特殊与差别待遇"条款的发展及其法理基础》,载《厦门大学学报(哲学社会科学版)》2003年第6期。

以WTO为例,为规范成员方的相关贸易行政行为,减少非关税壁垒,促进全球贸易自由化,就一些可能限制贸易的措施制定了专门协定,如《技术性贸易壁垒协定》、《海关估价协定》、《进口许可证手续协议》、《装运前检验协定》、《原产地规则协定》等。WTO《服务贸易总协定》更是要求成员方向其他成员方的服务产品和服务提供者分阶段开放商务、金融、电信、分销、旅游、教育、运输、医疗、保险、建筑、娱乐等服务领域。《与贸易有关的知识产权协定》在"与边境措施有关的特殊要求"中也有贸易便利化的要求。更值得一提的是,2001年11月,多哈部长会议已将贸易便利化问题纳入多哈多边贸易谈判议程,其内容主要涉及三大方面。[①] 我国2004年《对外贸易法》也规定,国家维护公平自由的对外贸易秩序,准许货物与技术的自由进出口,在服务贸易方面根据国际条约给予其他缔约方和参加方的市场准入和国民待遇。[②]

4. 国际合作与发展原则

国际合作与发展原则是国际贸易法的一项基本原则,对于占世界2/3的发展中国家而言,必须首先通过国家经济的发展,才能逐步缩小直至消除穷国和富国之间的巨大差距,从而建立起公平、合理的国际经济关系。《各国经济权利和义务宪章》明确规定:"每个国家都有权利和责任来选择本国发展的道路和目标,充分动员和利用本国资源,实行进步的经济改革和社会改革,并且切实保证本国人民能够充分参加发展的过程,充分分享发展的利益。"根据联合国有关决议,发展权利是各国一项独立的、不可剥夺的权利。最近二十多年来,随着经济全球化速度的不断加快,经济全球化与不合理的国际经济秩序之间的矛盾更加突出,许多不平等现象愈来愈严重,发展中国家特别是最不发达国家在经济全球化中处于十分不利的边缘地位。因此,发展权问题在经济全球化进程中显得特别迫切。2000年2月在泰国举行的联合国贸易和发展会议第十届大会上,发展中国家代表一致呼吁建立公正、合理的国际经济秩序,他们强调世界贸易组织新一轮贸易谈判的议程应让所有世贸成员都能接受,必须比乌拉圭回合谈判更面向发展中国家的发展,新的谈判议程应包括更严格地约束反倾销、鼓励发展中国家多出口、对最不发达国家采取优惠措施、改善普惠制安排等,即新的一轮世贸谈判应是"发展的一轮"。经过发展中国家的协调和努力,这次会议基本上就新一轮世贸谈判中要充分考虑发展中国家的意见达成了共识。世界贸易组织、世界银行和国际货币基金组织也表示要与联合国贸发会合作,争取在新一轮贸易谈判中更多地考虑发展中国家的利益。此外,这次贸发会议通过的《行动计划》指出,国际社会为确保发展中国家成功与世界经济相结合,必须在促进贸易与投

① 参见陈立虎:《当代国际贸易法》,法律出版社2007年版,第57页。

② 参见2004年《对外贸易法》第4条、第14条、和第24条。

资方面采取切实有效的措施。这些措施包括:增加对发展中国家的外国直接投资;确立给予发展中国家“特殊和差别待遇”的基本原则;让更多的发展中国家参加多边贸易谈判,增强其谈判能力;在新的多边贸易体制中,采纳有利于消除贫困、加快发展的具体贸易政策。可以认为,第十届贸发会议突出强调了发展中国家的发展权,对建立国际经济新秩序具有积极意义。

根据此原则,各国有制定适当的本国发展政策的权利和义务,以达到不断改善全体居民和所有个人的福利的目的;根据此原则,发展中国家对自身的发展负有主要责任。但是,无论它们自己作出多么大的努力,都不足以使他们尽快达到期望实现的发展目标。因此,发展中国家有权获得发展援助;根据发展权原则,每个国家有权分享科学技术进步和发展的利益,以加速其经济和社会发展。

5. 建构国际经济新秩序原则①

国际经济秩序的核心是国际经济关系的法制化。维护国际社会稳定、促进国际社会和谐的重要保证,是依照国际法和国际规则对各种关系进行有序调整。国际经济关系是体现在国际贸易、国际投资、国际金融、国际税收等领域中国家、国际组织以及个人之间的基于特定经济行为而产生的社会关系。对这些关系进行内在和外在的管理和控制的机制,就是国际经济秩序。国际经济秩序至少有两个层面的含义:一是得到国际社会认可和遵循的规则体系和保障机制,体现为国际经济条约、国际经济组织和各国涉外法律;二是基于规则而形成的相对稳定有序的国际关系状态或模式。二者相互联系、相辅相成,而第一个层面则是国际经济秩序的内在要求和必要内涵。所以,国际经济秩序是国际经济社会的主体基于共同利益和目标,依据一定原则、规范、规则、惯例而形成的相对稳定、有序的国际关系的状态及交往模式,其核心和边界则是由国际经济法律规则所形成。

国际经济秩序的效力来源于国际经济法律的实施及其保障。目前的国际经济秩序存在着不同程度的问题,影响了国际经济关系的健康发展。

第一,现行的国际经济秩序是历史发展的结果,体现了发展的阶段性,不能解决国际经济领域的深层次矛盾。二战结束后建立的以布雷顿森林体系和三大国际经济组织为中心的当代国际经济秩序,与原来的秩序相比有了历史性的进步。主要表现在:(1) 它以三大协定确定了国际金融、国际投资和国际贸易的基本法律框架,厘清了国家之间基于金融、投资、贸易行为而形成的权责关系及责任体系;(2) 形成了 MIGA、ICSID、GATT 等解决争议的具体方法;(3) 制定了国际经济领域以经济实力为话语权依据的“加权表决制”和“集体表决制”;(4) 确定了发展中国家的发展权是国际经济领域的基本人权,形成了以一系列洛美协

① 参见杨松:《和谐世界与国际经济新秩序》,http://theory.people.com.cn/BIG5/49150/49152/5301546.html。

定为标志的普惠制、国民待遇和最惠国待遇原则的例外等，这些都是有利于发展中国家的制度；(5) 公平、合理已纳入联合国宪章体系，成为发展国际和国别经济的基本原则。

20 世纪 90 年代初，冷战的结束对当代国际经济关系产生了深刻影响，但没有改变当代国际经济秩序。现行的国际经济秩序无法解决国际经济领域的深层次矛盾，如债务危机、金融危机、环境危机等，并由此造成国际贸易冲突频发、贫富差距加大、人与环境关系恶化等。

第二，现行国际经济秩序缺乏统一性和明确性。现行的国际经济秩序的重要组成部分——国际条约为各国创设的权利义务标准并非完全一致。例如，IMF 协定允许成员国自由选择适用于自己国家的资本项目和汇率等管理制度；WTO 在货物或服务的市场准入上，对各成员方所作的承诺要求并不一致；而在投资和竞争等领域，仍表现为双边或区域性条约占主导，根本没有国际规则的统一性。大多数国际经济条约都规定了例外条款或保留条件，甚至有些条约本身的弹性就比较大，使成员国缺乏对条约明确的预期。

第三，现行国际经济秩序偏重于解决国家之间的经济冲突、地区之间的经济合作和全球的经济发展。各个领域的法律制度无论是条约、协定、惯例，还是国内法，均着眼于解决国家之间的关系，国际经济新秩序构建过程中所倡导和依附的公平公正原则、发展原则、经济主权原则均基于对国家的认识，均来自于国家的经济关系而忽视了发展与自然的关系，即人与自然的关系，也没有直接解决国家与个人的关系，这恰恰反映了国际经济秩序的阶段性特征。

现实已充分证明，在旧的国际经济秩序之下，发展中国家普遍感到粮食不足、能源短缺、贸易条件恶化、国际收支逆差、债务日增。因此，从 20 世纪 60 年代起，广大发展中国家就提出了建立国际经济新秩序的口号，要求摆脱帝国主义的控制、剥削和掠夺。1974 年，联合国大会通过了《建立国际经济新秩序的宣言》、《建立国际经济新秩序的行动纲领》和《各国经济权利与义务宪章》。这三大纲领性文件全面系统地提出了发展中国家在国际政治和经济方面的斗争目标。这些目标中涉及国际贸易的主要有：要求发达国家消除贸易保护主义，减少直至取消对发展中国家的出口产品的数量限制；稳定发展中国家初级产品的价格和出口收入；反对贸易歧视；反对不等价交换；改善发展中国家的国际贸易条件；制定新的国际贸易“竞争规则”。这些都是国际社会在制定和实施国际贸易条约和立法时应该认真考虑的。

（二）国际贸易私法的基本原则

国际贸易私法，包括规范国际货物买卖、国际货物运输及保险、国际贸易支付的国内立法和国际统一法。国内立法属于商法的范畴，国际统一法则是对国内商法一定程度的统一或明确一些普遍性的商事惯例。因此，国际贸易私法的基本原则与国内商法的基本原则尽管也有区别，大体上却是一致的。概括起来，国际贸易私法原则包括以下几个方面：意思自治原则、诚实信用原则、平等互利原则、公平竞争原则、公共秩序原则、保障交易简便迅捷原则等等。现择要简述较为重要的三项原则。

1. 意思自治原则

国际贸易私法规范的主要是私人间的行为，其法律规范（尤其是合同法）多数为任意性规范，这些规范在当事人未在合同中约定时，将由法院或仲裁机构适用，但若当事人约定的内容与这些规范不符，当事人的约定就应该优先适用。① 意思自治原则是指合同当事人可以自由选择处理合同争议所适用的法律原则，它是确定合同准据法的最普遍的原则。《联合国国际货物买卖合同公约》第 6 条规定，双方当事人可以不适用本公约，或在第 12 条的条件下减损本公约的任何规定或改变其效力。另外，当事人就合同履行发生争议时还可以选择解决争议的法律或自行达成和解。但是，意思自治原则并非绝对，对其限制主要有：(1) 法律性质上的限制。当事人只能选择有关国家的任意法，但不能避开应该适用的有关国家的强行法；被选择的法律是实体法，而不是冲突法。(2) 当事人主观意念上的限制。当事人的选择必须是善意和合法的。(3) 选择主体上的限制。为保护弱者一方当事人的利益，而不适用强者一方所选择的法律。(4) 国内公共秩序上的限制。选择的法律不能同国内的公共秩序相抵触。

2. 有约必守原则

"有约必守"(pacta sunt servanda)，是一项古老的民商法基本原则，就其原有意义而言，指的是民事或商事关系当事人之间一旦依法订立了合同，对于约定的条款就必须认真遵守与执行。后来这一原则被援引用于国家与国家之间的政治、经济等方面的外交关系，成为国际公法中的一条基本原则。该原则之所以能成为国际贸易私法的基本原则之一，是根据国际贸易关系本身的要求决定的。就不同国籍的自然人、法人相互间或他们与国家之间的合同而言，只有在缔约各方都诚信遵守并切实履行的条件下，才能产生预期的经济效益，才能维持正常的贸易关系，因此该原则乃是国际贸易法必不可少的基石之一。具体而言，"有约必守"是指有关各方当事人一旦达成协议，依法订立合同，该合同就具有法律上的约束力，非依法律或当事人重新协议，单方不得擅自改变。任何一方无合法原因不履行合同义务或履行义务不符合约定条件的，对方有权请求履行或解除合同，并有权就此所造成的损失要求损害赔偿。从广义的角度理解，将其称为诚实信用原则亦不为过。《联合国国际货物买卖合同公约》、《美国统一商法典》、我国《合同法》等国际条约或各国国内法均体现了这一要求。

---

① 参见陈立虎：《当代国际贸易法》，法律出版社 2007 年版，第 60 页。

3．禁止权利滥用原则

该原则是指民商事交易方必须正确行使民商事权利，不得损害社会公益或公共秩序，是对前两个原则的一个限制。公共秩序包括社会存在和发展所需要的一般秩序，也包括国家利益和社会公共利益。由于政治、经济、文化背景不同，各国对公共秩序这一比较抽象的概念理解并不一致，因此一般的国际贸易公约仅对较易统一的国际私法规则作出规定，而对涉及公共秩序的事项一般不作规定。以《联合国国际货物买卖合同公约》为例，它对于合同的效力、产品的责任等事项就未予涉及，因为此类事项涉及一些强制性规则，关系到一国的公共秩序。禁止权利滥用原则是由诚实信用原则引申出来的一项原则，其作用是避免个人利益和国家利益的冲突和失衡，是对“私权绝对性”的背反。这一原则在国际贸易私法中尤其重要，因为它涉及对本国公共利益和别国公共利益这两种公共利益的维护。

本章参考书目

1．王传丽主编：《国际贸易法》，法律出版社 2008 年版。

2．陈安主编：《国际贸易法》，鹭江出版社 1987 年版。

3．陈立虎：《当代国际贸易法》，法律出版社 2007 年版。

4．高永富等：《国际贸易法学》，北京大学出版社 2007 年版。

5．〔日〕中川淳司等：《国际经济法》，白巴根译，北京大学出版社 2007 年版。

6. Andreas F. Lowenfeld, International Economic Law, 2nd ed., Oxford University Press, 2008.

7. Andrew T. Guzman & Alan O. Sykes, Research Handbook in International Economic Law, Edward Elgar Publishing, 2007.

8. Leo D'arcy, Carole Murray & Barbara Cleave, Schmitthoff's Export Trade: The Law and Practice of International Trade, 10th ed., Sweet & Maxwell, 2000.

9. Raj Bhala, International Trade Law: Interdisciplinary Theory and Practice, 3rd ed., Lexis-Nexis, 2008.

第二章 国际货物买卖法律制度

国际货物买卖(international sale of goods)在国际贸易中的地位极其重要,国际贸易法就是以国际货物买卖法为核心逐步发展起来的。[1]

国际货物买卖,从狭义上讲,仅指买卖双方之间的货物买卖关系;但是,由于它通常是不同国家(或地区)当事人之间进行的跨越国境的货物交易,自然地与国际货物运输、国际货物运输保险、国际支付、国际货物贸易管理等结为一体,因此从广义上讲,国际货物买卖还应包括这些与买卖有直接密切关系的其他法律关系。本章仅从狭义上探讨国际货物买卖法。

第一节 国际货物买卖法概述

一、国际货物买卖的概念与特征

国际货物买卖是指国际性的有形商品(货物)的有偿交换或交易,卖方将货物所有权转移给买方,买方则支付货款。国际货物买卖关系一般是由买卖双方通过国际货物买卖合同加以确定的,具有如下特征:

(一) 国际货物买卖具有"国际性"

"国际性"是国际货物买卖与国内货物买卖的主要区别之一。

确定"国际性"一词有诸多标准,如以买卖双方当事人的营业地为标准,营业地位于不同国家,买卖即具有国际性;以当事人国籍为标准,双方国籍不同,买卖即具有国际性;以货物交付跨越国境为标准,货物由一国运往另一国,买卖即具有国际性;以买卖合同订立行为完成于不同国家领土内为标准,要约和承诺分别完成于不同国家领土内,买卖即具有国际性。

究竟采用何种标准,采用单一标准还是多重标准,不同国家的国内法以及有关国际条约的做法不甚一致。例如,《1893 年英国货物买卖法》界定的"国际性"是三个标准,即:(1) 买卖双方营业地处于两个国家,缔约时货物正要或将要进行跨境流动;(2) 要约与承诺行为完成在不同国家;(3) 货物跨境交付。我国关于"国际性"的标准可见于《民法通则》,其规定了买卖双方国籍、标的物所

---

[1] 现代国际贸易法已发展成为调整国际货物贸易、国际技术贸易和国际服务贸易这三大类贸易关系三位一体的法律规范的总和。参见陈安主编:《国际贸易法学》,北京大学出版社 2000 年版,第 3—5 页。

处领域与民事权利义务法律事实发生、消灭空间差异的多重标准。

鉴于统一与规范各国立法上的不同，由联合国国际贸易法委员会主持制定的1980年《联合国国际货物买卖合同公约》(United Nations Convention on Contracts for the International Sale of Goods，以下简称《公约》)采用单一的“营业地标准”，即营业地位于不同国家的当事人之间所订立的货物买卖合同，就是具有国际性的货物买卖合同，不必考虑当事人的国籍和当事人或合同的民事或商业性质，也无须考虑货物是否跨境流动。[①]这样有助于扩大《公约》的适用范围，减少争议双方对合同性质的质疑。

（二）国际货物买卖的交易标的物是“货物”

国际货物买卖的客体即标的物。由于标的物本身形态与性质，以及归类上的不同，导致了存在不同法律管辖不同货物交易的局面。例如，不动产交易、证券交易、技术转让交易等分别应受到不动产买卖法、证券法、技术转让法等不同法律的调整。从法律上界定“货物”(goods)一词的性质和范畴，是将货物买卖区别于其他商业交易(如证券交易、技术转让交易等)的重要方面。

一般而言，“货物”泛指有形动产，包括尚待生产或制造的货物。例如，《美国统一商法典》第2-105条规定，货物是指除作为支付货款的金钱、投资证券和诉权物以外的所有在特定于买卖合同项下时可以移动的物品，包括尚未出生的动物幼仔、生长中的农作物，以及虽附着于不动产但已特定化并将与不动产分离的其他物品。迄今为止，有关国际货物买卖的国际公约都还未能给出一个准确而被广泛接受的定义。

《公约》也未就“货物”给出定义，而是采取排除法，不仅排除以劳务或服务等无形商品为标的的交易，还将以下买卖排除于《公约》适用范围：[②]

1. 供私人、家人或家庭使用的货物的买卖(goods bought for personal, family or household use)；

2. 公债、股票、投资证券、流通票据或货币的买卖(stocks, shares, investment securities, negotiable instruments or money)；

3. 经由拍卖的销售(by auction)；根据法律执行令状或其他令状的销售(on execution or otherwise by authority of law)；

4. 船舶、船只、气垫船、飞机(ships, vessels, hovercraft or aircraft)；

5. 电力(electricity)。

实际上，公债、股票、投资证券、流通票据等在许多国家的国内法中都归于有

---

① 参见《公约》第1条。《国际货物买卖合同时效公约》、《国际货物买卖合同法律适用公约》最初都曾采用过多重标准，但在《公约》通过后，都相应地修改为买卖双方营业地处不同国家的单一标准。

② 参见《公约》第2条和第3条。

价证券或债权证书一类而适用证券法或票据法等法律。供私人或家庭使用的货物的买卖为消费交易，许多国家都对此制定了消费者权益保护法或产品责任法等专门法律对消费者权利予以较高的保护，要求卖方承担较重的义务，而且往往不允许卖方在合同中排除这类法定义务。《公约》对卖方义务的规定与这类国内法可能产生较大冲突，为避免此类冲突，《公约》才排除此类消费交易。

（三）国际货物买卖的根本性质是"买卖"

所谓"买卖"(sale)，往往是指卖方将货物所有权转移给买方并由买方支付价款的一类交易。

在实践中有些交易的性质并非一目了然。如果所涉交易是由一方提供原材料，另一方加工交付制成品，那么此交易是属于加工承揽，还是属于买卖？《公约》对于提供原材料加工的合同以及提供劳力或服务的合同有明确规定：

1. 供应尚待制造或生产的货物的合同应视为买卖合同，除非订购方保证供应这种制造或生产该种货物所需的大部分重要材料(a substantial part of the materials)，否则在买方提供材料的情况下则应视为加工承揽合同。

2.《公约》不适用于供应货物一方的绝大部分义务(the preponderant part of the obligations)在于供应劳力或其他服务的合同。

例如，甲方与乙方签订合同，约定由乙方提供一批服装。根据上述规定，可能出现以下情况：(1) 若由乙方自行提供原材料(包括面料及纽扣、拉链等配件)制造或生产出成品服装后交给甲方，则该交易可定性为"货物买卖"；(2) 若甲方提供"大部分重要材料"，如主要服装面料，而乙方仅提供小配件，"绝大部分义务"是加工劳务，所得也主要是加工费，那么该交易不属于《公约》所规定的买卖，不适用《公约》。

二、国际货物买卖法的法律渊源

国际货物买卖法的法律渊源主要是指国际货物买卖法的创立方式和给予国际货物买卖法法律效力的法律文件表现形式。[①] 它主要包括三部分：与国际货物买卖有关的国际条约、国际惯例以及各国国内法。其中，国际条约与国内法属于正式的法律渊源，国际惯例属于非正式的法律渊源。

（一）国际条约

有关国际货物买卖的国际条约是国际货物买卖法领域的统一法，它们的产生和发展有其客观原因。一方面，国际货物买卖一般是跨越国境的交易，不同国家对于货物买卖法律关系的调整规则颇具差异，缺乏统一的国际货物买卖行为规范所导致的法律障碍不利于国际贸易的顺利发展，因此有统一买卖规范的必

---

① 参见陈治东、朱榄叶主编：《国际经济法学》，法律出版社 1999 年版，第 107 页。

要性；另一方面，世界范围内从事国际货物买卖者的实践贸易做法和术语都极为相似甚至完全相同，而世界各国在国际货物买卖领域内的国内法又往往以尊重当事人意思自治、尊重订约自由为基本原则，对其干预较少，因此统一买卖规范也存在可能性。

从20世纪开始，特别是二战之后，在国际贸易迅猛发展的经济背景下，诸多国际组织积极行动起来，推动国际货物买卖行为规范的统一，使得“国际贸易法日益趋向于摆脱国内法的桎梏，确立共同的国际内容”①。这些国际组织多年来在国际货物买卖法领域制定和通过国际条约的努力主要取得以下成果：②

1.《国际货物买卖统一法公约》与《国际货物买卖合同成立统一法公约》

《国际货物买卖统一法公约》(The Uniform Law on the International Sale of Goods, ULISG)和《国际货物买卖合同成立统一法公约》(The Uniform Law on the Formation of Contract for International Sale of Goods, ULF《公约》)都是由罗马国际统一私法协会(UNIDROIT)主持起草并于1972年开始生效的。③ 在内容上，前者主要涉及国际货物买卖双方的权利义务和风险转移，后者主要涉及有关合同成立的要约和承诺行为。这两个公约的生效标志着国际社会在国际货物买卖法的统一之路上跨出历史性的一步。但是，由于它们所采纳的法律原则主要反映了欧洲大陆法系国家的立法传统，有的条文内容繁琐不清，有的概念晦涩难解，而且它们在意旨上未能体现发展中国家的利益，因此它们没有被国际社会广泛接受，其参加或核准国很少，影响力非常有限。④

2.《联合国国际货物买卖合同公约》

为了促进各国买卖法的统一，以满足国际社会的迫切需要，联合国国际贸易法委员会(UNCITRAL)于1969年成立了专门的“国际货物买卖工作组”，修改补充上述两项公约，预期在此基础上制订一个能为世界上分属大陆法系、普通法系以及社会主义国家法律体系等不同法律体系，具有不同社会、经济和法律制度的国家所广泛接受的统一的国际货物买卖法。该工作组经过近十年的努力，完成

① 〔英〕施米托夫：《国际贸易法文选》，赵秀文译，中国大百科全书出版社1993年版，第243页。

② 本章仅介绍狭义的国际货物买卖法方面的公约，至于广义上的有关国际货物买卖的公约，包括国际货物运输、国际支付等方面的公约将于本书其他章节介绍。

③ 两项公约的制定历史过程比较曲折。第一次世界大战之后，国际联盟于1926年专门成立了研究制定统一法的国际私法统一协会，其首要任务就是研究国际货物买卖领域的法律。协会分别于1930年和1936年开始草拟ULISG和ULF《公约》公约草案。第二次世界大战使得此项工作一度中断，战后该协会继续历经三十多年努力，经两度修改，才于1964海牙外交会议上通过这两项公约及其附件。其中ULISG于1972年8月18日生效，ULF《公约》于1972年8月23日生效。由于这两个公约都是在海牙会议上通过的，又称为“海牙公约”。

④ ULISG的参加或核准国为比利时、冈比亚、荷兰、圣马力诺、意大利、联邦德国、英国和以色列。ULF《公约》的参加或核准国为除以色列外的上述七国。许多发达国家如美国、法国、日本等，以及绝大多数的发展中国家都没有参加这两项公约。

了《国际货物买卖合同公约》和《国际货物买卖合同成立统一法公约》两项草案。UNCITRAL 通过这两项草案后，又决定将它们合并为《联合国国际货物买卖合同公约》。《公约》于 1988 年 1 月 1 日起正式生效，其宗旨是建立新的国际经济秩序，减少国际贸易的法律障碍，在平等互利基础上发展国际贸易，促进各国间的友好关系。《公约》的参加国众多，是迄今为止国际货物买卖领域中最为重要的国际条约。

(1)《公约》的主要内容

《公约》共分四部分 101 条。第一部分为"适用范围和总则"(第 1 条至第 13 条)，主要规定了公约的适用范围、公约的解释、买卖合同的形式、当事人对公约的减损等方面的规则；第二部分为"合同的成立"(第 14 条至第 24 条)，主要规定了要约和承诺的相关规则；第三部分为"货物的买卖"(第 25 条至第 88 条)，主要规定了买卖双方的权利义务和违约救济、风险转移等规则；第四部分为"最后条款"，规定了关于公约的签字、批准、生效、保留等方面的内容。

(2)《公约》的适用范围

《公约》的适用范围主要涉及以下五方面：

① 就货物买卖的国际性而言，《公约》第 1 条规定适用于营业地在不同缔约国的当事人之间所订立的货物买卖合同，或者是由国际私法规则导致适用某一缔约国法律的货物买卖合同。

② 就货物买卖的范围而言，《公约》第 2 条规定排除适用于以下内容或形式的买卖：有关消费交易的货物、船舶、气垫船、飞机或电力、公债、股票、投资证券、流通票据或货币的买卖；经由拍卖的买卖；根据法律执行令状或其他令状的买卖；卖方绝大部分义务在于提供劳务或其他服务的买卖。

③ 就国际货物买卖合同本身而言，《公约》第 4 条规定仅适用于合同成立以及买卖双方因合同而产生的权利义务，不涉及合同或合同条款的效力、惯例的效力，以及合同对所售货物所有权可能产生的影响、货物造成的人身伤害或死亡的责任问题。《公约》不予涉及的问题基本都是各国国内法分歧较大、难以统一的问题。

④ 就《公约》本身的任意性而言，《公约》允许当事人明示地排除或更改《公约》的规定。[①]《公约》作为不同社会经济法律制度国家之间调和与妥协的产物，有其局限性和灵活性。一方面，对于《公约》未涉及的重要法律问题，有关当事方只能依据国际私法规则指引适用的准据法加以解决，这表明《公约》并非完整全面的关于国际货物买卖的统一法；另一方面，《公约》不对这些分歧很大的法律问题进行规定又扩大了《公约》为各国普遍接受的可能性。《公约》已经作出

① 参见《公约》第 6、12 和 96 条。

规定的内容则是在充分比较各国法律和国际惯例，在调和英美法系和大陆法系的有关原则和规则，在充分肯定发达国家和发展中国家的不同贸易做法的基础上得出的一套规则，得到不同国家的广泛接受。

⑤ 各缔约方对《公约》的某些条款适用的保留。《公约》允许缔约国对其中的某些条款作出保留，对于提出保留的缔约方，所保留的条款对其不适用。

我国在核准加入时就提出两方面的保留。首先，就《公约》第 1 条第 1 款(b)项规定的适用范围，我国仅同意《公约》适用于当事人营业地位于不同缔约国的国际货物买卖合同，而不同意扩大适用于因国际私法规则导致适用某一缔约国法律(当事人营业地可能位于非缔约国)的情况。其次，就《公约》第 11 条规定国际货物买卖合同形式不受任何条件限制的规定，我国提出合同必须以书面形式作出，而不允许采用其他的合同形式。在资本主义国家，对于一般的货物买卖合同，法律并不规定应当采取的形式，当事人可以用口头、书面或行为三种方式订立合同。例如，《美国统一商法典》第 201 条规定，价金为 500 美元或 500 美元以上的货物买卖合同，必须以书面方式作成并有双方当事人签字才产生效力。此项保留主要是为了与 1985 年《涉外经济合同法》关于合同书面形式要求保持一致而提出的。但是，该法已由 1999 年 10 月 1 日开始施行的《合同法》所取代。[①]《合同法》规定合同可以通过书面、口头或其他形式作出，在立法上认可了口头合同的法律效力。这样，在该项保留未被撤回的条件下，我国在适用《公约》时是否还要坚持口头合同或其他形式的合同无效，就存在争议。[②]为了避免法律适用上出现的混乱，我国已撤回该项保留。

(二) 国际贸易惯例

国际贸易惯例是指在长期的国际贸易实践中逐步自发形成的，为国际贸易当事人所经常遵守和普遍接受，并由此产生相应义务感与合理期望的习惯做法。国际贸易惯例属于任意性行为规范，虽不具备国家制定的法律规范的普遍拘束力，但一经当事人在合同中选择适用，即对他们具有法律约束力。

就国际货物买卖而言，编纂成文的国际贸易惯例主要有以下两种表现形式：

1. 某些国际组织编纂制定的国际贸易惯例

(1)《国际贸易术语解释通则》(International Rules for the Interpretation of Trade Terms, INCOTERMS)。这是由国际商会编纂的最重要的、运用极为广泛的国际贸易惯例之一，它对国际货物买卖中广泛使用的十多个国际贸易术语作

---

① 1999 年 3 月 15 日第九届全国人民代表大会第二次会议通过了《中华人民共和国合同法》。根据该法第 428 条的规定，1999 年 10 月 1 日该法实施后，1981 年通过的《中华人民共和国经济合同法》和 1985 年颁布的《涉外经济合同法》同时废止。

② 参见严思忆：《国际贸易合同篇》，载《国际商报》1998 年 1 月 10 日；陆超：《适用〈联合国国际货物销售合同公约〉时口头合同之法律效力探析》，载《人民法院报》2004 年 9 月 15 日。

了统一解释，明确划分买卖双方所应承担的责任、费用和风险。该惯例自1936年编纂以来，为适应国际贸易的发展需要先后经历了六次修订和补充，最新版本为2000年公布的INCOTERMS 2000。①

(2)《华沙—牛津规则》(Warsaw-Oxford Rules)。该规则由国际法协会于1932年编纂，对CIF(成本、运费加保险费)合同中买卖双方所承担的责任、费用和风险作了详细规定，具有一定的国际影响力。

(3)《美国1941年对外贸易定义》(Revised American Foreign Trade Definitions 1941)。它是由美国商会、美国进口商理事会和全国对外贸易理事会组成的联合委员会制定的，规定了FOB等几种美国在对外贸易中常用术语的定义。它对某些贸易术语(特别是FOB术语)的解释与INCOTERMS的相关术语解释有所不同，而且在美洲各国有较大影响。

2. 由各类贸易协会、专业团体或某些国际组织制定的具有国际惯例性质的国际标准合同②(或称"示范合同")或标准合同条款

(1) 国际商会国际惯例委员会于1997年通过的《国际销售示范合同》(The ICC Model International Contract of Sale)。和现有的国际货物买卖合同公约与国际商业惯例相比，该示范合同在所有权保留、适用法律、损害赔偿金的计算、争议解决等方面都作了有益的补充和完善，对国际货物买卖特别是制成品的国际货物买卖合同的进一步统一起着推动作用。

(2) 联合国欧洲经济委员会制定的一些示范合同，如谷物买卖合同、成套设备和耐用消费品合同。这些标准合同力求取得对合同双方真正公平的效果，因此颇受欢迎。

(3) 各类贸易协会制定的标准合同，如国际毛纺织品组织、伦敦可可协会、伦敦谷物贸易协会、伦敦一般商品经纪人协会、伦敦橡胶贸易协会、荷兰谷物商协会、德国汉堡交易所谷物商协会等制定的标准合同。这类标准合同往往由同业公会在同行及专家学者研究拟订的基础上印发，并被广泛采用。

(三) 国内法

尽管在国际货物买卖领域已有相当多的公约或惯例，但它们并不能全面解

---

① 六次修订公布时间分别为1953年、1967年、1976年、1980年、1990年和2000年。

② "标准合同"在实践中有两种含义：示范合同格式(model contract forms)或附和合同(contract of adhesion)。前者是供国际贸易当事人参考选用并可根据实际需要修改或补充的合同格式，采用此合同往往建立在公平基础上；后者则是由某一方当事人提出的具有确定内容的格式合同，另一方当事人一般无力改变其内容，具有一定的强迫性，往往建立在不公平的基础上。See C. M. Schmitthoff, The Unification or Harmonisation of Law by Means of Standard Contract and General Conditions, Chia-Jui Cheng (ed.), Clive M. Schmitthoff's Select Essays on International Trade, Martinus Nijhoff, 1988, pp.188—189. 本文所指具有国际贸易惯例性质的标准合同是指前者。当然，并非所有的国际标准合同都可以成为国际贸易惯例，只有那些经过长期反复实践并被广泛接受，已具有被共同遵守的权威性，产生惯例的拘束力的标准合同才算是一种国际贸易惯例。

决国际货物买卖中出现的所有问题,在很多情况下,法院或仲裁机构仍须借助国际私法规则的指引适用某国国内法处理有关国际货物买卖争议。因此,各国关于国际货物买卖的国内法作为一类法律渊源仍是相当重要的。

1. 大陆法系国家的买卖法。这又可以分为两种:一种是民商合一的立法例,即把有关买卖的法律作为民法典的一部分加以规定,如《意大利民法典》、《瑞士债务法典》、《土耳其民法典》等;另一种是民商分立的立法例,即在民法典之外单独制定商法典,以商法作为民法的特别法,如法国、日本就属此类。

2. 英美法系国家的买卖法。这类国家的买卖法由两部分组成:由法院判例形成的普通法原则和立法机关制定的法律。英国的《货物买卖法》(Sale of Goods Act)比较典型,该法是在总结英国法院数百年判例的基础上制定出来的,内容涉及合同的成立、效力和履行,未收货款的卖方对货物的权利,违约救济等货物买卖领域的主要法律问题,对英美法系国家制定买卖法提供了良好示范。此外,美国的《统一商法典》(Uniform Commercial Code, UCC)第二篇"买卖"也是国际货物买卖法领域具有重大影响力的示范法。其内容涵盖以下方面:(1) 适用范围和相关定义;(2) 合同的形式、订立和修改;(3) 当事方的一般义务和合同的解释;(4) 所有权、债权人和善意购买人;(5) 履约;(6) 违约、毁约和免责;(7) 救济。值得注意的是,UCC 的性质并非立法机关通过的法律,而是由美国法学会这类非政府性质的法律团体起草制订、供各州议会自由采用的示范样本,其效力取决于各州立法机关的采纳。

3. 我国调整有关货物买卖关系的法律主要体现于 1986 年公布的《民法通则》①(其中关于民事法律行为、债权、民事责任等方面的原则规定都与国际货物买卖有密切关系)和 1999 年通过的《合同法》。

三、国际贸易术语

(一) 国际贸易术语的含义

国际贸易术语(international trade terms),是指在国际贸易长期实践中形成的以交货地点为标准划分买卖双方各自应承担的费用、风险与责任范围的一种国际贸易惯例。

国际货物买卖往往涉及货物的跨境转移,由此而引起许多特有的费用、风险和责任,对这些费用、风险和责任的划分直接关系到买卖双方的利益。每一种贸易术语都有其特定的内容,主要作用在于:(1) 确定交货方式和交货地点及价格

---

① 1988 年我国加入了《联合国国际货物买卖合同公约》。作为我国的公司、企业或其他经济组织在对外签订货物买卖合同时,可以选择《公约》作为合同适用的法律。对于《公约》的未尽事项,仍要适用我国《民法通则》和《合同法》的有关规定。

构成;(2) 确定风险转移的时间和地点;(3) 确定由谁安排货物运输和办理货物运输保险;(4) 确定由谁负责提供装运单据和货物进出口所需其他单证;(5) 确定由谁负担有关费用(如运费、保险费、货物进出口税等);(6) 确定其他与交货付款相关的事项。

买卖双方在交易中一旦采用贸易术语就简明地确定买卖双方的相关权利义务,这有利于简化交易程序,节省交易费用。

由于国际贸易术语主要用于确定买卖双方在交货方面的权利义务,因此在贸易实务中又称为"交货条件"(delivery terms)。不同贸易术语所表示的买卖双方所分担的费用、风险和责任也不同,卖方所承担的费用、风险和责任的大小与货物的销售价格成正比。可以说,不同的贸易术语代表了货物的不同价格构成,因此在实际业务中贸易术语也被称为"价格条件"或"价格术语"(price terms)。国际贸易术语一般都以简短的英文缩写字母表示,正确理解和掌握这些贸易术语有助于国际贸易合同的履行以及减少贸易争议。

作为一种国际贸易惯例,国际贸易术语为国际贸易界普遍认可,但在具体解释上往往会有一定分歧,为了避免对同一贸易术语作出不同的理解,国际商会于1936年制定了《国际贸易术语解释通则》,并随着国际贸易的发展而不断修订,形成多个版本,最新的版本就是《国际贸易术语解释通则》2000年版。[①] 以下就针对 INCOTERMS 2000 加以讨论。

(二) INCOTERMS 2000 的主要特点

1. 涵盖范围有限

INCOTERMS 2000 的涵盖范围仅限于货物买卖合同[②]当事人权利义务中有关已售货物交货的事项,而且所售货物仅指有形货物,而不包括诸如计算机软件之类的无形货物。[③] 这些与交货有关的事项主要包括如下方面:提供符合合同规定的货物和有关单证、支付价款、货物的进出口清关、办理运输和保险、交货与受领货物、风险转移、费用划分、货物的包装与检验等。但是,INCOTERMS 2000 并不涉及货物所有权和其他产权的转移、违约与违约责任、免责等事项,因此这些问题必须通过合同规定或相关的合同准据法加以解决。

需注意的是,INCOTERMS 2000 虽然是对国际贸易术语的解释,而且主要适

---

① 与1990年《国际贸易术语解释通则》相比,INCOTERMS 2000 基本上维持了前者在贸易术语的分类、结构以及在允许提交电子单证方面的规定。

② INCOTERMS 只涉及货物买卖合同。虽然完成一项国际贸易往往需要完成买卖、运输、保险、支付等各环节,但是 INCOTERMS 并不适用于运输合同、保险合同、支付合同。当然,贸易术语的运用不可避免会影响到其他合同,如在买卖合同中使用了 CIF 术语时,卖方就必须通过海运履行合同,并提供提单等海运单据,而在支付合同中如果要求用跟单信用证付款,那么信用证所要求的单据也取决于相关运输方式。

③ See INCOTERMS 2000, Introduction 1.

用于跨越国境的货物买卖，但是它同时也可适用于国内货物买卖，只是在适用的时候，术语中关于进出口许可证的申领和海关手续的办理等条款就不发生作用。

2. 编排简明易用

INCOTERMS 2000 对国际贸易术语的分类编排逻辑性强、形式简明，易于运用。

（1）对国际贸易术语的分类

INCOTERMS 2000 按照卖方承担义务由小到大，把 13 个贸易术语分为 E、F、C、D 四组，如下表：

表 2-1

组别	缩写	英文全称	中文含义
E 组（发货）	EXW	Ex Works(... named place)	工厂交货（……指定地点）
F 组（主要运费未付）	FCA	Free Carrier(... named place)	货交承运人（……指定地点）
	FAS	Free Alongside Ship (... named port of shipment)	船边交货（……指定装运港）
	FOB	Free On Board (... named port of shipment)	船上交货（……指定装运港）
C 组（主要运费已付）	CFR	Cost and Freight (... named port of destination)	成本加运费（……指定目的港）
	CIF	Cost, Insurance and Freight (... named port of destination)	成本、保险费加运费（……指定目的港）
	CPT	Carriage Paid To (... named place of destination)	运费付至（……指定目的地）
	CIP	Carriage and Insurance Paid To (... named place of destination)	运费、保险费付至（……指定目的地）
D 组（到达）	DAF	Delivered At Frontier (... named place)	边境交货（……指定地点）
	DES	Delivered Ex Ship (... named port of destination)	目的港船上交货（……指定目的港）
	DEQ	Delivered Ex Quay (... named port of destination)	目的港码头交货（……指定目的港）
	DDU	Delivered Duty Unpaid (... named place of destination)	未完税交货（……指定目的地）
	DDP	Delivered Duty Paid (... named place of destination)	完税后交货（……指定目的地）

(2) 各个术语的权利义务设置

INCOTERMS 2000 把买卖双方权利义务相对应，分 10 个项目列明，如下表：

表　2-2

A 卖方义务
B 买方义务
A1 提供符合合同规定的货物
B1 支付价款
A2 许可证、批准文件及海关手续
B2 许可证、批准文件及海关手续
A3 运输合同与保险合同
B3 运输合同与保险合同
A4 交货
B4 受领货物
A5 风险转移
B5 风险转移
A6 费用划分
B6 费用划分
A7 通知买方
B7 通知卖方
A8 交货凭证，运输单证或具有同等作用的电子信息
B8 交货凭证，运输单证或具有同等作用的电子信息
A9 核查、包装及标记
B9 货物检验
A10 其他义务
B10 其他义务

3. 修订幅度较小

INCOTERMS 2000 是在 INCOTERMS 1990 的基础上修订的，但修订幅度较小，仅就一些术语的细节部分进行了相应的修改。这主要是为了保持两方面的平衡：一方面，INCOTERMS 1990 已得到世界范围内的承认，要尽量避免为了变化而变化，不宜再大幅度修订；但另一方面，国际贸易术语本身要求其语言必须清楚而准确地反映国际贸易实务，需要在细节上加以明确，就有关用语作出说明,避免误解和混淆。①

INCOTERMS 2000 的实质性修订有两点:②

(1) 在 FAS 和 DEQ 术语下,办理清关手续和交纳关税的义务

清关(customs clearance)是指货物运过进口国或出口国海关时,买方或卖方要交纳关税和其他费用,并且履行一切与货物通关有关的行政事务以及向当局提供必要信息和交纳相关费用。原则上,出口清关手续由出口商办理,进口清关手续则由进口商办理。INCOTERMS 2000 将这两个术语的清关规定为:卖方办理出口清关,买方办理进口清关,双方各自承担与各自清关相应的费用和风险。这使买卖双方的义务更为合理明确。

这样,在所有术语中,除了 EXW 和 DDP 两个术语外,其他术语都要求卖方办理出口清关手续,买方办理进口清关手续。卖方承担最小义务的 EXW 术语要求由买方自行办理出口清关手续,而卖方承担最大义务的 DDP 术语则要求由卖方自行办理进口清关手续。

(2) 在 FCA 术语下的交货、装货和卸货的义务

INCOTERMS 2000 规定 FCA 术语可以适用于任何运输方式,并指明"承运人"是指在运输合同中承诺通过铁路、公路、河海运输,或者上述运输的联合方式履行运输或承办运输业务的任何人。在 FCA 术语下,卖方办理出口清关手续,并在指定地点将货物提交买方指定的承运人,履行自己的交货义务;如买方未指定准确地点,则由卖方在规定地点或地段内选择承运人,并将货物置于其监管之下,完成交货义务。通过上述改变,FCA 术语就具有更为宽泛而灵活的适用范围,可以在国际贸易中发挥更大作用。

(三) INCOTERMS 2000 的基本内容

1. E 组术语

E 组术语只有一个,即 EXW 工厂交货,是指卖方仅在自己的地点为买方备

---

① 就"托运人"(shipper)、"交货"(delivery)、"通常"(usual)、"费用"(charges)、"港口"(port)、"地点"(place)、"点"(point)、"所在地"(premise)、"船只"(ship and vessel)、"查对"(checking)、"检验"(inspection)等用语,以及"无义务"、买方关于装运地的选择权、清关、包装、货物检验等问题,INCOTERMS 2000 都作了详细说明。See INCOTERMS 2000, Introduction 6、8、10、13—16.

例如,就检验费用而言,除非合同另有规定,买方应承担检验费用,因为这是为其自身利益安排的。但如果检验目的是为了使卖方履行在其本国适用于出口货物的任何强制性规定,则卖方应支付检验费用,EXW 术语除外。又如,就风险和费用的转移而言,在卖方交货后,货物灭失和损坏的风险以及负担与货物有关的费用的义务,由卖方转移给买方。适用此原则要以双方都没有过失并且该货物已正式划归于合同项下为前提,这在 EXW 术语中尤为重要。此外,《公约》还提醒买卖合同当事人,如果要在国际贸易术语后面添加一些词语以额外增加义务,就应在其合同中对上述添加词语的含义作出明确的解释,因为 INCOTERMS 对这些添加词语的含义没有作出规定。

② INCOTERMS 2000 还有一些其他的修改,如对通则中规定的贸易术语内容的排列进行了改变,将原来的每个项目下分别列明卖方与买方的义务,改为在同一项目下将双方的义务放在一起明列,这样更便于对同一项目下双方的义务进行对比。

妥货物，在其所在地或其他指定地点（如工场、工厂或仓库等）将货物交给买方处置时，即完成交货，卖方不办理出口清关手续或将货物装上任何运输工具。

在所有术语中，EXW 术语规定的卖方责任最小。卖方主要负责在其所在地或其他指定地点履行交货义务，并且承担交货前的费用和风险。买方则须自备运输工具将货物运至预定目的地，办理出口和进口清关手续，承担在卖方所在地受领货物后的全部费用和风险。

2. F 组术语

F 组包括 FCA、FAS、FOB 这三个贸易术语，要求卖方须将货物交至买方指定的承运人，卖方完成交货义务的地点比 EXW 中的交货地点有所扩展，但基本仍是在出口国内完成交货义务。

FCA（货交承运人）是指卖方只要将货物在指定地点交给买方指定的承运人，并办理出口清关手续，即完成交货。买方则要自费办理货物的运输和保险手续并支付费用，并自担费用和风险办理进口清关手续。该术语以货物交付承运人的时间和地点作为双方费用和风险的分界。FCA 适用范围较广，机场交货、铁路交货和敞车交货都可以归入其适用范围之内，因此如果买卖合同涉及铁路、公路、水路和航空运输，都可考虑选择使用该贸易术语。

FAS（装运港船边交货）是指卖方在指定装运港按该港习惯方式将货物交到买方指定的船边，并办理出口清关手续，即完成交货。买方要负责将货物运至目的地的运输、办理进口清关手续，并承担相应的费用和风险。该术语以货物交付指定装运港船边作为买卖双方的费用和风险分界。

FOB（装运港船上交货）是指卖方办理了出口清关手续，当货物在指定装运港越过船舷时，即完成交货，买方须承担从该点起货物灭失或损坏的一切风险。FOB 术语与 C 组中 CFR、CIF 术语都采用装运港船舷为风险分界线，货物风险“在指定装运港越过船舷时起”（from the time the goods have passed the ship's rail at the named port of shipment）即由卖方转移给买方。

FOB 术语在国际贸易中被广为采用，实际运用时应注意以下两点：

（1）装货费用的承担。该术语既要求“卖方必须承担货物风险直至货物在装运港越过船舷为止”，又要求“卖方必须在约定时间内将货物交至装运港船上”（on board the vessel），不过这些 FOB 术语的变体在 INCOTERMS 2000 中并没有具体解释，因此买卖双方有必要在合同中明确规定相关义务。

（2）INCOTERMS 2000 中的 FOB 术语与《美国对外贸易定义》中的 FOB 术语有所不同，后者将 FOB 分为六种，可以用于工厂交货、装运港船上交货、进口国目的地交货等。如果对美贸易以 FOB 术语成交，除了写明装运港之外，还须加上“vessel”字样（如 FOB Vessel Los Angeles），才能清楚地表明“装运港船上交货”的含义。

3. C组术语

C组包括CFR、CIF、CPT、CIP四个贸易术语。该组术语中卖方的义务较F组更多,不仅要求卖方须自付费用订立运输合同,有的还要求其办理保险并支付保险费(CIF、CIP),但卖方不承担货物灭失或损坏的风险以及装船和启运后因意外所发生的额外费用。

CFR(成本加运费)是指卖方须自付费用按照通常条件订立运输合同,经由惯常航线将货物运至指定装运港轮船上,自担费用和风险办理出口清关,并支付货物运至指定目的港的所需运费。买方须自行办理保险手续并支付保险费用,也就是说价格构成中不包括保险费,此外还须自担费用和风险办理货物进口的清关手续。为了让买方能及时投保,卖方应在货物运至船上后及时向买方发出装船通知。该术语以装运港船舷为风险分界线,货物自越过船舷时起风险转移给买方。

CIF(成本、保险费加运费)是指卖方除了承担CFR术语的上述义务以外,还必须自费办理货物运至指定目的港的所需运输保险,①并承担货物越过装运港船舷之前的费用和风险。买方应自费办理货物进口清关手续,并承担货物在装运港越过船舷以后的一切费用和风险。

CPT(运费付)是指卖方应负责自费办理货物的运输手续并承担运输费用,承担货交承运人以前的费用和风险,自担费用和风险办理货物出口清关手续。买方则须自行投保并支付保险费用,自担费用和风险办理货物进口清关手续,承担货物提交承运人以后的费用和风险。

CIP(运费加保险费付)是指卖方不仅要承担CPT中所要求的责任,还要自付费用订立保险合同。买方自担费用和风险办理货物进口清关手续,承担货交承运人以后的一切费用和风险。

4. D组术语

D组包括DAF、DES、DEQ、DDU、DDP五个术语。该组术语卖方的义务最多,要求卖方不仅要在买方指定目的地的边境、港口,甚至要在进口国内地履行交货义务,还须承担把货物交至目的地国所需的全部费用和风险。

DAF(边境交货)是指当卖方在边境指定的地点和具体交货点,在毗邻国家海关边界前,将仍处于交货的运输工具上尚未卸下的货物交给买方处置,办妥货物出口清关手续但尚未办理进口清关手续时,即完成交货。卖方要承担货物在边境交货前的所有费用和风险。买方要自担费用和风险办理进口清关手续,并承担货物交付后的一切费用和风险。买方如需要卖方负责从交货运输工具上卸

① 应指出的是,该术语的价格构成中包含了保险费,但是它只要求卖方投保最低限度的保险险别,如果买方需更高的保险险别,应与卖方达成明确协议或自行作出额外的保险安排。

货并承担卸货的费用和风险,则应在合同中加以明确。此术语可适用于陆地边界交货的各种运输方式。

DES(目的港船上交货)是指卖方在指定目的港将货物在船上交给买方处置,但不办理进口清关手续,即完成交货义务。卖方要自担费用和风险办理货物出口清关手续,承担货物运至目的港卸货前的全部费用和风险。买方则须承担卖方交货后的一切费用和风险,并办理进口清关手续。

DEQ(目的港码头交货)是指卖方在指定目的港码头将货物交给买方处置,即完成交货。卖方须办理货物出口清关手续,并承担货物运至指定目的港并卸至码头的一切费用和风险。买方须自担费用和风险办理进口清关手续,并承担货物在目的港码头交付后的一切费用和风险。

DDU(目的地未完税交货)是指卖方在指定目的地将货物交给买方,不从交货运输工具上卸下货物,也不办理进口手续,即完成交货。卖方自担费用和风险办理货物出口清关手续,并承担货物运至目的地前的全部费用和风险。买方须自担费用和风险办理进口清关手续,并承担货物在目的地交付后的一切费用和风险。

DDP(目的地完税后交货)是指卖方除了承担 DDU 术语中的义务以外,还须办理进口清关手续并交纳进口关税或其他费用,才完成交货义务。卖方承担货物交付给买方前的所有费用和风险,交货后的风险转移给买方。

(四) INCOTERMS 2000 相关评述

1. 术语排序与双方义务的关系

在 INCOTERMS 2000 中,卖方承担的义务基本上是由 EXW 至 DDP 渐次递增。各术语原则上都规定卖方的最低义务,如果买卖双方希望改变术语中的规定,就应在合同中加以明确。

2. 装运合同与到货合同

对于 INCOTERMS 2000 中的术语,根据卖方交货地点的不同,可以分为装运合同和到货合同两种。

(1) 装运合同。装运合同是指卖方在装运国或发货国的货物装运地、启运地或出口地完成交货义务。装运合同的特点是,卖方要支付货物按照惯常航线和习惯方式运至约定地点所需的通常运输费用,但买方要承担货物发生灭失或损坏的风险以及货物以适当方式交付运输以后发生意外而产生的额外费用。一般认为,以 F 组和 C 组术语签订的买卖合同都属于装运合同。值得注意的是,“装运”与“交货”是不同的概念。在采用 FOB、CIF 和 CFR 贸易术语的合同中,以卖方交付装运单据作为象征性交货,装运地点即交货地点;但如 DES、DDU、DDP 等卖方须在目的地交货时,装运并不等于交货。

(2) 到货合同。到货合同是指卖方要将货物运至买方指定的目的地边境、港口或者进口国内的约定目的地,并承担货物运至该地的全部费用和风险的合同。以 D 组术语签订的合同通常被视为到货合同。

须注意的是,C 组术语具有异于所有其他术语之处:C 组术语包含两个不同的分界点,即费用划分点和风险划分点,前者为目的地国家的某一地点,后者是在出口国的某一地点(如装运港)。C 组术语要求卖方按通常条件自费订立运输合同并支付运到指定地点的运费,而且 CIF 和 CIP 术语还要求卖方自费办理货物运到指定地点的保险,因此运用 C 组术语的合同往往被误认为是到货合同。实际上,C 组术语中卖方在装运国就已完成交货义务,货物被实际运到目的地的风险是由买方承担的,因此采用该组术语的合同应属于装运合同。

3. 实际交货与象征性交货

在国际贸易实践中,根据不同的贸易术语可以将交货方式分为两种:

(1)"实际交货"(physical delivery)。这是指卖方自愿把货物移交给买方实际占有和支配。例如,买卖双方按照 INCOTERMS 2000 中的 EXW、DES、DEQ、DDP 等贸易术语的要求,卖方必须在指定地点将货物交给买方处置,均属于实际交货。

(2)"象征性交货"(symbolic delivery)或拟制交货(constructive delivery)。这是指卖方发运货物后将代表货物所有权的单据或凭证交给买方,就视为卖方已经履行了交货义务。例如,通过背书转让海运提单给货物接受方从而获取货款并完成交货义务,国际贸易中 FOB、CIF、CFR、FCA、CPT、CIP 等术语都属于象征性交货。象征性交货合同一般都涉及运输,卖方发运货物后取得提单(bill of lading)或其他类似装运单据,因为这类单据具有物权凭证(document of title)的作用,买方取得它们就相当于取得货物,可以通过对这类单据的处理来处置相关货物。

第二节 国际货物买卖合同

一、国际货物买卖合同的形式

《公约》第 11 条规定:"买卖合同无须以书面订立或书面证明,在形式方面也不受任何其他条件的限制。买卖合同可以用包括人证在内的任何方法证明。"由于各国法律对不同形式的合同的法律效力规定不尽相同,《公约》允许缔约方就上述第 11 条规定作出保留,可声明不适用书面以外的合同形式。从国际货物买卖的实践看,基本存在两大类合同形式:书面合同和口头合同。其中又以书面合同[1]为主要形式。书面合同是买卖双方对国际货物买卖交易条件以书面文件的形式达成的意思表示一致,它不仅包括双方正式签订的协议,还包括双方达成交易条件的往来传真、电传、电子邮件等文件。

值得注意的是,随着电子数据交换(electronic data interchange, EDI)的发展,以数据电文传递和存储贸易信息达成货物买卖交易条件,而形成的所谓"无纸贸易"已成为新型的现代贸易方式。

使用EDI处理商业单据在准确性和高效性方面的优势是十分明显的:可以提高交易速度、降低交易成本、减少失误、提高交易安全性和保密程度。EDI的逐渐普遍运用给传统的国际贸易法律制度带来了冲击与挑战,这也导致电子贸易相关法律问题的出现:传统的法律制度如何使EDI贸易方式合法化。例如,关于书面形式的要求、签字和认证,数据电文的证据力,以数据电文达成的合同成立的方式、时间和地点的认定,以及如何保护EDI贸易方式。

为了统一电子贸易合同,促进电子商务交易行为的规范化,联合国国际贸易法委员会于1996年制定了世界上第一个关于EDI的法律——《电子商务示范法》(UNCITRAL Model Law on Electronic Commerce)。该示范法已成为目前影响最为广泛的国际电子商务法律框架。[2]我国《合同法》已承认电子合同的合法地位,就电子合同的要约、承诺以及合同成立时间和地点作出规定,并规定当事人采用数据电文订立合同的,可在合同成立之前要求签订确认书并且在签订确认书时合同成立。[3]

二、国际货物买卖合同的基本内容

国际货物买卖合同,一般是买卖双方在共同协商基础上达成的货物进出口交易的合同,因此又称为"进出口合同"或"外贸合同"。国际货物买卖合同与其他合同一样,通常由约首、正文、约尾三部分构成。约首一般由以下各项组成:合同名称、编号、合同当事人名称和地址、合同序言等。约尾内容则包括:合同当事人签章、合同正本与副本的份数及其效力、附件和所用文字及其效力、合同生效日期等。至于合同的订立日期和地点,有的置于约首,有的则置于约尾。以上内容并不能显示国际货物买卖合同与其他合同的区别,能显示国际货物买卖合同本质特征的内容在正文部分,它规定了买卖双方的权利义务,通常包括如下基本

---

① 合同的书面形式具有以下作用:(1) 使合同具有确定性、公开性和告诫性;(2) 是确定合同效力的实质条件;(3) 证据的作用。

② 该法分为两大部分:第一部分是电子商务总则,包括"一般条款"、"对数据电文适用法律要求"、"数据电文的交换"三章,规定了该法的适用范围以及适用于电子商务各领域的共同通则,包括数据电文的定义、对数据电文的法律承认、书面形式问题,以及数据电文的证据力等方面;第二部分专门针对"货物运输"进行规定,包括与货运合同有关的行为,以及运输单据问题。

③ 参见我国《合同法》第11、16、26、33和34条。

内容：

（一）买卖标的物条款

买卖的标的物主要规定货物的品名、品质、数量、包装等内容。

1. 品名

品名的确定主要取决于标的物的品种和特点，一般应尽可能使用国际通用名称，买卖双方若使用地方性名称，应事先就其含义取得共识。新商品的定名或译名应准确并符合国际习惯称谓。此外，从法律角度看，在合同中规定标的物的具体名称，关系到买卖双方在货物交接方面的权利和义务。品名的选择还可能关系到关税的减低和进出口的方便，所以买卖双方在确定品名时应特别慎重。

2. 品质

品质是指货物的物理、化学、生物等方面的内在属性及其外形、色泽、款式等外观形态的综合。品质条款的主要内容是：品名、规格或牌名。国际货物买卖中表示品质的方法主要分为以实物（现货或样品）表示和凭说明表示两类。货物品质首先应符合合同的要求，如存在国家标准或行业标准，还应当符合此类标准。如果卖方交付的货物品质与合同不符，买方可以索赔，严重者还可以拒收货物、解除合同。

3. 数量

国际货物买卖合同一般都使用一定标准的度量衡表示买卖标的物的件数、重量、长度、面积、体积、容积等计量，根据货物的种类和特性规定出交货数量、计量单位与计量方法。数量条款是合同的重要条款，交货数量与合同不符，买方可以索赔甚至拒收货物。

制定该条款须注意各国度量衡制度不同而导致计量单位上的差异。如果是粮食、矿砂、化肥和食糖等大宗货物交易，准确地按特定数量交货可能存在一定困难，买卖双方一般采用“数量增减条款”或“溢短装条款”（more or less clause），如“泰国大米 800 公吨，溢短装 2%”。只要卖方交货数量在约定的增减幅度范围内，就算按合同规定数量交货，买方不得以交货数量不符为由而拒收货物或提出索赔。

4. 包装

在国际货物买卖中，为了有效地保护商品的数量与品质，应对货物进行适当包装，不仅要适应商品的特性、适应各种不同运输方式的要求，还须考虑有关国家的法律规定和包装禁忌。

包装条款作为货物说明的重要组成部分，一般包括如下内容：包装材料、方式、规格、包装运输标志和包装费用的负担。卖方交付的货物必须按照合同规定的方式包装，若合同无明确规定，应则按照同类货物通用的方式，或按照足以保全和保护货物的方式包装，否则卖方须承担交货与合同不符的责任。另外值得注意的是,随着国际社会包括国际贸易界对环境问题的日益关切,包装材料的选择应采用可回收利用与不会产生环境污染的包装为佳。

(二) 货物价格条款

货物价格条款主要规定货物的单位价格、计价币种、贸易术语与价格构成条件、价格变动风险的承担等。

实践中,确定货物价格条款应注意如下问题:

第一,采用国际贸易术语确定价格,是比较普遍的做法。常见的如FOB、CIF、CFR等。

第二,针对不同的合同可以采用不同的作价方法:对短期交货合同可采用固定价格;对长期交货合同可采用浮动价格①,在实际交货时根据相应市场情况作出调整;对分批交货合同可采用近期交货固定价格与远期交货浮动价格相结合的方法。实践中还有不明确价格,而只规定确定价格的时间和方法的做法,如规定"以某年某月某日伦敦商品交易所价格计价"。

第三,价格条款中计价币种的选择关系到买卖双方对汇率风险的承担,为了防止汇率波动影响货物价格,买卖双方可在合同中订立"外汇保值条款",根据计价货币币值的市场变动调整货物价格。

(三) 货物运输条款

货物运输条款主要规定运输工具、运输方式、装运方式(是否需分批装运或转船)、装运时间、装运港(地)和目的港(地)、装运单据和装运通知以及运输责任的承担等内容。具体的运输合同应一般由买卖当事人一方与特定承运人或承运人的代理人签订。

国际货物买卖中,卖方有义务按合同规定将货物装上指定运输工具。

不同的运输方式要求不同的装运单据。如海运要求用海运提单,航空运输和铁路运输分别要求航空运单和铁路运单,而多式联运则要求相应的多式联运单据。不同单据的法律意义也有所不同。提单不仅是运输合同的证明,还是货物所有权凭证,可以转让;而空运单证和铁路运单都不是货物所有权凭证。

(四) 货物保险条款

国际货物买卖合同中的货物保险条款主要是规定应由哪一方作为投保人、保险险别、保险金额、保险费的支付等,以保证货物在运输过程中遭到保险范围内的灭失或损坏时,保险受益人获得保险人的经济补偿。

详细的保险合同应当由投保人与保险公司签订。一般来说,当事人在合同中采用特定的贸易术语就确定了应由哪一方承担保险投保和费用。例如,在

① 如大型成套设备、机器的买卖,为防止国际市场价格变动带来的不利影响,可采用浮动价格,即买卖双方同意在合同中暂定一个价格,在交货时再根据行情及生产成本增减情况作相应的调整。

FOB合同中买方应自行投保，而CIF合同则要求卖方自付费用订立相关保险合同。此外，买卖双方还应在合同中订明所采用的保险条款名称，如究竟是采用中国人民保险公司“海洋运输货物保险条款”，还是英国伦敦保险业协会的“协会货物保险条款”。

（五）货物支付条款

国际货物买卖中的支付主要是指货物价款应如何计价、结算，在什么时间地点采用什么方式收付。货物支付条款主要规定支付手段、方式以及支付的时间与地点。

支付货款是买方最主要的义务，不付款就是严重违约。传统上的支付手段主要为货币和票据两类，其中又以汇票为主，但现在正向着电子资金划拨这种新支付手段发展。付款方式有汇付、托收、信用证三种方式，前两种虽然一般通过银行代为办理，但属于商业信用；信用证则是属于银行信用，买卖当事方从银行得到信用保证和资金周转的便利。采用哪种方式付款，应考虑交易地区的贸易习惯和有关法律规定。支付时间和地点与买卖双方利益有重大关系，根据合同中规定的交货和付款的先后顺序，可将买方付款分为预付款、即期付款以及延期付款三种。

（六）货物检验索赔条款

货物检验是指由合同当事人或相关检验机构对进出口商品的品质、数量、重量、包装、标记、产地、残损等进行检验和鉴定，以便为买卖双方交接货物、支付货款以及索赔提供依据。货物检验索赔条款主要规定检验项目、检验权和复验权及其时间与地点、检验机构、检验方法和标准，检验费用的承担，检验的法律效力，索赔的依据、期限、索赔程序和赔偿方法等。

在国际贸易中主要的商品检验机构有以下三类：由国家设立的检验机构①；由私人或行业协会②、同业公会开设的公证行或鉴定行等；由产品的生产或使用部门设立的检验机构。一般来说，检验机构对货物检验之后都应出具检验证书以证明货物是否符合合同要求。检验证书包括质量检验证、重量检验证、卫生检疫证、动植物检疫证、原产地证、验残检验证以及法律要求的特殊证书等。当事人可以在合同中具体规定所需的检验证书。这些商检证书具有重要作用，不仅是货物清关凭证、计算运费的凭证、银行予以议付货款的凭证、买卖双方履行合同义务的凭证，更是索赔的法律依据。

检验权与复验权的分配决定了买卖双方谁有权决定货物是否与合同相符。国际货物买卖的通行做法是以货物离岸检验所取得的装运港商检证书作为卖方

---

① 如我国的进出口商品检验部门及一些专业性检验与检疫部门。
② 如瑞士日内瓦通用鉴定公司、英国劳氏公证行、日本海事鉴定协会等。

议付货款的依据，货物到目的港后，买方再行使复验权，以到岸检验结果作为买方是否接受货物并索赔的依据。就检验标准与方法而言，国际上通常采用的方法包括：国际标准或国际习惯的标准和方法、卖方或买方所在国的标准和方法，以及买卖双方商定的标准和方法。

（七）不可抗力条款

不可抗力条款又称为“免责条款”，是指买卖双方订立合同以后，如果发生不可抗力致使合同无法正常履行，遭受不可抗力一方可部分或全部免除责任，此条款主要规定不可抗力的定义、不可抗力的范围、法律后果、发生不可抗力的通知方式和期限，以及出具不可抗力证明的机关等。

不可抗力（force majeure）是指合同订立以后发生的当事人不能预见、不能避免并不能克服的客观情况。不可抗力既可以由自然条件引起（如海啸、地震、飓风、洪水等），也可以由社会条件引起（如战争、暴动、罢工、政府禁令等）。一般的商业风险，如汇率变化、货物市场价格涨落等，应是通常的商人都能预见到的，不能作为不可抗力。遭受不可抗力的一方可以根据不可抗力事故[①]对履约的影响程度以及合同标的性质的具体情况解除合同或延迟履行合同，但其应将因不可抗力事故而不能履行全部或部分合同义务的情况及时通知另一方，以减轻可能给另一方造成的损失，并在合理期间内提供有关机构出具的证明。[②]

（八）争议解决与法律适用条款

国际货物买卖合同是在营业地分处不同国家的当事人之间订立的，发生争议时要通过哪种方式（诉讼、仲裁、调解、协商等）解决，应适用哪一国法律解决，都可能成为棘手的问题。因此，国际货物买卖当事人最好能在合同中约定争议解决与法律适用条款，预先确定有关争议应适用的法律和解决争议的途径。

1. 法律适用

当事人在合同中明确宣布合同适用何国法律的条款称为“法律适用条款”或“法律选择条款”。各国法律一般都允许当事人根据意思自治原则在合同中选择希望适用的法律，既可以选择适用国内法（买卖一方所在国法律或第三国法律），也可以选择适用国际公约或国际贸易惯例。当然，各国法律一般都对当事人的选择有一定限制，如当事人须善意地选择，并且不得违反公共秩序等等。

2. 争议解决

在国际货物买卖中，当事人往往倾向于采用仲裁方式解决争议，因为仲裁具有快捷、灵活、一裁终局等特点，符合国际贸易的要求。因此，争议解决条款往往

---

① 构成不可抗力事故应具备以下四个条件：(1) 该事故是在合同订立以后发生的；(2) 事故是在订立合同时双方不能预见的；(3) 事故不是由任何一方的疏忽或过失引起的；(4) 事故的发生是不可避免而且是人力不能抗拒、不能控制的。

② 参见我国《合同法》第 118 条。

也是仲裁条款,即合同当事人均同意就可能发生的与合同有关的一切争议交由指定仲裁机构用仲裁方式解决。仲裁条款一般应当包括如下内容:当事人同意仲裁的意思表示、明确的仲裁地点和仲裁机构、适用的仲裁程序规则、仲裁裁决效力以及仲裁费用的承担等。

三、国际货物买卖合同的成立

一般说来,合同要有效成立应当符合法律规定的形式要件和实质要件两方面。形式要件主要是指合同是否需要以特定形式(如书面形式)作出,实质要件则要求合同当事人之间形成合意,即达到意思表示一致。

实质要件包含“要约”和“承诺”这两方面。《公约》第 14 条至第 24 条对此作了明确规定。

(一) 要约(offer)

1. 概念与特征

要约是向一个或一个以上特定的人提出的订立合同的建议。

根据《公约》第 14 条规定,向一个或一个以上特定的人提出的订立合同的建议(proposal),如果内容十分确定且表明要约人在得到承诺时就将受其约束的意思,即构成要约。

要约的基本特征是:

(1) 要约应向特定人发出。发出要约的人称为“要约人”;该特定人称为“受要约人”。

(2) 要约的内容须十分确定,应包含拟订立的合同的主要条件。这样,一旦要约被承诺,即可成立有效合同,不至于因欠缺某些重要内容而使合同无法有效成立或使合同无法执行。所谓“十分确定”至少应当包含以下三项内容:货物名称、明示或默示地规定货物数量或如何确定数量的方法、货物价格或如何确定价格的方法。至于其他事项,如交货时间、付款时间等,可在合同成立后,援引《公约》的有关规定处理。

(3) 要约人必须有要约一旦被承诺即受约束的意思表示。如果订立合同的建议中附有保留条件,如有“仅供参考”、“先售为准”等字样,就不是一项要约,而是要约邀请。例如,为了邀请对方向自己订货而发出的商品目录单、报价单以及一般的商业广告,一般属于要约邀请。

2. 要约的生效、撤回与撤销

(1) 要约的生效

要约在送达(reach)受要约人时生效。要约的生效时间具有重要现实意义,它关系到要约人能否撤回或撤销要约,或变更要约内容。

(2) 要约的撤回

要约的撤回(withdrawal)是指要约人在要约发出之后而尚未送达受要约人之前(即要约尚未生效之前),收回要约而使其不发生效力。

对于要约的撤回,《公约》明确规定:要约(即使是不可撤销的要约)都可撤回,只要撤回通知能在该要约送达受要约人之前或与其同时送达受要约人。这表明要约人撤回要约仅限于要约发出后至生效前的这段期间;要约人必须向受要约人发出撤回通知,而且此通知最晚也应与要约同时送达受要约人。实践中,如果要约人以邮寄方式发出要约之后又想撤回,就应以电报、电传、电子邮件等更迅捷的方式发出撤回通知,以阻止要约生效。①

(3) 要约的撤销

要约的撤销(revocability)是指要约已经送达受要约人之后(即要约已经生效之后),要约人取消要约而使其效力归于消灭。

对于要约的撤销,《公约》区分不同情况分别予以规定:②

第一,原则上,要约在合同成立以前都可以撤销,但撤销通知须于受要约人发出承诺通知之前送达受要约人。

所谓"合同成立以前"是指受要约人发出承诺以前。原则上要约人有权在要约送达受要约人之后而受要约人尚未作出承诺之前撤销要约,但必须向受要约人发出撤销通知,而且此通知须于受要约人发出承诺通知之前送达受要约人。要约人撤销要约的权利在受要约人发出承诺通知时即终止,而不是在承诺通知送达要约人之时(即承诺生效合同成立时)才终止。

第二,如果有以下情况之一,则要约不得撤销:

① 如果要约中已经表明承诺的期限,或以其他方式表明是不可撤销的,那么此要约就不能撤销。

② 如果受要约人有理由信赖要约是不可撤销的,并已本着信赖行事,则要约不得撤销。这实质是基于商事交易中的诚信原则作出的规定。

3. 要约的终止

要约的终止是指已生效的要约因为法律上的原因而失效。要约终止后,要约人即无须再受要约约束,可另行安排交易。要约的终止主要有以下四种情况:

(1) 要约因承诺期限届满而终止。如果要约规定了具体承诺期限,在该期限届满之日起而未得到承诺,或如果要约中未规定具体承诺期限,而经过一段合

---

① 《公约》基本采纳了普通法的规定,然而在但书部分采纳了大陆法系的信赖原则,规定在合同成立前,写明或以其他方式表示要约是不可撤销的,则不能撤销;受约人有理由信赖要约是不可撤销的,并本着这种信赖行事,要约也不能撤销。

② 参见《公约》第16条第2款。

理时间仍未得到承诺,则该项要约即告终止。

(2) 要约因要约人撤销而终止。除了《公约》所规定的不可撤销要约的情况之外,其他要约均可通过要约人撤销而告终止。

(3) 要约因被拒绝而终止。受要约人将对要约表示拒绝的意思表示送达受要约人,则原要约终止。

(4) 反要约导致要约的终止。拒绝要约可以是明确的拒绝意思表示,也可以是要求改变要约内容,如要求改变货物价格、数量、交货期或支付方式等,后一方式一般被称为“还盘”或“反要约”(counter-offer)。《公约》规定,任何要约(包括不可撤销的要约)于拒绝该要约的通知送达要约人时即告终止。

(二) 承诺(acceptance)

1. 概念与基本特征

承诺是指受要约人作出声明(statement)或以其他行为(conduct)表示同意某项要约。

一项有效的承诺具有以下特征:

(1) 承诺由受要约人作出;

(2) 承诺的内容应与要约的条件保持一致;

(3) 承诺应在要约有效的时间内作出;

(4) 承诺应通知要约人。

2. 承诺的方式

承诺可以口头的或书面方式作出;也可以通过行为表示,如按要约规定发运货物或支付货款。

一般情况下,受要约人在收到要约后保持缄默或不采取任何行动不构成承诺。在国际贸易中受要约人往往为了保持友好商务关系,不论是否承诺都给予以答复,但这并非法定义务。因此,即使要约人在要约中单方面地表示“一定时间内未收到答复即视为已承诺”,受要约人不予答复也不构成承诺。但在例外情况下,根据交易当事人之间确立的习惯做法,缄默也可能构成承诺。例如,买卖双方通过长期交易确立了以下习惯做法:卖方一收到买方订货单即行发货,不另行发出承诺通知。若卖方偶然打破此习惯,收到买方订货单之后,既不发货,也不及时通知买方表示拒绝承诺,此时,卖方的缄默可被视为承诺,其不发货即构成违约。

3. 承诺生效与撤回

(1) 承诺的生效

承诺生效具有重要的法律意义:一旦承诺生效,合同即告成立,合同当事人即受合同约束,得承担由此产生的义务并享有相应的权利。

承诺生效的时间与地点即合同成立的时间与地点,而这又往往构成合同准据法的判断基础。

对于承诺于何时生效,英美法系与大陆法系所采用的判断标准差异极大。前者采"投邮生效规则"(mail box rule),即承诺投邮之时生效;[①]后者(特别是德国法[②])采"送达生效规则"(receive the letter of acceptance rule),即承诺于送达受要约人之时生效。

《公约》对上述两大法系的差异进行调和:以送达生效为基本原则,同时作出例外规定。

① 以声明作出承诺

受要约人以声明表示承诺时,承诺应在要约的有效期内于承诺通知送达受要约人时生效。如果承诺通知在要约人所规定的时间内,或者要约未规定时间,则在一段合理时间内,未能送达于要约人,该承诺即为无效。一般而言,承诺所用的通讯方式最好与要约所用方式相一致,或按要约中要求的通讯方式通知对方,口头要约须立即承诺,除非双方另有约定。[③] 要约的有效期(即承诺期限)应从何时起算至关重要。

② 以行为作出承诺

如果根据要约的要求或依照当事人间已经确立的习惯做法或惯例,受要约人可以通过作出某种行为,如与发运货物或支付货款有关的行为表示承诺,而无须向要约人发出承诺通知,则当受要约人作出该项行为时,承诺即告生效,而不要求等到货物运到要约人时才生效。这一规定有利于保护受要约人的利益,否则允许要约人随意以货物尚未送达、货款尚未收到为理由而撤销其要约,会使受要约人遭受很大损失。

(2) 承诺的撤回

承诺的撤回是受要约人阻止其承诺发生法律效力的意思表示。

承诺能否撤回,英美法系和大陆法系有严重分歧。前者根据"投邮生效规则",认为承诺通知一旦投邮立即生效,合同即告成立,因此承诺通知发出之后就不可能撤回;后者根据"送达生效规则",认为承诺通知在送达要约人之时才生效,因此在送达之前仍有可能撤回。

《公约》规定,承诺可以撤回,只要撤回通知能于该承诺原应生效之前或与

---

① 法国判例认为,"交付邮局就如同交付对方的信使",也采用投邮生效原则。

② 参见《德国民法典》第130条第1款:"对于相对人所作的意思表示,于意思达于相对人时发生效力。"

③ 《公约》第20条明确规定:(1) 要约人在电报或信件上所规定的承诺期限,应从电报交发之时或从信件内载明的发信日期起算。(2) 若信上未载明发信日期,则从信封上所载日期起算。(3) 若要约人是以电话、电传或其他快速通讯方式规定的承诺期限,应从该要约送达受要约人之时起算。(4) 在计算上述承诺期限时应将正式假日或非营业日计算在内。但若承诺通知在承诺期限最后一天因遇要约人营业地的正式假日或非营业日而未能送达要约人,则承诺期限顺延至下一个营业日。

其同时送达要约人。

4. 逾期承诺的效力

“逾期承诺”（late acceptance）是指受要约人发出承诺通知，但是承诺通知未能在要约规定期限内或未能在合理期限内送达要约人的情况。

逾期承诺原则上不能构成有效承诺。传统合同法认为逾期承诺构成新要约或反要约（counter-offer），须由原要约人对该反要约进行承诺，合同才成立，合同成立时间是原要约人对该反要约作出承诺之时。

“逾期承诺”的产生一般有两种情况：第一，受要约人本身有过失，由于受要约人懈怠发出承诺通知，导致通知过迟到达要约人；第二，受要约人本身没有过失，受要约人虽及时发出承诺通知，却因传递过程失误导致通知延迟到达要约人。相应地，《公约》对于“逾期承诺”区分不同情况进行灵活处理：①

（1）如果要约人毫不迟延地以口头或书面将其认为该逾期承诺仍属有效的意思通知受要约人，该逾期承诺仍具有承诺的效力。这一般是针对受要约人本身存在过失的情况，此时赋予要约人对逾期承诺以选择权：若其不愿订立合同，则无须对逾期承诺作任何处理；若其愿意订立合同，则必须及时通知受要约人该逾期承诺仍有效。

（2）针对受要约人本身无过失的情况，即如果载有逾期承诺的信件或其他书面文件表明，它是在传递正常且能及时送达要约人的情况下寄发的，却在事实上因传递失误而迟到，那么该逾期承诺仍有效，除非要约人毫不迟延地以口头或书面通知受要约人，表示其要约已因承诺逾期而失效。此时，要约人的选择权稍有不同：若其不愿订立合同，则必须及时通知对方，表明其要约已因承诺的迟到而失效；若其愿订立合同，则无需任何行动即可使合同成立。

《公约》的规定表明，逾期承诺的情况下合同能否成立的主动权保留在要约人手中，这无疑有利于要约人。若逾期承诺仍具有承诺的效力，那么此情况下合同成立时间应是该逾期承诺送达要约人之时，而不是要约人将逾期承诺仍属有效的通知送达受要约人之时。

5. 变更要约内容的承诺

按照合同法一般原则，承诺的内容应当与要约内容一致，即所谓“镜像规则”（mirror image rule）②。承诺的内容与要约的内容不一致，就不是有效承诺，而构成一项反要约。

《公约》基本采用上述原则，即对要约表示承诺但载有添加、限制或其他更

---

① 参见《公约》第21条。

② 即承诺必须与要约所提出的交易条件保持一致，原则上一项承诺应该像镜子一样照出原要约的所有条件。

改的答复，原则上视为拒绝该要约，并构成反要约。但实践中若因承诺的内容与要约稍有出入即认定合同不能有效成立，容易阻碍贸易的正常进行。因此《公约》采用灵活的处理办法，即看有关答复对要约的添加、限制或其他更改是否构成实质改变要约条件，若并未在实质上变更要约条件，则除非要约人在不过分延迟的期间内以口头或书面形式表示异议，否则该答复仍构成承诺，合同有效成立，但合同条件就以该要约的条件以及承诺时所附加或更改后的条件为准。[①]

可见，变更要约内容的答复要构成有效承诺，必须符合两个条件：

(1) 变更内容属于非实质性的。《公约》规定，有关货物价格、付款、货物的质量与数量、交货时间与地点、赔偿责任范围、解决争端六个方面的变更都属于实质变更。但是，对于《公约》列举之外的变更(如货物包装、装船条件等)是否为实质性的，《公约》没有回答，这就有赖于各国的国内货物买卖法律以及司法或仲裁实践予以解决。

(2) 要约人对此变更未及时提出任何异议。如果要约人对变更内容及时提出异议，那么受要约人所发出的相关答复就不构成承诺，合同不成立。

第三节 国际货物买卖双方的义务

一、卖方的义务

国际货物买卖中，卖方的主要义务是：交付货物，移交与货物有关的单据，转移货物的所有权，[②]并且承担对货物品质上和权利上的担保义务。

(一) 交付货物

交付货物(delivery)是卖方的主要义务之一，它是指卖方自愿地将货物移交给买方占有和支配的行为。

交货涉及交货的方式(methods of delivery)、交货时间和交货地点的确定。

按照各国合同法的规定，关于交货的方式、时间和地点，都可以由买卖双方在合同中具体约定，凡合同已有明确规定的，卖方就必须严格依照合同约定交货。例如，对于交货方式，买卖双方可在合同中约定，卖方把货物交给买方本人，或约定把货物交给买方指定的人，或约定由买方自行提货等等。对于交货地点，买卖双方可在合同中采用特定贸易术语加以明确，如 EXW 交货地点在货源所

---

① 参见《公约》第 19 条第 2、3 款。

② 《公约》仅原则性地规定卖方有义务把货物所有权移转于买方(第 30 条)，并保证其所交付的货物必须是第三方不能提出任何权利或请求权的货物(第 41 至 44 条)，但《公约》不涉及买卖合同对所售货物所有权可能产生的影响(第 4 条 b 款)。《公约》对所有权移转的时间、地点和条件等问题，都没有作出任何规定，有关所有权转移问题的规则主要看各国的国内法规定，详细论述见本章第五节。

在地、FOB的交货地点在指定装运港、FCA交货地点在承运人所在地、DDU交货地点在进口国某指定地点,等等。交货地点的确定关系到买卖双方费用和风险的负担,一般而言,交货地点一经确定,把货物运到交货地点的一切费用和风险均应由卖方承担。交货时间的确定同样非常重要,如果卖方不能及时交货,就可能使买方遭受重大损失,如买方无法及时将货物投入生产、使用或销售,或因国际市场价格波动而遭受损失。对于合同的交货规定,卖方应严格履行,未按合同规定交货即构成违约,卖方应承担相应责任。

1. 交货地点

据《公约》第31、32条的规定,如果买卖合同没有具体规定交货地点,则应遵循如下基本原则加以确定:

(1) 货交第一承运人

买卖合同涉及货物运输的,卖方把货物交给第一承运人,即视为已履行交货义务。

所谓"涉及货物运输",是指卖方为履行交货义务有必要安排货物运输,必须与承运人(独立第三人)订立运输合同,按照通常运输条件以适合情况的运输工具将货物运到指定地点。当然,实际运输责任由承运人根据运输合同承担。根据公约要求,在货物交付给承运人时,卖方应先将货物确定在合同项下(identified to the contract),指定以该项货物作为履行合同的标的,即把货物"特定化"。[①]具体做法是:给货物加上标记,或以装运单据或其他方式清楚注明有关合同,或向买方发出列明此项货物的发货通知。

相关货物的运输涉及两个以上承运人,《公约》仅要求卖方把货物交给第一承运人以运送给买方,就认为是在适当的地点交付了货物。

(2) 特定地点交货

买卖合同未涉及货物运输,而合同项下的货物是位于某一特定地点的特定物(如某一编号的机床一台)或是从特定存货中提取的货物(如某一仓库中堆放的特级玉米500吨),或者是在某特定地点尚待生产制造的未经特定化的货物(如由某一特定工厂生产的某型号电视机500台),并且买卖双方在订立合同时已经知道该特定地点,则交货地点就是该货物存放或生产制造的特定地点,卖

---

① 卖方把货物特定化是一项具有重大法律意义的行为。按照许多国家的法律,卖方将货物特定化,乃是货物的所有权和风险由卖方转移给买方的必要条件。在货物特定化之前,其所有权和风险原则上不移转于买方。所谓特定化是将货物无条件地划拨于合同项下(unconditionally appropriated to the contract)的行为,即将某一批货物同某一个具体合同联结起来,表明该批货物是为履行某个合同之用或交付给某个买主的。例如,卖方在未保留对货物的处置权的情况下,为了将货物运交买方而交给承运人的行为就是将货物特定化的行为。一般而言,经过特定化的货物,卖方不得随意调换或挪用。

方应在该地点将货物交给买方处置。[①]

（3）卖方营业地交货

除上述两种情况以外的任何其他情况，卖方的交货地点是订立买卖合同时的卖方营业地。若卖方有一个以上的营业地，则以与合同或合同履行有最密切联系的营业地为准；若卖方没有营业地，则以其惯常居所地为准。[②]

1980 年《公约》采用的规则与大多数英美法系及大陆法系国家的国内规则基本一致。我国《合同法》第 61 条和第 141 条规定：如果合同对履行地没有约定或约定不明的，可由双方当事人达成补充协议，不能达成补充协议的，按合同的有关条款或交易习惯确定，否则按货物是否涉及运输确定交货地点：对于涉及运输的，卖方应将货物交给第一承运人；对于不涉及运输的，买卖双方订立合同时已知标的物所在地的，在该地点交货，否则在卖方营业地交货。

应强调的是，由于国际货物贸易的逐渐统一化、标准化，越来越多的进出口商在合同中明确选定了某种国际贸易术语确定交货地点。例如，FCA 的交货地点是承运人所在地，FOB 的交货地点是装运港所在地，DDU 的交货地点是进口国的指定地点，等等。实践中，如果当事人已经选择了特定的价格术语，就优先按照该价格术语的国际惯例确定交货地点。

2. 交货时间

如前所述，交货时间在国际货物贸易中非常重要，如果买卖合同中规定了交货时间，卖方不按时交付货物，也是违反合同的。

《公约》对交货时间的确定区分了四种情况分别处理：

（1）如果合同规定了交货日期，或可从合同中确定交货日期，则卖方应在该日期交货。例如，合同规定在 2007 年 12 月 12 日交货或者规定在合同签字日后第 10 天交货，就属于明确规定交货日期的情况。这种情况在国际货物贸易中不多见，因为国际货物贸易通常涉及运输等很多事项，不易确定精准的交货日期。

（2）如果合同规定了一段交货期间或从合同中可确定一段交货期间，除非情况表明买方有权选定一个具体日期，否则，卖方可以在这段期间内的任何一天交货。例如，合同约定在 2007 年圣诞节前交货，则卖方可以在合同生效后圣诞节到来前的任何一天交货。又如，合同约定在收到信用证之后 10 天内装运，则卖方可以在收到信用证后的 10 天中选择任何一天装运。

（3）在其他情况下，卖方应在订立合同后的一段合理时间内交货。[③] 何谓

① 所谓“将货物交给买方处置”（place the goods at the disposal of the buyer），是指卖方采取一切必要的行动，准备好货物并通知买方，让买方能够取得货物。例如，卖方应适当包装货物并加上必要标记、向买方发出提货通知，或者在货物交给仓库或承运人照管的情况下，将有关单据交给买方。

② 参见《公约》第 10 条。

③ 参见《公约》第 33 条。

“合理”往往是司法机关或仲裁庭根据交易的具体情况确定。例如,法院要考虑货物的性质、备妥货物所需时间等条件。

(4)《公约》还对卖方提前交货作了规定。如果卖方在规定日期前交货,买方对于这种提前交货有拒绝或接受的选择权。[①]

《公约》的上述关于交货时间的规定与我国《合同法》规定有一定的差别。我国《合同法》规定:合同履行期限不明确的,当事人可以协议补充;不能达成补充协议的,则按合同有关条款或交易习惯确定;若仍无法确定,则债务人可以随时履行,债权人也可随时要求履行,但应当给对方必要的准备时间。[②]这意味着若确实无法明确交货期限,卖方可随时交货,买方亦可随时要求卖方交货,至于给对方“必要的准备时间”应多长则需根据个案具体情况分析。上述规定有例外:如果买方在订约前已占有标的物,则合同生效的时间就是交货时间。[③]

(二)移交单据

如前所述,在国际货物买卖中,存在两种不同的交货方式:一是实际交货,二是象征性交货。象征性交货方式在国际贸易中被普遍采用,卖方在装运货物后提交单据,买方凭单据付款、提货。因此,与国内贸易相比,国际贸易中与货物有关的单据显得非常重要。对买方而言,这些单据关系到买方提货、报关、取得货物所有权、转售货物以及向有关当事人(如卖方、承运人或保险公司)进行索赔等一系列问题;对于卖方而言,在象征性交货的情况下,按照合同或有关国际贸易惯例的规定交付了相关单据(特别是如提单等代表货物所有权的单据)就视为履行了交货义务。

1. 有关单据

《公约》要求卖方必须按合同和《公约》的规定向买方移交一切与货物有关的单据。[④] 这表明卖方所交单据应当是完整而符合要求的。但《公约》并未对卖方应交单据的种类作出列举,因此这只能通过买卖合同及有关国际贸易惯例确定。

一般而言,卖方交付的单据包括但不限于:

(1)运输单证(shipping documents),如提单,海运单等;

(2)保险单或保险凭证;

(3)商业发票;

(4)进出口许可证;

(5)商检证书;

---

① 参见《公约》第52条第1款。

② 参见我国《合同法》第61条和第62条。

③ 参见我国《合同法》第140条。

④ 参见《公约》第30条。

(6) 原产地证书,等等。

2. 交单的时间、地点和方式

关于移交单据的时间、地点和方式,《公约》仅要求卖方必须按照合同所规定办理,[①]因此在合同未规定的情况下,只能依据有关惯例和诚信原则处理。

(三) 对货物的担保义务

根据《公约》的规定,卖方除了应当承担上述的交货义务以外,还应该承担的一项义务是保证提交的货物在各方面符合合同的规定,即对货物的担保义务,具体包括两个方面:品质担保和权利担保。

1. 对货物的品质担保义务

品质担保义务是指卖方应担保所交付的货物必须与合同规定严格相符,担保的内容一般包括货物的质量和规格、数量、包装等方面。若合同未作具体规定,则须符合法律的要求。

(1) 品质担保的内容

《公约》第35条规定了对货物的品质担保的具体内容:

第一,卖方交付的货物必须与合同所规定的数量、质量和规格相符,并须按照合同规定的方式装箱包装。

第二,除双方当事人另有协议外,卖方所交的货物必须符合下列要求:

① 货物应适用于同一规格货物通常使用的用途。

② 货物应适用于订立合同时买方曾明示或默示地通知卖方的任何特定用途,除非情况表明买方并不依赖卖方的技能和判断力,或者这种依赖对卖方而言并不合理。例如,如果买方已经表明购买的食品是专供糖尿病患者食用的,则卖方提供的货物必须满足这一特殊要求。

③ 货物的质量应与卖方向买方提供的样品或模型相同。

④ 货物应按同类货物通用的方式装箱或包装,如无通用方式,则按足以保全和保护货物的方式装箱或包装。

我国《合同法》也规定了的货物质量担保义务:[②]① 卖方应按约定质量交货,有提供货物质量说明的,所交付的货物须符合该说明的质量要求。② 凭样品买卖的应封存样品并可对样品质量予以说明,卖方所交付的货物应与样品及说明的质量相同。

(2) 卖方承担货物品质担保义务的期间

卖方承担货物品质担保义务的期间与货物风险转移的时间密切相关,卖方应当对风险转移到买方之时或者之前存在的货物品质与合同不符的情形承担责

① 参见《公约》第34条。

② 参见我国《合同法》第153、168、156条。

任。如果货物在风险转移给买方时与合同相符,那么就应认为卖方已履行了交货与合同相符的义务,对于风险转移给买方之后货物所发生的损坏或灭失,卖方不承担责任。

《公约》第36条规定,卖方应对货物在风险转移给买方时所存在的任何不符合同的情形负责,不仅应对货物风险转移给买方时的明显品质缺陷承担责任,而且应当对风险转移给买方时就已经存在的货物潜在缺陷承担责任。

如果货物与合同不符的情形是发生在风险转移之后,卖方是否还须承担责任?按照《公约》,如果这种不符合合同情形的发生是由于卖方违反某项义务,包括违反关于货物在一定期间内将继续适合于其通常用途或某种特定用途,或将保持某种特定品质或性质的任何保证,那么卖方对货物在风险转移给买方之后所发生的不符合同要求的情形还是要承担责任。实践中,如果买卖合同中约定了超出风险转移时间点的品质保证期,那么卖方就应当在期间内承担货物品质担保义务。例如,一台大型的机器,合同中规定了质量保证期为两年,尽管风险在机器交付给买方时就转移了,卖方仍然需要在约定的两年保证期内承担品质担保义务。

(3) 买方对货物品质的检验权利

与卖方的货物品质担保义务相对应,买方有权检验货物是否与合同相符。

就验货时间而言,买卖合同可作出明确规定,如果没有规定具体检验时间,《公约》要求买方必须在按情况实际可行的最短时间内检验货物或由他人检验货物。①"按情况实际可行的最短时间"的确定必须考虑到货物的性质、交易的情况和贸易惯例等因素。就验货地点而言,买卖合同可规定装运前起运地检验或货到目的港检验等。如果合同没有规定具体的验货地点,《公约》设定了两种情况:如果合同涉及货物的运输,检验可推迟到货物到达目的地后进行;如果货物在运输途中改运或买方需再发运货物,没有合理机会进行检验,且卖方在订立合同时已经知道或理应知道这种改运或再发运的可能性,则检验可推迟到货物到达新目的地后进行。②

买方应在合同或法律规定的时间和地点检验货物,如经检验发现货物与合同不符,就应按合同或法律规定的期限通知卖方并提出索赔要求,否则买方就会丧失其应有的权利。就此问题,《公约》第39条有两个层面的规定:

① 买方必须在发现或理应发现货物不符合合同情况后的一段合理时间内通知卖方,并说明不符合合同情形的性质,否则就丧失声称货物不符合合同的权利(即丧失对卖方违约的各种补救办法,包括请求赔偿、宣告撤销合同、要求实

---

① 参见《公约》第38条第1款。

② 参见《公约》第38条第2款和第3款。

际履行等权利)。

② 在任何情况下,买方如果不在实际收到货物之日起两年内将货物不符合合同的情况通知卖方,就丧失声称货物不符合合同的权利,除非这一时限与合同规定的保证期限不一致。

(4) 货物品质担保义务与“产品责任”的关系

货物买卖法中卖方对货物的品质担保义务与产品责任法中的“产品责任”可能有一定联系。由于《公约》允许当事人排除或改变《公约》中的任何规定,卖方可在订立买卖合同时写入排除上述品质担保义务的规定。但是,《公约》并不涉及合同或合同条款是否有效的问题,而且也不涉及卖方对于货物对任何人所造成的死亡或伤害的责任,因此这类免除卖方品质担保义务的条款是否有效,以及货物瑕疵导致的产品责任问题,就须按照该合同的准据法处理。

2. 对货物的权利担保义务

卖方对货物的权利担保义务,是指卖方应当保证对其所出售的货物享有合法的权利,没有侵犯任何第三人的权利,并且任何第三人都不会就该项货物向买方主张任何权利。此项义务包含三个方面:一是卖方保证自己(作为货主或货主代理人)确实享有出售货物的合法权利;二是卖方要保证出售货物不存在任何未曾向买方透露的其他权利,如抵押权、留置权等担保物权;三是卖方保证所售货物没有侵犯第三人知识产权等其他权利。

(1) 卖方必须有权出卖该货物

卖方的权利担保义务首先要求他担保有权出售该货物,而不能把非法侵占别人的货物出卖给买方,如出售的不能是盗窃所得、走私所得的货物。但这并不是要求卖方一定要是货物的所有权人,只要卖方享有出售货物的权利即可,它可以是货物的所有权人,也可以是货物所有权人授权的代理人或者货物所有权人同意其处理该货物的其他人。

(2) 卖方必须保证出售的货物不存在任何未向买方透露的其他权利

许多国家的国内法都规定了卖方有义务担保所出售的货物不会被第三人主张权利。我国《合同法》要求卖方所卖的货物应当属于卖方所有或卖方有权处分的;卖方须保证第三人不得向买方主张任何权利,除非买方在订立合同时知道或应当知道第三人对货物享有权利;买方有确切证据证明第三人可能就标的物主张权利的,可中止付款。①

《公约》第 41 条也作了相似的规定:卖方所交的货物,必须系第三方不能提出任何权利要求的货物,而且还必须是第三方不能提出任何请求的货物。这种规定是比较周到的,如一个善意的买方收到货物后,第三人以主张自己为货物的

① 参见我国《合同法》第 132、150、151、152 条。

真正所有人为由提出起诉,诉讼的结果有两种。如果第三人胜诉,卖方当然要对买方承担责任。即使第三人败诉,买方也为此付出了很多诉讼成本,如时间和金钱,而且可能因为产权不确定的期间延误给买方带来其他损失。按照《公约》的规定,尽管第三人败诉,也应该看做是卖方违背了他所应该承担的保证第三方不能对货物提出任何诉请的义务,而应该对买方承担责任。

值得注意的是,根据《公约》的第 4 条规定,《公约》不涉及买卖合同对货物的所有权产生的影响问题。在上述案例中,买方能否得到货物所有权,《公约》并不能解决,而只能根据合同的准据法确定。但可以肯定的是,只要第三方并不是不合理地提出权利主张,卖方就应该采取适当方式弥补买方因为第三方主张权利而导致的损失。这是为了保护善意买主,当然,卖方如果有充分理由也可向该第三方要求赔偿损失。

(3) 卖方必须保证所售货物没有侵犯第三人的知识产权

根据《公约》第 42 条第 1 款的规定:卖方所交付的货物,必须是第三方不能根据工业产权或其他知识产权主张任何权利或请求的货物,但以卖方签订时已知道或者不可能不知道的权利要求为限。卖方须负责的情况包括两类:

① 第三方根据买方营业地所在的国家的法律提出权利请求;

② 双方在订立合同时预期货物将在某一国境内转售或做其他使用,第三方根据该国法律提出权利请求。

但是,如果卖方签订合同的时候不知道,也无法预料到货物要销往的国家,卖方不需要在出售货物时考虑货物是否会对世界范围内的任何一个国家侵犯第三人的知识产权,为此《公约》规定了如下例外,在这些例外条件下,卖方无须负责:

① 买方在订立合同时已经知道或不可能不知道第三方对货物会提出有关知识产权的权利或请求;

② 第三方提出的权利或请求是由于卖方要遵照买方提供的技术图样、图案或其他规格而引起的;

③ 第三方据以提出知识产权要求的法律是卖方不知道也无法合理预料到的国家的法律,即货物被销往了卖方不知道的第三国;

④ 买方未通知及时:买方在已经知道或理应知道第三方对货物的权利或请求后,应在合理时间内通知卖方,否则,买方就会丧失声称卖方违反上述担保义务的权利,除非买方对未及时通知卖方能提出合理的理由;

⑤ 买方同意在有第三方权利的前提下接受货物。

二、买方的义务

在国际货物买卖中,买方的主要义务有两项:支付货款和收取货物。

（一）支付货款

国际货物贸易付款方式比较复杂，通常如何支付货款是买卖双方谈判的焦点。根据《公约》的规定，买方支付货款的义务主要包括履行必要的付款手续，以及在合理的地点和时间付款。

1. 付款手续

买方为支付货款进行准备、履行必要的手续，构成其付款义务的组成部分。这包括两方面：一方面，按合同规定履行付款手续。例如，合同规定买方应以信用证方式付款，买方就有义务向银行提出开证申请并交纳开证押金以确保银行能开出信用证。如果买方不按合同规定采取上述步骤导致信用证无法开出，即构成违约，买方应对此负责，这是买方的一项绝对义务。另一方面，买方应按照法律或规章的要求，履行必要的步骤和手续。例如，有些国家实行外汇管制，用汇需要政府主管机构批准，那么买方应就此履行本国政府对国际支付所要求的各种程序和批准手续，以便支付货款。不过，《公约》只要求买方依法履行各种手续，但如果买方尽了最大努力，政府主管部门仍未予批准，买方可以依据《公约》的免责规定要求免责。

2. 付款地点

就付款地点而言，如果买卖合同中已有明确规定，买方应在合同规定的地点付款。若合同未予规定，买方付款地点按如下规则确定：

（1）如果是凭移交货物或单据支付货款，则买方应在移交货物或单据的地点支付货款；否则就在卖方营业地付款。[①] 而如果买方须在卖方营业地支付货款，就必须按照买卖双方所在国的要求办理付款手续，在付款期限届至时将货款付到卖方营业地，并承担将货款付至卖方营业地的一切费用和风险。

（2）如果卖方有一个以上的营业地点，那么与买卖合同及合同履行有最密切联系的卖方营业地就是买方付款地点。

（3）如果卖方的营业地点在订立合同后发生变动，则由此增加的支付费用由卖方承担。

3. 付款的时间和条件

就付款的时间与条件而言，《公约》要求：

（1）买方必须按合同和《公约》规定的日期付款，无需卖方提出任何要求或办理任何手续，买方不按时付款就应承担延迟付款的责任。

（2）如果买卖合同没有具体规定，则买方应当在卖方按合同和《公约》的要求把货物或把代表货物所有权的单据移交给买方处置时支付货款。卖方可以把

---

① 至于交单地点的确定，《公约》并无规定。根据国际贸易支付方式惯例，一般认为，跟单托收方式的交单地点是买方营业地；跟单信用证方式的交单地点为卖方营业地。

支付货款作为移交货物或单据的条件。

(3) 如果合同涉及货物的运输,卖方可以在发货时订明条件,规定必须在买方支付货款后,方可把货物或代表货物所有权的装运单据交给买方。

(4) 买方在未有机会检验货物前,无义务支付货款,除非这种检验机会与双方当事人约定的交货或支付程序相抵触。在实践中,检验与交货支付程序相抵触的典型情况是 CIF 合同。根据 CIF 合同中,通常卖方在发运货物后取得与货物有关的单据,凭这些单据和信用证向有关银行要求支付货款,只需达到信用证交易中的"单单相符、单证相符"要求,银行即应付款。这样,买方只能先行凭单付款,再于货到后检验。

(二) 收取货物

买方收取货物(take delivery)的义务主要包括两方面:一是采取一切理应采取的行动,以便卖方能交付货物;二是接收货物(take over the goods)。[①]

国际货物买卖实践中往往要求买方合作采取必要的行动,才能使卖方履行交货义务。例如,在 FCA 合同中,买方要及时指定交货地点;在 FOB 合同中,买方要及时安排运输事宜,并将船名、停泊地点等及时通知卖方。在卖方交货时买方有义务及时接收货物,如卸货、提货等。买方不及时接收货物就必须承担由此引起的卖方损失。又如 CFR 和 CIF 合同,买方有义务及时从承运人处领取货物,否则就可能对与承运人订立运输合同的卖方承担损害赔偿责任。

这里须注意,"接收"(receive)和"接受"(accept)是两个不同的概念。所谓"接受"是指买方将货物认定为符合合同要求而收下;"接收"并不表示买方承认货物符合合同,买方在货到后接收货物,若发现货物不符合合同,仍可向卖方索赔。

第四节 国际货物买卖的违约救济

一、违约救济概述

(一) 违约的定义与分类

当事人没有正当理由违反依法成立的合同,不履行到期合同义务,即违约(breach of contract)。违约者应承担违约责任。

合同当事人的违约可以根据不同的标准进行分类。

1. 根本违约与非根本违约

根据当事人违约程度严重与否,可将违约分为根本违约和非根本违约。根

---

① 参见《公约》第 60 条。

本违约是严重违反合同而使另一方得以解除合同的违约行为;非根本违约则是违反合同的程度并未使另一方获得解除合同权利的违约。

《公约》第25条规定,所谓根本违约(fundamental breach of contract),是指一方当事人违反合同的结果,如使另一方当事人遭受损害,致使实际上(substantially)剥夺了其根据合同规定有权期待得到的东西,除非违反合同的一方并不预知而且一个同等资格、通情达理的人处于同样情况中也没有理由预知会发生这种结果。可见,根本违约包含两个基本要素:

(1) 违约后果严重程度

这是根本违约的客观要件,即违约行为的后果必须达到"实际上剥夺"被违约方在合同适当履行时应当或可以获得的东西(这主要是指利润,但并不限于利润)。但是,《公约》并未就"实际上剥夺"提供明确判断标准。一般而言,判定违约后果是否严重,法院或仲裁机构除了充分参考有关的商业惯例和商业常识之外,通常考虑以下因素:违约部分的价值与整个合同价值之间的比例;违约部分对合同目标实现的影响程度;迟延履行对合同目标实现的影响程度;违约的后果及损害能否得到修补;分批交货合同中违反某一批交货义务对整个合同的影响程度,等等。[①]

(2) 违约后果的可预见性(foreseeability)

这是根本违约的主观要件。违约方不仅应证明自己没有或不可能预见特定的违约后果,还必须证明"同等资格、通情达理的人"在同样情况中也没有理由预见到,才能免除根本违约的责任。

须注意的是,根本违约与非根本违约的区分并非绝对,《公约》所规定的概念非常灵活,这使法院有着较大的自由裁量权,也造成了解决问题的不确定性。

2. 实际违约与预期违约

根据违约方违约的时间不同,可以分为实际违约和预期违约。

实际违约是指合同规定履行期限到来后,负有履约义务的一方无正当理由不履行义务。在商事活动实践中,大量违约行为都是实际违约。由于实际违约发生时,合同履行期限已经届满,因此对这类违约行为比较容易把握。

预期违约(anticipatory breach)是指合同生效后至履约期限届满之前,合同一方无正当理由而明确肯定地向另一方明示其将不履行合同义务(此即明示预期违约),或以自身行为或客观事实默示其将不履行合同义务(此即默示预期违约)。

对于明示预期违约,被违约方可以选择立即解除合同并要求损害赔偿,或者等到履行期限届满而对方仍不履约时再要求违约赔偿。对于默示预期违约,被

---

① 参见冯大同主编:《国际货物买卖法》,对外贸易教育出版社1993年版,第176页。

违约方可要求对方提供履约保证,否则即可解除合同并请求损害赔偿。《公约》第 71 条规定,如果订立合同后,合同一方由于履行合同的能力或其信用有严重缺陷,或在准备履行合同或履行合同中的行为表明其届时将不会或不能履行合同,则合同另一方可以中止履行义务,但必须立即予以通知,并在该合同一方对履行义务提供充分担保的情况下继续履行自己的合同义务。如果买方有预期违约情况,而卖方又在其预期违约明显化之前已发运货物,那么卖方可以阻止将货物交给买方,即使买方已持有货物所有权凭证。

"预期违约"制度源于英美合同法,其中的"默示预期违约"与大陆法特有的"不安抗辩权"制度颇为相似。"不安抗辩权"是指在双务合同中,有先履行义务的一方在合同另一方存在财产明显减少导致将来难以履行合同时,在对方未为将来履行提供充分担保前有拒绝自己先为履行的权利。① 这两种制度有类似之处,二者都发生于合同成立之后至履行期限届满之前,都是为了减少债权人利益损失,维护市场交易秩序。但二者也存在显著差异:不安抗辩权要求被违约方有先履行合同的义务,默示预期违约无此要求;不安抗辩权产生的理由是对方财产显著减少导致将来难以履行合同,而默示预期违约的理由更宽泛;②行使不安抗辩权的债权人的救济方式是中止履行并要求对方提供履约担保,但是在对方不予担保的情况下债权人能否解除合同则不明确,而默示预期违约情况下允许被违约方解除合同。相比较而言,预期违约可以涵盖不安抗辩权的适用范围,在救济上也更灵活,更符合合同双方利益。

值得注意的是,我国《合同法》同时借鉴了预期违约和不安抗辩权两种制度,既规定"当事人一方明确表示或者以自己的行为表明不履行合同义务的,对方可以在履行期限届满之前要求其承担违约责任",又允许"应当先履行债务的当事人"如果有确切证据证明对方经营状况严重恶化或转移财产、抽逃资金以逃避债务,或丧失商业信誉等丧失或者可能丧失履行债务能力的情形,可以中止履行,同时要及时通知对方,并在对方提供适当担保时恢复履行,或于对方在合理期限内未恢复履行能力并且未提供适当担保的情况下解除合同。③

(二) 违约救济的基本方式

违约救济(remedies for breach of contract)是指合同一方违约时,另一方为防止权利侵害或补偿受侵害的权利而采取的民事救济措施。

---

① 参见《法国民法典》第 1613 条、《德国民法典》第 321 条。

② 《美国统一商法典》第 2-609 条规定默示预期违约的标准是"有合理理由认为对方不能正常履行"。实践中判例解释主要有以下三种:第一,债务人的经济状况不佳,没有能力履约;第二,债务人的商业信用不佳,令人担忧;第三,债务人在准备履约或履约过程中的行为或实际状况表明债务人有违约的危险。参见杨永清:《预期违约规则研究》,载梁慧星主编:《民商法论丛》第 3 卷,法律出版社 1995 年版,第 355 页。

③ 参见我国《合同法》第 68、69、108 条。

在国际货物买卖中，买卖双方都可采取的救济方式主要有：实际履行（specific performance）、损害赔偿（damages）、解除合同（avoidance）、支付违约金（liquidated damages）等。

1. 实际履行

实际履行是指在一方当事人违约时，另一方当事人要求其履行或请求法院判决其履行合同规定的特定义务，使被违约方确实得到其订立合同所希望得到的东西。

各国法律对“实际履行”所采取的态度是不同的。大陆法系国家往往将实际履行作为一种基本的违约救济方式，英美法系国家则认为实际履行是特殊的例外救济方式，用以弥补金钱赔偿这一救济方法的不足。①

《公约》就各国法律对实际履行的矛盾进行了调和：“如果按照本公约的规定，一方当事人有权要求另一方当事人履行某一义务，法院没有义务作出判决，要求具体履行此一义务，除非法院依照其本身的法律对不属于本公约范围的类似销售合同愿意这样做。”②

《公约》虽然规定当事人有权要求违约方实际履行合同义务，如买方可以要求卖方对交货不符进行修理或交付替代物，卖方有权要求买方付款并收取货物等，但同时又将实际履行的决定权交给法院，而法院判决实际履行与否取决于其本国法，从而当事人在不同国家起诉或仲裁就可能得到不同结果。《公约》无法解决当事人“挑选法院”（forum shopping）的不合理现象。不过，在国际货物买卖实践中，法院难以进行监督和强制执行当事人实际履行，因此较少使用这种救济方式。

2. 损害赔偿

损害赔偿是最常用的违约救济方法，主要指金钱赔偿，其目的是使被违约方达到合同被严格履行时将拥有的经济地位，因此被违约方只有在因对方违约遭受到损失的情况下才有权要求损害赔偿，损害赔偿的数额不应超过其实际发生的和确实的损失。

（1）赔偿的范围

《公约》第74条规定，一方当事人违反合同应负的损害赔偿额，应与另一方当事人因其违反合同而遭受的包括利润在内的损失额相等，这种损害赔偿不得超过违反合同一方在订立合同时，依照其当时知道或理应知道的事实和情况，对违反合同预见或理应预见到的可能损失。我国《合同法》第113条也作了相似

---

① 我国《合同法》要求当事人一方不履行合同义务或者履行合同义务不符合约定的，应当承担继续履行、采取补救措施或者赔偿损失等违约责任。针对非金钱债务，当事人有要求实际履行的权利，除非法律上或事实上不能履行，或者债务标的不适于强制履行或履行费用过高，或者债权人在合理期限内未要求实际履行。参见《合同法》第107、110条。

② 《公约》第28条。

的规定。

(2) 减轻损失原则

减轻损失原则是指在合同一方违约时,被违约方应及时采取必要合理的措施减少因违约而造成的损失或防止损失扩大,否则被违约方无权就本可避免的损失向违约方进行索赔。这个原则对损害赔偿范围的确定有一定制约作用。按《公约》第77条规定:"声称另一方违反合同的一方,必须按照情况采取合理的措施,减轻由于该另一方违反合同而引起的损失,包括利润方面的损失。如果他不采取这种措施,违反合同的一方可以要求从损害赔偿中扣除原可以减轻的损失数额。"①

3. 解除合同

(1) 概念

解除合同是指合同一方当事人严重违反合同义务时,另一方当事人依照法律或合同规定终止合同的效力。《公约》中采用的是"宣告合同无效"(avoidance)的概念。② 在国际货物买卖中,解除合同主要表现于卖方拒绝交货或买方拒收货物。

(2) 对解除合同的限制

解除合同对于合同当事人有重大影响,因此各国都对当事人解除合同的权利加以限制。根据《公约》的要求,合同一方只有在另一方根本违约时才有权解除合同。③解除合同作为被违约方的权利,他可以选择解除合同或放弃解除合同,若选择解除合同,就必须在合理期限里作出该决定并及时通知违约方。④

(3) 解除合同的后果

关于解除合同的后果如何、是否具有追溯力(即已履行的债务是否须恢复原状),不同国家规定有差异。《公约》要求:"已全部或局部履行合同的一方,可以要求另一方归还他按照合同供应的货物或支付的价款。如果双方都须归还,他们必须同时这样做。"⑤这实际上表明解除合同具有追溯力。我国《合同法》也采取类似办法:合同解除后,尚未履行的,终止履行;已经履行的,根据履行情况

① 我国《合同法》第119条也要求被违约方采取适当措施防止损失扩大,同时要求违约方承担相应的费用支出。

② 解除合同不同于合同因不符合法律规定的要件而无效(void)。前者是因一方违约而使原本已生效的合同终止效力,后者则是合同自始无效。

③ 我国《合同法》第93和94条规定了解除合同的条件:(1) 当事人协商一致;(2) 合同约定的解除合同条件成就时;(3) 因不可抗力使合同目的无法实现;(4) 合同一方在履行期届满之前明确表示或以行为表明不履行主要债务;(5) 合同一方迟延履行主要债务并经催告后在合理期限内仍未履行;(6) 合同一方迟延履行债务或有其他违约行为致使不能实现合同目的;(7) 法律规定的其他情形。

④ 参见《公约》第26条,我国《合同法》第96条。

⑤ 《公约》第81条第2款。

和合同性质,可以要求恢复原状。[①]须注意的是,解除合同一般不影响被违约方要求损害赔偿的权利。

4. 支付违约金

违约金是指合同当事人在合同中规定当一方履行合同义务与约定不符时,应向对方支付的一定数额的金钱。

违约金实际上是一种"预约的损害赔偿",它有助于减少当事人计算和举证实际损失的困难,因此在国际货物买卖合同中被广泛运用。

不同国家对违约金条款的理解有很大差异。英美法系国家往往认为违约金只有赔偿作用,把违约金区分为无效的"罚金"和有效的"预约赔偿金",如果违约金条款被判定为属于预约赔偿金性质,那么该条款就是可以强制执行的有效合同条款,法院一般无权变更违约金数额。多数大陆法系国家则认为违约金具有制裁违约并保证合同履行的作用,一般都承认违约金条款的有效性,但是法院一般有权根据当事人的请求并考虑案件具体情况对过高的违约金予以适当减少。由于各国对违约金的认识差异很大,《公约》未就此作出规定。联合国贸法会曾制定《关于在不履行合同时支付约定金额的合同条款的统一规则》,作为示范法建议各国采用。按照我国《合同法》,合同双方可以约定违约金或约定因违约产生的损失赔偿额的计算方法,如果违约金数额定得过分低于或高于违反合同所造成的损失,法院或仲裁机构有权根据当事人的请求予以适当增减。[②]

二、卖方违约的救济方式

在国际货物买卖中,卖方违约的情形主要有以下三种:(1) 不交货(或有关单据);(2) 迟延交货(或有关单据);(3) 交货(或有关单据)不符合同规定。根据不同的违约情形,买方可以选择不同的救济方式,如要求实际履行、要求损害赔偿或减价、解除合同以及请求支付违约金等。

(一) 要求实际履行

所谓实际履行,就是合同一方要求违约方根据合同的规定履行其义务。根据《公约》第 46 条的规定,当卖方违约时,买方可以要求卖方实际履行。但是,如果买方已采取与实际履行要求相抵触的某种补救办法,如在卖方不交货或迟延交货情况下,买方已宣告合同无效,重新购买了替代货物等,买方就无权要求卖方实际履行交货义务。如果卖方交付的货物存在瑕疵,买方可以有不同的选择:首先,如果卖方交货不符已构成根本违约,买方可以要求卖方交付替代货物,但须在合理时间内向卖方发出交付替代物的通知,且在这段时间内不得解除合

---

① 参见我国《合同法》第 97 条。

② 参见我国《合同法》第 114 条。

同。其次,买方可以要求卖方对所交货物进行修理更换等修补措施(除非买方的此种要求不合理),此时买方必须及时向卖方通知该要求。

买方要求卖方实际履行并不影响买方请求损害赔偿的权利。例如,卖方重新交货或对所交货物进行修补过程中使买方遭受任何损失,买方都可要求赔偿。

(二)要求损害赔偿

卖方的任何一种违约行为,只要导致了买方的损失,买方就可以要求损害赔偿。

根据卖方不同的违约行为,买方要求损害赔偿的数额也不同,主要应考察买方在不同情况下的合同利益的损失以及其他损失。

值得注意的是,要求损害赔偿与要求减价有区别。减价是买方采取的自助救济方式,主要是在卖方违约的情况下,买方在原合同价格基础上扣除相关损失,将剩余部分支付给卖方。针对卖方交货与合同不符(存在品质瑕疵)的情况,不论买方是否已经支付货款,《公约》都允许"减价"。实际上,减价制度源于大陆法。按照大陆法系国家的法律,减价与损害赔偿是不同的救济方法:减价主要适用于货物存在瑕疵的情况,其目的是要求卖方返还多得的价款以防止不当得利;损害赔偿则适用于各种违约情形,目的是补偿买方损失,恢复买方在卖方未违约情况下的经济地位。英美法国家并无减价制度,但允许买方在使用损害赔偿救济方式时,可以从尚未支付的价款中进行扣减,以抵消卖方违约的损害赔偿额。[①] 不过这种做法是买方行使损害赔偿权的一种形式。

(三)解除合同

卖方根本违约,买方就有权解除合同。

1. 不交货

卖方不交货即属此种情况。此时,买方可以立即通知卖方解除合同;也可以给予卖方一定宽限期继续履行义务,在宽限期内卖方仍不交货或拒绝交货时才解除合同。

2. 迟延交货

根据《公约》,买方有权在卖方迟延交货时解除合同只有两种情况:

(1)这种迟延交货已构成根本违约。例如,时间性很强的货物(如圣诞贺卡、中秋月饼)严重延时交付。不过,对于卖方虽迟延但已交货的情形,买方必须在卖方交货后一段合理时间内解除合同,否则即丧失解除合同的权利。

(2)卖方不在买方所给的宽限期交货,买方可解除合同。实际上买方在迟延交货情况下立即解除合同,可能会有很大风险,因为买方若判断错误(即卖方迟延交货并未构成根本违约),那么买方就要承担随意解除合同的违约责任。

---

① 参见《美国统一商法典》第2-717条,《英国货物买卖法》第53条。

因此,买方给予卖方一定宽限期,在卖方仍不按宽限期交货的情况下解除合同,是较好的选择。

3. 交货与合同不符

卖方交货与合同不符,如果已经构成根本违约,买方也可以解除合同,除非买方已经无法按货物原状返还给卖方。但是,如果买方无法按货物原状返还给卖方的原因是买方以外的原因引起,或由于检验货物造成的,则买方仍有权解除合同。[①]

三、买方违约的救济方式

在国际货物买卖中,买方违约主要有两种情况:拒绝或迟延付款、拒绝或迟延收取货物。[②]针对这两种情况,卖方主要可以采取以下救济方法:

(一) 要求支付货款和利息

在买方拒绝付款或拒绝收取货物时,卖方可以要求买方支付货款、收取货物或履行其他义务。[③]卖方要求支付货款并不需要证明损失的存在,这与损害赔偿不同,因为货款是卖方根据合同本应当获得的,与卖方是否受到损失无关。当然,卖方在取得货款后仍有其他损失的,还可要求买方赔偿。

(二) 要求损害赔偿

买方违约造成卖方损失的,卖方有权要求损害赔偿。相关损害赔偿的计算必须以违约方在订约时预见到或理应预见到的损失为基础。买方迟延付款,卖方有权向买方收取利息,而且还可就其他损失要求赔偿。[④] 按一些国家的法律,买方迟延收取货物,卖方可以将货物寄存在法定的提存所,视为完成交货义务。[⑤] 因此,买方迟延收货造成卖方的损失往往包括卖方因该迟延而支付的滞期费、仓储费等等。

(三) 解除合同

《公约》允许卖方在下列情况下宣布合同无效:

1. 买方声明不履行合同。

2. 买方不履行合同义务已构成根本违约。拒付货款或拒收货物的行为构成根本违约,卖方有权解除合同。在国际货物买卖实践中,当事人往往采用信用证付款方式,按照国际贸易惯例,买方开立信用证是卖方交货的前提条件,因此

---

① 参见《公约》第 82 条。

② 买方违反合同规定的其他情况,也都可能构成违约。本节主要讨论上述两种情形。

③ 参见《公约》第 62 条。

④ 参见《公约》第 78 条。

⑤ 我国《合同法》第 101 条也规定在债权人无正当理由拒绝受领时,债务人可将标的物提存。德国法也有类似规定。

买方不开证或迟延开证都有可能构成根本违约。

3. 买方在卖方给予的宽限期内仍不履行合同。买方迟延付款或迟延收取货物,多数情况下不构成根本违约,此时卖方不得马上解除合同,但可给予买方一段额外时间去履行义务。如果在该额外时间内买方仍然不支付货款或收取货物,那么卖方可以解除合同。

根据《公约》规定,如果买方已支付了合同价款,则卖方解除合同的权利受到一定限制:(1) 对于买方迟延履行合同义务,卖方应在知道买方履行义务之前解除合同;(2) 对于迟延履行以外的违约,卖方应在知道或理应知道这种违约后的一段合理时间内解除合同。[①]

(四) 物权上的救济

许多国家的法律规定买方出现拒付货款、拒收货物的严重违约情况时,卖方可以为保护自身利益而对货物采取留置、停运、转售等直接控制或处分货物的自助救济措施,这被称为"物权上的救济"。

这种救济比合同法上所提供的解除合同或损害赔偿等救济方式更为直接有效,因为它是直接针对货物行使的。

《美国统一商法典》的规定颇为典型:当买方出现破产、不支付货款,或者错误地拒收货物或者撤回接受等严重违约情况,卖方可以收回货物、中止交付、中途停运、转售货物,或者停止制造合同项下货物。[②] 当然,这些措施都有一定条件限制,如买方破产时已接受了货物并且在卖方要求返还前已通过正常交易出售给善意买主,卖方就不得再要求收回货物。又如,卖方转售货物应当以善意和商业上合理的方式进行,转售的货物必须与被违反的合同有合理联系。英国法也赋予未收到货款的卖方在一定条件下留置货物、停止交货、转售等权利。[③]

《公约》没有规定这类物权救济方式。

第五节 货物所有权与风险的转移

一、货物所有权的转移

国际货物买卖最本质的要求就是卖方把货物所有权转移给买方,因此与所有权转移相关的问题对买卖双方都很重要。

所有权转移所涉问题颇为复杂,主要有如下方面:

---

① 参见《公约》第 64 条。
② 参见《美国统一商法典》第 2-701 条。
③ 参见《英国货物买卖法》第 39—48 条。

1. 所有权转移的时间和条件如何,直接关系到买卖双方的基本权利

例如,当买卖合同订立后,买卖双方中有一方破产时,货物所有权是否已经发生转移的问题就凸显出来:一旦一方(债务人——未付款的买方或未交货的卖方)破产而又拥有货物所有权,那么该货物就并入该方破产财产进行清算,另一方(债权人——已交货的卖方或已付款的买方)只能作为普通债权人参与分配,能收回多少债权是个未知数。此时,卖方能否保留对货物的处置权或所有权显得非常重要,如果在买方破产情况下,卖方能留置货物甚至保有所有权,就不必参与买方的破产财产分配,从而得到更有力的保护。

2. 所有权转移还可能对第三人的权利造成影响

例如,买卖合同订立后,卖方违反合同,又将货物售予第三人(第二买主),这时是原买主(第一买主)还是第三人取得货物所有权,也需看相关法律究竟是保护哪一方。

另外,如果货物被非法出售,真正的货物所有人可否向买方追夺,买方能否取得所有权,也是复杂的问题。例如,德国法主要保护善意受让人,善意受让人可以取得标的物所有权,但是非善意的受让人则不能取得所有权,如受让人明知或因重大过失而不知标的物不属于出让人所有,即视为非善意。[①]英国法则认为,任何人都不能把自己不享有的权利转让给别人,不过为了保护商事交易,同时允许在一定条件下善意支付了价金的人可取得货物所有权。[②]

3. 所有权转移与风险转移的关系如何,也影响到买卖双方的权益

实践中,若卖方已履行交货义务(按国际贸易惯例风险已经转移),而买方却未及时接收货物,在货物仍处于卖方实际控制之下时(假定所有权尚未转移)发生了意外事故使货物遭受损失,这就可能产生争议:究竟由谁承担货物损失。英国法认为,货物所有权转移决定货物风险的承担、保险利益的归属、买卖双方可采用的救济方法以及相关的权利义务;而美国 UCC 则把所有权转移与风险转移及救济方法等问题区分规定,不以所有权转移作为决定风险与救济方法的关键因素。

由于各国关于所有权转移的法律规则差异很大,难以统一,《公约》仅原则性地规定卖方有义务把货物所有权转移给买方并对所交货物予以权利担保,而明确表示不涉及买卖合同对所售货物所有权可能产生的影响。[③]此外,绝大多数国际贸易惯例也未就此问题作出规定。[④]因此,国际货物买卖中所有权转移问题

---

① 参见《德国民法典》第 932 条。

② 参见《英国货物买卖法》第 21—23 条。

③ 参见《公约》第 4 条 b 款。

④ 仅有《华沙—牛津规则》第 6 条对所有权转移给买方的时间与条件作了规定:在 CIF 合同中,当卖方把代表货物所有权的装运单据(如提单)交给买方时,货物所有权转移给买方;但卖方根据合同或法律保留对货物的处置权时,所有权不转移。

的具体规则,主要还需考察各国的民法或买卖法等相关法律。[①]

(一) 英美法系主要国家的相关规则

英美法系国家以英国和美国为代表。

1.《英国货物买卖法》的相关规则

《英国货物买卖法》第17—19条就所有权转移问题区分特定物买卖与非特定物买卖,以及卖方保留对货物的处置权和保留所有权等不同情况予以分别规定。

特定物是指在货物买卖中已确定的具体货物,如某件特定的貂皮大衣、某个特定艺术品等;非特定物是指买卖合同中对货物的一般性描述,通常是仅凭说明(by description only)进行交易的货物,而非某个具体货物,如在某仓库中存储的1000公吨优质大米中的500公吨,就是非特定物。

(1) 特定物的买卖

特定物(或已特定化的货物)的买卖,所有权转移取决于当事人意图。如果当事人未在合同中明确规定所有权转移,则法院可根据下列规则推定双方意图于何时转移货物所有权:

① 对于已处于可交付状态(deliverable state)的特定物的买卖,如果该买卖没有关于保留所有权条件的约定,则所有权在合同订立时转移给买方,至于付款时间或交货时间的先后是无关紧要的。何谓"可交付状态",法律并无确切定义,一般由法院根据案件具体情况加以解释。

② 对于特定物的买卖,如果卖方还需针对货物为某种行为才能使之处于可交付状态,则在卖方履行此项行为,并且买方收到有关通知时,货物所有权才转移给买方。[②]

③ 对于已处于可交付状态的特定物买卖,若卖方仍需对货物进行称重、丈量、检验或其他行为,才能确定货物价格的,则在卖方完成上述行为,并且买方收到有关通知时,货物所有权才转移给买方。

④ 对于已处于可交付状态的特定物买卖,当货物是按"确认买卖"(sale on approval)或"余货退回"(return on sale)或类似条件交付给买方时,[③]在买方向卖方表示认可或接受该项货物,或以其他方式确认这项交易时,所有权转移给买方;或者买方收到货物后没有在合同规定的退货期(若合同无规定则为一段合理时间)届满之前发出退货通知,所有权即转移给买方。

---

① 总结起来,各国对所有权转移的时间和条件的规定主要有以下三类原则:(1) 交付标的物时转移所有权(如中国、美国);(2) 合同订立时转移所有权(如法国);(3) 按合同当事人意图转移所有权(如英国、德国)。

② 《英国货物买卖法》第16条规定:"货物未经特定化之前,财产权不发生转移。"

③ 这类买卖的具体做法如下:买卖合同中规定,卖方把货物交给买方,买方在约定期限内(无具体约定则为合理期限)可以退货,如届时不退货即视为买方接受货物,其所有权即转移给买方。同时合同一般还规定,在买方付清货款之前不转移货物所有权。

（2）非特定物的买卖

非特定物的买卖在货物特定化之前不转移货物所有权。非特定物的特定化，是所有权转移的前提。当然，货物特定化之后，若卖方保留对货物的处置权，则货物的所有权不转移。

（3）卖方保留对货物的处置权

无论是特定物买卖还是非特定物买卖，卖方都可以保留对货物的处置权。

实践中，卖方保留处置权的方式多种多样。例如，卖方可以在合同中直接规定在买方支付货款之前不转移所有权，这样即使货物已交给买方或承运人，只要买方没付款就得不到所有权。卖方也可以通过对提单的处理保留对货物的处置权，如在提单抬头上注明货物须凭卖方或卖方代理人的指示交货（to the order of the seller or his agent），这样在卖方将提单背书交给买方或其代理人之前，推定卖方保留了对货物的处置权。当然，提单抬头是买方或其代理人，所有权是否转移也要视卖方是否交付提单而定。此外，卖方可在付款方式上采用承兑交单或付款交单的办法控制货物所有权。

2.《美国统一商法典》的相关规则

UCC 规定所有权转移的基本原则是：在卖方把货物确定在合同项下以前，货物所有权不转移给买方。除双方当事人另有约定外，货物所有权应于卖方完成交货义务时转移给买方，卖方保留货物所有权凭证（如提单）不影响货物所有权的转移，一般只视为买方支付货款的担保，起到保留担保权益（security interest）的作用。①

UCC 根据货物是否涉及运输，区别规定了货物所有权转移的情况：

（1）如果卖方需要把货物运交买方，在合同未规定具体目的地的情况下，货物所有权应于货物装运的时间和地点转移给买方；在合同规定了具体目的地的情况下，则货物所有权应于该目的地交货时转移给买方。

（2）当货物无需移动时（如由买方在指定仓库提货），货物的所有权应按下列规定转移给买方：若卖方应交付所有权凭证，则在交付凭证时转移所有权；若卖方无需交付所有权凭证，而订立合同时货物已特定化，则在订立合同时转移所有权。

（二）大陆法系主要国家的相关规则

大陆法系国家以法国和德国为代表。《法国民法典》关于所有权转移的原

---

① 《美国统一商法典》第 2-401 条规定：（1）当合同规定在目的地交货时，所有权在目的地由卖方提交货物时发生转移；（2）当合同规定卖方需将货物发送买方而无需送至目的地时，货物所有权在交付发运的时间和地点转移给买方；（3）当不需移动货物即可交付时，如卖方需提交所有权凭证时，所有权在交付所有权凭证的时间和地点发生转移；（4）在货物已特定化且不需提交所有权凭证时，所有权在订立合同时发生转移。

则是:买卖合同成立时转移货物所有权。[1] 不过,法国法院在实践中往往会根据案件具体情况适用以下规则:(1) 买卖双方可以在合同中规定所有权转移的时间;(2) 种类物的买卖须以特定化为所有权转移的前提;(3) 附条件的买卖,须在条件满足后才转移所有权。

《德国民法典》关于所有权转移的条件主要在物权篇中加以规定,货物买卖适用动产所有权的让与规则:合同双方当事人应就所有权转移达成合意,所有权在货物交付给买方时转移,若卖方有义务交付所有权凭证(如提单),则自卖方交付该凭证时所有权转移给买方。[2] 卖方可以保留货物所有权,直到买方付清全部货款时所有权才转移。[3] 可见其采用的是订立独立的物权合同,转移货物所有权的原则。

(三) 我国法律的相关规则

根据我国《民法通则》第 72 条和《合同法》第 133 条的有关规定,货物所有权的转移有以下基本原则:

(1) 当事人可以约定货物所有权转移的时间和条件;

(2) 若当事人无约定,则货物所有权从交付时起转移;

(3) 法律另有规定的,按法律的规定转移所有权。

二、货物风险的转移

国际货物买卖中的风险是指货物在交易过程中可能遭受的各种意外减损或灭失,这类损失并非由于双方当事人的故意或过失的行为或不行为造成的。

国际货物买卖往往手续繁杂且涉及跨国长途运输,面临的风险很多,如火灾、水灾、被窃、沉船、受潮、霉变,甚至遇到战争、罢工、政府禁令等因素而导致货物灭损。这些风险导致的损失应当由谁承担,直接关系到买卖双方的利益。风险转移的确定很重要,它关系到如下问题:

(1) 谁有资格向保险公司求偿;

(2) 在不属于保险范围内或当事人漏保的情况下风险分担问题;

(3) 对受损货物进行保全与救助的责任问题,等等。

《公约》第 10、69 条对风险转移确定了相应的原则,即以交货时间确定风险转移、过失划分原则、国际惯例优先、特定化等原则。

在司法实践中,风险转移的一般法律原则是:风险划分在哪一方,就由该方承担由此引起的损失。如果货物风险在卖方,则相关风险导致的货物灭损由卖

---

① 《法国民法典》第 1583 条规定,当事人就标的物及其价金相互同意时,即使标的物尚未交付、价金尚未支付,买卖即告成立,标的物所有权即于此时在法律上由卖方转移给买方。

② 参见《德国民法典》第 929 条。

③ 参见《德国民法典》第 455 条。

方承担,并且卖方仍必须履行交货义务,除非他能证明这是由于不可抗力事件造成的;如果货物风险已由卖方转移给买方,则相关风险损失由买方承担,除非货物灭损是由卖方造成的,否则买方仍必须付款。

国际货物买卖风险转移中关键的法律问题就是风险转移的一般法律原则、风险转移的时间和地点,以及违约对风险转移的影响。各国法律的相关规定差异颇大。例如,货物风险从何时起由卖方转移给买方,各国法律就存在不同的标准,有的以所有权转移时间为准,[①]有的以交货时间为准,[②]有的则以合同成立时间为准。[③]

《公约》及有关国际贸易惯例都对风险转移有较为明确的规定,下面就《公约》第66条至第70条的风险转移规则进行讨论。[④]

（一）风险转移的一般规则

1. 风险转移的前提是货物的特定化

根据《公约》规定,在货物已被清楚地确定在合同项下(即货物特定化)之前,货物的风险不能转移给买方。[⑤]

实际上,许多国家的法律基本都如此要求。这是风险转移的一项必要条件,也是为了保护买方的利益。例如,国际贸易中,卖方可能同时发运数个合同项下的同类货物或者卖方发运的货物数量超过合同约定数量,而其中一些货物在运输过程中因意外事故遭受灭损,此时如果没有将货物特定化作为风险转移的前提,卖方就有可能随意声称受损货物正是某个买方所购买的货物,而未受损货物则是属于卖方或其他人所有,从而使该买方蒙受不当的损失。

2. 风险转移的结果是由买方承担货物的风险损失

《公约》第66条规定:“货物在风险转移到买方承担后遗失或损坏,买方支

---

① 以英国、法国为代表的法律采用的是“物主承担风险原则”,即把风险转移与所有权转移联系起来,以所有权转移时间确定风险转移时间。例如,《英国货物买卖法》第20条第1款规定,除双方当事人另有约定外,在货物所有权转移于买方之前,货物的风险应由卖方承担;当所有权转移给买方时,不论货物交付与否,均由买方承担风险。但是,如果由于买卖双方中任何一方的过失,致使交货延迟,则货物的风险应由有过失的一方承担。《法国民法典》第1136—1138条也有类似规定。

② 以德国、美国为代表的法律采用的是“交付主义原则”,即以标的物的交付为标准决定风险的转移,以交货时间决定风险的转移时间。参见《美国统一商法典》第2—509条,《德国民法典》第446—447条。

“交付主义原则”将所有权转移与风险转移分离开来,比“物主承担风险原则”更具有优越性:在货物买卖中,货物占有人具有最能避免风险的能力,亦即居于最能支配风险的地位,有利于保证货物免遭损害。以交付时间确定风险转移的时间更准确具体,而所有权转移时间的确定比较抽象而且受各国法律差异的影响很大。因此,采用“交付主义原则”更符合现代国际贸易发展的需要。

③ 《瑞士债务法》第185条规定:“除因特别关系或约定外,物之收益及风险于契约成立时转移于买受人。”实际上,在国际货物买卖中,合同订立时货物多在卖方的占有和控制之下,而卖方不承担风险责任就容易疏于妥善保管货物,这显然对买方不公。

④ 我国《合同法》关于风险转移的规定与《公约》的规定基本一致。参见《合同法》第142—149条。

⑤ 参见《公约》第67条和第69条。

付价款的义务并不因此解除,除非这种遗失或损坏是由于卖方的行为或不行为所造成。”

这说明货物在风险转移于买方后遭受灭损,买方仍须履行其合同所规定的付款义务,而不得以此为理由拒付货款,而且无权对卖方主张《公约》规定的救济措施。但是,如果货物灭损是由于卖方行为或不行为(act or omission)所造成的,则不管风险是否已转移给买方,买方都可以要求卖方负责。

3. 当事人可自行约定风险转移的时间和条件

根据《公约》的规定,双方当事人可以在合同中以国际贸易惯例(如使用FOB、CIF等贸易术语)或以其他办法规定货物风险转移的时间及条件,同时排除《公约》相关规定的适用。①

INCOTERMS 2000以及《华沙—牛津规则》等国际贸易惯例,都明确规定了风险转移的时间和条件。例如,INCOTERMS 2000规定,EXW术语表明货物风险是从卖方在工厂把货物交给买方支配时起转移给买方; FOB、CFR和CIF术语表明货物风险是从货物在装运港装船越过船舷时起转移给买方;DES术语表明货物风险是在货物运到目的港交由买方支配时起转移给买方。如果双方当事人在买卖合同中采用上述贸易术语,就应根据这些术语的规定确定风险的转移。

4. 风险转移与货物所有权转移相分离的规定

《公约》将货物的所有权转移与风险转移分离开来,以交货时间作为风险转移时间的准绳,并且根据交货是否涉及运输分别规定了三类情况。需注意的是,下面所述三类风险转移规则只有在当事人未具体约定风险转移条件的情况下才可能适用,如果双方当事人在合同中有明确约定,则应按约定处理。

(1) 卖方交货涉及运输时的风险转移

对于卖方有义务安排货物运输的货物,《公约》的基本原则是由买方承担运输风险,因为实践中买方通常能在目的地验货,一旦发现货损也能及时采取措施减轻损失,并向有关承运人或保险人提出索赔。

根据《公约》第67条规定,涉及货物运输的情况有两种:

① 卖方没有义务在指定地点交货,此时风险于货交第一承运人时起转移给买方。

② 卖方有义务在某一特定地点交货,此时风险以在该地点货交承运人时起转移给买方。例如,在CIF合同下,指定上海港为装运港,而卖方营业地西安,卖方有义务将货物在上海港交给承运人,那么货物从西安运往上海的风险仍由卖方承担,只有当货物在上海港交付给承运人时起,风险才转移给买方。

---

① 《公约》第6条和第9条规定,可删减或改变《公约》的任何规定或改变其效力,双方当事人业已同意的任何惯例和他们之间确立的任何习惯做法,对双方当事人均有约束力。

(2) 货物在运输途中出售时的风险转移

在国际货物买卖中,有一类"海上路货"(floating cargo)交易,即卖方先将货物装船,在运输途中寻找适当的买主订立买卖合同,就运输途中的货物进行买卖。这种情况下,买卖双方都可能不清楚货物是否有损坏或灭失,就算货到目的地后发现灭损,也难以判断它是发生在运输过程的哪一个阶段(是买卖合同订立之前还是之后),相应地就难以确定这种灭损风险应由谁来承担。《公约》第68条就此问题从三个层面作出规定:

① 货物在运输途中出售,原则上从订立买卖合同时起风险就转移给买方承担。

② 如果情况表明有需要,则从货物交付给签发载有运输合同单据的承运人时起,风险就由买方承担。因为,在卖方是通过向买方交付运输单据交货的情况下,如果货物发生损坏或灭失,买方通常可以根据运输合同的规定向有责任的承运人请求损害赔偿。

③ 如果卖方在订立买卖合同时已经知道或理应知道货物已发生灭失或损坏,而隐瞒该事实,则由卖方承担相关风险损失。

(3) 卖方交货不涉及运输时的风险转移

有些国际货物买卖合同并未规定卖方有义务安排货物运输,而由买方在卖方营业地或某指定地点自行提货并自行安排运输至目的地。对这类情况的风险转移,《公约》第69条作了如下规定:

① 在卖方营业地交货的,原则上风险从买方接收货物时起转移给买方;如果买方不在适当时间内接收货物,则风险从交给买方处置但买方不收取货物从而违反合同时起转移给买方承担。

② 如果买方有义务在卖方营业地以外的某一地点收取货物,则当交货时间已到而买方知道货物已在该地点交其处置时起,风险转移给买方。

上述"货物交给买方处置"必须以货物特定化为前提,当卖方将货物划拨到合同项下、完成交货准备工作并通知买方,可认为卖方已将货物交给买方处置。我国《合同法》第140、142—149条关于风险转移的规则与《公约》上述规定基本一致。

(二) 违约对风险转移的影响

《公约》关于风险转移的一般规则,是针对买卖双方未发生违约的情况而言的。买卖合同当事方在履约过程中的违约将会对风险移转产生一定影响。如果不存在违约,风险按一般规则转移;但如果一方违约,则风险即使按原来约定本应转移,实际也未发生移转,而由违约方承担,这实际上是风险转移一般规则下的违约例外。

1．买方违约对风险转移的影响

在国际货物买卖中，如果卖方已经把与合同相符的货物确定在合同项下，而买方在货物风险尚未转移给其之前，拒绝履行合同而违反及时接收义务，致使卖方无法完成货物的交付，此时风险转移就不能适用一般情形下的交付转移原则。按《公约》第 69 条第 1 款规定，如果买方不在适当时间内接收货物，则从货物交给其处置但其不收取货物从而违反合同时起，风险转移到买方承担。[①]

例如，在 CIF 合同中规定，买方必须在 10 月 1 日前开到信用证，卖方必须在 10 月 10 日前装船。如果买方在 10 月 5 日才开立信用证，10 月 7 日发生火灾导致货物受损，此时风险的转移就不是以货物越过船舷为界，应当依照买方开证期限的满期日为界划分。

2. 卖方违约对风险转移的影响

卖方应当交付符合合同规定的货物，这是卖方的最重要义务。按照有关法律的规定，卖方交付货物与合同不符是否影响风险的转移，要视此违约的严重程度而定。

如果卖方发生违约行为导致买方拒收货物和撤销合同的后果，则原本已转移的货物风险自买方撤销合同之时起又返回给卖方负担，此即所谓“已转移风险的回转”。例如，《美国统一商法典》也规定，如果卖方提供或交付的货物与合同不符，足以使买方有权拒收货物的，则在卖方消除货物缺陷或在买方接受货物以前，货物风险仍由卖方承担。我国《合同法》第 148 条规定，因标的物质量不符合要求，致使不能实现合同目的的，买受人可以拒绝接受标的物或者解除合同。买受人拒绝接受标的物或者解除合同的，标的物毁损、灭失的风险由出卖人承担。当然，如果卖方交付的货物只有轻微的质量瑕疵，可以通过修理、部分更换的方式弥补此质量缺陷，买方就无权要求拒收货物并解除合同，此时货物风险仍在卖方交付时转移。

在此问题上，《公约》并没有明确指出买卖当事方的违约是否影响风险按照一般规则进行转移，而是间接地规定如果卖方已根本违约，则相关的风险转移规则并不损害买方对根本违约的各种救济方法。[②]

本章参考书目

1．冯大同主编：《国际货物买卖法》，对外贸易教育出版社 1993 年版。

2．张玉卿主编：《国际统一私法协会 UNIDROIT 国际商事合同通则 2004》，中国商务出版社 2005 年版。

---

① 我国《合同法》第 143 条和第 146 条也规定，因买受人原因致使出卖人不能如期交货或买受人违反约定未及时在约定或法定的交付地点收取货物，风险应自买受人违反约定之日起转移。

② 参见《公约》第 70 条。

3. 李巍:《联合国国际货物销售合同公约评释》,法律出版社 2002 年版。

4. 〔英〕布瑞奇:《国际货物销售法律与实务》,林一飞等译,法律出版社 2005 年版。

5. 赵承壁:《进出口合同履行与违约救济》,对外经济贸易大学出版社 2002 年版。

6. Michael Joachim Bonell, An International Restatement of Contract Law: The UNIDROIT Principles of International Commercial Contracts, 3rd ed., Transnational Publishers, 2005.

7. Clayton P. Gillette & Steven D. Walt, Sales Law: Domestic and International, Foundation Press, 1999.

8. Janet Walker, The Vis Book—A Participant's Guide to the Willem C. Vis International Commercial Arbitration Moot, JurisNet, 2008.

9. Pace University International Law Review, Review of Convention on Contracts for International Sale of Goods 2000—2001, Kluwer Law International, 1996.

10. Joseph F. Morrissey & Joseph F. Morrissey, International Sales Law And Arbitration: Problems, Cases and Commentary, Wolters Kluwer Law & Business, 2008.

第三章　国际货物运输法律制度

国际货物运输是转移国际货物买卖标的物的行为，承运人使用一种或多种运输工具，将货物从一个国家特定地点，运至另一个国家特定地点。它是国际经济贸易交往中一个重要的组成部分。国际货物运输往往是建立在国际货物买卖合同关系或其他国际商事交往关系上的一种货物流动行为。这种行为会涉及不同的主体和客体，规范这种行为的法律关系相当复杂。国际海上运输是跨越国境的运输，在整个运输过程中要牵涉到不同国家的海关、商检、卫生检疫、边防或移民等管理部门的检查。在国际货物运输过程中，承运人、托运人和收货人之间的法律关系受国际货物运输法的调整。

国际货物运输方式有很多，包括海洋运输、航空运输、铁路运输、江河运输、公路运输、管道运输、邮政运输等。在国际货物运输中，托运人可以选用一种运输工具为其完成货物的运输，也可以选用两种或两种以上的运输工具，选用两种以上的称为“国际货物多式联运”。

国际货物运输法是调整货物运输当事人行为的法律规范，其法律渊源包括国际公约、国际惯例以及国内法。在国际货物运输中，人们根据不同的运输种类制定专门的法律规范当事人的活动。这些法律对承运人、托运人和收货人以及有关当事人的权利义务、法律适用、赔偿规定、法律管辖、诉讼时效等方面都作了明确的规定。本章主要介绍国际货运中常用的海运规则、空运规则和陆运规则。

第一节　国际海上货物运输法律制度

国际海上货物运输是用船舶作为运输工具完成运输任务的一种贸易行为。在当今国际运输中，海上运输所占比重最大。国际海上货物运输合同是承运人与托运人或船舶出租人与承租人之间签订的，该运输合同主要通过提单运输和租船运输等方式表现。为了保证海上货物运输活动的有序发展，国际海运公约和各国海商法对海上货物运输都作了相应的法律规范。

一、国际海上货物运输合同

（一）海上货物运输合同的概念

海上货物运输合同是托运人按合同约定支付运费，承运人将指定的货物从一港运输到另一港的合同。

根据海上货物运输合同的定义分析，海上货物运输合同有关的主体是承运人和托运人。承运人通常称为“船方”，是指其本人或以本人名义与托运人订立海上运输合同的人。承运人通常是船舶所有人，但是也可能是船舶经营人或船舶承租人。船舶所有人（ship owner）以船舶登记为法定要件，经过登记船舶所有人依法对其船舶享有占有、使用、收益和处分的权利。

托运人（shipper）称为“货方”，是指本人或委托他人以本人的名义与承运人订立运输合同的人。在海上运输合同中，承运人享有收取运费的权利，负有运送货物的义务；而托运人享有要求承运人运送货物的权利，负有支付运费的义务。因此，他们在履行运输合同期间的权利和义务是相互对应的。这些内容在国际公约和海商法中都有详细的规定。

根据海运合同的法律规范，可以明确地看到该合同的双务性、承揽性、要式性以及有偿性的特点。合同签订后对合同当事方具有约束力。合同条款包括明示条款（expressed terms）、默示条款（implied terms）以及格式合同的打印条款（printed clause）等。在运输合同履行过程中，运输标的物遭受损失或海难的，按相关法律规定进行处理。

（二）海上货物运输合同的种类

海上货物运输合同主要有以下三种类型：

1. 件杂货运输合同

件杂货运输合同（affreightment in a general ship），亦称“零担运输合同”。它是指承运人负责将货方托运的货物运至指定的港口，而由货方支付运费的合同。件杂货运输合同，通常是以班轮运输（liner shipping）的方式履行合同，承运人按船期和航线完成货物运输。在这种运输过程中，承运人按照规定为不同的货主所托运的货物签发提单，因此件杂货运输又称“提单运输”。国际贸易中大多数货物的运输都是采用班轮运输方式，这种运输方式也使用在集装箱运输中。

2. 租船合同

租船合同（charter party）是指出租人按约定将船舶的全部或部分舱位租给承租人，由承租人支付租金的合同。国际租船运输活动中，按出租人与承租人对船舶的经营方式不同可以分为：航次租船合同、定期租船合同和光船租赁合同。

（1）航次租船合同（voyage charter party）是指船舶出租人按合同的约定向承租人提供整船或部分舱位，装运约定的货物，从一港运至另一港，由承租人支付约定运费的合同。根据航次租船合同的规定，承租人对船舶的租用，可以分全部租船合同和部分租船合同，按照合同约定的航次，可以分单航次租船合同（single trip C/P）、往返航次租船合同（return trip C/P）、连续单航次租船合同（consecutive single trip C/P）、连续往返航次租船合同（consecutive return trip C/P），以及包运租船合同（contract of affreightment）。

由于航次租船出租人对船舶享有所有权、调动权和管理权,因此,出租人负责船舶营运并负担费用。这些费用包括:船舶的营运费,如燃料、物料、淡水和港口费;船舶的维持费用,如船员工资、伙食、船舶维修保养、保险、检验等费用。承租人仅负担运费、装卸费和滞期费等。

出租人不仅要尽适当的谨慎义务使船舶适航、维持船舶的有效状态,还应与提单运输一样,对货物负有妥善而谨慎地装载、搬移、积载、运输、保管、照料、卸载和交付的义务。

(2) 定期租船合同(time charter party)是指出租人向承租人提供特定的船舶,承租人在约定的期限内按约定的用途使用船舶,并支付租金的合同。

根据定期租船合同的规定,出租人负责配备船员,因此也就必须负责船员的工资、给养、船舶的维修保养、物料以及船舶的保险等费用,并享有船舶所有权和管理权。承租人应按约定的租期支付租金和按约定的用途使用船舶,同时,在租期内还应负责船舶燃油、物料、淡水、港口使用、货物装卸等费用,并享有船舶使用权、调动权和经营权。

(3) 光船租赁合同(bareboat charter party)是指船舶所有人向承租人出租不配备船员的船舶,在约定的期间内由承租人占有、使用和营运,并向出租人支付租金的合同。

根据光船租赁的规定,船舶出租人把船舶的使用权和经营权转让给承租人,从而使得船舶的所有权和使用经营权分开了,这种租赁行为在法律上可称为"财产租赁"。光船租赁期间,承租人享有对船舶的占有权、使用权,船舶在营运中发生的风险和责任完全由承租人承担。出租人只保留船舶的处分权和收取租金的权利。光船租约签订以后,出租人仅提供适航船舶和船舶有关文件证书,不再承担其他义务。承租人有权任命船长和船员。在租期内,船舶营运的一切开支由承租人承担。在租期内,发生海事请求权,申请人申请扣押船舶时,也只能扣押合同租用的船舶,而不能扣押出租人的其他船舶。

3. 多式联运合同

多式联运合同(combined transport contract)是指多式经营人以两种以上的运输方式,把货物从接收地运至目的地交付收货人,并收取全程运费的合同。这种运输的优点是一次托运,签发全程提单,运输货物迅速安全。

二、提单的概念及法律问题

(一) 提单的概念

提单(bill of lading,B/L)是指用以证明海上货物运输合同和货物已由承运人接管或者装船,以及承运人保证据以交付货物的单证。在海上运输中,货物由承运人接管后,应托运人的要求,承运人应签发提单。提单较广泛地用于班轮运输。

提单是海上货物运输中具有悠久历史及应用最广泛的一种单证。它是商业惯例的产物,是国际贸易中一种典型做法,在海运中"提单在各地普遍使用,它用几种文字印成"①。1794 年 Lickbarrow v. Mason 一案中,提单首次得到法院的承认。在当今的国际贸易中,海运货物总量占国际贸易货物总额的 2/3 以上,提单作为海上运输最重要的单证之一,在国际贸易中一直发挥着不可替代的作用。提单的可转让性和融资运用广泛。"使用提单的主要目的是,货主不掌控自己的货物,而由船东保管运输并按照托运人的要求处理货物。当伦敦的商人将货物从伦敦托运到新加坡,在运输途中,代表货物的提单能够使其货主抵押给伦敦的银行,或者将它出售给纽约的买主。"②

(二)提单的法律性质

根据上述提单的概念分析,提单具备以下三个法律性质:

1. 提单是承运人与托运人之间国际海上货物运输合同的证明(evident of contract)

提单主要适用于班轮运输,有时在租船合同下也签发提单。在海上运输实践中,承运人签发提单前,托运人会向承运人提出定舱的意思表示,定舱行为一经承运人接受,即构成海上运输合同成立的要件——意思表示一致。"阿登尼斯案"的判决就是一个典型的例子。在该案中,阿登尼斯轮的代理对一批柑橘的托运人保证:该轮在西班牙的卡塔黑纳港装上这批柑橘后,将直接驶往英国伦敦,并赶在 1947 年 12 月 1 日,即这批货物的进口税提高以前到达。但是,船东却指示该轮先驶往比利时的安特卫普,12 月 4 日才到达伦敦。货主向法院起诉后,船东提出抗辩:"这批货物所用的提单载明:承运人可以任意经过任何航线把货物直接和间接运至目的地。"主审法官 Lord Goddard 爵士认为:"运输合同是在提单签发之前就已缔结,在该契约中已有一项明示的担保,承运人不得指望在没有该项担保时获得本应由他享有的行动自由,该项担保已使得提单所列的条款失效,因此判决该发货人承担损失。"③该法律性质说明,承运人签发的提单行为仅是在履行合同过程中的一个环节,因此提单是合同的一种证明。在这个意义上,提单的内容和条款也是承运人和托运人之间的定舱协议的补充。然而,提单是一种可以转让的单证,当提单转让给善意的第三方时,提单就成了约束承运人和提单持有人的唯一凭证,原先的船舶定舱协议对他们就没有拘束力了。

---

① 〔美〕G. 吉尔摩、C. L. 布莱克:《海商法》,吴焕宁等译,中国大百科全书出版社 2000 年版,第 152 页。

② Schmitthoff, Export Trade: the law and practice of international trade, Sweet & Maxwell, 2000, p. 435.

③ Ibid., p. 258.

我国《海商法》第78条规定:“承运人同收货人、提单持有人之间的权利、义务关系,依据提单的规定确定。”由此可见,提单在适用于不同的当事人时,其法律意义是不一样的。

2. 提单是承运人接管货物或货物装船的收据(receipt)

承运人向托运人签发提单,表示承运人已收到了提单上载明的货物或该货物已装船了。此时,承运人有义务将货物运至提单上指定的目的港,把货物交付于收货人。在这种情况下,提单具有收据的作用。提单作为收据在不同的当事人手中,其证据效力不同。对托运人来说,提单上记载的货物仅是一个初步证据(prima facie evidence)。如果承运人收受的货物与提单所记载的内容不符,只要承运人能提出有效的证据,就可以否定提单的证据效力。当提单转让给善意的第三方时,提单即成为承运人与提单持有人之间的绝对证据(conclusive evidence)了。即使承运人对提单所记载的货物有疑问,并能提出有效的证据,也不能推翻提单的记载。我国《海商法》第77条规定:“承运人或者代其签发提单的人签发的提单,是承运人已经按照提单所载状况收到货物或者货物已经装船的初步证据;承运人向善意受让提单的包括收货人在内的第三人提出的与提单所载状况不同的证据,不予承认。”

3. 提单是承运人保证向收货人交付货物的物权凭证(title of document)

提单是物权凭证,它代表着提单内记载货物的物权,提单持有人对提单内的货物享有所有权,并有权向承运人提货。提单具有物权性质也决定了它可以在一定条件下转让、抵押、结汇等。国际航运中签发的提单分为“可转让”或“不可转让”的提单,这些提单都具有物权凭证的作用。值得注意的是:第一,提单的转让仅仅被作为货物占有权的象征性转让,而不一定是货物所有权的转让。在进口押汇中,如果收货人或被背书人是凭提单所代表的货物为担保而垫款的银行,则当事人的意思很可能是把货物交由银行监管或质押,而不是转让货物的所有权。第二,只有提单持有人有权要求船东交货。在海运中,提单持有人未提货前,提单一直保持着其物权凭证的特征,如果船东凭正本提单放货,那么发生货物交付的错交问题的,船东应不负责任。如果船东或其代理人把货物交给一个并不持有提单的人,他就得自行承担风险。在实际业务中,船东虽然严格地坚持要提交正本提单,但是,在提单虽已提交而收货人身份有疑问的情况下,有时也凭保函交货。我国《海商法》第71条规定:“提单中载明的向记名人交付货物,或者按照指示人的指示交付货物,或者向提单持有人交付货物的条款,构成承运人据以交付货物的保证。”从该条款来分析,承运人应该按法律规定行使其职责,否则要负法律责任。

(三) 提单的种类

按照不同的方法,可以将提单分为不同的类别。

1. 按货物是否已装船分类

(1) 已装船提单(shipped B/L)。是指货物装船后,由承运人或其代理人或船长签发给托运人的提单。这种提单上注有船名,通常还注明装船日期,表明货物已在该日期装于该船舶。由于已装船提单对收货人按时收货有保障,在买卖合同中一般都规定卖方需提供已装船提单。国际商会1990年修正的《国际贸易术语解释通则》规定,凡以CIF或CFR条件下成交的贸易,卖方应提供已装船提单。国际商会《跟单信用证统一惯例》(UCP500)规定,如果信用证要求提单作为运输单证的,银行将接受货物已装船或已指明船舱的提单。

(2) 收货待运提单(received for shipped B/L)。又称"备运提单",它是承运人在收到托运人托运的货物后,应托运人的请求,于货物装船前签发的提单。这种提单不记载船名和装货日期,在国际贸易中,买方一般不愿意接受这种提单。目前,收货待运提单在集装箱运输中使用较广泛。承运人收到托运的集装箱后,即签发场站收据(dock receipt),这种收据实质上就属收货待运提单。按照国际商会《跟单信用证统一惯例》(UCP500)规定,在这种单据上作成装运备忘录,由承运人或其代理人签字并加注日期,即可视为已装上指明船舶的提单。这时收货待运提单已具备了已装船提单的性质。

2. 按收货人的抬头分类

(1) 记名提单(straight B/L)。是指提单正面收货人一栏内载明特定的收货人名称的提单。这种提单只有托运人指定的收货人才能提货,该性质决定了它是一种非流通的提单,在国际海上货物运输中使用较少,一般用于运输个人或特殊货物为主。

(2) 不记名提单(bearer B/L)。又称"空白提单"(open or blank B/L),是指在提单正面收货人一栏内不记载任何收货人的名称,通常只注明"持有人"(bearer)或"交与持有人"(to bearer)字样的提单。该提单的持有人有权提取货物,承运人只能向提单持有人交货,在实践中被称为"见单交货"。不记名提单流通性很强,并给买卖双方带来一定的风险。因此,这种提单在国际海上货物运输中使用较少。

(3) 指示提单(order B/L)。是指提单上正面收货人一栏内载明"凭指示"(to order)或"凭某人指示"(to order of ...)字样的提单。这种提单可以转让,提单持有人可以通过背书的方式把它转让给第三方。如果受让人不作任何背书,则意味着其保留对货物的所有权。指示提单在国际海上货物运输中使用较广。

3. 按提单上有无批注分类

(1) 清洁提单(clean B/L)。是指提单上没有任何有关货物外表状态不良的批注的提单。所谓外表状态,是指承运人收到货物时,凭目力所能观察到货物表面的状态。货物表面状态良好,并不意味着货物内在质量或者数量完好无缺。国际商会《跟单信用证统一惯例》(UCP500)规定,凡是未附有明示货物或包装有缺陷的附加条文或批注的提单,均属于清洁提单。

(2) 不清洁提单(unclean B/L)。是指承运人在提单上对货物包装外表状况受损或缺陷加批注的提单。承运人接受托运人货物时,发现外表状况不良,如包装破损、渗漏、被雨淋湿等等,大副将会把实际不良情况记载在签发的大副收据(mate's receipt)上。承运人、船长或其代理人根据大副收据签发提单时,将会把这种批注转移到提单上,此时,这张提单即构成不清洁提单。承运人在目的港交货时,如果货损发生在批注的范围内,可以免除赔偿责任。另外,不清洁提单会给当事人结汇带来困难,银行原则上不受理不清洁提单。托运人要取得清洁提单有两种途径:一是保持货物外表良好的状态或更换不良的货物;二是托运人向承运人出具保函(letter of indemnity),要求签发清洁提单。

4. 按运输方式分类

(1) 直达提单(direct B/L)。是指货物从装货港装船后,直接运至目的港卸船交货,中途不得转船的提单。这种提单仅填写装货港和卸货港,没有中途转船的批注。直达提单是一种权利和义务容易划分的常用提单。

(2) 海上联运提单(ocean through B/L)。是指货物从装运港装运后,不直接驶往目的港,而需要在中途换装船舶,由其他承运人将货物运至目的港的提单。海上联运提单会涉及签发提单的承运人(称"联运承运人")与运输货物的承运人(称"接运承运人"(on carrier)或"实际承运人"(actual carrier))之间的关系。他们之间可以两种方式承担责任:

第一,联运提单或法律规定,承运人承担全程运输责任。这种全程负责制的提单是"纯海上联运提单"(pure ocean through B/L)。无论承运人将全部货物的全程运输、全部货物的部分航程运输,或者部分货物的全程运输、部分货物的部分航程运输委托给实际承运人履行运输任务,承运人仍然对全部航程运输负责。这体现了签发提单的承运人对货主的责任。当然,运输过程中实际承运人和联运承运人之间会进行责任划分和追偿。我国《海商法》第60条第1款对此有明确规定。

第二,联运提单或法律规定,承运人与实际承运人分段负责制。联运提单规定,该提单的部分运输由承运人以外的实际承运人承担运输任务,接运货物的实际承运人对自己的运输航程中发生的货物损失或延迟交货等负有法律责任,签发提单的承运人不负赔偿责任。我国《海商法》第60条第2款规定:"在海上运输合同中明确约定合同所包括的特定的部分运输由承运人以外的指定的实际承运人履行的,合同可以同时约定,货物在指定的实际承运人掌管期间发生的灭失、损坏或者迟延交付,承运人不负赔偿责任。"

(3) 多式联运提单(combined transport B/L)。是指使用两种以上不同的运输方式,将货物从一地运至另一地而签发的提单。这种运输方式可以由陆海、陆空、海空组成,这种提单较多用于集装箱货物运输。

5. 按船舶经营的性质分类

(1) 班轮提单(liner B/L)。是指班轮公司或其代理人签发的提单。这是船舶按照规定的时间,在一定的航线上,按规定停靠的港口顺序从事运输的一种方式。这种方式在国际海上运输中被广泛使用。

(2) 租船提单(charter party B/L)。是承运人在租船合同下签发的提单。这种提单要受租船合同的约束,在转让或银行结汇时,往往需要提单承运人提供租船合同副本,以便了解提单的全部内容。

6. 其他各种特殊提单

(1) 略式提单(short form B/L)。是指只有全式提单正面的必要项目,而略去背面全部条款的提单。这种提单一般用于提单的副本或租船提单。

(2) 舱面提单(on deck B/L)。又称"甲板提单",是指货物装在甲板上时,承运人签发的提单。这种提单适用于活动物、危险品、体积过大的货物。运输这类货物风险较大,承运人不愿意承担这类风险责任。因此,装运货物时要求托运人向保险公司加保甲板险(on deck risk)用以解决可能发生的风险。

(3) 倒签提单(anti-dated B/L)。是指货物装船后,承运人签发的一种早于货物实际装船日期的提单。承运人签发这种提单主要是应托运人的要求,以符合信用证规定的装运日期,使其能达到顺利结汇的目的。承运人签发倒签提单负有很大风险,特别是当市场价格发生变化,收货人可能以伪造或欺诈行为提出诉讼,有些国家把这种行为作为刑事欺诈案处理。

(4) 预借提单(advanced B/L)。是指货物尚未全部装完,或货物已在承运人的接管下,但尚未开始装船的情况下签发的提单。通常是信用证的装船日期和交单结汇日期将届满,承运人应托运人的要求签发预借提单。这种提单风险很大,通常会威胁到善意的第三方,一旦发生纠纷,承运人和托运人将会以合谋欺诈行为受到法律制裁。

(5) 电子提单(electronic B/L)。是指通过电子传送海事运输合同的数据。它是现代电子通讯和计算机发展的产物。电子提单与书面单据形式的传统提单不同,它是按一系列密码组成的电子数据。现代航运中使用电子提单是科学技术与航运管理的集合。它能迅速有效地传递货物运输的信息以及进行单证流转,并能防止航运单证的欺诈。为了解决电子提单的有关法律问题,1990 年 6 月在巴黎召开的国际海事委员会第三十四届大会通过了《国际海事委员会电子提单规则》(CMI Rules for Electronic Bill of Lading)。尽管电子提单的立法相对滞后和不全面,但海运实践可以证明,人们对电子提单充满信心,其必能在实践中不断地更新发展。例如,最新较成熟的模式 BOLERO(Bill of Lading for Electronic Registry Organization)已运用于可转让提单的业务中。

(四) 提单的主要内容及提单的签发

国际航运中使用的提单几乎都是各船公司自行编制而成,这些提单的基本内容大同小异,在提单上分别印制正面格式和反面条款。在国际航运中,虽然对提单没有统一的编制标准,但是国际公约和各国海商法均对提单必要记载的内容作了规定,以保证提单的效力。

货物由承运人接管后,承运人、船长或承运人代理人应按照托运人的请求,发给托运人提单。提单必须经过签字才产生法律效力。提单的签发人可以是承运人本人,也可以是承运人的代理人或船长代表承运人签发。提单签发的地点通常是装货港或船公司的所在地,我国《海商法》第 72 条也有相同的规定。提单的签发过程是承运人接受货物后,向托运人签发大副收据,托运人凭大副收据换取提单。提单分为正本和副本两种,至于份数多少是应托运人的要求决定的。正本(original B/L)提单通常签发一套,一式三份,每份提单上的内容应一致,并注明份数和签发的日期。签发数份提单的主要目的是防止在流通中遗失。正本提单是海上运输单证流转中的主要单据之一,各份正本提单具有同等的效力,可以凭其向银行结汇和办理提货手续。一旦一份提单提货后,其他提单均失效。副本提单应该印有"副本"(copy)、"不能流通"(non-negotiable)的字样。副本提单没有法律效力,其份数可以应托运人的需求而定,是海上运输环节中的一种补充文件。提单的日期就是签发的日期,也是货物装船完毕的日期。提单日期在国际贸易中非常重要,如果当事人不按规定的日期行使其职责,会引起银行拒绝结汇,或撤销合同的后果。

(五) 提单的保函和背书转让

1. 保函的适用

提单纠纷涉及提单批注问题、预借提单、倒签提单以及无单放货纠纷,这些往往都会关联到海运保函行为。保函(letter of indemnity)又称"赔偿保证书"或"赔偿担保书",是指托运人(或提货人)和承运人之间达成的一项由托运人(或提货人)附条件在一定范围内向承运人赔偿损失的协议。①

海运实践中保函的种类很多,通常有以下三种:第一,为提货而出具的保函;②

---

① 参见黄伟青:《换取清洁提单的保函的效力问题探讨》,载《中国海商法年刊》,大连海事大学出版社 1994 版,第 63 页。

② 参见翁子明:《海运保函的法律性质和效力刍议》,载《海事审判》1991 年第 3 期。

第二，为取得清洁提单而出具的保函；第三，为预借或倒签提单而出具的保函。[①]

关于海运保函的法律效力已在学术界讨论多年，各国在立法上对海运保函的法律效力也无明确规定。目前理论界和实务部门的主流看法是认为其基本有效，但有两种不同角度的观点：

第一，主流观点认为凭保函无单放货行为是善意的商业行为，出具的保函有效，恶意保函无效。[②]

第二，无单放货保函担保的主债是承运人与无单提货人之间的不当得利之债，该债权债务关系受法律保护，应以不当得利主债的法律性质确定无单放货保函的效力。[③]

无论对保函的适用产生何种观点，实质上保函对于国际贸易和海上运输的顺利完成均能起到一定作用。在国际航运实践中，海上运输中货物的包装存在轻微的缺陷，不会影响运输合同的履行，当托运人也认为没有必要重新包装，会以出具保函的变通办法，取得承运人对其的信任，如保函换取清洁提单的做法，有时确实能起到变通的作用，因此在实践中难以完全拒绝。[④] 但是，承运人有义务按货物的实际装运情况如实地签发提单，如果承运人在明知货物是不清洁的情况下签发清洁提单，对此承运人应承担责任。海运中的保函是不能改变这种责任的，否则，提单的法律意义就不存在了。

2. 保函法律效力分析

航运法规对保函的效力几乎没有明确的规定，因此，航运中对保函的效力存在较大的争议。争议焦点有两个方面：一方面认为，保函无法律效力，发生争议后，不能依据保函向托运人和其他出具保函的当事人追偿；另一方面认为，与保函有关的双方当事人没有任何恶意，出具保函是为了航运顺利完成。在司法实践中，托运人出具保函是对那些善意的轻微缺陷或短缺货物而行使的一种做法，这样的货物不会被收货人拒绝，此时，可以承认该保函的有效性，因为保函是承

---

① 一般说，海运保函与民法意义上的保函相比较为复杂，主要表现在主体上。海运保函除了第三人出具的保函外，还有托运人或收货人和第三人共同出具的保函，以及由托运人或收货人自己单独出具的保函，不同主体出具的保函在法律性质上具有很大的差异。承运人在接受保函时应慎重考虑出具保函的主体，为使其权益增添法律保障，当以接受前两者保函为宜，而且还须认真考虑保证人的财产信誉。由于海运保函的存在，避免了航运发生的不必要的麻烦，客观上分析，这种行为会减少国际贸易中货物受阻的时间或其他要求，因此人们将保函称为贸易和航运的"润滑剂"。参见吕凯：《海运保函现状及解决保函争议的途径》，载《中国海商法年刊》，大连海事大学出版社 1994 版，第 294 页。

② 参见朱曾杰：《论海上货物运输法的国际统一》，载《海商法研究》（第 1 辑），法律出版社 2000 年版，第 9 页。

③ 参见王伟：《论无单放货保函的相对有效性》，载《海商法研究》（第 4 辑），法律出版社 2001 年版，第 1 页。

④ 参见於世成等编著：《海商法》，法律出版社 1997 年版，第 116 页。

运人与托运人在合理的不违法的前提下作出的,应视为有效。“柳林海案”[①]就是一例。托运人出具保函的目的是为了换取清洁提单,从保函约定的形式来看是托运人与承运人之间的私下行为关系,因此,承运人不能以保函对抗任何第三方。《汉堡规则》第17条规定:托运人在货物外表状况不良时,为换取清洁提单而向承运人提供的保函,该保函在托运人与承运人之间有效。承运人不能据此对抗任何第三方。但是,当提单转移至任何第三方时,这种保函即无效。承运人应对第三方因此所受的任何损害承担赔偿责任,不得援引规则规定的责任限制。《汉堡规则》规定保函对第三方无效是符合合同法律原理的,因为保函是承运人与托运人之间的行为,善意第三方对保函行为一无所知,在实践中的做法是:承运人向收货人赔偿因接受保函对其造成的全部损失之后,托运人保证赔偿承运人因此所造成的一切损失。从这种做法分析,海运保函不能对抗第三方,这种观点已被接受。我国在司法实践中对保函也有规定,最高人民法院在《关于保函是否具有法律效力问题的批复》中指出:“海上货物运输的托运人为换取清洁提单而向承运人出具的保函,对收货人不具有约束力。不论保函如何约定,都不影响收货人向承运人或托运人索赔;对托运人和承运人出于善意而由一方出具另一方接受的保函,双方均有履行之义务。”如果出具的保函已超出正常航运的要求,承运人不顾事实而接受,这将会直接导致第三方拒绝收货的情况发生,在这种情况下,承运人接受保函会被认为与托运人之间有串通欺骗之嫌,即对第三者有欺诈的嫌疑。英国上议院对 Brown Jenkinson & Co. v. Percy Dalton (London) Ltd. 案[②]的审判,就是一个典型的保函无效案例。在发生欺诈的情况下,不仅承运人不能依据保函向托运人索赔,也不能在对第三方进行赔偿时享受法律规定的责任限制的利益。由此可见,保函在航运实践中有其特殊性和复杂性,人们应按照航运惯例或法律规定合法地利用保函这一特殊方式为航运贸易服务。

---

① 参见广州海事法院编著:《海事审判实务》,天海出版社 1992 年版,第 61 页。案情是:1982 年 3 月,广西土产公司与意大利米尼美德公司签订了一份买卖合同,合同约定出口木薯片 15000 吨(可增减 10%),价格条件订为 FOB。意大利公司租用上海远洋公司所属的“柳林海”轮运输。货物装船后,意大利公司电传要求广西土产公司通知船方,在航行中天气许可时,开舱通风,以防货物霉变。并请商检局对货物作水尺检验,测定结果为重量 16443 吨。船长在提单上批注:“到卸货港发生短重,船方概不负责任。”货方为了取得清洁提单,向船方出具了保函,保函上载明:“如因开舱晒货,至卸货港发生短重,其责任由我方承担。”船长接受了保函,签发了清洁提单。“柳林海”轮到达目的港卸货时发生货物短重 566 吨,收货人向上海远洋公司提出索赔 70 多万法郎。本案经广州海事法院审理认为:本案承运人与托运人之间的保函是一种合意行为,并能约束双方当事人,该保函没有损害第三方的利益。法院判决:广西土产公司赔偿上海远洋公司,承担因短重而引起的全部损失。

② (1957)1 Lloyd's Law Report, p. 31. 案情是:托运人向船方提供的桶装橘子汁有部分渗漏,托运人便向船方出具保函要求签发清洁提单,保证赔偿船方因签发提单所造成的损失,船方接受保函签发了清洁提单。法院判决,当承运人和托运人对货物情况有善意纠纷时保函是有效的。但在本案中,货物的缺陷是清楚的,签发清洁提单是托运人和承运人的共谋,对提单受让人构成了欺诈,这种以违法目的签发的保证合同是无效的。因此,保函的约定在其当事人之间不能执行,船方遭受的损失由其自行承担。

综观上述法律规定和实践做法，对保函效力存在趋同的态度。但是，使用保函也是一件错综复杂的行为，人们必须按照航运惯例或法律规定合法地利用保函为航运服务。

（六）提单批注的法律规定

在国际贸易实践中，提单运作时会产生各种法律关系，提单批注法律问题就是航运中常见的法律行为，如何正确履行提单批注行为关系到买卖双方当事人的利益。因此，对提单批注的法定要件、法律责任、法律效力和批注权的完善等问题进行研究，会更好地促进承运人正确地履行批注权。

1. 提单批注权的法律认定

提单批注是指承运人在提单上记载货物及其外表状况受损或缺陷的行为。承运人将这种批注转移至提单上，该提单就成为不清洁提单。提单清洁与否，对国际贸易当事人关系重大。

提单批注权是法律赋予承运人的一项重要权利。国际公约、国际惯例和国内法对此都有明确的规定。承运人合理正确地行使批注权，既能维护航运公共利益和秩序，又能合法地保障自身权益。在海上货物运输合同履行时，承运人发现装船货物包装和外表状况与海运要求不符，有权把不符合要求的情况记载在提单上，以反映承运人收到货物的实际状况。1924 年《统一提单的若干法律规定的国际公约》（简称《海牙规则》）第 3 条第 3 款规定："承运人签发提单时必须载明：识别货物的标志；件数或数量或重量；外表状况。"我国《海商法》第 75 条规定："承运人或者代其签发提单的人，知道或者有合理的根据怀疑提单记载的货物的品名、标志、包数或者件数、重量或者体积与实际接收的货物不符，在签发已装船提单的情况下怀疑与已装船的货物不符，或者没有适当的方法核对提单记载的，可以在提单上批注，说明不符之处、怀疑的根据或者说明无法核对。"

承运人对提单进行批注没有严格的法律标准。在实践中，承运人行使批注权不当时常会发生纠纷，例如不清洁提单的批注问题。不清洁提单的产生与托运货物表面不良有密切关系，对此，承运人一定会在提单上批注，而被批注的提单并不一定构成不清洁提单。此时，对提单批注的认定很重要，关键是看批注的内容，只有反映货物包装或外表状况不良的批注，才会认定是不清洁提单，海运的基本要求中不清洁提单往往不能保证收货人的利益。如果承运人在提单上只是笼统地批注货物的外包装是旧箱，或者指出货物是易腐烂货物或者载有"不知条款"，不构成不清洁提单。[①] 只有当承运人在提单上加注"破包"、"污损"、"渗漏"、"锈蚀"、"霉迹"、"弯曲"等等有关批注文字，声明货物是在包装或外表状况不良的条件下装船，这才形成了不清洁提单。承运人可以借以限定自己的

① 参见於世成等编著：《海商法》，法律出版社 1997 年版，第 115 页。

责任范围,摆脱由此产生的货损赔偿责任。海运实务中,根据买卖合同或其他需要,承运人往往将托运人申报的事项记载在提单上,然后再对这些记载事项批注保留文字,如“据申报重量”、“托运人装箱、计数和铅封”等,这就是所谓的“不知条款”。[①] 承运人也常常在提单上加诸如“重量内容不详”、“据称……”等“不知条款”,以及根据货物的特征而加诸如“不负破碎责任”、“不负汗湿责任”等免责条款。这一类批注没有表明货物的包装或外表状况不良,都不能使提单成为不清洁提单。[②] 这类“不知条款”和“否定批注”的现实性和有效性是值得研究的,有时在航运实践中难以操作。对此不同的国家法律规定不同。[③] 英国法院认为:“不知条款”表明,提单记载的数量仅是托运人所作陈述,并未经船东代理人确认,它只能用于计算运费,但不利于保障提单收据的法律功能和流动性。[④]

因此,承运人在航运业务中应该掌握和运用正确的方法,合理和准确地对提单进行批注。提单批注时可以考虑货物标准、贸易合同规定的货物内容、货物到港的表面状况,以及货物的检验报告等有关因素。现在国外海运界有一种做法,即承运人援用公证人评语进行批注提单,这种方式也值得借鉴。由此可见,承运人合理和谨慎地进行提单批注,无论是对顺利地完成航海贸易,还是解决提单批注纠纷都有重要的实际意义。

2. 提单批注权的法律效力

国际公约和各国法律制定有关提单批注的规则,是为了保障承运人和收货人的合法权益。在提单上就货物实际状况加以记载,是国际贸易的必然要求,也是提单作为物权凭证法律特性的表现。但是,有关货物的种类、数量及外观等情况很多,提单不可能把货物的所有情况全部记载下来。根据《海牙规则》,必须记载的事项有三项:(1) 货物的主要标志;(2) 包数或件数、重量;(3) 表面状况。《汉堡规则》对提单记载的规定有十五项之多,我国《海商法》第 73 条第 1 款则规定了十一项,但是都没有明确表述哪些内容必须在提单上记载。我国《海商法》第 73 条第 2 款规定,“提单缺少前款规定的一项或者几项的,不影响提单的性质”。该条规定主要是确保提单记载的法定要求,提单作为证明海上货物运输合同和货物已经由承运人接收或装船,以及承运人保证交货的单证。这些是涉及与提单有关的当事人和货物状况等内容,是提单所应具有的基本功能。

根据提单批注的规则,主要是在对货物的实际状况产生异议时,承运人才会

---

① 参见尹东年:《海上货物运输法》,人民法院出版社 2000 年版,第 257 页。

② 参见金正佳:《海运提单批注的法律透视》,载万鄂湘主编:《中国海事审判论文选集》,人民法院出版社 2004 年版,第 8 页。

③ 参见尹东年:《海上货物运输法》,人民法院出版社 2000 年版,第 280 页。

④ 参见邢海宝:《海商提单法》,法律出版社 1999 年版,第 504 页。

作出批注行为。承运人批注会考虑的因素主要包括上述的三个方面内容:第一,托运人实际提供的货物品名、主要标志;第二,货物包数或件数、重量;第三,货物的表面状况。

我国《海商法》规定了托运人对货物包装和申报应承担法律规定的义务。提单正面有一栏空格以供对货物状况的填写,内容是"发货人对货物的描述"(shipper's description of goods)、"毛重"(gross weight)或"数量"(quantity)、"度量"(measurement)、"重力"(gravity)、"容量"(volume),不同类型提单会有不同计量单位。托运人提供货物时应按法律规定保证提交数据的真实性,如果托运人申报或提供的资料或数字表述不正确,应承担由此而导致的承运人的损失。为了防范托运人的申报或提供的资料或数字与货物的实际情况不符,法律赋予承运人一项主动保护手段,即提单的批注权。承运人行使提单批注权应充分注意合理性和谨慎性,不得主观臆测和滥用批注权。否则,承运人将会严重违反航海贸易规则,侵害托运人的利益,承运人应承担由此而产生的法律后果。但是,在提单批注规范中,承运人对货物表面状况没有适当证据怀疑其不良性或没有适当方法确认托运货物的正确性时,便无权在提单上记载。在航海贸易实践中,提单经承运人正当批注,即在批注的项目和范围内,承运人对记载的货物不良性可以免除责任。

3. 提单批注权的实践适用性

承运人为了顺利完成海运合同,安全地将货物运送至目的港,有必要检查装运货物,一旦发现货物存在不良状况,有权如实批注,这是承运人维护自身的合法权益的表现。这直接导致承运人签发清洁提单还是不清洁提单,并将直接关系到托运人对贸易合同的履行。如果承运人按照货物表面状况作如实批注的话,就有可能构成不清洁提单,会导致受让人不乐意接受已批注的提单,或者托运人结汇遇到阻碍,这种结果会妨碍国际贸易的顺利进行。目前,海运实践中提单批注纠纷占了一定的比例。在"金马轮提单纠纷案"[①]中,原告五洋运输公司以七海海运公司身份与百一贸易有限公司签订承租合同,派"金马"轮赴黄埔港装运木薯片。装运时,船长发现木薯片表面有霉变痕迹,据估计有50%的货物有霉痕,为此,船长签发了一式三份的有批注的不清洁提单,提单上注明:"托运人须对已装船的大约30%的发霉货物负全部责任"。托运人抗辩称这票货物已经商检机构检查,木薯片符合FAQ的标准,已达到"大路货"的出口规定。为此,托运人拒绝不清洁提单。本案的焦点是,船长批注是以货物的表面状况而确定的,而托运人通过检验表述了货物的内在质量情况。本案实际情况是木薯片的表面存在霉迹,"金马"轮船长将货物的表面情况批注在提单上是一种国际航运的通常

① 参见广州海事法院:《海商法审判实务》,海天出版社1992年版,第241页。

做法。按长期以来的海运惯例做法,托运的货物应该按照海运要求包装,对货物的外表状况,承运人是凭借目力测定的。

当然,在国际航运中清洁提单对贸易活动和结算都非常重要。目前,国际商会的《跟单信用证统一惯例》(UCP500 号)规定:"只要没有相反指示,银行不接受不清洁提单。"该规则第 32 条 b 项规定:"除非信用证中明确规定可以接受上述条款或批注,银行将不接受载有此类条款或批注的运输单据。"所谓清洁提单,在 UCP500 中有明确的规定,UCP500 在第 32 条"清洁运输单据"中 a 项规定:"清洁运输单据,是指单据上并未明确宣称货物及/或包装有缺陷的条文或批注的运输单据。"INCOTERMS 2000 中的 CIF 的 A7 注释 C 规定:"清洁提单是指没有明确表明货物或其包装有缺陷的追加条款的提单。"[①]因此,清洁提单与不清洁提单的法律价值完全不同,对当事人履行合同产生很大影响。

提单批注纠纷对承托双方都有不利,在国际贸易中变通做法是承运人接受托运人出具的保函后签发清洁提单,有的学者将该类承运人在接收保函下签发的不实提单称为"保函提单"。根据国际公约和我国《海商法》的规定,与提单有关的关系人的权利和义务是依据提单的法律规定约束的。

目前,在国际贸易中,货物买卖合同和信用证一般都规定卖方要提供清洁提单。由于承运人装船时,发现托运的货物外表有瑕疵,即会在签发的提单上批注。提单的批注是一种严肃的法律行为,它将产生提单不能顺利地在银行进行结汇的法律后果,也会给提单流转带来障碍。托运人为了摆脱这些障碍往往会提供保函而要求承运人签发清洁提单。

(七)无正本提单放货的法律问题

近些年由于航运的变化,无正本提单提货的现象平凡发生,这种行为的产生对传统的海运制度带来的冲击和影响很大。无单放货问题在司法实践和海运实践都引起重视,对这一现象有必要进行研究,以促使航海贸易的顺利发展。

1. 无单放货产生的原因

承运人无正本提单交货(下文简称"无单放货")是目前国内海事诉讼争议中最主要的诉由之一,其纠纷数量日趋上升。产生无单放货的主要原因,是航运贸易的复杂性和管理制度存在问题。无单放货的发生概括起来主要有以下几种情况:

(1) 现代科技用于海运中,使运输方式发生了变化;(2) 航运中的短途运输,使收货人无法凭正本提单及时提货;(3) 提单被盗、遗失或遭遇海事欺诈无

---

① The Galatia (1980)1 Lloyd's Law Report, p.450. 在英国著名的判例"The Galatia"中,Donaldson 大法官给清洁提单作出了一个解释:"a clean bill of lading is one in which there is nothing to qualify the admission that the goods were in apparent good order and condition at the time of shipment."相对应的,不清洁提单是指承运人在提单上批注货物不良状况的提单。

法出示正本提单;(4) 国际结算中产生的原因导致提单仍在托运人手中;(5) 经济上的原因,无力赎单或以处理、转售货物的收益付款赎单;(6) 航运中的一种不良的习惯。我国航运发展过程中,也存在港口堵塞状况,国家有关部门为了正常运输,曾签发《关于海运外贸进口货物凭正本提单交货问题的通知》,规定由于实际情况和困难,正本提单不能到达时,为加速货物输运,可采取已有的单据,如副本提单,按船方出具保函或持有其他有效单证等形式提货。由此可见,该通知在肯定了外贸进口货物必须凭正本提单交货的原则基础上,允许在正本提单尚未到达时,凭副本提单加保函提货,这项规定对于促进港口疏通、船舶流转等方面具有一定的实际意义。该通知的签发是有一定历史原因的,但是,这一规定在一定程度上也会对无单放货形成正确理解。

2. 无单放货的法律后果

近年来海事司法实践中,无单放货纠纷案件日趋上升,由于无单放货具体的情况复杂多变,对其法律属性定性比较困难。同时,对无单放货行为的不同定性,又直接关系到当事人权利义务的确定以及诉讼的结果。从法律理论和司法实践上对无单放货产生的认定有几个方面的法律后果:

(1) 侵权行为

提单作为物权凭证,已是一项公认的国际惯例。海上货物运输中,提单能够代替实物交付、转移货物所有权和设立担保等种种特性都和其物权特性紧密相关。无单放货会侵犯提单持有人的物权,受损当事人可以主张物上的请求权,即侵权行为损害赔偿请求权。[①]

(2) 违约行为

提单债权关系指承运人和提单持有人之间基于提单而产生的直接的权利义务关系。我国的《海商法》第 78 条规定:“承运人同收货人、提单持有人之间的权利、义务关系,依据提单的规定确定。”提单作为规定承运人与其持有人之间债权关系的凭证,其债权关系来自于法律的规定,但仍属双方之间的一种合同关系。在这种观点下,承运人无单放货构成了不履行法律规定之债中的债务,是一种违约行为,须承担违约责任。

(3) 侵权、违约竞合

一方面,承运人签发提单,不仅是收到承运货物的证据,同时与提单持有人形成运输合同,承运人必须把货物安全送到目的港并正确交货,才属完全履行运输合同;而无单放货是承运人在未收到正本提单的情况下交货给收货人,未履行正确交货的义务,应属违反提单所体现的运输合同义务。另一方面,无单放货也

① 担保物权是一项他物权,是以保证债务的履行、债权的实现为目的而设立的物权。参见江平主编:《民法学》,中国政法大学出版社 2000 年版,第 321 页。

侵犯了正本提单持有人对提单项下货物享有的物权。对于卖方,其享有货物所有权,若买方不付款赎单,货物所有权并未转移,卖方对其货物享有中途停运权和处分权;对于质押银行,其享有对货物的担保物权,提单成为买卖合同货款的担保凭证,若买方不付款,银行有权对提单项下货物行使留置权。因此,承运人将货物交给无正本提单的收货人,将损害卖方或银行对于货物享有的合法权利,这不但违反运输合同中应有的交货义务,同时也构成侵权。

根据上述学说观点,从我国的司法实践看,各法院在审理中所持的观点不尽相同。纵观近年来各海事法院对无单放货案件的判决,很大一部分是以侵权纠纷定性,判令承运人承担侵权责任,也有以违约定性但以超过诉讼时效为由驳回提单持有人的起诉的。例如,“粤海电子有限公司诉招商局仓码运输有限公司等无正本提单交货提货纠纷案”,经海事法院一审和高级法院二审后,由最高法院审判委员会讨论定案,在再审时将承运人无单放货确认为违约行为并以超过诉讼时效为由驳回了提单持有人的请求。①

总结理论界观点和国内外判例,在下面四种情况下承运人对无单放货不承担责任:

第一,提单持有人认可无单放货行为;

第二,货物权利人收取了货物;

第三,无单放货行为没有因果关系;

第四,提单丢失或下落不明。

三、国际海上货物运输公约

国际海上货物运输公约主要有《海牙规则》、《维斯比规则》以及《汉堡规则》。

(一)《海牙规则》

《海牙规则》于1924年8月25日在比利时首都布鲁塞尔签署,1931年6月2日生效,全称是《统一提单的若干法律规定的国际公约》(International Convention for the Unification of Certain Rules of Law Relating to Bills of Lading)。1924年签订《海牙规则》的国家共有25个,截至1997年2月共有88个国家参加。《海牙规则》共有16条,其中第1—10条是公约的实质性条款,规定了承运人的最低限度的义务、最大限度的权利、诉讼时效等等;第11—16条是规定各国批准、退出和修改公约的程序性条款。该规则的主要内容如下:

---

① 我国审判实践中一般掌握的尺度是:在海上货物运输中合法的提单持有人向承运人请求无单放货损害赔偿的,视为违约;提单持有人向无单放货人主张权利的,以侵权论。参见最高人民法院民四庭:《涉外商事海事审判指导》(第8卷),人民法院出版社2004年版,第73页。

1. 承运人的适航责任

船舶适航是法律规定承运人必须执行的最低限度的义务,《海牙规则》第 3 条第 1 款规定:“承运人须在开航前和开航当时,谨慎处理,① 使船舶处于适航状态;② 适当地配备船员、装备船舶和供应船舶;③ 使货舱、冷藏舱、冷气舱和该船其他载货部位能适宜和安全地收受、运送和保管货物。”

承运人提供的船舶应同时具备上述的三项要求,才能称为船舶适航。

第一,船舶适航(seaworthiness)的标准是指船舶的构造、强度、装备能抵御一般的海上风险。承运人或其雇佣人员在开航前和开航当时应恪尽职责使船舶处于适航的状态,如果未能尽职使船舶适航,就应承担责任。“Muncaster Castle案”[①]就是一例典型的案例。承运人的适航要求除自己必须做到外,还应获得船舶检验局颁发的有效“适航证书”和“船舶构造安全证书”。承运人在开航前和开航当时除了使船舶处于适航外,还必须备全一切有关文件,如船舶国籍证书、船舶注册证书、船员手册、海图、航海日志等等。

第二,配备船员、装备船舶和配备供应品的标准。配备船员应按照船舶定编的人数要求配足,船员必须持有与其职务相应的船员证书。船舶在开航前还必须配备航海所需的属具和仪器,配备足够的淡水、食品和燃料等等。

第三,货舱适合装货能力的标准。承运人接受货物后,应根据货物不同特性收受、配载、保管和运送。货舱适合装货的标准是要求货舱清洁、干燥、无味、无害虫,水沟和通风筒畅通,舱盖水密。船舶装运特种货物时,船舶的舱位和装卸设备应通过检查,并取得相应的合格证书。

2. 承运人的管货责任

管货责任是要求承运人在海上运输中必须执行的最低限度的义务。《海牙规则》第 3 条第 2 款规定:“承运人应适当和谨慎地装载、搬移、配载、运送、保管、照料和卸载所运送的货物。”承运人在运输过程中,必须“适当而谨慎”地对待上述六个工作环节,安全地把货物运送到目的港。

(1) 装货(loading)是指承运人对其运送的货物应该适当地和谨慎地装载。按国际惯例规定,货物在装货港一经吊杆钩起,承运人即开始对货物承担责任。另外,承运人在装货期间应该提供良好的装货设备,谨慎地操作装货机器设备,不超载,不使货物受损。

(2) 搬移(handling)是指承运人在货物装舱前或装入舱后,应该根据货物

① See Riverstone Meat Company Ltd. v. Lancashire Shipping Company Ltd., (1961) Lloyd's Law Report, p.57, 案情是:1953 年 5 月 7 日,“Muncaster Castle”号轮从澳大利亚悉尼装运牛舌罐头运至英国伦敦,船舶到达目的港后发现有 113 箱货物遭水湿受损。经查货物受损原因是:第五舱的防浪阀的螺丝钉未拧紧,在航运中遭受风浪与船舶颠簸,使防浪阀的螺丝松动,致使海水进入第五舱,导致货物受损。本案经英国上议院判决,认定船方未恪尽职责,使船舶处于适航状态。

特性和品种谨慎地进行搬移或放置处理。

(3) 配载(stowage)是指货物装载符合船舶舱位和货物之间的堆放作业。承运人为了把货物安全地运送到目的港,必须根据不同种类或不同特性的货物,使用不同的配载方式。一般承运人在装货前会制订一个配载图,以该图为依据进行配载。

(4) 运送(carrying)是指承运人应尽快地、直接地和安全地把承运的货物运送到目的港。承运人在运送货物时,应严格按照运输合同规定的航线运行,不得绕航,不得脱离预定的、习惯的或地理上的航线,也不得无故延迟开航或延长运送时间。

(5) 保管和照料(custody and caring)是指承运人应恪尽职责保管和照料其运送的货物,以防止货物在运输途中遭受损失。在这项责任中,承运人除了具备其责任性外,还必须掌握运输中保管和照料的技术能力。例如,避免船舱的"舱汗"和货物表面的"货汗",避免船舶摇晃引起的货损等等。如果承运人没有妥善地保管和照料货物,对此引起的损失应负赔偿责任。

(6) 卸货(discharging)是指承运人应根据运输合同的规定,将货物运送至约定的目的港,承运人的责任由卸货完毕而终止。

3. 承运人的免责条款

《海牙规则》第 4 条第 2 款规定了承运人的十七项免责条款。这些免责条款主要包括两种类型:第一种是过失免责,第二种是无过失免责。

(1) 承运人的过失免责条款。《海牙规则》规定,船长、船员、引航员或承运人的受雇人员在驾驶船舶或管理船舶时由于疏忽或过失而引起的货物灭失或损坏,承运人可以免除赔偿责任。本条款主要涉及驾驶船舶(navigation of ship)或管理船舶(management of ship)的过失免责规定。所谓驾驶船舶的过失,是指船舶在航行过程中,由于船长、船员和引航员等驾驶船舶的操作或判断过失而引起事故。所谓管理船舶的过失,是指船舶在航行过程中,由于船长或船员对于船舶的性能和使船舶处于有效的状态缺乏应有的注意而引起货物损失。在航运实践中,管理船舶与管理货物往往被看成是相关的问题,难以区分。但是,两者所引起的法律后果是截然不同的。凡以管理船舶为目的而造成货物损失的,属于管船疏忽或过失,承运人可以免责。例如,A 船在航行中,由于天气寒冷使燃料油凝固,流动不畅通。船长令船员将燃料舱加热,由于加热不慎使舱内食糖融化受损。该例中,承运人对燃料油舱加热的目的是为了船舶的正常航行,是一种管理船舶的行为,因此承运人对货物的损失不应承担责任。但是,以管理货物为目的而造成的疏忽或过失,承运人应负赔偿责任。

(2) 承运人的无过失免责条款。首先是火灾。《海牙规则》规定,船舶发生火灾,致使货物灭失或损坏,承运人不负责任。但是,由于承运人的"实际过失或私谋”(actual fault or privity)引起的火灾,应负责赔偿。所谓实际过失或私谋是指现实已存在过失或亲自参与的行为。例如,承运人对于船舶灭火器材的配备、对于处于消防安全的教育和培训等方面的过失,或者承运人为了达到某种目的而故意指示船长或船员纵火烧船的行为。

其次是海上或其他通航水域的灾难、危险和意外事故。海上灾难、危险和意外事故,通常被认为是不能合理预见的,超出一艘适航船舶所能正常抵御的海难。例如,天灾,战争,公敌行为,当权者的扣留,拘禁或依法扣押,托运人或货主、其代理人或代表的行为或不行为,货物的固有缺陷(inherent vice),虽恪尽职责亦不能发现的潜在缺陷(latent defect),等等。

4. 承运人的责任期间

《海牙规则》第1条第5款规定:“货物运输是指自货物装上船时起,至卸下船时止的一段时间。”承运人有责任把货物从起运港安全地运送到目的港。国际航运称这段为“钩至钩”(tackle to tackle)的责任期间或“舷至舷”(rail to rail)的责任期间。所谓钩至钩的责任是指使用船上的吊杆装卸货物时,承运人的责任从起运港货物挂上吊钩时起至货物卸下吊钩时止。所谓舷至舷的责任是指使用码头吊车时,承运人的责任自货物从装货港越过船舷时开始,至卸货港越过船舷时终止。但是从实践操作看,当使用码头吊车时,亦被视为承运人雇用的,承运人的责任期间同样参照“钩至钩”的原则;另外,“舷至舷”在实践操作中是无法进行的。

5. 承运人的赔偿责任限制

《海牙规则》第4条第5款规定:“不论承运人或船舶,在任何情况下,对货物或与货物有关的灭失或损害,每件或每单位超过100英镑或其等值的其他货币的部分,都不负责;但托运人于装货前已就该货物的性质和价值提出声明,并已在提单注明的,不在此限。”《海牙规则》的赔偿计算单位按照每件或每计算单位计算,这种计算单位包括:包件(package),如箱、捆、桶、盒等;单位(unit),如机器、车辆等;运费单位(freight unit),如谷物、矿砂、石油等。

上述规定是指承运人在不能享受免责条款的情况下,其赔偿限额只限制在法律规定的最高赔偿限额范围内。

(二)《维斯比规则》

《维斯比规则》是对《海牙规则》进行修改的国际公约。自1924年《海牙规则》制定直至《维斯比规则》出台的近半个世纪中,《海牙规则》得到了大多数航运国家的承认,它为国际航运有章可循奠定了基础,是航运法规中非常重要的国际公约,并且对提单规范起到了积极的作用。到了20世纪50年代末期,随着国际经济的变化和航运的发展,《海牙规则》的某些条款的规范力不能适应航运发展的需求,国际航运中要求修改《海牙规则》的呼声越来越高。1963年6月在瑞典的斯德哥尔摩会议上,国际海事委员会草拟了一个修改《海牙规则》的议定书草案。该议定书经过讨论与修改后,于1968年2月23日在布鲁塞尔签订通过,1977年6月23日生效。因曾到哥特兰岛区的首府维斯比城签署,因此,该议定书被简称为《维斯比规则》,全称是《关于修改统一提单若干法律规定的国际公约的议定书》。经该议定书修改后的《海牙规则》被称为《海牙—维斯比规则》。

《维斯比规则》对《海牙规则》的修改主要有以下七个方面的内容:

1. 承运人的赔偿限额

《维斯比规则》第2条第1款规定:"凡属未申报价值的货物,其灭失或损害的最高赔偿限额为每件或每单位10000金法郎,或毛重每公斤30金法郎,两者中以较高的数额为准。"《维斯比规则》首次采用双轨制,这种计算方式从某种程度上对货主有利,使货主可以根据自己托运货物种类的损失情况进行选择。当货主选择重量赔偿方式时,其损失的货物重量应超过333公斤较为有利;当损失货物小于333公斤时,选择以件为赔偿单位的计算方式更为有利。《维斯比规则》规定的计算货币是金法郎,一个金法郎为含金纯度为900‰的黄金65.5毫克的单位。金法郎在国际上因受到黄金价格的波动,难以稳定其实际价格。1979年布鲁塞尔的外交会议将议定书的计算货币改为特别提款权(SDR)并规定,承运人责任限制金额为每件或每个单位666.67特别提款权,或按货物毛重每公斤2特别提款权计算,两者中以较高者为准。该议定书于1984年4月生效。

2. 集装箱条款

由于集装箱运输的发展,托运人利用集装箱托运货物的情形增多。对于集装箱是否能作为装运单位的计算,《维斯比规则》第2条第3款规定:"如果货物是用集装箱、托盘或类似运输工具集装时,提单中所载明装在这种运输工具中的包数或单位,应视为本款所指的包数或单位数;除上述情况外,此种运输工具应视为包件或单位。"集装箱条款的制定保障了货方的利益,但是,货主必须在提单上注明集装箱内所装的货物的件数,这样当货物损失时才能按《维斯比规则》的件或单位的赔偿限额计算。否则,则按集装箱作为一件计算。我国《海商法》第56条第2款规定:"货物用集装箱、货盘或者类似装运器具集装的,提单中载明装在此类装运器具中的货物件数或者其他货运单位数,视为前款所指的货物件数或者其他货运单位数;未载明的,每一装运器具视为一件或者一个单位。装运器具不属于承运人所有或者非由承运人提供的,装运器具本身应当视为一件或者一个单位。"

3. 提单的最终证据效力

提单具有物权凭证性质,根据该性质分析,提单的持有人对提单上所记载的货物享有所有权,因此,提单的证据力对于提单持有人来说是至关重要的。《海牙规则》第3条第4款规定,提单记载的货物主要标志、包件数、数量以及货物外表状态等,是作为承运人收到其上所记载货物情况的初步证据。根据该条款,处理提单纠纷时,只要承运人能拿出与提单记载相反的举证,证明其无过失,即可对提单持有人的任何损失不负赔偿责任。《维斯比规则》考虑到提单持有人的利益,弥补了《海牙规则》对提单规定的不足。《维斯比规则》第1条规定:"当提单转移给善意的第三方时,与此相反的证据不予采用。"该规定加强了提单的证据力,维护了提单持有人或收货人的合法权益。

4. 合同之诉或侵权之诉的规定

海上运输属于民商活动范畴,在这项活动中会发生货物的损坏或人身伤亡等事件,受害人有权要求提出索赔。根据民法的规定,受害人的索赔要求通常有两种选择:第一,根据合同向对方提出违约赔偿(breach of contract);第二,根据损害事实向对方提出侵权行为(tort)造成的损害赔偿。按赔偿的法律原则,上述两种不同的赔偿方式所得到的赔偿结果是不同的,但有些国家承认双重诉讼的理论。例如,某货主托运的货物受损或灭失时,他可以根据合同之诉或侵权之诉对加害人提起诉讼。如果受害人是以侵权为由起诉的,则承运人不能享受《海牙规则》对其免责和责任限制的规定,因为《海牙规则》只调整海上货物运输合同关系,如此,货方就避开了国际公约的规制。而如果承运人不能享受法定的免责或责任限制的规定,这些法律规定就形同虚设了。为此,《维斯比规则》第3条第1款规定:"本公约所规定的抗辩和责任限制,应适应于运输契约中所载货物的灭失或损害对承运人所提出的责任诉讼,而不论该项诉讼是以契约为根据,或以侵权行为为依据。"《维斯比规则》的规定说明了《海牙规则》的责任限制和抗辩,同等地适用于侵权之诉和合同之诉。我国《海商法》第58条规定:"就海上货物运输合同所涉及的货物灭失、损坏或者迟延交付对承运人提起的任何诉讼,不论海事请求人是否合同的一方,也不论是根据合同或者是根据侵权行为提起的,均适用本章关于承运人的抗辩理由和限制赔偿责任的规定。"

5. 船方雇佣人员的法律地位

船方的雇佣人员包括船长、船员或其代理人员。船方的雇佣人员在受雇期间,由于其过失造成人身或货物的损失,不论其是否属于运输合同的当事方,与船方一样享有免责和限制的规定。英国法院在著名的 Adler v. Dickson① 案例中已明确了这种法律原则并在提单中形成了条款,该条款被命名为"喜马拉雅条款"(himalaya clause)。该条款规定:"如果这种诉讼是对承运人的雇佣人或代理人(该雇佣人或代理人不是独立的订约人)所提起,该雇佣人或代理人便有权适用承运人按照《海牙规则》的各项抗辩或责任限制的规定。"该条款规定不适

① Law Reports Queen's Bench Series 1954, p. 158.

用独立的承包商(independent contractor),英国法院在 Midland Silicones Ltd. v. Scruttons Ltd. [①]一案中对此作了规定。《维斯比规则》将法院的司法精神以明确的文字作了规定。

6. 适用范围

《维斯比规则》第 5 条规定:“本公约各项规定应适用于两个不同国家港口之间有关货物运输的每一提单。”该条规定的适用范围包括:

(1) 提单在一个缔约国中签发;

(2) 从一个缔约国的港口起运;

(3) 提单载有的或由提单证明的合同规定,该合同应受本公约的各项规则或使公约生效的任何国家的立法所约束,不论船舶、承运人、托运人、收货人或任何其他有关人的国籍如何。

7. 诉讼时效

《维斯比规则》诉讼时效为一年,诉讼提出后,如果经当事人同意,可以延长该期限。此外还规定,即使一年期限届满后,如果受理该案的法院的国家法律准许,仍可以对第三者提出赔偿诉讼。准许的时间不得少于三个月,自提出这种赔偿诉讼的人已经解决了对他本人的索赔或从起诉传票送达他本人之日起算。这种规定是保护承运人赔偿了收货人后向第三者追偿的权利。

(三)《汉堡规则》

《汉堡规则》全称是《1978 年联合国海上货物运输公约》(United Nations Convention on the Carriage of Goods by Sea)。该规则是第三世界国家在国际航运中,为确保其利益和建立国际航运新秩序而建立的公约。1968 年联合国贸易和发展会议下设立的“国际会议立法工作组”,召开会议对航运中的提单问题进行了研究。该工作组于 1971 年第二届航运会议作出两项决议:第一,对《海牙规则》和《维斯比规则》进行修改,必要时也可以制定一项新国际公约;第二,在审议修改上述规则时,应清除规则中含义不明确的条文,建立船货双方平等分担海运风险的责任制度。当时,修改或制订规则的工作由联合国贸易法律委员会负责进行。该委员会经过四年的工作,于 1976 年 5 月草拟了一项《海上货物运输草案》。1978 年 3 月 31 日,联合国主持在汉堡召开的海上货物运输会议,正式通过了这个公约。定名为《1978 年联合国海上货物运输公约》,简称《汉堡规则》。该公约于 1992 年 11 月 1 日正式生效。截至 2004 年底,该规则已有 29 个国家参加。

《汉堡规则》分七个部分共 34 条规定和一个共同谅解文件。该规则对承运人或托运人在货物运输中应享有的权利、承担的责任以及适用范围的规定都与

---

① Law Reports Appeal Cases Series 1962, p. 446.

其他公约不同。《汉堡规则》主要内容表现在以下五个方面：

1. 承运人的责任原则

《汉堡规则》规定对承运人实行完全过失责任制，该原则的确立从根本上改变了传统承运人的责任原则，即废除了争议很大的驾驶和管理船舶的免责及其他有关免责条款。根据《汉堡规则》的要求，承运人发生事故时，应采用推定过失与举证责任相结合的原则。承运人在运输途中发生货物灭失、损坏或延迟交货等行为，首先应该推定承运人有过失，如果其想使用过失免责条款免除责任，就必须负有举证之责。反之，承运人将承担有关责任。这种规定实质上解决了承运人试图使用免责条款的合理性来规避责任的问题。《汉堡规则》对承运人的责任基础的规定主要有以下五个方面：

(1) 除非承运人证明其本人、其雇佣人员或代理人为了避免事故的发生及其后果已采取一切所能采取的合理要求的措施，否则必须对其保管货物期间内发生的货物灭失、损坏和延迟交货造成的损失负赔偿责任；

(2) 承运人未在明确约定的时间内，或虽无约定，但未做到谨慎处理以致不能在合理要求时间内，或合同规定的装卸港交付货物，即为延迟交付；

(3) 因承运人、其雇佣人员或代理人的过失或疏忽造成火灾，所引起的货物灭失、损坏或延迟交货，承运人负责赔偿，但索赔人必须负有举证责任；

(4) 承运人未在交付时间届满后连续 60 天内交付货物，则对货物具有索赔权的人，可以视为货物已经灭失；

(5) 承运人对活动物运输所造成的任何特殊风险不负责任，除非证明灭失、损伤或延迟交付的全部或部分责任是由承运人、其受雇人或代理人的过失或疏忽所造成的。

2. 承运人的责任期间

《汉堡规则》第 4 条第 1 款规定："承运人对货物的责任期间，包括货物在装货港、运输途中和卸货港处于承运人掌管的全部期间。"具体地说，承运人的责任自承运人从托运人或其代理人手中接受货物，或者根据装货港适用的法律和规章，承运人必须从有关或其他第三方接受货物开始。承运人的责任终止事由，是指将货物交付收货人；或者根据装货港适用的法律或规章，将货物交给必须交付的当局或其他第三方；或者当收货人不提货时，承运人可以根据合同或贸易惯例，将货物交于收货人支配之下。可见，《汉堡规则》对于承运人掌管货物期间的开始和终止作了较详细的规定。

3. 承运人的责任限制

《汉堡规则》第 6 条第 1 款规定："承运人对货物灭失或损坏的赔偿，每件或其他装运单位以 835 特别款权或毛重每公斤 2.5 特别提款权为限，两者以较高者为准。承运人对交付货物的延迟赔偿，以相当于该延迟交付货物应付运费的

2.5倍的数额为限，不得超过本海上货物运输合同运费的总额。”《汉堡规则》采用了当前国际贸易通用的计算单位作为赔偿货币，它的赔偿限额既高于《海牙规则》的规定，又高于《维斯比规则》的规定。

4. 特殊货物的适用

海上运输中的活动物和舱面货有其特殊性，《汉堡规则》对这两种货物的适用作了明确的规定，即承运人应根据与托运人订立的协议，或者符合国际贸易的惯例装载这类货物。反之，对此造成的货物灭失、损坏或延迟交货，承运人应负赔偿责任。

(1) 活动物。活动物是海上运输中的一种特殊货物，在运输过程中有其特殊风险。《海牙规则》和《维斯比规则》都将其排除在货物之外。《汉堡规则》并不把该种货物排除在适用范围外，在第5条对活动物的适用作了特别规定。即承运人在运输活动物时，由于其固有特殊风险所造成的灭失、损伤或延迟交货不负赔偿责任。但是，承运人应当证明其已按照托运人对运输该货物的特别要求行使了职责。根据该规定分析，承运人运输活动物必须恪尽职责，在运输途中照料活动物，照料的标准是以托运人提出的特别要求为准。一旦该货物发生灭失或损伤，承运人对损失主张免责应负有举证之责。举证的内容包括：托运人关于运输活动物的特别要求；承运人对托运人关于运输活动物特别要求的履行情况；活动物的灭失或损害与其固有的特殊风险之间具有因果关系。[①]

(2) 舱面货。《汉堡规则》第9条第1款规定：“承运人只有按照同托运人的协议或符合特定的贸易惯例，或依据法规和规章的要求，才有权在舱面上载运货物。”由此，承运人运输舱面货必须符合以下三个条件：

第一，达成运输协议。该运输协议可以单独的，也可以在海上运输合同上或提单上注明舱面货条款。

第二，符合航运惯例。这种惯例通常是指国际航运公认的或普遍采用的惯例。

第三，符合法律规定。承运人必须按航运法律规定的舱面货装载要求办理。

5. 保函的效力

《汉堡规则》第17条对保函作出了规定，当托运人的货物包装不良时，为了换取清洁提单，托运人可以向承运人出具承担赔偿责任的保函。该保函的法律效力仅在承运人和托运人之间有效。根据航运实践，承运人在接受保函时必须谨慎，避免发生不必要的纠纷。

6. 管辖权和诉讼时效

《汉堡规则》规定国际海上货物运输的司法管辖权，可以从以下四个方面

---

① 参见傅旭梅主编：《中华人民共和国海商法诠释》，人民法院出版社1995年版，第104页。

考虑：

（1）被告的主要营业所，如无主要营业所时，按其通常住所；

（2）合同订立地，但该合同是通过被告在该地的营业所、分支或代理机构订立；

（3）装货港或卸货港；

（4）海上运输合同规定的其他地点。

《汉堡规则》诉讼时效为两年，如果两年内没有提出司法或仲裁程序，即失去时效。该时效自承运人交付全部或部分货物之日开始，如果未交付货物的，则从货物应该交付的最后一日开始。

四、航次租船合同

（一）航次租船合同的概念

航次租船合同，是指船舶出租人向承租人提供船舶或者船舶的部分舱位，装运约定的货物，从一港运至另一港，由承租人支付约定运费的合同。该概念明确规定了双方当事人的权利义务关系，即出租人的义务是：向承租人提供整条船舶或船舶的部分舱位，将约定的货物运至指定的港口；承租人的义务是：提供约定的货物并支付约定的运费。由于航次租船合同的出租人在对船舶的占有、使用和运费的收取等方面与提单承运人处于相同的地位，因此，我国《海商法》将其归入海上货物运输合同一章，即将其与提单同视为一种海上货物运输合同。但是，它在适用法律、装卸时间计算办法等方面与其他租船合同类似，而与提单又有所区别。

航次租船合同在实际营运中由出租人负责船舶营运并负担费用，航次租船出租人对船舶享有所有权、调动权和管理权，因此，船舶的营运费如燃料、物料、淡水和港口费，以及船舶的维持费用（如船员工资、伙食、船舶维修保养、保险、检验等费用）均由出租人负担。承租人仅负担运费、装卸费和滞期费等。

在货物运输中出租人应对货物负责，出租人不仅要尽适当的谨慎义务使船舶适航、维持船舶的有效状态，还应与提单运输一样，对货物负有妥善而谨慎地装载、搬移、积载、运输、保管、照料、卸载以及交付的义务。

根据航次租船合同均订立装卸期限的规定，如果由于承租人未能在该期限内将货物装卸完毕，因而延长船舶在港的停泊时间，导致港口费增加、出租人营运收入减少，承租人应向出租人支付一定的金额，即滞期费。反之，承租人提前在约定的装卸期限内将货物装卸完毕，出租人应给承租人支付一定的金额，即速遣费。

航次租船合同几乎都是采用国际上某些常用的标准格式订立的。这些标准格式主要有：（1）波罗的海国际航运公会组织（The Baltic and International Maritime Conference, BIMCO)制订并几经修订的《统一杂货租船合同》,租约代号为"金康"(GENCON),最近一次修订是1994年。"金康格式"适用于各种航线和各类货物的航次租船,在国际上使用最为广泛。(2)《澳大利亚谷物租船合同》(Australian Grain Charter Party),租约代号为"AUSTRAL"。(3)《油轮航次租船合同》(Tanker Voyage Charter Party),租约代号为"ASBATANKVOY",该格式是由美国船舶经纪人和代理人协会(Association of Ship Brokers & Agents)制订的;另外还有代号为"INTERTANKVOY"的格式,是由独立油轮船东协会(Association of Independent Tanker Owners)制订的。它们都是专用于油轮航次租船的格式。

(二)航次租船合同的主要条款

1. 船舶说明条款

船舶说明(description of vessel)条款就是对已经指定的出租船舶的具体说明,包括船名、船龄、船舶国籍、船级、船舶吨位(载重吨、总吨和净吨)和船速等。对于不同货物、不同航线和港口的航次租船,双方当事人均可以根据需要通过谈判并在合同中对船舶说明加以具体化。

2. 预备航次条款

预备航次(preliminary voyage)通常指出租船舶从另一港口至装货港的航次,当租船航次为连续航次时,即指前一合同规定的卸货港至该航次的装货港的航次。"金康格式"规定,出租船舶应驶往指定的装货港或船舶所能抵达并始终保持浮泊的邻近地点装货,这就表明了承租人有指定安全港口或泊位的义务,同时将指定的港口或泊位载明于合同中,但有时可能因某种原因未能事先确定,对此可以在合同中列入某些字样加以说明。港口或泊位的指定,除了考虑安全性外,还应考虑能使船舶始终保持浮泊(always line afloat)。将船舶驶往指定装货港或卸货港是出租人的一项义务,但为了保护出租人的利益,通常允许出租人在遇到不可预知的困难时将船舶驶往邻近地点装货。出租人的该项权利通常通过在合同中列入"邻近条款"(the near clause)实现。

3. 货物说明条款

货物说明(description of goods)条款通常包括货物种类和货物数量两个方面的内容。一是货物种类。对货物说明的详细程度的判断是根据货物种类而定的,对某些早已为双方当事人所知晓的商品,仅作简短说明即可。二是货物数量。合同中列入货物的数量,对双方当事人都具有重要意义,它是出租人计算运费的依据,对承租人来说,是其向出租人交运的货物数量的依据。

4. 装卸时间条款

装卸时间(laytime)是指合同当事人约定的、出租人使用船舶装卸货物而不收取额外运费的期限。装卸时间条款所涉及的问题比较复杂,因航次租船合同引起的争议多数与装卸时间的计算有关,如果认真考虑并将该条款订得明确、具体,则可以避免或减少许多争议。因此,可以考虑将与装卸时间的计算有关的问题订入合同中。该条款涉及的问题很多,以下介绍两个方面:

(1) 装卸时间何时开始起算

装卸时间的起算必须同时满足三个条件:

第一,船舶到达指定港口或泊位。港口是指船舶装货或卸货的区域,而不论是在泊位、锚地、浮筒或类似地点装货或卸货。港口也包括船舶等待依次进港的惯常地点,以及船舶按指示等待依次进港或必须等待依次进港的惯常地点,而不管该地点与上述区域距离远近。泊位是指船舶在港内进行装货或卸货的特定地点。

第二,递交装卸准备就绪通知书(NOR)。《1993 年装卸时间解释规则》第 19 条的规定:"准备就绪通知书,是指按租船合同的要求,向承租人、发货人、收货人或其他人递交的关于船舶已经到达港口或泊位并已准备就绪进行装货或卸货的通知书。"递交 NOR 的目的就是通知有关方面的人开始装卸货物并提供装卸时间的起算点。根据普通法和 1994 年"金康格式"第 6 条的规定,NOR 可以用任何方式表示,但合同如果要求用特定方式通知的,则应按合同办理。另外,按照普通法的要求,许多合同格式规定船长递交的应当是"实际准备就绪通知书"(actual notice of readiness),而不是"预期准备就绪通知书"(anticipatory notice of readiness)。

第三,船舶在各方面已做好装卸准备。就是说,船舶应具备装卸约定货物的各种设备,使船舶适合装载约定的货物;按要求取得检验合格证书;按港口规章制度的要求通过港务机关、海关、边防和检疫机关的各项检查。

只有在具备了上述三个条件的情况下,装卸时间才可以开始起算。

(2) 装卸时间如何计算

装卸时间是经当事人约定并在合同中规定的供装卸货物的期限,即规定具体日数或船舶装卸定额等。它通常有以下两类规定方法:一种是固定装卸时间的规定方法;另一种是不固定装卸时间的规定方法。

5. 滞期费与速遣费条款

滞期费(demurrage)与速遣费(despatch)条款在航次租船合同中是很常见的条款。滞期费是指承租人未能在合同规定的装卸期限内完成装卸工作而向出租人支付一定数额的款项。速遣费是指承租人在合同规定的装卸期限届满之前完成装卸工作,而由出租人向承租人支付一定数额的款项。滞期费率通常在滞期费条款中订明,它是根据订立合同时的运费率确定的一个数额,将该数额乘以滞期时间即为滞期费。虽然滞期时间有时是法定的,但滞期费是一种约定损害赔偿金(liquidated damages)。速遣费与滞期费相对称,但它的使用远远不如滞期费普遍,速遣费率通常只有滞期费率的一半。速遣费的计算关键在于速遣时间的计算,有的合同条款规定速遣费按“节省的全部时间”(all time saved)支付,而有的合同条款规定仅按“节省的装卸时间”(laytime saved)支付。

6. 留置权条款

留置权(lien)是指出租人因承租人未支付运费、空舱费、滞期费或延期损失而享有留置载于其船上的货物的权利。根据“金康格式”第 8 条关于留置权条款的规定,出租人可以为收取运费、空舱费、滞期费、损失赔偿费以及由于执行该合同而支付的其他一切费用而留置货物以及与货物有关的转租运费。根据该条款的规定,许多航次租船合同的留置权条款均规定:“为了获得全部运费、空舱费和滞期费,同意合同所指船舶的出租人保留留置船上所载货物的权利”。

尽管合同订立留置权条款,但出租人未必都能有效实行,因为对货物行使留置权在某些国家看来并非完全合法。即使合法,也可能由于某些实际原因而不能将货物留置在船上,因为将货物留于船上会产生许多额外费用。鉴于以上情况,出租人如果准备行使该项权利,则有必要在船舶抵达目的港时进行咨询或请求法律指导。

7. 提单条款

提单条款(bill of lading clause)是航次租船合同所特有的,它规定出租人、船长及经出租人授权的代理人有义务向承租人签发并递交提单,同时规定承租人应当赔偿出租人因其签发提单而承担的责任大于根据租船合同所承担的责任而引起的损失。在这种条件下,航次租船合同中提单法律关系的当事人双方是承运人和提单持有人,对承运人的识别和厘清提单持有人与托运人和发货人等的关系非常重要。

租船合同下签发提单与班轮运输签发提单具有共同性,也有其特殊性。这种特殊性主要是关于谁适用租船合同,谁适用提单的法律规范问题。出租人为了使其签发的提单的规范与租船合同尽可能一致,常常会订入“并入条款”,规定租船合同的规定事项适用于提单,也就是说租船合同的规定并入提单。各国法院都普遍承认这种条款的法律效力。但是,对于租船合同中的仲裁条款,一般认为只有“并入条款”中有明文规定或仲裁条款本身规定适用于提单,方才视为有效并入。我国《海商法》第 95 条规定:“对按照航次租船合同运输的货物签发的提单,提单持有人不是承租人的,承运人与该提单持有人之间的权利、义务关系适用提单的约定。但是,提单中载明适用航次租船合同条款的,适用该航次租船合同的条款。”

8. 绕航条款

绕航条款(deviation clause)也称“航次范围条款”(scope of voyage clause),是指船舶须按惯例从装货港直接驶向卸货港。在“金康格式”下规定的绕航条款给予出租人的自由度是很大的,几乎不受任何限制。该条款规定:“船舶可自由地为任何目的并以任何顺序挂靠任何港口,在所有情况下均可无引航航行、拖带和援助其他船舶,以及可以为救助人命和财产而进行绕航。”但是,在司法实践中对绕航的解释是十分严格的,这主要是为了体现它的合理性。

9. 仲裁条款

仲裁条款(arbitration clause)首次出现于1994年“金康格式”中。该条款明确规定仲裁并提供伦敦和纽约作为仲裁地供选择。根据该条款,当事人如选择在伦敦仲裁,租船合同则受辖于英国法并按英国法进行解释。凡因租船合同而产生的争议,除非双方当事人同意由独任仲裁员审理,均须提交伦敦由三名仲裁员(双方各指定一名,再由被指定的两名仲裁员共同指定第三名仲裁员)组成的仲裁庭,根据1950年和1979年仲裁法或对其进行修订的现行有效的法律进行仲裁,该仲裁裁决为终局裁决。当事人如果选择在纽约仲裁,租船合同则受美国海商法管辖并按其进行解释。凡因租船合同产生的争议,均须提交纽约由三名仲裁员(双方各指定一名,再由被指定的两名仲裁员共同指定第三名仲裁员)仲裁,其作出的裁决为终局裁决。此外,该条款还规定,双方当事人可以协定一个争议数额,并在合同中订明。在争议金额未超过该数额时,可作为小额争议按伦敦海事仲裁员协会的小额赔偿程序仲裁解决,或按纽约海事仲裁员协会的简易仲裁程序仲裁解决。

(三)航次租船合同的解除

根据合同法原则和航次租船合同的特征,航次租船合同解除可分法定解除和任意解除。

1. 法定解除

航次租船合同签订后,发生下列原因,出租人和承租人有权无偿解除租约:

(1)装卸港口发生不可抗力,如地震、封港、战争等等;

(2)装货港发生罢工、骚乱或船舶扣押;

(3)政府征用船舶;

(4)装货港当局或卸货港当局禁止装卸货物。

2. 任意解除

航次租船合同发生任意解除合同时,往往违约者应负法律责任。任意解除合同主要有下列情况:

(1)船舶出租人未按租约规定提供约定的船舶,则承租人有权解除合同。

(2)船舶出租人未在约定的受载期限提供船舶,则承租人有权解除合同。如果承租人将船舶延误情况通知承租人,承租人应当自收到通知起48小时内,将是否解除合同的决定通知出租人。

(3)承租人未提供与租约相符的货物,则出租人有权解除合同。

五、定期租船合同

租船合同是指船舶出租人向承租人提供约定的船舶，在规定的期限内按双方约定的用途使用，由承租人支付租金的合同。

（一）定期租船合同概念

定期租船合同（time charter party），又称“期租约”，是指船舶出租人提供约定的由出租人配备船员的船舶，由承租人在约定的期间内按照约定的用途使用，并支付租金的合同。

根据定期租船合同的定义，可以看出定期租船合同具有以下特征：

1. 出租人提供配备船员的船舶。由出租人负责配备船员，因此也就必须负责船员的工资、给养、船舶的维修保养、物料以及船舶的保险等费用，并享有船舶所有权和管理权。承租人则负责船舶燃油、物料、淡水、港口使用以及货物装卸等费用，并享有船舶使用权、调动权和经营权。

2. 按约定租期支付租金。在定期租船合同下，租金是根据租期和船舶状况确定的，因此，这与航次租船依特定航次确定运费的情况是有区别的。

3. 按约定用途使用船舶。尽管定期租船合同和航次租船合同都有约定运载的货物，但前者通常只约定一个大的货物种类而不详细列明，而后者则约定具体的货物种类。

除以上三个特征外，由于定期租船承租人享有出租人让与的经营权，因此，在其承揽第三者货物时，通常以自己名义签发提单交与托运人，此时承租人即为承运人，其与托运人、收货人具有最密切的运输合同的关系，而出租人与第三者无合同关系。显然，定期租船出租人与航次租船出租人的地位是有所不同的。

根据定期租船合同的特征，可以看出定期租船合同具有财产租赁合同和运输合同的双重性，因为承租人根据定期租船合同在一定时期内取得对船舶的调动权和使用权。另外，承租人租赁船舶，在绝大多数情况下是为了承运第三者的货物，而且定期租船合同中有许多条款是直接规定货物运输的，因此，它又具有运输合同的某些特征。

定期租船合同当事人虽有自由订立租约的权利，但绝大多数期租约都是采用标准格式订立的。目前国际租船市场上普遍采用的期租约标准格式主要有以下几种：(1) 波罗的海国际航运公会制订的《统一定期租船合同》（Uniform Time Charter），租约代号为“BALTIME”，最近一次修订是 1974 年；(2) 英国伦敦壳牌石油公司制订的适用于液体货物的《定期租船合同》（Time Charter Party），租约代号为“SHELLTIME 4”，现使用的是 1984 年版本；(3) 美国纽约土产交易所于 1913 年制订的《纽约土产交易所定期租船合同》（The New York Produce Exchange Time Charter，NYPE），租约代号为“土产格式”（Produce Form），该格式自

1913年制定公布后,分别于1921年、1931年、1946年、1981年和1993年作了修订;(4)中国租船公司制订的《1980年中国期租合同》(SINO-TIME 1980)。以上几种标准格式中,最为国际租船市场普遍采用的是NYPE格式。

(二)定期租船合同的主要条款

1. 交船与解约的规定

交船(delivery of vessel)是出租人依合同规定将船舶交与承租人使用。在交船问题上主要涉及三个问题:

(1)交船地点

船舶应在承租人指定的泊位、码头或地点交付,如果船舶到达时没有可使用的泊位或码头,则应照付租金。在实践中,有些船舶是在到达引航站时就交付租金的,并不需要等进入港口或泊位后才交船。对此,有些规定比较灵活,将决定权留给合同当事方。某些期租合同并没有规定特定泊位或地点,而仅规定某个港口,甚至仅规定一个大的范围,如"在地中海交船"(vessel to be delivered in mediterranean),在这种情况下,交船的具体地点通常由出租人在该范围内选择,但还船的具体地点则由承租人确定。

(2)交船日期

期租合同格式规定,交船期的最后一天为解约日,因此,出租人必须在此日期前交船,如果船舶过早到达交船地点,承租人无义务接受船舶,反之,承租人有权解约,并在某些情况下还可要求出租人赔偿损失。合同虽订有交船的日期,但船舶是否及时抵达是很难预计的,为了便于承租人联系泊位、做好装货准备工作及其他有关事宜,预先通知是出租人的义务。因此,"出租人须在不少于×天内向承租人发出预计交船日期通知书",这一规定对承租人是有利的。

(3)船舶的状况

期租合同格式均规定,交船时船舶必须处于适航状态,可供承租人立即进行营运。船舶交付时必须能够立即收受货物,其货舱必须清洁、坚实、牢固且在各方面适合普通货物运输,同时,船舶须备有压舱水和足够开动货物装卸设备的电力。

如果船舶未在应交付之日或之前交付并做好交船准备的,承租人有解约的选择权。在实践中,承租人通常是在船舶抵达交船地点时才行使该项权利的,因此,对出租人不利。为了解决这一问题,通常制订延期解约条款。如果出租人预计未能在解约日之前或之日交船,他最早可以在船舶预计驶向交船港口或地点之日×天内,要求承租人宣布是否解约。当承租人选择不解约或未能在×天内或解约日之前答复时,出租人发出预计交船日期通知后的第×天即取代原解约日。当船舶继续迟延时,出租人仍有权要求承租人继续宣布是否解约。这一延期解约条款可以有效地保护出租人的利益。

2. 航区条款

航区(trade limits)条款,是限制承租人自由指示船舶的规定。期租合同格式均订有航区条款,明确承租人可以指示船舶前往的地区和不能指示船舶前往的地区,同时要求承租人保证其指示船舶前往的港口、泊位、码头或地点都必须是安全的。安全首先是指地理上的安全,即"船舶在任何潮汐都能起浮并安全驶入、停靠和驶离"。根据司法实践的解释,安全港口是指在租期内,在没有发生异常事件(abnormal occurrence)的情况下,有关船舶能够抵达、使用并返航而不致遭受船艺良好的船员所不能避免之危险的港口。其次是政治上的安全,即船舶不会遭遇战争、敌对行为、恐怖活动、捕获、充公等风险。如果承租人在指定港口时,该港口是安全的,而在此之后因情势变化成为不安全港口时,则承租人应重新指定安全港口。合同虽订有航区条款,如承租人愿意仍可指示船舶前往航区外的港口或地点,但首先必须获得出租人的同意,有时还得获得保险人的同意。因此,在某些期租合同中可以找到这样的条款:"承租人支付额外保险费则可驶出原定航区"(the charterers have the right to break vessel's trading limits provided they pay the extra insurance premiums)。

3. 租金的支付与撤船条款

租金是指承租人在租期内按租用时间和约定租金率支付给出租人的报酬。支付租金是承租人履行合同的首要义务,即承租人应在从交船时起至还船时止的整个租期向出租人支付租金,除非发生合同停租条款规定的停租情况,才能免除承租人支付租金的义务。

租金可用不同方式表示,如"每30天×美元","每净吨×英镑","每天×德国马克"等。租金如果按月支付,必须按日历月写明。如果承租人未准时预付或预付不足额,根据期租合同规定,出租人有权撤船。但是,出租人通常不在货物已装船的情况下行使该项权利,因为一旦签发提单,出租人即负有运输货物的义务,除非出租人能对可收取的运费行使留置权,否则,从承租人处既得不到任何多余的租金而又得将货物卸至提单目的港。但是,出租人在以下四种情况下便丧失撤船选择权:(1)已经接受迟延付款;(2)迟延的租金款项已经到达;(3)撤船前已过了一段时间;(4)撤船权利已经产生但尚未行使之前已接受了承租人的指示。据此,当承租人迟延支付租金或擅自扣减租金时,出租人应及时表示反对,否则将使其丧失撤船选择权。

4. 停租条款

停租(off-hire)条款是关于停租事由的约定,以及赋予承租人在约定的事由发生而影响或妨碍对船舶的使用时中止支付租金的规定。在租期内,按合同约定准时向出租人支付租金是承租人的首要义务,即使在出租人违约给其造成损失的情况下,承租人也应该照常支付租金后再向出租人索赔。

停租条款都会规定停租事由，期租合同的停租条款应包括以下各项停租事宜：(1) 船员或物料不足；(2) 火灾；(3) 船体、船机或设备的故障或损害；(4) 搁浅；(5) 船舶入干坞；(6) 船舶被扣押而迟延；(7) 船舶或货物遭受海损事故而延误；(8) 绕航或返航等。

5. 有关交船还船的法律问题

还船(redelivery)条款是关于还船时间、地点、船舶状况要求、船舶检验、检验费用、时间分担以及接受船上燃油等方面的规定。

定期租船合同对还船的时间、地点和船舶状况都会规定，要求承租人应至少在×天之前将预计还船的日期和港口通知出租人。还船时，船舶应处于与交船时相同的良好状态，但自然耗损除外。在海运实践中，还船的时间并非与合约规定的日期相同，常常出现未到期(under lap)或超期(over lap)还船的情况。如果发生超期还船的情况，问题就会复杂化，主要还是要认定谁的责任，因此合理安排最后航次对承租人非常重要。

六、光船租赁合同

光船租赁合同(bareboat charter party)是指船舶所有人向承租人出租不配备船员的船舶，在约定的期间内由承租人占有、使用和营运，并向出租人支付租金的合同。

从光船租赁的定义分析，船舶出租人把船舶的使用权和经营权转让给承租人，这样使得船舶的所有权和使用经营权分开了，因此，这种租赁行为在法律上可称为财产租赁。它与航次租船合同和定期租船合同有所区别。光船租赁合同有以下四个特点：

(1) 光船租赁期间，承租人享有对船舶的占有权、使用权，船舶在营运中发生的风险和责任完全由承租人承担。出租人只保留船舶的处分权和收取租金权利。

(2) 光船租约签订以后，出租人仅提供适航船舶和船舶有关文件证书，不再承担其他义务。承租人有权任命船长和船员。

(3) 在租期内，船舶营运的一切开支由承租人承担。

(4) 在租期内，发生海事请求权，申请人申请扣押船舶时，也只能扣押合同租用的船舶，而不能扣押出租人的其他船舶。

光船租赁合同是要式合同，应以书面形式订立。目前在国际航运中采用较多的是波罗的海航运公会1974年制定的《标准光船租赁合同》(BARECON)，它包括“贝尔康A”(BARECON A)和“贝尔康B”(BARECON B)两种格式。

第二节 国际航空货物运输法律制度

国际航空运输是一种现代化的运输方式,它不受地面条件的限制,航行便利,运输速度快,安全性能高,货物在运输途中受损率小,最适合贵重或者急需商品的运输。虽然航空运输的费用较高,但综合考虑运输速度和资金周转,节省包装、保险和储存等费用,航空运输与其他运输方式相比,仍具有相当的竞争力和优越性。

航空运输有其特殊性,需要有专门的法律调整。目前,调整国际航空货物运输的法律主要是各国航空法和有关国际航空货物运输的公约。例如,1944 年《芝加哥公约》、1929 年《华沙公约》、1955 年《海牙议定书》、1961 年《瓜达拉哈拉公约》以及 1975 年《蒙特利尔第四号议定书》等。1944 年的《芝加哥公约》是国际民用航空运输规则的基本法律文件,该公约的 18 个附件是关于国际民用航空飞行的国际标准和推荐做法,为签约国在处理国际航空关系时广泛适用。1929 年《华沙公约》、1955 年《海牙议定书》以及 1975 年《蒙特利尔第四号议定书》则专门规定国际航空中承运人的民事责任。①

一、国际航空货物运输法概述

国际航空货物运输合同是承运人与托运人之间订立,由承运人将合同项下的货物由一国航空方运至另一国航空港,由托运人或收货人收取货物,并支付运费的合同。

国际航空运输采取的主要运输方式是:班机运输方式、包机运输方式、集中托运方式、航空急件传递方式。

二、国际航空货物运输单证

国际航空货物运输单证简称"航空货运单"(air waybill),是承运人或其代理人与托运人之间签订的空运单证。航空货运单有以下几个特点:它是承运人和托运人之间的航空运输合同;是托运人托运货物后取得的货物收据;是运费记载的账单;是进出口申报海关的单证;是承运人或托运人投保的依据。航空货运单与海上运输提单的性质完全不同,在航空运输中,空运单证不是货权凭证,不具有议付和背书转让的功能。

航空货运单是承运人根据本国的法律和国际航空公约的规定制订的。承运人有权要求托运人填写航空运单,托运人填写的航空货运单一式三份:第一份注

① 参见唐明毅主编:《现代国际航空运输法》,法律出版社 1999 年版,第 41 页。

明“交承运人”，由托运人签字；第二份注明“交收货人”，由托运人和承运人签字，并附随货物；第三份由承运人在接受货物后签字。[①] 三份单据除签字人不同外，其他内容相同，合在一起构成一份完整的航空货物运输单据和运输合同的证明，并与货物一起交给承运人。

三、航空货运单的基本内容

航空货运单的基本内容应包括：航空货运单的填写地点和日期；起运地和目的地；约定的经停地点；托运人的名称和地点；第一承运人的名称和地点；收货人的名称和地点；货物的性质；货物的包装件数、包装方式、特殊标志或号码；货物的重量、数量、体积或尺码；如果运输已经议定，应写明运费金额、付费日期和地点以及付款人；如果是货款到付时，应写明货物的价格，必要时还应写明应付的费用；货物和包装外表情况；声明的货物价值；航空货运单的份数；随同航空货运单交给承运人的凭证；经过约定写明运输期限，并概要说明经过的路线；声明运输受公约的有关规定对于责任制度的约束。

四、国际航空货物运输公约

由于国际航空货物运输的特殊性，各国在规范国际航空的法律制度方面取得了较普遍的一致性。

（一）《华沙公约》

《华沙公约》全称是《关于统一国际航空运输某些规则的公约》（Convention for the Unification of Certain Rules Relating to International Carriage by Air）于 1929 年由德国、奥地利、比利时、巴西、丹麦、法国、波兰等 23 个国家在华沙签订的，故简称《华沙公约》，该公约于 1933 年 2 月 13 日正式生效。我国已于 1958 年 7 月签署该公约，1958 年 10 月对我国正式生效。截至 1997 年 4 月 20 日，全世界已有 146 个国家成为该公约的成员国。《华沙公约》规定了以航空运输承运人为一方和以旅客和货物托运人与收货人为另一方的权利义务关系，为调整国际航空旅客、行李和货物运输法律关系创立了基本制度，是国际航空运输的一项最重要的公约。

1. 国际运输的概念

《华沙公约》第 1 条第 2、3 款对国际运输所下的定义为：根据有关各方所订的契约，不论在运输中是否有间断或转运，其出发地和目的地是在两个缔约国的领土内，或在一个缔约国的领土内，而在另一缔约国或非缔约国的主权、宗主权、委任统治权或权力管辖下的领土内有一个约定的经停地点的任何运输即为国际

---

① 参见《华沙公约》第 6 条第 1 款。

运输。在同一缔约国的主权、宗主权、委托统治权或权力管辖下的领土间的运输，如果没有约定的经停地点，对本公约来说不作为国际运输。且几个连续的航空承运人所办理的运输，如果被合同各方认为是一个单一的业务活动，则无论是以一个合同或一系列的合同的形式订立的，就本公约的适用来说，应作为一个单一的运输，并不因其中一个合同或一系列的合同完全在同一缔约国的主权、宗主权、委任统治权或权利管辖下的领土内履行而丧失其国际性质。

2. 航空承运人的责任与免责

国际航空货物运输承运人的责任是按合同约定，安全地把货物从起始地送至目的地。《华沙公约》规定，承运人的责任期间是在“航空期间”，即承运人在保管货物的整个时间内，对货物的损失应承担责任。该期间包括货物在航空站内、航空器上或航空站外降落的任何地点。这一期间不包括航空站以外的任何陆运、海运或河运地点。

《华沙公约》对承运人的免责规定有三个方面：

第一，承运人如果能证明自己和其代理人或雇佣人员为了避免损失的发生，已经采取了一切必要的措施，或者证明自己和其代理人或雇佣人员不可能采取这种防范措施时，承运人对货物的损失可不承担责任；

第二，承运人如果能证明损失的发生是由于受害人的过失所引起或促成的，法院可以根据具体情况免除承运人的全部或部分责任；

第三，承运人如果能证明，损失的发生是由于驾驶上、航空器的操作上或领航上的过失所引起，并能证明自己和其代理人已经在其他一切方面采取了一切必要措施以避免损失，那么承运人对该项损失可以免除责任。

关于承运人的责任限制，《华沙公约》规定：承运人对货物损害、灭失或延迟交付而引起的损失的赔偿限额以每公斤250金法郎为最高赔偿限额。

3. 索赔与诉讼管辖权

《华沙公约》规定，当货物损坏、灭失或迟延交付后，货主应先提出索赔，然后可在必要时向承运人提起诉讼。有关索赔问题，《华沙公约》规定，收货人应该在收到货物后7天内向承运人提出书面通知；如果发生延期交货，收货人应在货物交由其支配之日起14天内提出异议。任何异议应该在规定期限内写在运输凭证上或另以书面提出。除非承运人方面有欺诈行为，否则在规定期限内没有提出异议，就不能向承运人起诉。

关于国际航空货物运输合同的诉讼时效，《华沙公约》规定：诉讼应该在航空器到达目的地之日起，或应该到达之日起，或从运输停止之日起2年内提出，否则就丧失追诉权；诉讼期限的计算方式根据受理法院的法律规定。

关于诉讼管辖权，《华沙公约》规定：按照原告的意愿，可选择以下的任何一个法院起诉：(1) 承运人住所地法院；(2) 承运人管理处的所在地法院；(3) 签订合同的机构所在地法院;(4) 目的地法院。

(二)《海牙议定书》

《海牙议定书》的全称是《修改1929年10月12日在华沙签订的统一国际航空运输某些规则的公约的议定书》,于1955年9月28日在海牙签订。因为《华沙公约》的某些规定不适应国际航空运输发展的要求,尤其是对旅客伤亡的责任限制定得太低,所以需要根据实际情况加以修改。《海牙议定书》主要是在航行过失免责、责任限制、运输单证的项目以及提出索赔期限等方面对《华沙公约》作了修改。《海牙议定书》于1963年8月1日生效,我国于1975年8月20日加入了该公约。

1. 国际运输概念

《海牙议定书》对国际运输所下的定义为:按照契约当事人的约定、无论运输中有无间断或有无转运,其出发地与目的地系在两个缔约国的领土内,或在一个缔约国领土内而在另一个缔约国或甚至非缔约国的领土内,有一个约定的经停地点的任何运输。在一个缔约国领土内两地间的运输而在另一个国家的领土内没有约定的经停地点,不是本公约意义上的国际运输。且由几个连续的航空承运人所办理的运输,如经契约当事人认为是一个单一的运输业务,则无论它是以一个合同或一系列合同的形式约定的,在本公约的意义上,应视为一个不可分割的运输,并不因其中一个合同或一系列的合同应完全在同一国家的领土内履行而丧失国际性质。

2. 承运人的责任限制

《海牙议定书》对承运人责任限制作了补充规定:如果经证明造成损失系出于承运人、其受雇人员或代理人员的蓄意或明知可能造成损失而漠不关心的行为或不行为,则不能适用《华沙公约》的有关责任限制规定。

《华沙公约》规定承运人对航行过失或航空器操作过失免责的规定,使广大的货主强烈不满,并且遭到了法律界的批评和法院的抵制,因此《海牙议定书》取消了此项免责条款。

3. 赔偿责任限制规定

《海牙议定书》对责任限额未作任何改动,只补充了两点:第一,本公约所指的金法郎是含有900‰成色的65.5毫克黄金的货币单位。此项金法郎可折合为任何国家的货币取其整数,应以判决当日该货币的黄金价值为准。第二,如果货物一部分或货物中的任何物件发生遗失、损失或延误,对承运人责任限制重量,仅为该一包件或该数包件的总重量。如果因货物的一部分或任何物件发生遗失、损坏或延误以至影响同一份航空货运单所列另一包件的价值考虑时,则在确定责任限额时,另一包件或另数包件的总重量也一并考虑在内。

4. 索赔期限

《海牙议定书》对收货人提出书面索赔的期限作了修改，规定在货物遭受损害的情况下，收货人在发现损害后，应立即向承运人提出异议，或最迟应在收到货物后14天提出；发生迟延交货时，最迟应在货物交付收货人自由处置之日起21天内提出异议。

(三)《蒙特利尔第四号议定书》

1975年《蒙特利尔第四号议定书》对承运人的责任采取了严格责任原则。在航空运输责任方面，国际上已日益趋向于用严格责任取代原《华沙公约》的推定过失责任。但是，在货运方面的责任限制原则的修改遇到了阻碍。国际民航组织法律委员会经过多年反复争论，于1975年在《蒙特利尔第四号议定书》中，作出向严格责任制方向的转变。经该议定书修改后的《华沙公约》第18条第3款中，专门规定了以下四条免责理由或根据：(1) 该货物的固有缺陷、品质或瑕疵；(2) 不由承运人或者其受雇人或代理人包装时，包装上的缺陷；(3) 战争或武装冲突行为；(4) 公共当局对货物进出口或过境所实施的行为。[①]

关于承运人的责任限额，《华沙公约》第22条第2款规定承运人对货物的最高赔偿额为每千克250法郎，此规定在《蒙特利尔第四号议定书》中将法郎相应地改为了特别提款权，即将每千克250法郎改为每千克17特别提款权。按《华沙公约》计算的赔偿额，是法定的最高限度的赔偿额，任何人都不能用协议或航空货运单条款等形式降低这一限额，在这方面上，《蒙特利尔第四号议定书》亦作了货运责任不得突破的规定。

(四)《瓜达拉哈拉公约》

《瓜达拉哈拉公约》的全称是《统一非缔约承运人所办国际航空运输某些规则以补充华沙公约的公约》，于1961年9月18日在墨西哥签订。该公约缔结的目的是修订《华沙公约》和《海牙议定书》对缔约承运人和实际承运人的规定的不足。国际航空货物运输中，承运人有两种：一是与托运人订立运输合同的承运人，即订约承运人；二是根据订约承运人的授权具体履行运输事宜的实际承运人，即非订约承运人。《瓜达拉哈拉公约》就此问题专门作了补充。该公约于1964年5月1日生效。截至1997年8月6日，已有79个国家参加了该公约。我国于1971年3月9日签署，1971年6月7日该公约对我国生效。

《瓜达拉哈拉公约》修订内容可分为原则性规定和特别规定。

1. 原则性规定

非订约承运人经订约承运人授权办理全部或部分运输时，其法律地位原则上与订约承运人相同，表现为：

---

① 参见赵维田：《国际航空法》，社会科学文献出版社2000年版，第331页。

第一,适用公约相同。

第二,非订约承运人及其在职务范围内行事的雇佣人员、代理人在运输中的行为或不行为,应视为订约承运人的行为或不行为,反之亦然。但是,订约承运人在与托运人订立合同的时候,不应承担高于公约规定的义务或享有低于公约规定的权利,也不能同意货主的货物交付利益声明。因为,这样会使非订约承运人无法援用公约进行抗辩。不过,若订约承运人的此项行为是征得非订约承运人同意,则不在此限。

第三,非订约承运人及其在职务范围行事的雇佣人、代理人也可按公约的规定享有责任限制。

第四,任何免除订约承运人或非订约承运人应承担的责任的条款,以及任何低于公约规定的责任限额的条款,均属无效。

2. 特别规定

第一,货主变更运输的指示不能直接向非订约承运人作出,而只有向订约承运人提出才有效。在其他方面,货主既可向订约承运人,也可以向非订约承运人发出要求或指示。

第二,原告既可向订约承运人或非订约承运人同时提起索赔诉讼,也可分别起诉。如果订约承运人单独被诉,他有权要求非订约承运人参加诉讼;如果非订约承运人单独被诉,他也有权要求订约承运人参加诉讼。

第三,如果对非订约承运人起诉,可向其住所地或主要营业所在地的法院提起。

第四,订约承运人与非订约承运人之间有互为追偿的权利。[①]

第三节　国际铁路货物运输法律制度

国际铁路货物运输具有较少受气候影响、连续性强的特点,载货能力比空运大,速度又比海运快。因此,陆地毗邻的国家之间较多使用铁路运输方式,从运输量、运价、安全性等综合因素比较,它是最理想的一种运输方式。例如,我国在陆上与俄罗斯、中亚诸国、蒙古、朝鲜、越南等十几个国家接壤,并均有铁路相通。特别是东起我国连云港,西至新疆阿拉山口,穿越中亚诸国,直达荷兰港口鹿特丹的国际铁路运输线,构成了横贯亚欧两大洲的“大陆桥”,1977 年起承担我国与欧洲各国的货物运输。1990 年 9 月我国陇海至兰新铁路西段的阿拉山口的北疆铁路与苏联土西铁路连接,第二条亚欧大陆桥全线贯通。该线缩短了第一条亚欧线的距离,使得铁路货物运输在我国的对外贸易中占据极为重要的地位。

① 参见赵威主编:《国际商事合同法理论与实务》,中国政法大学出版社 1995 年版,第 290 页。

一、国际铁路货物运输概述

（一）国际铁路货物运输合同

国际铁路货物运输合同是指铁路承运人将发货人的货物从一国的某地运至另一国的某地，将货物交付给收货人，由发货人或收货人支付运费的合同。

铁路承运人接受货物时，通常向发货人签发运单，运单签出即产生法律效力。它是承运人与发货人或收货人之间具有法律约束力的文件。

（二）国际铁路货物运单的特点

国际铁路货物运单有以下几个特点：运单是铁路收到承运人运输货物的表面证据；运单不具有所有权凭证的法律效力，不能背书转让；运单是货物到站后据以向收货人收取运费和交付货物的依据；运单是出入沿途各国海关所需的证件；运单的副本是买方支付货款的主要单证。

根据铁路运输法律规定，发货人在托运货物时，应填写运输单证，并交付运费，然后由始发站加盖戳记。发货人对运单的填写不合常规、不正确、不完全等而造成一切损失由其承担责任。

（三）国际铁路货物运单的内容

根据国际铁路货物运输的法律规定，运单的主要记载事项分为三类：

第一类为必要记载事项。包括：到站名称；收货人名称和地址；货物名称；货物重量；零担货物的件数、包装标志；发货人负责装车时的车号及私有车辆的自重；单证明细表；发货人的名称与地址。

第二类为根据需要填写的事项。包括：货物交付方式；适用的运价规程；货物交付利息的金额数；发货人负责支付的费用；现款交付和运费的金额；发货人规定的运输线路和海关、其他行政机关要求办理手续的车站名称；发货人和收货人相互间关于办理海关手续的约定；发货人关于收货人不得变更合同的声明；押运情况。

第三类为可附加记载事项。这类记载事项仅供收货人参考，没有约束力，是发货人用来提示收货人有关货物情况用的，如货物的来向、去向以及运输方货物的保险等。

二、国际铁路货物运输公约

（一）国际铁路货物运输公约的组成

国际货物运输当事人利用铁路从事国际运输，应建立国际运输合作形式，这种合作主要表现在两方面：一是建立运输组织，协调各国铁路部门的关系；二是签订有关铁路货物运输公约，据以协调各国法律的不同，确定各当事人的权利和义务。国际铁路货物运输公约主要有两个：一个是 1951 年，苏联、波兰、民主德国等八国在华沙成立铁路合作组织并订立的《国际铁路货物联合运输协定》，简称《国际货协》。我国于1953年参加该组织和协定。《国际货协》是我国对外铁路货物联运的主要法律依据。现在生效的是1974年7月1日修订和补充的文本。另一个是由奥地利、法国、德国、比利时等西欧国家于1961年在瑞典首都伯尔尼签订的《关于铁路货物运输的国际公约》，简称《国际货约》。

《国际货约》约束国际铁路运输中央执行局组织的运输。《国际货协》约束东欧国家铁路合作组织开展的运输。《国际货协》的成员国中的有些国家同时也参加了《国际货约》，为沟通国际间的货物铁路运输创造了更为有利的条件，使参加《国际货协》的国家的进出口货物可以通过铁路转运到《国际货约》的成员国。

（二）国际铁路货物运输公约的主要内容

（1）承运人的基本权利。承运人的基本权利是按合同规定收取运费，当收货人非法拒绝货物时，按规定向其收取罚款。为了保证铁路货物运输合同项下的一切费用，铁路当局对货物享有留置权。留置权的效力是以货物交付地国家的法律为依据。

（2）承运人的基本义务。承运人应当按货物运输合同的规定，将货物安全地运至目的地。《国际货协》规定，按运单承运货物的铁路部门，应对货物负连带责任；执行发货人或收货人按规定提出的变更合同要求；妥善保管发货人在运单内所记载并添付的各项文件；在责任期限内，对货物逾期到达以及货物的损坏负赔偿责任。

（3）承运人的免责规定。承运人在运输期间对下列原因造成的损失不负赔偿责任：由于铁路不能预防和不能消除的情况；由于货物的特殊自然性质引起货物的损失；由于发货人或收货人的过失或由于其要求，而不能归咎于铁路；由于发货人或收货人装车或卸车的原因所造成；由于发送铁路规章许可，使用敞车类货车运输货物；由于发货人或收货人的货物押运人未采取保证货物完整的必要措施；由于容器或包装的缺点在承运中无法从其外表发现；由于发货人用不正确、不确切或不完全的名称托运违禁品；由于发货人在托运时，未按特定的条件托运货物；由于规定的标准范围内的货物自然损耗。

（4）承运人的赔偿规定。铁路方对货物的灭失、损坏的赔偿金额在任何情况下都不得超过货物的全部损失。货物发生全部或部分损失时，铁路方的赔偿金额应接外国出售者在账单上所开列的价格计算，但托运人对货物价格另有声明时，应按声明的价格赔偿。货物遭受损坏时，铁路方只赔付相当于货物价格减损金额的款项而不赔偿其他损失。

《国际货协》规定，发货人的索赔向发送国铁路方提出，收货人的索赔向到达国铁路方提出，即“就地索赔”原则。托运人提出赔偿请求后，接受理赔的铁路方必须在180天内(自索赔之日起算)作出赔偿或拒绝赔偿的决定。如果铁路方逾期而未作答复,则索赔人可因此向法院提起诉讼。

(5) 诉讼时效。有关诉讼时效,《国际货协》规定,铁路运输合同一方当事人向铁路方提出赔偿请求或诉讼,或铁路方就运费、罚款和赔偿向发货人和收货人提出诉讼,期限为9个月。有关货物逾期的赔偿或诉讼,期限为2个月。《国际货约》规定的诉讼时效为1年。发生现款交付之诉、原告要求收回由铁路方出售货物的净收入的诉讼、故意致损之诉、欺诈行为之诉和转运前运输合同之诉的特殊情况,诉讼时效为2年。

第四节　国际货物多式联运合同

一、国际货物多式联运概述

国际货物多式联运是随国际贸易和国际贸易运输需要而产生的一种运输形式。当单一的海、陆、空运输已不能满足买卖双方的需求,国际货物运输试图尝试一种更快、更远、更安全、更简便的方式。20世纪60年代初,集装箱的迅猛发展使尝试先进的国际运输方式变成可能。国际多式联运就是集海、陆、空不同的运输工具为一体的新的运输方式,这种运输方式的出现给国际货物运输带来了活力。

(一) 国际货物多式联运的概念

国际货物多式联运(international multimodal transport of goods)必须至少使用两种或两种以上不同的运输方式,将货物从一国境内接管货物的地点运至另一国指定交付货物的地点。

国际货物多式联运合同是指多式联运经营人使用一张单据,通过两种或两种以上的运输方式,其中一种必须是海上运输,负责将货物从一地运至另一地,并收取全程运费的合同。

(二) 国际货物多式联运的特点

国际货物多式联运具有以下四个特点:

(1) 多式联运将海上运输、铁路运输、公路运输、航空运输和管道运输等传统的单一运输方式有机地结合起来,实现了“门到门”(door to door)的运输,这种运输以集装箱运输为主。

(2) 多式联运的承运人称为“多式联运经营人”,负责全程运输。

(3) 多式联运只需一次货物托运,该多式联运合同规范全程运输;签发一张单据,该货运单适用不同的运输方式;只要一次付费,实行全程单一的运费率;进行一次保险,包括各种运输方式的保险。

(4) 多式联运经营人是整个运输的总承运人和合同履行者,可以参与或实际运输。多式联运经营人要与托运人和各区段承运人订立合同,组成全程运输,收取运费。

二、国际货物多式联运单证的主要内容

多式联运单证是多式联运经营人、承运人、发货人、收货人进行运输活动的证明。它能证明货物外表状况、数量品质等情况。多式联运单证的主要内容有以下13项:

(1) 货物品类、识别货物所必需的主要标志、危险货物的明确声明、包数或件数、货物的毛重或以其他方式表示的重量等;

(2) 货物外表状况;

(3) 联运人的名称和主要营业所;

(4) 发货人的名称;

(5) 收货人的名称;

(6) 多式经营人接管货物的日期和地点;

(7) 交货人的名称;

(8) 经双方明确协议,交付货物的时间和期限;

(9) 表示该多式联运是可转让或不可转让的声明;

(10) 多式联运单证签发地点和日期;

(11) 多式联运经营人或授权人签字;

(12) 经双方明确协议,每种运输方式的运费;或者应由收货人支付的运费,包括用以支付的货币;

(13) 遵守法律的声明。

除此之外,签约双方可以根据需要和要求,在不违反签发国法律的情况下,加注其他内容(如有关特种货物的装置说明、收货批注说明等)。

三、国际货物多式联运经营人的责任制度

多式联运在运输中至少使用两种或两种以上的运输方式。根据国际商会1973年制定、1975年修订的《联运单证统一规则》(Uniform Rules for a Combined Transport Document 1973),多式联运经营人的责任制度主要有:

(一) 网上责任制

多式联运经营人对全程运输负责,各区段运输则适用相应的公约和法律。从这种规定分析,货物损失不论发生在哪一运输区段中,货物损失方可以向多式联运经营人提起索赔,也可以向货物损失区段的承运人提起索赔。无论向谁索赔,适用赔偿责任的法律应是规范该区段的法律。如果不能确定货损区段时,只

能向多式联运经营人提出索赔。

（二）统一责任制

多式联运经营人对全程负责，各区段的承运人负责自己的运输区段。无论货物损失发生在哪一区段，多式联运经营人或各区段承运人都按统一的规则负责赔偿。

（三）责任分担制

责任分担制是对统一责任制的修正，其责任范围实行统一责任制，但是赔偿责任按各区段的法律规定办理。如海上运输区段赔偿责任可以按《海牙规则》等，航空运输区段可以按《华沙公约》等。

四、国际货物多式联运公约

1980年5月24日，在日内瓦召开了由84个贸发会成员国参加的国际货物多式联运会议，通过了《联合国国际货物多式联运公约》。目前，该公约尚未生效。该公约主要内容有总则、多式联运单证、多式联运经营的赔偿责任、发货人的赔偿责任、索赔和诉讼、补充规定、海关事项、最后条款八个组成部分，共40条规定。

（1）《公约》的定义和适用范围。《公约》第1条规定："国际多式联运是指按照多式联运合同，以至少两种不同的运输方式，由多式联运经营人将货物从一国境内接管货物的地点运至另一国境内指定交货的地点。"这种运输方式可以适用由陆海、陆空、海空组成的国际货物运输。

《公约》规定，多式联运经营人接管货物或交付货物的地点必须位于缔约国境内。《公约》适用过程中，涉及其他公约或国内法调整和控制关系时，在不与《公约》有冲突的条件下可以适用。《公约》也不影响国家对多式联运制定法律的调控权利。

（2）多式联运经营人的责任期间。《公约》第4条规定："多式联运经营人对于货物的责任期间自接管货物之日起到交付货物为止。"根据规定，多式联运经营人接管货物的方式有两种：

第一，从发货人或其代表手中接管货物。这是一种常用的、普遍的方式。

第二，根据接管货物地点适用的法律或规则，货物必须从货物运输管理当局或其他第三方的手中接收。这是一种特殊的规定。在这项规定中，如果货物在当局或第三方保管期间发生灭失或损坏，多式联运经营人不负责任。

（3）多式联运经营人的赔偿责任原则。《公约》实行完全推定责任原则（与《汉堡规则》责任原则相同），即除非多式联运经营人能证明其本人、受雇人或代理人为避免事故的发生已采取了一切所能合理要求的措施，否则，便推定损坏是由于多式联运经营人本人、受雇人或代理人的过错行为所致，并由其负赔偿责任。

(4) 多式联运经营人的赔偿责任限制。多式联运经营人对其责任期间发生的货物灭失、损坏应负赔偿责任。公约规定,货物灭失或损坏赔偿责任限制按灭失或损坏货物的每件或其他货运单位不得超过 920 特别提款权,或按毛重每公斤不得超过 275 特别提款权,以较高者为准。如果多式联运不包括海上运输或内河运输,则多式联运经营人的赔偿责任按灭失或损坏货物毛重每公斤不得超过 833 特别提款权。对于迟延交货的赔偿责任限制,相当于其货物费用的 2.5 倍,但该费用不得超过多式联运合同规定应付的总额。

(5) 管辖权。原告有权选择在有管辖权的法院提起诉讼,下列所在地法院是公约规定的:被告主要营业所在地法院;多式联运合同订立地法院;多式联运合同和单据中所载明的法院;货物接收和交付地法院。如果合同当事人要求仲裁解决争议,他们应签订书面仲裁协议,将争议提交仲裁。申诉人有权选择仲裁地点,但该地点应在上述有管辖权的国家。

(6) 诉讼时效。《公约》规定,应在 2 年内提起诉讼或提交仲裁,否则,将失去法律效力。如果在货物交付之日起或应当交付之日起 6 个月内,收货方没有提出书面通知说明索赔的性质和主要事项,其权利则在时效届满后失效。

本章参考书目

1. 司玉琢:《海商法论》,中国人民大学出版社 2007 年版。

2. 司玉琢主编:《海商法专题研究》,大连海事大学出版社 2002 年版。

3. 〔美〕G. 吉尔摩、C. L. 布莱克:《海商法》,吴焕宁等译,中国大百科全书出版社 2000 年版。

4. 尹东年等:《海上货物运输法》,人民法院出版社 2000 年版。

5. 邢海宝:《海商提单法》,法律出版社 1999 年版。

6. Simon Baughen, Shipping Law, 2nd ed., Gavendish Publishing Limited, 2001.

7. W. P Bennett, The Bill of Lading As a Document of Title, Cambridge University Press.

8. Charles Debattista, Sale of Goods Carried by Sea, Butterworths, 1999.

9. M. Bool, The Bill of Lading: A Document of Title to Goods: An Anglo-American Comparison, London: LLP, 1997.

10. John F. Wilson, Carriage of Goods By Sea, Financial Times Titman Publishing, 1998.

第四章　国际货物运输保险法律制度

在国际贸易中,货物通常需要经过长途运输运往进口方所在地。在运输、装卸和储存的过程中,货物可能由于遇到各种风险而遭受损失。为了能在货物遭受损失时得到一定的补偿,货物的买方或卖方就要向保险公司投保货物运输保险。国际货物运输保险是一种服务贸易。国际上没有统一的货物运输保险法,实践中保险人与被保险人的权利、义务是由各国国内法和当事人双方之间订立的保险合同确定的。

第一节　国际货物运输保险合同概述

国际货物运输保险合同是指进出口商对进出口货物按照一定的险别向保险公司投保,交纳保险费,当货物在国际运输途中遇到风险时,由保险公司对被保险货物因遭受保险事故而造成的货物损失和产生的责任负责赔偿。其种类包括海上货物运输保险、陆上货物运输保险以及航空货物运输保险等。

一、国际货物运输保险合同的基本原则

(一) 绝对诚信原则

1. 绝对诚信原则的含义

绝对诚信原则(utmost good faith)又称"最大诚信原则",是指保险人与被保险人在订立合同时,必须以有诚意、守信用、不隐瞒作为签约依据的主要情况和条件,应将与投保有关的一切情况无保留地告诉对方。

诚实信用原则起源于罗马法。在罗马法的诚信契约中,债务人不仅要依照契约条款,更重要的是要依照其内心的诚实观念完成契约所规定的给付。1804年《法国民法典》第 1134 条规定,契约应依诚信方法履行。1863 年《萨克逊民法典》第 158 条规定:"契约的履行,除依特约、法律外,应遵守诚信,依诚实人之所应为者为之。"我国《民法通则》第 4 条规定:"民事活动应当遵循自愿、公平、等价有偿、诚实信用的原则。"鉴于保险关系的特殊性,法律对于诚实信用程度的要求远远大于其他民事活动,因为保险合同是射幸合同(aleatory contract),保险危险是不确定的,保险人主要是依据投保人对保险标的的告知和保证决定是否承保和保险费率的大小。如果投保人诈欺或隐瞒,就有可能导致保险人判断失误或上当受骗。故保险合同又被称为"最大的诚实信用合同"(contract of utmost good faith)。

绝对诚实信用原则在保险领域的运用,最早可以追溯到海上保险初期。当时因通讯工具极为落后,在商定保险合同时,投保的船舶和货物往往在千里之外。保险人决定承保与否仅凭投保人提供的有关资料,假若当事人一方以欺诈手段订立合同,将使被诱一方深受其害,所以要求当事人双方必须有超出一般合同的诚实信用。英国《1906 年海上保险法》(The Marine Insurance Act 1906)首先将此原则确定下来,该法第 17 条规定:“海上保险契约是建立在最大信守诚实的基础上成立的契约,如果任何一方不遵守最大信守诚实,他方得宣告契约无效。”随后各国保险法相继仿效,均对此原则作了规定。不过绝对诚信原则初期主要是保险人约束投保人的工具,保险人往往以投保人破坏此原则而拒绝履行赔偿义务。因而通常被定义为:“一种主动性义务,即自愿地向对方充分而准确地告知有关投保标的的所有重要事实,无论被问到与否。”[①]至于保险人是否应履行同样的义务,各国立法通常都没有具体规定。但实际上,为了保护投保人的利益,绝对诚信原则应同时适用于保险人和投保人。投保人遵守该原则主要体现在如实告知和履行保证上,保险人遵守该原则主要体现在弃权与禁止抗辩上。

2. 告知(representation)

告知,有的国家保险法上称为“说明”,即在保险合同订立时,投保人应将有关保险标的的重要事实(material fact)如实告知保险人,即通常所谓的投保人对保险人负有的告知义务。这种义务是法定的,不受保险合同是否有明确约定的影响。德国《保险契约法》第 16 条第 1 款规定,“投保人所知悉且对于危险承担系重要的情况,应于契约订立时告知保险人”。我国《保险法》第 16 条第 1 款规定:“订立保险合同,保险人就保险标的或者被保险人的有关情况提出询问的,投保人应当如实告知。”告知义务的具体行为称为“陈述”或“声明”。在人身保险中,投保人、被保险人皆为告知义务人,但受益人一般不负有告知的义务。在财产保险中,仅投保人负有告知义务。

告知的内容,主要是指重要事实的告知,因为告知的目的是使保险人正确了解与保险标的危险状况有关的重要事实。英国《1906 年海上保险法》第 18 条第 2 款规定:“所有影响一个谨慎的保险人确定保险费或决定是否承担某项风险的情况均为重要事实。”德国《保险契约法》第 16 条第 1 款规定:“对于保险人契约或其约定内容订立的决定产生影响的危险情况系重要者,经保险人明确地以书面询问的情况,若有疑义者,视为重要者。”韩国《商法典》第 651 条第 2 款规定:“保险人书面质询的事项,应推定为重要的事项。”我国《保险法》虽未对重要事实作出明确界定,但其第 16 条第 2 款规定:“投保人故意或者因重大过失未履行

---

① 〔英〕约翰·T. 斯蒂尔:《保险的原则与实务》,孟兴国等译,中国金融出版社 1992 年版,第 24 页。

前款规定的如实告知义务，足以影响保险人决定是否同意承保或者提高保险费率的，保险人有权解除保险合同。”从该条规定看，凡足以影响保险人决定是否同意承保或者提高保险费率的情况，即为重要事实。实践中，有时候对某种情况是否是重要事实难以判断，当事人双方分歧很大。为了避免争议，可将保险人在投保单和风险询问表中需要投保人诸项如实填写的事实，均视为重要事实。

从各国保险法的规定看，投保人应告知的事实，通常包括以下四项：(1) 足以使保险危险增加的事实；(2) 为特殊动机而投保的，有关此种动机的事实；(3) 表明保险危险特殊性质的事实；(4) 显示投保人在某方面非正常的事实。

告知义务的履行通常在保险合同订立时进行。双方当事人主要是投保人和保险人，告知义务是针对投保人而言的。合同一经订立，双方的权利、义务即已确定，双方当事人主要是被保险人与保险人。故在订约后，投保人或被保险人又获得的有关重要事实的资料，投保人也并无必须告知的义务，但在合同内容修改时，投保人在修改前所得的资料，仍应据实告知。另外，保险人进行再保险时，对再保险人也须负告知义务。告知义务，有三点注意事项：

第一，这里所指的告知，与保险合同成立后，危险程度增加或保险事故发生时，被保险人或投保人对保险人所负的通知义务是不同的。我国《保险法》第 52 条第 1 款：“在合同有效期内，保险标的的危险程度显著增加的，被保险人应当按照合同约定及时通知保险人，保险人可以按照合同约定增加保险费或者解除合同。保险人解除合同的，应当将已收取的保险费，按照合同约定扣除自保险责任开始之日起至合同解除之日止应收的部分后，退还投保人。”第 21 条规定：“投保人、被保险人或者受益人知道保险事故发生后，应当及时通知保险人。故意或者因重大过失未及时通知，致使保险事故的性质、原因、损失程度等难以确定的，保险人对无法确定的部分，不承担赔偿或者给付保险金的责任，但保险人通过其他途径已经及时知道或者应当及时知道保险事故发生的除外。”告知作为保险的特有制度，是一个专门术语，有特定的含义，针对投保人在订立保险合同时而言的。我国的保险立法，显然是把通知义务排斥于告知之外的，因为通知义务是针对保险合同成立之后而言的。

第二，这里所指的告知，与保险合同订立时，保险人对投保人所负有的说明义务也不同。我国《保险法》第 17 条规定：“订立保险合同，采用保险人提供的格式条款的，保险人向投保人提供的投保单应当附格式条款，保险人应当向投保人说明合同的内容。对保险合同中免除保险人责任的条款，保险人在订立合同时应当在投保单、保险单或者其他保险凭证上作出足以引起投保人注意的提示，并对该条款的内容以书面或者口头形式向投保人作出明确说明；未作提示或者明确说明的，该条款不产生效力。”上述规定是针对保险人而言的，也是绝对诚实信用原则对保险人的要求，但显然不属于告知的内容。

第三,这里所指的告知,与海上保险合同投保人的告知也略有不同。我国《保险法》第16条第1款规定:“订立保险合同,保险人就保险标的或者被保险人的有关情况提出询问的,投保人应当如实告知。”因此,这种告知是针对保险人的询问而言的。但是,海上保险合同中投保人的告知则是主动性义务,无需保险人提出询问。我国《海商法》第222条规定:“合同订立前,被保险人应当将其知道的或者在通常业务中应当知道的有关影响保险人据以确定保险费率或者确定是否同意承保的重要情况,如实告知保险人。保险人知道或者在通常业务中应当知道的情况,保险人没有询问的,被保险人无需告知。”

保险人的询问,可以是口头的,也可以是书面,还可以是其他形式。实务中,保险人往往根据不同的险种设计了投保单。对个别险种,保险人还设计了风险询问表(questionnaire),要求投保人在投保时如实地逐项填写,据此确定是否承保和费率的大小。投保单应与风险询问表一样,也可以视为是保险人的书面询问。

关于告知的方法,各国在法律上并无特别的限制,可以是书面的或口头的,也可以是明示的或默示的。但在实务中,通常采用书面询问回答方式,即由投保人在保险人设计的投保单和风险询问表上逐项据实填写。

告知义务的违反,通常有两种情况:一种是告知不实(misrepresentation),即误告或错告;另一种是应告知而不告知,包括隐瞒和遗漏。我国保险立法根据投保人的主观心理状态,将其不履行告知义务区分为投保人故意隐瞒事实,不履行如实告知义务和投保人因过失未履行如实告知义务两种。所谓故意隐瞒事实,不履行如实告知义务,是指投保人对已知的事实故意不予告知,或仅为一部分告知而并未说明全部事实;而投保人因过失未履行如实告知义务,一般是针对投保人的误告或遗漏而言的。无论属于何种情况,保险人均有权解除保险合同或请求确认保险合同无效。

3. 保证(warranty)

保证,也称“特约”,美国称之为“担保”,指投保人或被保险人对保险人的特定担保事项,如担保某种事项的作为或不作为,或某种事项的真实性等。在英国,则认为保证是被保险人对于下列事项作出的一种许诺:(1) 应做某事;(2) 不应做某事;(3) 存在某种状况;(4) 不存在某种状况。因此,可以将保险中的保证定义为:保险合同中以书面文字或者通过法律规定的形式使投保人或被保险人承诺某一事实状态存在或不存在、持续存在或不存在,以及承担履行某种行为或不行为的条款。

保证的目的在于控制危险。因此,产生保证的原因通常是:(1) 确保“良好管理”的某方面能得以贯彻。例如,在火灾保险中,垃圾应在每晚清除。(2) 确保未经保险人同意,不得进行某些风险较大的活动,因为保险费是基于不存在这些活动的前提下测算收取的。例如，某库房未储存燃油，火灾保险测算收取的保险费就未包括储存燃油这一危险因素，因此，被保险人必须保证不得于该处储存燃油。

在保险合同中，哪些事项可以作为保证，通常由当事人双方协商确定。在不违背法律的情况下，当事人双方也可以将订立合同有关的细节列为保证。尽管保证的事项本身并不一定重要，但一旦被约定为保证，则都被假定是对重要事项的担保，意义相当重大。因为，在保险合同订立时，如投保人或被保险人不允诺某项保证，将会影响保险人是否接受承保或者所适用的保险费率。保证并不需要特殊的措辞或条款格式，保险法也没有统一的要求。保险合同可以采用“保证”或“投保人/被保险人保证”的字样，也可以不使用这种字样。

被保险人违反保证，将导致保险人解除保险合同或拒绝承担赔偿责任。有时候，被保险人违反保证，可能会导致保险合同无效。即使投保人和被保险人已尽量提供了其所知的一切情况，也不能例外。

保证通常包括明示保证(express warranty)和默示保证(implied warranty)两种。所谓明示保证，是指投保人或被保险人在保险单或其附件中，对于某一特定事项明确表示担保其真实性。保险合同当事人可以约定各种各样的明示保证。明示保证又有确认保证和承诺保证之分。确认保证(affirmative warranty)是指投保人对过去和现在某一项特定事项存在或不存在的保证；承诺保证(promissory warranty)是指投保人对将来某一特定事项的作为或不作为的保证。违背确认保证，保险合同自始无效；而承诺保证的效力与解除条件相同，仅自违背之时起，使保险合同归于无效。不过，美国少数法院认为，违背承诺保证仅使保险合同效力中断，在违反事由消灭后，其效力即行恢复。在保险单上未记明某一保证属于何种性质时，通常从有利于投保人或被保险人的利益出发，推定其为确认保证。如欲使其保证为承诺保证，则必须以条款方式明确记载于保险单之中。美国法院曾在 Smith v. Mechanics and Traders' Fire Ins. Co. 一案中确立了一项普遍遵守的原则，即除非当事人明确规定是承诺保证，否则应推定为确认保证，从而有利于投保人。[①]我国《保险法》对于保证没有作出任何规定。在保险实务中所谓的保证，也无确认与承诺之分。

默示保证，是指投保人或被保险人对于某一特定事项虽未明确表示担保其真实性，但该事项的真实存在是保险人决定承保的依据，并成为保险合同内容之一。默示保证通常不在保险合同中写明，但法律往往有明确规定。

默示保证和明示保证具有同等的法律效力，主要限于海上保险，是海上保险合同中所特有的一种保证。通常包括下列三项：一是保证有适航能力(seawor-

---

① 参见李玉泉：《保险法》(第二版)，法律出版社 2003 年版，第 67 页。

thiness),即要求承保船舶必须在该航程开始时,在各个方面能够合理地适应承保的航海过程中遭遇到的正常危险。在英国,适航作为默示保证只适用于航程保险中,对定期保险是不适用的。适航的内容包括两个方面:就船舶本身而言,船舶需要具备适当的设备、燃料、给养和驾驶管理人员;就货物的装载而言,船舶需要具备适当的装载能力和运送设备。二是保证不绕航(no deviation),即被保险人保证其船舶航行于经常与习惯的航道中,除非是因躲避暴风雨或救助他人等原因,才可以改变其航道。三是保证航程具有合法性(legality),即被保险人保证其船舶不用于从事非法经营或载运违禁药品等。不绕航和合法性的默示保证适用于航程保险和定期保险的任何海上保险合同。这些保证虽未在保险合同中明确规定,但是按相关法律和海上保险惯例,双方应绝对遵守。

我国《海商法》第十二章"海上保险合同",对于保证也没有作出相应规定,只是在第235条规定:"被保险人违反合同约定的保证条款时,应当立即书面通知保险人。保险人收到通知后,可以解除合同,也可以要求修改承保条件、增加保险费。"实践中,对于什么是保证条款争议很大,但大多数人均主张保证有适航能力。不绕航和航程具有合法性,是我国海上保险默示保证的重要内容。

保证与告知不同,两者主要存在以下区别:第一,保证是保险合同内容的重要组成部分,除默示保证外其他保证必须是书面的,均需列入保险单或其附件中;而告知是在保险合同订立时,投保人所作的陈述,并不是保险合同的内容,如将告知事项订入合同时,其性质就转变为保证。第二,保证的目的在于控制危险,而告知则在于使保险人能够正确估计其所承担的危险。第三,保证在法律上推定其是重要的,任何违反将导致保险人有权解除保险合同或拒绝承担赔偿责任,甚至保险合同无效;而告知须由保险人证明其确是重要的,才可以成为解除保险合同或拒绝承担赔偿责任的依据。第四,保证必须严格遵守,而告知仅须实质上大体符合即可。

因此,保证是保险合同的基础,被保险人违反保证,就使保险合同失去了存在的基础。各国司法实践对保证条款的掌握十分严格,只要被保险人违反保证义务,不论其有无过错,也不论是否属于保险责任,保险人均不负赔偿责任。

4. 弃权与禁止抗辩

弃权和禁止抗辩是英美保险法中的重要制度,尽管我国保险法上并没有此类概念,但有关法律条文也体现了类似的精神。在司法实践中,弃权和禁止抗辩的精神常常被运用。

(1) 弃权

弃权是指保险合同一方当事人放弃他在合同中的某种权利,通常是相对保险人故意抛弃合同解除权与抗辩权而言的。要构成弃权必须具有两个要件:

第一,保险人须有弃权的意思表示。这种意思表示可以是明示的,也可以是默示的。在多数场合,保险人弃权的意思表示可以从其行为中推知。例如,投保人未按期缴付保险费或违背其他约定义务,保险人就可以解除保险合同。但是,如果保险人收受投保人逾期缴付的保险费或明知投保人有违背约定义务的情形,而仍收受保险费的,即足以证明保险人有继续维持合同的意思,因此其本应享有的合同解释权、终止权及其他抗辩权均视为弃权。又如,保险事故发生后,保险人明知有拒绝给付的抗辩权,但仍寄送损失证明表,要求投保人提出损失证明,因而增加投保人在时间及金钱上的负担的,美国各州法院见解虽不一致,但多数法院认为即足以构成抗辩权的弃权。但是,保险人为避免这种不利的推定,可以在损失证明表上记载"不弃权条款"(non-waiver agreement),注明保险人要求投保人提出证明,不得解释为对任何抗辩权的弃权。再如,保险人明知投保人的损失证明有瑕疵,而仍无条件予以接受,则可视为是对瑕疵抗辩权的弃权,以后不得再以损失证明不完整而拒绝承担赔偿责任。投保人、被保险人或受益人在保险事故发生时,应于约定或法定期限内通知保险人。但如果投保人、被保险人或受益人逾期通告而保险人仍接受,即可视为对逾期通告抗辩权的弃权。

第二,保险人必须知道有权利存在。除非保险人知道存在违背约定义务的情况,及因此而可享有抗辩权或解约权外,其作为或不作为均不得视为弃权。所谓"知道",原则上以保险人的确知权(actual knowledge)为准,但如保险人已知悉有关事实,并从该有关事实中可以推知投保人违背约定义务的,也应视为知道。

(2) 禁止抗辩(estoppel)

禁止抗辩,也称"禁止反言",原属英美衡平法上的原则。由于保险合同以双方当事人的善意为基础,因此该原则也适用于保险合同,以使善意信赖保险人的行为或意思表示而投保的人,于保险事故发生时其依据合同所享有的权利不致落空。

禁止抗辩的适用,须具有下述要件(即投保人或被保险人须证明):第一,保险人曾就订立保险合同有关的重要事项,为虚伪的陈述或行为;第二,此项虚伪陈述或行为的目的,是在预期为投保人或被保险人所信赖,或者投保人或被保险人的信赖,并不违背保险人的原意;第三,投保人或被保险人曾善意信赖此项陈述或行为;第四,投保人或被保险人因信赖保险人而作出某种行为,并因此而导致自己受损害。英美有所谓"请求衡平救济者,须善意无辜"(He comes into equity must come with clean hand.)的法谚。因此,被保险人须证明其信赖出于善意。所谓"善意",是指被保险人不知道保险人的陈述是虚伪的。被保险人对保险代理人作不实说明,并且知道保险代理人将不实说明转告保险人,或与保险代理人串通,将不实的情况填入投保单的,不得以保险人或代理人知道不实说明或情况为由,对保险人主张禁止抗辩。如果被保险人在接受保险单交付时,知道有无效或可解除的原因存在，就不得以保险人曾为不实陈述而主张合同无效。被保险人的知道，以实际知道为原则，但是如果就当时情形，被保险人稍加询问，即可发现保险人的陈述是虚伪的，也应认为是知道。

禁止抗辩以侵权行为为基础。保险人明知有违背条件或其他抗辩事由存在，而以虚伪意思表示使被保险人相信保险合同有效，而被保险人确实不知道保单有瑕疵，基于善意为某种行为，以至于损害了自己利益的，在诉讼中，保险人即被禁止以违背条件为由进行抗辩。一般来说，保险人如有下列情形之一，均可产生禁止抗辩的效果：第一，保险人交付保单时，明知保险合同有违背条件、无效、失效或其他可解除的原因，而仍交付保险单的，并收取保险费的；第二，保险人的代理人，就投保申请书及保险单上的条款，作错误解释，而使投保人或被保险人信以为真的；第三，代理人代替投保人填写投保申请书时，为使投保申请容易被保险人接受，故意将不实的事项填入投保申请书或隐瞒某些事项，而投保人在保险单上签名时，不知其为虚伪的；第四，保险人或其代理人表示已依照被保险人的请求为某一行为，而事实上未实施的（如被保险人将保单送交保险人批注，保险人退回保单时，虽表示已经加批，但事实上却未批注）；第五，保险人或代理人对被保险人的身份或职业进行错误分类，而被保险人不知道或未经被保险人同意的。

（二）保险利益原则

1. 保险利益原则的含义

保险利益（insurable interest），又称“可保利益”，是指投保人对保险标的具有法律认可的经济利益，即在保险事故发生后，可能遭受的损失或失去的利益。

保险利益原则是国际货物运输保险合同的一个重要原则。许多国家的法律都明文规定，无保险利益的保险合同不发生法律效力。英国早在《1745 年海商法》中就规定：“没有可保利益的，或除保险单以外没有其他可保利益证明的，或通过赌博方式订立的海上保险合同无效。”《1774 年人寿保险法》也确立了可保利益原则，该法规定人寿保险的投保人与被保险人之间必须具有保险利益，否则合同无效。《1906 年海上保险法》将没有可保利益的保险合同视为赌博合同而规定其无效。我国《保险法》第 12 条明确规定了投保人对保险标的应当具有保险利益。

各国把保险利益作为保险合同生效的重要条件，主要有两层含义：第一，对保险标的有保险利益的人才具有投保人的资格；第二，保险利益是保险合同生效的依据。签订保险合同时投保人必须有保险利益；合同履行时，如果被保险人丧失保险利益，保险合同一般也随即失效。

2. 保险利益的成立要件

国际货物运输保险合同是财产保险合同的一种，财产保险的保险利益必须具备三个成立要件,即合法性、经济性和可确定性。

(1) 合法性,即必须是合法的利益(legal interest),也即法律所允许的利益。在英国一般称之为"被保险人与保险标的物之间的关系必须是法律所承认的"。对于不法的利益,如以法律禁止事项所生的利益,或以违反善良风俗所生的利益而为的保险,不问投保人是善意还是恶意,其合同一律无效。例如,货主以违禁品投保水险等,即属于不法利益,不能成为财产保险的保险利益。《俄罗斯联邦民法典》第928条第1款明确规定:"违法利益不得保险。"我国《保险法》第12条也规定:"保险利益是指投保人或者被保险人对保险标的具有的法律上承认的利益。"

(2) 经济性,即必须是有经济价值的利益(pecuniary interest)。财产保险是以补偿损失为主要目的,如果损失不是经济上的价值,不能用金钱计算,则损失无法填补。例如,账簿、纪念品等虽对所有人具有相当利益,但这种利益无法以金钱计算,故不能成为财产保险的标的;而古董、名人字画等,虽然价值连城,但仍可以金钱估计,故可成为财产保险的标的。

(3) 可确定性,即必须是确定的利益(definite interest)。所谓确定利益,是指投保人对保险标的的现有利益(具体财产的价额)或因现有利益而产生的期待利益(如贷放资金的孳息、工厂照常生产时可获得的利润等)已经确定。如在保险事故发生前或发生时,还不能确定其价值,则遭受损失后,保险人就无法补偿。现有利益比较容易确定,期待利益则往往引起争议。因此,法国等国过去曾对期待利益的保险明文禁止。随着保险技术的发展和完善,期待利益也可以比较准确地计算出来,故现今已为世界各国普遍承认。如目前世界各国对运输货物保险金额的确定,普遍可以货物到岸价格增加10% ~30%作为预期利润。[①]

3. 保险利益原则的意义

保险利益原则作为保险合同的一项基本原则,其重要意义在于:

(1) 消除违反行为和赌博的可能性。违反行为本身为法律所禁止,违法利益不受法律保护。因此它们不应受到保险保障。保险区别于赌博的关键在于保险中有保险利益存在,如果投保人对保险标的可以不具有保险利益,就意味着投保人可以随便对他人的财产和人身进行保险。一旦发生保险事故,他就可以不受损失而得到赔款,这既违反了损失补偿原则,也使保险失去给付意义,而使保险成为单纯的赌博。

(2) 防止道德危险的发生。道德危险(moral hazard)是保险的专门术语,指投保人、被保险人或受益人为诈取保险赔款而违反法律或合同,故意造成或扩大危险。有了保险利益原则,就可以消除违反行为,防止道德危险,维护社会的安

① 参见李玉泉:《保险法》(第二版),法律出版社2003年版,第78页。

定和善良风俗。否则一些不法投保人为了牟取不当利益,极可能会人为地造成财产的损失,甚至谋害他人生命。在18世纪英国无保险利益原则限制时,一旦报纸上登载某名人得病,即有不少人以他为被保险人投保死亡保险,为此经常诱发道德危险,故意制造事端以谋取保险金的现象时有发生,给社会造成了很大的不安定。

(3) 限制赔偿程度。保险利益是保险人补偿损失的最高限度。被保险人所主张的赔偿金额,不得超过其保险利益的金额或价值。如果不坚持保险利益原则,实际上损害了保险人的合法利益。

(三) 损失补偿原则

1. 损失补偿原则的含义

损失补偿原则(principle of indemnity)是指当保险事故发生使投保人或被保险人遭受损失时,保险人必须在责任范围内对投保人或被保险人所受的实际损失进行补偿。其目的在于,通过弥补投保人或被保险人的损失,使其尽快地恢复生产和安定生活。因此,在财产保险中,损失补偿只限于损失财产的实际价值,部分损失部分赔偿,全部损失全部赔偿,但最高赔偿金额不得超过保险金额。

损失补偿原则主要有两层含义:(1) 投保人或被保险人只有受到约定的保险事故所造成的损失,才能得到补偿。在保险期限内,即使发生了保险事故,但如果投保人或被保险人没有遭受损失,就无权要求保险人赔偿。(2) 补偿的量必须等于损失的量,也即保险人的补偿恰好能使保险标的恢复到保险事故发生之前的状况,投保人或被保险人不能获得多于或少于损失的补偿。需要指出的是,通过保险的补偿使保险标的恢复到保险事故发生之前的状况,是指恢复到保险事故发生之前的事实状态,而不是恢复保险标的的原有价值。

各国保险法基于损失补偿原则对保险金额超过保险财产实际价值的超额保险作了限制性规定,不少国家以投保人的善意与恶意之分,规定保险合同超额部分无效或全部无效。德国《保险契约法》第51条第3款规定:“投保人意图获取财产上的不法利益而订立超额保险的契约者,该保险契约无效;若保险人于订立契约时不知契约无效,则保险人可取得其知悉的保险年度终结时为止的保险费。”另有一种立法例则规定,凡是超过财产实际价值的超额部分一律无效而不论投保人是否具有恶意。我国《保险法》第55条第3款规定:“保险金额不得超过保险价值。超过保险价值的,超过部分无效,保险人应当退还相应的保险费。”但实务中,有的超额保险并不都是投保人造成的,也可能是保险人为了多收取保险费而故意提高保险金额。

损失补偿原则是由保险的经济补偿性质和职能决定的,也是市场经济的客观要求。它最直接地体现了保险的经济补偿职能,因而是保险法诸原则的基础,保险法的很多原则和制度(如委付、损失分摊、代位求偿权)都是由它派生出来的。

2. 损失补偿的范围

损失补偿原则要求保险人在进行损害赔偿时,既要确保被保险人恢复损失的经济利益,又不会因保险赔偿而获得额外的利益。

(1) 以实际损失为限。在保险事故发生时,保险人按照保险标的实际发生的损失支付保险金,保险金额不得超过被保险人的实际损失。被保险人财产的实际损失的计算,通常是以损失发生时受损财产的实际现金价值为标准。

(2) 以保险利益为限。保险利益是保险事故发生后,投保人或者被保险人可以获得损害赔偿的依据,也是损害赔偿的最高限度。财产保险合同中,指被保险人在保险事故发生时对保险标的具有的保险利益。

(3) 以合理支出费用为限。根据我国《保险法》的规定,合理支出的费用主要有三个部分:一是施救费用。指保险事故发生后,被保险人为了防止或者减少保险标的的损失所支付的必要的、合理的实施抢救的费用。二是调查费用。指保险人、被保险人为查明和确定保险事故的性质、原因和保险标的的损失程度所支付的必要的、合理的费用。三是诉讼费用。指责任保险的被保险人因给第三者造成损害的保险事故而被提起仲裁或者诉讼的,被保险人支付的仲裁或者诉讼费用以及其他必要的、合理的费用。

3. 损失补偿的方式

从各国的实践看,损失补偿的方法主要有现金赔付、修理、更换和重置(replacement)。在大多数情况下,保险人都采取现金赔付方法。通常是由保险人用现金或支票支付给被保险人在保险单项下应得的金额。有些国家在责任保险中,为了减少麻烦,往往约定由保险人将现金直接支付给第三者。我国《保险法》第65条规定:"保险人对责任保险的被保险人给第三者造成的损害,可以依照法律的规定或者合同的约定,直接向该第三者赔偿保险金。"应该注意的是,保险人直接向第三者赔偿保险金,必须有明确的法律和合同依据,否则保险人不能以已向第三者赔偿了保险金为由对抗被保险人。

(四) 近因原则

1. 近因原则的含义

近因原则(proximate cause)是指保险赔偿责任发生时,被保险人必须向保险人说明受损原因,保险人在确定是否承担赔偿责任前,要认定受损标的与承办范围内的危险是否有直接的因果关系。

危险事故的发生与损失结果的形成,须有直接的因果关系(近因),保险人才对损失负赔偿责任。近因原则起源于海上保险,英国《1906年海上保险法》首先确立了近因原则,该法第55条第1款规定:"根据本法规定,除保险单另有约定外,保险人对由其承保危险近因造成的损失,承担赔偿责任;但对非由其承保危险近因造成的损失，概不承担责任。”所谓近因，并非指实践上最接近损失的原因，而是指直接促成结果的原因，效果上有支配力或有效的原因（efficient cause）。我国法律上称之为“因果关系”，英美则称为“近因原则”。英国学者斯蒂尔将近因原则定义为：“近因是指引起一系列事件发生，由此出现某种后果的能动的、起决定作用的因素；在这一因素的作用过程中，没有来自新的独立渠道的能动力量的介入。”[①]在我国，一般把直接促成结果的原因称为“直接原因”。直接原因对结果有着本质的、必然的联系，如该原因属于保险事故则应赔偿，不属于保险事故的，则不予赔偿。对直接因果关系的判断，是以有无中间环节为标准的。如果其间有中间环节，那么后一行为即为直接原因。

2．近因原则的具体运用

各国在司法实践中，对近因原则的具体运用归结出一些有效规则：

（1）单一原因造成的损失。这种情况比较常见，造成保险标的的损失的原因相对比较简单，与其他事件没有紧密联系，如果该原因就属于保险事故，即为近因，保险人就应该承担赔偿责任，反之保险人就不负赔偿责任。

（2）多种原因造成的损失。在多种原因造成保险标的损失的情况下，持续地起决定或支配作用的原因为近因。1918 年英国在 Leyland Shipping Company Ltd. v. Norwich Union Fire Insurance Society Ltd. 一案的判决中，确立了近因原则的效力标准规则。当时一艘船舶投保了海上危险造成的损失，但敌对行为造成的损失除外。在第一次世界大战期间，该船在英吉利海峡被鱼雷击中后严重受损，被拖到法国勒阿弗尔目的港。港口当局担心船舶沉没将导致码头的阻塞，命令船舶停靠在港口防波堤外，在风浪的作用下该船最后沉没。Leyland 公司向保险公司索赔遭拒后诉至法院，审理此案的英国上议院大法官 Lord Shaw 认为，导致船舶沉没的原因包括鱼雷击中和海浪冲击两个方面，但船舶在鱼雷击中后始终没有脱离危险。因此，船舶沉没的近因是鱼雷击中而不是海浪冲击。[②]实践中对多种原因造成的损失的近因认定情形非常复杂，需要客观公正地分析和论证，实事求是地把握事物之间的真实联系。

二、国际货物运输保险合同的订立与解除

（一）国际货物运输保险合同的订立

国际货物运输保险合同属于财产保险合同的一种。在英美国家，保险合同由投保人通过保险经纪人（insurance broker）作为代理人才能订立。保险经纪人出具承保单，保险公司在承保单上签字，合同即告成立。保险经纪人交纳保险费

① 〔英〕约翰·T. 斯蒂尔：《保险的原则与实务》，孟兴国等译，中国金融出版社 1992 年版，第 40 页。
② 参见郑云瑞：《保险法论》，北京大学出版社 2009 年版，第 71 页。

并从保险公司收取佣金,如投保人不交纳保险费,则不能从保险经纪人手中得到保险单。

在我国,投保人可以直接向保险公司投保。由被保险人提出保险要求,经保险人同意承保,并就货物保险条款达成协议后,合同成立。保险人应及时向被保险人签发保险单或其他保险单证。

保险合同主要包括以下内容:保险人与被保险人名称;货物名称;货物价值;保险金额;保险责任和除外责任;保险期间;保险费;运输工具;运输路线;投保险别等。在国际贸易中,收货人向保险公司投保时,需填制投保单(一式两份),其中一份交保险公司,由其出具保险单,另一份交投保人作为承保凭证。投保单上主要列明货物名称、保险金额、运输工具、运输路线、投保险别等。当外贸进出口公司投保时,则由保险公司在出口单据(通常是货物发票)上加注承保险别、保险金额、保险编号等代替投保单作为承保凭证。

(二) 国际货物运输保险合同的解除

国际货物运输保险合同的解除包括合法解除合同和违法解除合同两种情形,具体表现在保险责任开始前的解除和保险责任开始后的解除。

1. 保险责任开始前的解除

保险责任开始前,被保险人可以要求解除合同,使原合同一切效力归于消灭,恢复到合同订立前的状态。被保险人解除合同的法律后果是收回已交的保险费,并向保险人支付相应的手续费,此外不承担其他任何附加条件。这是法律赋予被保险人的一项权利。

2. 保险责任开始后的解除

运输保险合同成立后,合同双方当事人应受合同的约束,并应认真履行合同,合同期届满前不得任意解除合同。

但是,在货物运输实践中,发生下列情况则会引起运输保险合同的解除:

第一,被保险人违反告知义务,没有如实告知保险标的的情况;

第二,被保险人违反了保证条件;

第三,被保险人违反了保险合同规定的有关义务,合同明确规定被保险人违反此类义务后保险人有权解除合同的。

由于上述原因造成保险合同解除,保险人一般不退还已收的保险费。但是,若根据运输保险合同条款规定,在发生某种原因时"可以解除"合同的情况下,保险人和被保险人分别要求解除保险合同的,保险费应按规定退还。

三、国际货物运输保险合同的承保风险与损失

国际货物运输途中会遇到各种意外事故,这些意外事故可分为以下三种:

(1) 自然灾害:指运输途中遭遇的海啸、地震、飓风、雷电等恶劣气候和自然

灾害；

（2）意外事故：指运输途中发生的触礁、颠覆、碰撞、失踪等意外事故；

（3）外来风险：指由外来原因如偷窃、受潮、串味、钩损等，以及由战争、暴动、罢工等特殊原因造成的货物损失、灭失等。

海上损失按保险标的发生损失程度的大小划分，可分为全部损失（total loss）和部分损失（partial loss）。当保险标的因承保范围内的风险而遭受损失时，保险人应负责给予赔偿。

1. 全部损失

全部损失简称全损，是指保险标的全部毁损或灭失。根据全损情况的不同，又可分为实际全损（actual total loss）和推定全损（constructive total loss）两种。

根据英国《1906 年海上保险法》，所谓实际全损是指保险标的全部毁灭，或标的受损以致失去原有的用途，或被保险人已无可挽回地丧失了保险标的，或船舶失踪，经过一段合理的时间之后仍无音讯等情况。例如，货物被火烧成灰烬、食物因海水泡浸后已完全失去商业价值、船舶被捕获，以及货物被没收等都可视为实际全损。我国《海商法》关于实际全损的规定是：保险标的发生保险事故后灭失，或者受到严重损失完全失去原有形体、效用，或者不能再归被保险人所拥有的，为实际全损。

构成保险上的"实际全损"一般有下列四种情况：

（1）保险标的完全毁损和灭失。这是指保险标的实体已经完全毁损和不复存在。例如，船舶遇风暴倾覆而沉入深海，无法打捞；船载货物被大火全部焚毁；船舱进水，糖、盐这类易溶货物被海水溶解。

（2）保险标的失去原有的性质和用途。这是指保险标的受损后，形体虽仍旧存在，但不再具有投保时的属性，已丧失商业价值或使用价值。例如，茶叶被海水浸泡，虽外表形体还在，但却既不能饮用也不能销售；水泥被海水浸泡后变成硬块，不再具有水泥的特性，无法使用；大米在运输过程中因受潮发热或串味变质，不能食用。

（3）保险标的所有权丧失，已无法追回。这是指保险标的实际上仍存在，也未丧失原有属性和用途，但被保险人已丧失了对它的有效占有，而且无法挽回。例如，船舶或货物在航途中遇海盗被劫夺，或在战争期间被敌对国家扣留没收等。

（4）船舶失踪，达到一定时间音讯全无。例如，曾有不少船舶在驶入百慕大地区和其他群岛的水域以后，外界便收不到它们的无线电联系，也收不到呼救信号，下落不明。英国《1906 年海上保险法》第 58 条规定："船舶在航途中失踪，经过相当时间，仍不得消息的，可以认为是实际全损。"对船舶失踪的时间，各国的法律规定不同,依照国际惯例,一般为半年。①

所谓推定全损,是指保险标的受损后,其物质虽未到达全部损失或灭失,但已失去价值,或者虽有一定价值,但其修复费用会接近或超过原有价值。

可以构成推定全损的主要有以下四种情况:

(1)保险标的实际全损已经无法避免。这是指保险标的在遭受保险事故后,损失程度一时还未达到完全灭失的地步,但将无法避免实际全损。例如,船舶在航途中被风浪推上礁石搁浅,船壳损坏严重,因地处远离航道的偏僻水域,加上当地的地理和气候很差,救助人无法对其实施救助,因而将不可避免地出现船壳破裂或沉没的后果。

(2)为了防止实际全损发生而需要支出的施救费用将超过获救后保险标的的价值。这是指保险标的遭遇保险事故后,为不让其发生实际全损而采取施救措施,但得不偿失,因为施救费用的支出将高于获救后保险标的的价值。例如,船舶因海难即将沉没,若采取避免船舶下沉的施救办法,估计需花费1000万元,而该船获救后的价值仅900万元。

(3)修理受损保险标的的费用将超过修复后的价值。这是指保险标的受损后,估计所受损失、救助费、修理费和其他必须支出的费用相加,总成本将超过该标的的价值。例如,一艘价值2000万元的船舶在航行中损坏,必须修理,但将其拖带到有修理能力的港口所需的拖轮费为500万元,加上进坞修理、检验、港口费用1800万元,总计2300万元,超过该船价值。如果对它进行修理,显然是不妥当、不划算的。

(4)保险标的遭受保险事故,致使被保险人失去了对其的所有权,而为收回所有权所支出的费用将超过该标的的价值。这是指保险人对保险标的拥有的所有权因保险事故而丧失,收回的可能性不大,或者即使收回,但所需的费用超过保险标的收回后的价值。例如,两国交战,双方将某水域宣布为战区而加以封锁,封锁前恰好有一艘船舶经过该水域,被困其中。由于船东即被保险人已丧失自由支配和使用该船的权利,也不可能在合理的时间内恢复这一权利,尽管船舶未遭到海上风险损失,也未因战争而被炮火击中毁损,也应认定该被困船舶构成推定全损。

实际全损与推定全损主要的区别有两点:

一是实际全损强调的是保险标的遭受保险事故后,确实已经完全毁损、灭失,或失去原有的性质和用途,并且不能再恢复原样或收回;推定全损则是指保险标的已经受损,但并未完全灭失,可以修复或收回,不过因此而需要支出的费用将超过该保险标的复原、获救或收回后的价值。可见,实际全损是一种物质上

① 参见应世昌编著:《海上保险学》,上海财经大学出版社1996年版,第51页。

的灭失,而推定全损是一种经济上的灭失。

二是发生实际全损后,被保险人无须办理任何手续,即可向保险人要求赔偿全部损失。但在推定全损的条件下,被保险人可以按部分损失向保险人索赔,也可以按全部损失要求保险人赔偿。如果要求按全损赔偿,被保险人必须向保险人办理"委付"手续。我国《海商法》第249条规定:"保险标的发生推定全损,被保险人要求保险人按全部损失赔偿的,应当向保险人委付保险标的。"因此,推定全损就实质而言,只是保险人和被保险人双方达成协议后解决保险赔款的办法。

2. 部分损失

部分损失是指保险标的发生保险事故后造成部分损坏,受损价值没有达到保险金额。实质上保险标的损失没有达到实际全损或推定全损,即为部分损失,如船上的货物因遇风浪,部分浸水受损。

按照保险标的受损的原因划分,可以将部分损失分成单独海损(particular average)和共同海损(general average)。在保险合同中,对部分损失中的单独海损或共同海损是否赔偿都有明确规定。

单独海损是指因自然灾害或意外事故直接导致的船舶或货物的损害。所以,单独海损常见的有船舶触礁、搁浅、碰撞、失火和恶劣气候等直接造成的船舶或者货物的损失。英国《1906年海上保险法》第64条第1款规定:"单独海损是保险标的因承保的海上风险所造成的部分损失,但不是共同海损。"单独海损可能是船舶的单独海损,也可能是货物的单独海损。这种损失只能由对受损保险标的具有可保利益的人即被保险人单独承担。如果被保险人投保了相应的险种,且在保险单上载明保险人承担单独海损责任,那么不论是船舶或货物,在受损后均可根据保险合同向保险人要求赔偿。①

构成单独海损必须具备以下两个条件:一是特定的保险标的遇险,由对该标的具有可保利益的一方单独承担由此引起的损失,并非其他货方和船方共同遭遇到的风险损失;二是损失是由偶然的和意外的海上灾难事故所致,而并非人们故意采取的行为造成的。

共同海损是指同一航程中,船舶、货物和其他财产遭受共同危险时,为了共同安全和利益,人为采取有意的、合理的措施造成的特殊牺牲和额外支付的费用。英国《1906年海上保险法》第66条第1—3款对共同海损行为作了具体规定:"① 共同海损是由共同海损行为直接后果造成的共同海损费用和共同海损牺牲;② 在遭遇共同危险时,为了保全财产的目的,自愿和合理地作出特殊牺牲和支付额外费用,这即称为共同海损行为;③ 遭受共同海损的一方,根据海商法

① 参见应世昌编著:《海上保险学》,上海财经大学出版社1996年版,第56页。

规定的条件,有权向其他有关利益方请求按比例分摊,这就称作共同海损分摊。”共同海损范围内的牺牲和支出的费用,由受益者共同分摊。《1906年海上保险法》第66条第5款规定:“除非保单中另有规定,如果被保险人已经支付或应支付与保险标的相关的共同海损分摊,他可以自保险人处获得赔偿。共同海损理算后,保险人根据保单规定,对被保险人应分摊的金额负有责任。保险人对共同海损分摊的具体赔付数额取决于保险金额与参加分摊的价值。如果保险金额等于或大于参加分摊的价值,保险人需要赔付被保险人承担全部共同海损分摊的金额;如果保险金额小于参加分摊的价值,保险人应按保险金额与参加分摊价值之间的比例赔付被保险人承担的共同海损分摊的金额。这一原则同样适用于船舶、货物和运费理赔。”我国《海商法》第241条规定:“保险金额低于共同海损分摊价值的,保险人按照保险金额同分摊价值的比例赔偿共同海损分摊。”

构成共同海损需要以下四个条件:一是共同海损的危险必须是危及船舶和货物共同安全的,而且必须是实际存在的;二是共同海损行为必须是有意而合理的;三是共同海损的牺牲必须是特殊的,费用必须是额外的,而且是共同海损行为的直接后果;四是共同海损行为必须有效果。这四个条件缺一不可,非如此共同海损就不能成立。

一般情况下,可以从两点区分单独海损和共同海损:首先看保险标的的损失是意外造成的还是有意识行为造成的;其次看特殊牺牲的作出和额外费用的产生是仅为船方和货方中的某一方单独利益,抑或是从双方共同安全的利益而考虑。

共同海损和单独海损均属于部分损失,这是两者的共同点。然而,由于两者的性质和起因完全不同,补偿的方法也显著不同:单独海损应由受损方(即对受损保险标的具有可保利益的一方)单独自行负担;共同海损包括共同海损牺牲和共同海损费用,应由受益的船方、货方和运费方三方按最后获救的价值根据比例共同分摊。

四、国际货物运输保险合同的代位求偿权与委付

1. 代位求偿权(subrogation)

代位求偿权是各国保险法承认的债权转移制度,也是损失补偿原则的具体表现。代位求偿权指当保险标的的损失是由第三者的过失或疏忽引起时,保险人向被保险人支付保险赔偿后,享有取代被保险人向第三者进行索赔的权利。

如果保险标的是因归责于第三人的原因而受到损失,被保险人依法有权向第三人请求损害赔偿。在这种情况下,被保险人既对保险人享有保险赔偿请求权,又对第三人享有损害赔偿请求权。如果被保险人既行使保险赔偿请求权,又行使损害赔偿请求权,被保险人因同一损失获得双重补偿,结果既有悖于保险宗

旨,又容易产生道德风险。财产保险是以补偿被保险人因保险标的所受到的实际损失为原则,因而保险赔偿金不得超过保险标的在保险事故发生之际的实际价值,而且同一标的不得接受两次补偿。代位求偿权制度,圆满地解决了第三人的损害赔偿义务与保险人的保险赔偿义务之间的冲突,保险人在履行保险赔偿义务之后,在不妨害被保险人利益的情况下,代位行使被保险人对第三人的损害赔偿请求权。

代位求偿权的作用主要表现在以下三个方面:

(1) 避免被保险人不当得利。即避免被保险人获得双重的赔偿,构成不当得利。被保险人在受领保险赔付后,在受领的保险赔付范围之内,对第三人的赔偿请求权应转移给保险人,防止被保险人既获得保险赔付,又基于损害赔偿请求权向第三人请求赔偿,构成双重赔偿,从而违反了保险法的损害补偿原则。

(2) 避免了侵权行为加害人逃脱损害赔偿责任。被保险人在获得保险赔付之后,损害得到了赔偿,从而不应再向第三人行使损害赔偿请求权,但被保险人对第三人的损害赔偿请求权并未消灭,如果不将对第三人的损害赔偿请求权转移给保险人,则造成被保险人有权利不行使,而保险人要行使权利却没有权利,同时实施加害行为的第三人虽有赔偿义务,却不承担赔偿责任的结果。代位求偿权制度的建立,即被保险人在保险赔付范围内将对第三人的损害赔偿请求权转移给保险人,由保险人行使请求权,可以避免加害的第三人逃脱损害赔偿责任,从而达到制裁违法行为的目的。

(3) 降低保险费率。通过代位求偿权的行使,减轻保险人的负担,从而降低全社会的保险费负担。保险人向被保险人支付保险赔偿金之后,通过代位求偿权制度从第三人获得了支付给被保险人的赔偿金,两者相互抵消。从个案看,降低了保险人保险赔付的实际数额;从社会总量看,降低了保险人给付保险金的总额,从而降低了保险费率,因而实际上减少了公众交付保险费的数额。①

根据规定,代位求偿权应具备以下四个条件方可成立:

(1) 保险标的的损失是由第三者造成的。在国际货物运输中,由于第三者的侵权行为致使被保险人遭受损害,该第三者应承担责任。

(2) 保险标的的损失是全部损失或部分损失。在赔付部分损失的情况下,如果保险人的追偿所得大于赔付给被保险人的金额,则多出部分应返还给被保险人。在赔付全部损失的情况下,保险人取得代位求偿权的同时还取得残存货物的所有权。即使残存的货值大于保险人的赔付额,超出部分仍归保险人所有。

(3) 被保险人遭受保险标的损失后未向加害人索赔。代位求偿权是保险人代位向加害人索偿,如果被保险人已向加害人索赔了,代位求偿权就失去了其本

① 参见郑云瑞:《保险法论》,北京大学出版社 2009 年版,第 71 页。

身的意义。

(4) 保险人已向被保险人支付赔偿。保险人只有支付了保险赔偿后才能取得代位求偿权,这是代位求偿权的一个基本条件。

2. 委付(abandonment)

委付是指发生保险事故造成保险标的推定全损时,被保险人明确表示将保险标的的一切权利转移给保险人,并请求保险人赔偿全部保险金额的法律行为。

委付是海上保险所独有的理赔方式,最初表现为海上保险合同的一个条款,即"船舶航行方向不明而无任何消息时,视同丧失"。后来,为适应航海以及海上贸易的特殊需要,逐步发展为有条件的委付,即在保险标的可能发生全损时,被保险人即可索赔全损。如果保险标的嗣后又为被保险人所掌握的,被保险人则应将保险金退还给保险人。委付制度逐渐发展为被保险人以让渡保险标的所有权为条件,取得保险金赔偿的制度。到了15、16世纪,委付制度逐步为各国海商法所确认,成为海上保险的专门制度。委付制度的设立旨在防止被保险人因保险金给付请求权与保险标的所有权竞合而产生的"不当得利"问题,与代位求偿权禁止被保险人通过保险获得不当利益的目的是一致的。

代位求偿权和物上代位权是保险法代位制度的主要内容。代位求偿权是指请求权的代位,而物上代位权是指所有权的代位,即保险人赔付被保险人全部财产损失之后,即可取得有关保险标的的权利。换言之,保险人给付保险金之后,代位行使被保险人对保险标的的权利。物上代位权主要适用于船舶保险与货物保险等财产保险业务。海上委付制度是典型的物上代位权。我国《海商法》第249条规定:"保险标的发生推定全损,被保险人要求保险人按照全部损失赔偿的,应当向保险人委付保险标的。保险人可以接受委付,也可以不接受委付,但是应当在合理的时间内将接受委付或不接受委付的决定通知被保险人。委付不得附带任何条件。委付一经保险人接受,不得撤回。"第250条规定:"保险人接受委付的,被保险人对委付财产的全部权利和义务转移给保险人。"第256条规定:"除本法第二百五十五条的规定外,保险标的发生全损,保险人支付全部保险金额的,取得对保险标的的全部权利;但是,在不足额保险的情况下,保险人按照保险金额与保险价值的比例取得对保险标的的部分权利。"

从我国保险立法的有关规定看,委付成立需要具备以下四个条件:

(1) 委付必须以推定全损为条件。保险标的构成推定全损时,事实上仅是部分损失,被保险人如果不采取委付的形式,就只可向保险人主张部分损失的赔偿。被保险人为了使此项部分损失取得全损的赔偿,就必须通过委付的形式才能实现。因此,被保险人提交委付通知后,保险人必须审核保险标的是否构成推定全损。[①]

① 参见於世成、杨召南、汪淮江编著:《海商法》,法律出版社1997年版,第426页。

(2) 委付必须以保险标的的整体性为条件。保险标的发生委付时,该标的的整体性是委付的基本条件,如果被保险人不以整个保险标的为对象委付,而采取部分标的的委付,则不构成委付。

(3) 委付必须将保险标的的一切权利转移给保险人。保险人接受委付的基本条件,就是赔偿保险金额,接受保险标的所有权,并取得其一切权利和义务。保险人有权处置保险标的,有权追偿与该标的有关的债务。

(4) 委付必须经保险人承诺方能生效。被保险人提出委付,保险人可以接受,即被保险人对委付财产的全部权利和义务转移给保险人;保险人也可以不接受,即委付不成立,被保险人仍可以对其标的行使权利。委付一经保险人承诺接受就不得撤回。[①]

3. 代位求偿权和委付的关系

代位求偿权和委付都是保险人接受权利转移后而采取的一种法律行为。但是,代位求偿权和委付性质不同,主要区别有以下三个方面:

(1) 产生的前提条件不同。代位求偿权的产生必须是因第三者的行为导致保险标的受到损失,这种损失可以是全部损失也可以是部分损失;委付只适用于推定全损,致害的原因既可以是第三者行为,也可以是海啸、风暴等自然灾害。

(2) 转移的权利性质不同。代位求偿权和委付虽均属于权利的转移,但所让渡的权利性质和权利范围存在差异。代位求偿权属于债权请求权的转移,即由保险人受让被保险人对第三者的损害赔偿请求权,代位求偿权范围不应超出保险人给付的保险金,并且可以部分转让,如被保险人可以保留对第三人的人身伤害或精神损失的请求权,而仅将财物损失的请求权让渡给保险人。委付是物上代位权,属于物权的转移,即由保险人代位取得被保险人对保险标的的所有权,同时也要承担因保险标的所发生的义务和费用。为确定委付的法律效力,各国法律均规定委付具有不可分性,被保险人不得仅就保险标的的一部分申请委付。

(3) 权利行使方式不同。代位求偿权的行使是以保险人向被保险人支付赔偿为前提,而委付是保险人取得保险标的的所有权后,再向被保险人支付保险赔款。

五、国际货物运输保险合同的种类

与国际货物运输有关的保险合同按照不同的分类标准,可以分为以下四种:

1. 按照保险价值分类

(1) 定值保险合同(valued insurance)。定值保险合同是指当事人事先确定

---

① 参见朱榄叶主编:《国际经济法学》,北京大学出版社 2005 年版,第 117 页。

保险价值并在合同中载明的保险合同。保险人按照该约定的价值确定保险金额作为收取保险费和赔偿计算的依据。当保险标的遭受损失时，不论保险标的实际价值如何，保险人只按定值保险合同中确定的固定保险金额作为最高限额。定值保险合同是被最广泛使用的一种保险合同。

(2) 不定值保险合同(unvalued insurance)。不定值保险合同是指保险人和被保险人双方对保险标的不约定保险价值，当保险标的遭受损失时，根据保险标的当时的实际价值作为计算赔偿的金额基础。由于国际货物运输保险的标的具有流动性特点，确定保险标的损失的实际价值比较困难，因此很少采用这种保险合同。

2. 按保险期限分类

(1) 航程保险合同。航程保险合同是指保险人根据合同规定，以约定的港口之间的一次航程、往返航程或多次航程为保险责任起止期间。在海上货物运输保险实践中，货物运输保险和不定期航行的船舶保险较常使用这种合同。

(2) 不定期保险合同。不定期保险合同是指按保险人和被保险人所约定的时间作为保险期限的合同，如六个月或一年。船舶保险主要采用这种合同。

3. 按承保方式分类

(1) 预约保险合同(open policy)。预约保险合同又称开口保险单，是投保人与保险人之间的一种长期业务协议。这种保险主要适用于国际货物运输保险，而且可以适用长期的、大量投保的被保险人使用的合同。预约保险合同通常是以原始承保条款(original slip)形式签订。根据合同约定投保人将保险标的逐笔向保险人申请，保险人再根据投保人的需要分别签发保险单。

(2) 流动保险合同(floating policy)。流动保险合同是指保险人和被保险人指定一个保险的总条件，如承保风险和条件、保险费率、保险总金额等。被保险人必须将每批运出的货物数量、保险金额等通知保险人，每批通知的保险金额应从总保险金额中扣除。总保险金额被扣完后，保险责任终止。

4. 按保险标的分类

(1) 船舶保险合同。船舶保险合同是指以船舶作为保险标的的保险合同。船舶保险合同包括承保各种类型的船舶、船体、设备、仪器、属具、燃料和物料等。各种海上作业的船舶，如海上钻井平台、挖泥船、浮船坞和浮吊船也属于这类承保范围。

(2) 货物保险合同。货物保险合同是指以各种形式运输的货物作为投保标的的保险合同。货物保险的标的包括贸易货物、援助货物和旅客行李等。

(3) 运费保险合同。运费保险合同是指以运费作为投保标的的保险合同。这种合同主要承保承运人的到付运费和租船人的预付运费。

(4) 责任保险合同。责任保险合同是指以被保险人的民事损害赔偿责任作为标的的保险合同。在国际货物运输中,被保险人因无法预见的过失导致第三者损失的,按照法律规定应负赔偿责任。由于被保险人充分认识到国际货物运输中可能遭遇危险的特殊性,所以投保这种责任保险,一旦发生承保范围内的损害,保险人应负赔偿责任。①

六、国际货物运输保险合同的保险责任起讫

按照国际货物运输的实践,保险人的责任起讫期间是从被保险标的运离保险单所载明的启运地仓库或储存处开始运输时起,至该货物到达保险单所载目的地收货人的最后仓库或储存处,或被保险人用做分配、分派或非正常运输的其他储存处所为止。如未抵达上述仓库或储存处所,则以货物在最后卸载地满60天后为止。在货物未经运抵收货人仓库或储存处所并在卸离运输工具60天内,需转运到非保险单载明的目的地时,以该项货物开始转运时终止。此即"仓至仓"条款,它所指的运输包括海上、陆上、内河和驳船运输的整个运输过程。在航空货物运输中,保险责任起讫期间是在货物卸离飞机后满30天为止,如在30天内货物被运至保单所载目的地以外地点,则保险责任从货物开始转运时终止。

七、国际货物运输保险合同中被保险人的义务

在国际货物运输保险合同中,被保险人通常需要承担以下义务:

1. 如实申报:投保人或被保险人在填写投保单时,必须对货物、货物性质、价值等重要事实如实申报,否则保险人可以解除合同,并对保险标的发生的损失不予赔偿。

2. 及时提货:被保险货物抵达保单所载目的地后,被保险人应及时提货。

3. 保全货物:对遭受承保范围内危险的货物,应迅速采取合理措施,减少或防止货物损失。

4. 通知:当获悉航线改变或发现保单所载货物运输工具、航程有遗漏或错误时,被保险人应立即通知保险人,在必要时需另加保费,保险单继续有效。

5. 索赔:当发现货物遭受损失时,应立即向保单上所载明的检验、理赔代理人申请检验,并向承运人、受托人或海关、港务当局索取货损、货差证明,并以书面方式提出索赔。在向保险人提出索赔时,要提供保险单正本、提单、发票、装箱单、磅码单、货损货差证明等有关单据和凭证。

八、国际货物运输保险合同的索赔期限

从被保险货物在最后卸载地全部卸离运输工具后起算,最多不超过两年。

---

① 参见朱榄叶主编:《国际经济法学》,北京大学出版社2005年版,第112页。

第二节　国际海上货物运输保险制度

一、海上保险的概念及历史沿革

海上保险(marine insurance)俗称水险,是指由保险人对被保险人因海上危险和意外事故所造成的财产损失所引起的经济责任,按照约定的条件和范围给予补偿的一种制度。

海上保险是起源最早、历史最长的一种保险制度,它是随航海贸易的发展而逐渐形成的。在保险的历史演变过程中,"船舶抵押贷款"(bottomry)的海上惯例被认为是海上保险的萌芽。船舶抵押贷款是一种古老的保险方式,它已涉及保险的一般原理,如通过船舶抵押达到一种融资的目的。这种活动在公元7世纪至9世纪就开始流行,当时从事航海贸易的商人又称这种形式为"冒险贷款"。这是一种高利息贷款契约,船东为了筹措资金,将船舶作为抵押物向资金所有者借贷。由于航海风险很大,船舶抵押贷款原则是船舶安全到达目的港,借贷的款项本利均应偿还,随后债权即终止。如果船舶在航行中途沉没,借贷人毋须偿还贷款,债权也即告终止。这种贷款的利息比一般借贷高得多,多出来的利息,实质上就是最早的保险费形式。

14世纪以后海上保险发展较快,保险单已在航海贸易中使用。1435年西班牙的巴塞罗那颁布了世界上最古老的海上保险法。从海上保险的历史看,英国的保险法发展对现代保险法影响最大。1601年英国颁布了《涉及保险单的立法》,同时英国的海事判案中已明确保险是一种补偿合同。17世纪后半叶,英国保险史上最著名的爱德华·劳埃德先生在伦敦开设了一家劳埃德咖啡馆,吸引了大量从事航海的船东、保险人、经纪人等在其咖啡馆谈论航海贸易。1696年劳埃德专门出版了一份小报《劳埃德新闻》,每周三刊报海运消息,后来这家咖啡馆发展成为伦敦保险中心。1774年劳埃德咖啡馆迁入皇家交易所,从此诞生了专门从事海上保险的劳埃社。如今英国劳埃德保险会社(Lloyd's Association)不但有雄厚的资金,而且有良好的信誉,是世界航运保险中心。后来英国制定了著名的《1906年海上保险法》,并制定了劳埃德保险单标准格式(Lloyd's S. G. Policy)。英国《1906年海上保险法》是世界保险法的范本,它对国际航运发展和各国保险法的制定都有重要的影响。

海上保险是海运事业不可缺少的一个重要环节,被保险人可以通过保险形式把风险转嫁给保险公司,而保险公司可以通过投保人缴纳保费筹措资金。因此,海上运输与海上保险息息相关,海上保险对海上贸易和海上运输的发展起到了积极的促进作用。海上保险的作用主要表现在保险公司通过集聚资金对海上运输中发生的灾难和损失进行赔偿。这种方式不仅能使投保人得到经济补偿或尽快地恢复生产，而且可以防止或避免纠纷的产生，这种方式可以使一人受难众人帮，起到了未雨绸缪的作用。

二、海上保险的特点

由于海上运输风险大，海上保险承保范围很广，因此海上保险形成了自己独有的特点。

(1) 承保范围广、险种多。海上保险的承保范围主要涉及被保险人投保的海损险和责任险。海损险包括：船舶、货物、运费等方面遭受海上危险或意外事故引起的损失；责任险包括：船舶碰撞责任、海上油污责任、修理船舶责任等。海上保险的主要险别和险种包括：海上货物运输、冷藏货、散装桐油、集装箱、船体、机器、设备、燃料和物料等。我国保险公司对船舶保险分全损险、一切险；对货物保险分平安险、水渍险和一切险。

(2) 承保标的流动性大。海上保险的对象主要是海上运输的船舶和货物，以及相关活动中的其他标的。由于这些保险标的物流动性大，因此它们具有海上保险国际性的特点。在国际贸易中，会产生保险价格、保险规则适用等问题，为了避免争议，海上保险通常采用定值保险方法。

(3) 承保风险复杂。海上保险比陆上保险风险大，情况复杂得多。这些风险主要来自意外事故、自然灾害、人为因素等方面，如台风、海啸、地震、火灾、战争、罢工、海盗、碰撞、搁浅等等。

(4) 保险对象的变化。海上保险对象的变化是受海上运输对象变化影响的。海上运输中时常会发生提单的转让、保单的出售或抵押等，因此而带来了保险关系的变化。

正是因为海上保险具有上述特性，国际海上运输业务实行强制保险制度，投保者可以根据自身特点选择最适合自己的险种。国际海上货物运输保险条款最常用的是伦敦保险业协会制定的货物保险条款，我国对外贸易实践中除该条款外，还经常使用中国人民保险公司制定的海洋运输货物保险条款。

三、中国人民保险公司海洋运输货物保险条款

中国人民保险公司海洋运输货物保险条款分一般保险条款和特殊保险条款。一般保险条款包括三种基本险别：平安险、水渍险和一切险。特殊保险条款一般包括一般附加险、特别附加险和特殊附加险三种。

(一) 一般保险条款的承保范围

1. 平安险(free from particular average, F. P. A.)

平安险，原意为“单独海损不赔”，仅对全部损失和共同海损负赔偿责任，是三种基本险种中保险人责任最小的一种。随着国际航运和国际贸易的发展，这

一险别经过多次修改和补充,保险责任已经超出仅对全损赔偿的范围。平安险的保险责任包括:

(1) 被保险货物在运输途中由于气候恶劣、雷电、海啸、地震、洪水等自然灾害造成的整批货物的全部损失或推定全损。

(2) 由于运输工具搁浅、触礁、沉没、互撞、与流冰或其他物体碰撞以及失火、爆炸等意外事故造成货物的全部损失或部分损失。

(3) 在运输工具已经发生搁浅、触礁、沉没、焚毁等意外事故的情况下,货物在此前后又在海上遭受恶劣气候、雷电、海啸等自然灾害所造成的部分损失。

(4) 在装卸或转运时,由于一件或数件货物落海造成的全部或部分损失。

(5) 被保险人对遭受承保范围内危险的货物采取抢救、防止或减少货损的措施而支付的合理费用,但以不超过该批被救货物的保险金额为限。

(6) 运输工具遭遇海难后,在避难港由于卸货港所引起的损失以及在中途港、避难港由于卸货、存仓以及运送货物所产生的特别费用。

(7) 共同海损的牺牲、分摊和救助费用。

(8) 运输合同中订有"船舶互撞责任"条款,根据该条款规定应由货方偿还船方的损失。

在平安险承保范围第8项中涉及的"船舶互撞责任"条款,此处须作一些解释说明。

"船舶互撞责任"条款(both-to-blame collision clause),是伦敦协会货物保险新条款中订有的一条关于货物运输责任的条款。该条款规定:"本保险负责赔偿被保险人根据运输合同订有船舶互撞责任条款规定,由被保险人应负的比例责任,视作本保险单项下应予补偿的损失。如果船东根据上述条款提出任何索赔要求,被保险人同意通知保险人,保险人有权自负费用为被保险人就此项索赔进行辩护。"

根据《1910年统一船舶碰撞某些法律规定的国际公约》,船舶碰撞双方互有过失责任时,两船上的货物损失均由过失船舶各按过失比例赔偿。而《海牙规则》规定,由于船长、船员、引水员在航行或管理船舶中的疏忽或过失造成本船所载货物损失的,船方即承运人对其所承运货物的损失不负赔偿责任。因此,在这种情况下,货主只能向对方船舶索得该方按其过失比例应承担的那部分赔款。美国没有参加该公约,它对船舶碰撞责任的确定和损害赔偿原则与其他国家完全不同。首先它提出"对半责任原则",规定因互有过失而造成船舶碰撞的双方,不论过失大小,都各负50%的责任。这就是说,即使某一方在船舶碰撞中实际上只有10%的过失责任,另一方有90%的过失责任,双方依然对碰撞各承担一半赔偿责任。其次,美国提出"货物无辜原则",规定因互有过失而造成船舶碰撞的双方,对碰撞造成船上货物的损失负连带责任。这就是说,任何一方船舶的货主就其货物在碰撞事故中的损失，有权向非载其货物的对方船舶索取100%的赔偿；而非载货船舶一方则有权以船舶碰撞责任划分的比例向载货船舶一方追回它付给载货船舶的货主的赔偿额一半。这样一来，就使得承运人与托运人关于航行或管理船舶中的过失可以免责的规定失去了效力，原来载货船舶（承运人）对本船货损可以不赔货主（托运人）变成为要赔了。

针对美国保护货主利益的"货物无辜原则"，各国承运人利用自己可以单方面签发提单的权利，凡运送货物去美国，在其与货主签订的提单或租船合同上加上了"船舶互撞责任"条款，规定如本船与他船发生碰撞，其原因是由于他船的过失，同时也因本船船长、船员、引水员在航行或管理船舶中的疏忽、过失或不履行职责而与他船碰撞的，则本船货主应就他船即非载其货物的船舶在赔付给自己所受货损的赔款以后又向本船承运人提出的一部分索赔，偿还给本船承运人。简而言之，船舶互撞责任条款就是要求货主补偿本船承运人原来可以免责却又被迫承担他船应对本船货物损失所负赔偿责任中的那部分赔款。

我国的《海洋运输货物保险条款》，同样把负责赔偿根据运输合同中订有的"船舶互撞责任"条款所规定的应由货方偿还船方的损失这一条作为一项承保责任范围，只是规定得比较笼统，也没有提及保险人在承担该项义务上的权利。但在实践中，一般也是按照国际惯例处理的。

美国对船舶碰撞损害赔偿的态度现已发生变化。已经沿用一百多年的关于互有过失碰撞各负一半的规定即"对半责任原则"，在1975年美国最高法院对美国诉信任运输公司一案（United States v. Reliable Transfer Co.）的判决中没有被采用。此案的判决采用了国际上盛行的按过失程度比例承担过失责任的做法，规定互有过失的船舶对船上所载货物的损失负连带责任。1979年美国路易斯安那州东区法院在阿拉莫化学运输公司诉M/V瓦尔德斯一案（Alamo Chemical Transportation Co. v. M/V Valdes）中也否定了该原则，法院判决货主只能向非载货船舶按其过失比例索赔货物损失。可见，至今尚未加入《1910年统一船舶碰撞某些法律规定的国际公约》的美国，在船舶碰撞责任的确定和损害赔偿处理上的做法已逐渐与其他国家趋于一致。

平安险承保责任范围的特点，较为明显地体现在前三项责任上，即平安险负责赔偿被保险货物由于海上自然灾害所造成的全部损失；由于海上意外事故所造成的全部损失和部分损失；在海上意外事故发生前后，由于海上自然灾害所造成的部分损失。

由于平安险原则上对单独海损不负赔偿责任，所以在实际业务中，投保该险别的情况不多。平安险一般适用于低值、裸装的大宗货物，如矿砂、钢材、铸铁制品等。

2. 水渍险（with particular average, W. P. A.）

对于水渍险，我们不能简单地从字面含义去解释它，认为凡投保该险别的货物在运输途中发生水渍损失，就都由保险人负责赔偿。水渍险按其原意当为“负责赔偿单独海损”，也就是平安险不赔偿的部分损失，它予以负责。

根据中国人民保险公司海洋运输货物保险条款规定，水渍险除承保上列平安险的各项责任外，还负责承担被保险货物由于恶劣气候、雷电、海啸、地震、洪水等自然灾害造成的部分损失。简而言之，水渍险的承包责任范围就是在平安险的全部责任范围的基础上，加上被保险货物由于海上自然灾害所造成的部分损失。

虽然水渍险承担赔偿部分损失的责任，但对被保险货物因某些外部因素所导致的部分损失如碰损、锈损、破碎等不予负责。一般来说，水渍险适用于不大可能发生碰损、锈损、破碎或者容易生锈但不影响使用的货物，如铁钉、铁丝、螺丝等小五金类商品，以及旧汽车、旧机床、旧设备等二手货。

3．一切险（all risks，A. R.）

一切险的含义基本上如其字面原意。它承保的责任，按中国人民保险公司海洋运输货物保险条款规定，除包括上列平安险和水渍险的各项责任外，还负责被保险货物在运输途中由于外来原因所致的全部损失或部分损失，即不论损失程度如何，均负赔偿责任。但不能就此得出结论，认为一切险承担货物运输途中一切外来风险所造成的损失，因为一些特殊外来风险所造成的损失并不在该险别的承担范围，当然它更不会就除外责任中规定的原因所造成的损失负责。为便于进行比较，可以把一切险承保的范围概括为在水渍险的全部责任范围基础上，加上 11 种一般附加险所承保的责任。

由于一切险提供了充分的保险保障，各类货物都能适用，特别是一些粮油食品、纺织纤维类商品以及新的机械设备投保一切险更有必要。我国大多数进口货物皆选择投保保障最大的一切险。

4．三种主险责任范围比较图介

- 一切险（A. R.）
  - 水渍险（W. P. A.）
    - 平安险（F. P. A.）
      - 1．由于海上自然灾害造成的全部损失
        - 实际全损
        - 推定全损
      - 2．由于海上意外事故造成的全部或部分损失
      - 3．在海上意外事故发生前后，由于海上自然灾害造成的部分损失
      - 4．装卸转运货物时一件或数件落海造成的全部或部分损失
      - 5．合理的施救费用
      - 6．船舶遭遇海难后在避难港被迫卸、存、运货物产生的特别费用和卸货引起的损失
      - 7．共同海损的牺牲、分摊和救助费用
      - 8．根据运输合同规定的船舶互撞责任条款应由货方偿还船方的损失
    - 9．由于海上自然灾害造成的部分损失
  - 10．由于一般外来风险造成的全部或部分损失

（二）特殊保险条款

特殊保险条款包括一般附加险、特别附加险和特殊附加险三种。附加险是指不能单独投保，必须在投保了主险以后方被允许根据实际需要加保，也就是依附于主险项下的险别。货物在海运途中除发生因遇到海上自然灾害和意外事故所致的损失以外，还可能遭受其他一些损失，这些损失是由于各种外来原因所造成的。为了取得更多更充分的保障，货主就有必要为自己的货物加保附加险。

1. 一般附加险（general additional risks）

一般附加险承保一般外来原因所引起的货物损失，亦可称为普通附加险。中国人民保险公司的一般附加险有11种：

（1）偷盗、提货不着险（theft, pilferage and non-deliver）

主要承保货物在运输过程中遭偷窃或在货物到达目的地后整件货物短交造成的损失。但是，保险公司只就船方或其他责任方按运输合同规定免除赔偿的部分负责赔偿。要注意保险单上偷与窃两种行为的区别：偷一般是指整件货物被偷走，而窃一般是指包装完整的整件货物中仅一部分被窃去。此外，还要注意区分偷窃行为与抢劫和劫盗行为：偷窃多指暗中进行的小偷小摸，而抢劫是公开的、使用暴力手段的劫夺。对后者，该附加险是不负赔偿责任的。

（2）淡水、雨淋险（fresh water rain damage）

承保货物在运输途中直接遭雨淋或淡水所造成的损失。雨淋导致的损失包括雨水及冰雪融化给货物造成的损失，淡水所致损失则包括因船舱内水汽凝聚而成的舱汗、船上淡水舱或水管漏水给货物造成的损失。注意区分淡水与海水损失（sea-water damage）很重要，因为平安险和水渍险只承担海水损失的赔偿，不负责淡水损失。当货物上或其包装外部出现水渍斑损时，就要分清这是遭雨淋浸损的结果还是被海水泡湿的结果。如果是前者，货物仅投保了水渍险，未加保淡水、雨淋险的，保险人就不必负责。

（3）短量险（risk of shortage）

承保货物因外包装破裂或散装货物发生数量散失和实际重量短缺的损失。区分有包装的货物是原来短少还是外来原因造成的短少，关键是看外包装是否有破袋、裂口、脱线等异常情况。如果有上述情况存在，便可作为是外来原因所致短少的证明。至于散装货物是否有短少，一般取决于其装船重量与卸船重量之间出现的差额，但在计算差额时要考虑到正常途耗的因素，不能把正常途耗当做重量短缺。

（4）混杂、沾污险（risk of intermixture and contamination）

承保货物在运输过程中因混进杂质或沾染油渍、污泥或颜色所造成的损失。某些货物，特别是散装的粮谷、矿砂和粉粒状化工产品，容易混进泥土、碎石，致使质量受到影响；而纸张、布匹、服装以及食品等却有较多可能因接触到油脂或带色物质而产生沾污的损失。加保此附加险后，保险人对混杂、沾污损失予以负责。

（5）渗漏险（risk of leakage）

承保液体、流质货物由于容器损坏而引起的渗漏损失，以及用液体储装的货物因储液渗漏而发生腐败、变质的损失。所谓用液体储装的货物，如用盐渍盛装在木桶内的肠衣、湿牛羊皮和坛装的酱菜、乳腐一类腌制食品，一旦发生储液渗漏，盐渍肠衣、兽皮变质败坏，腌制食品则不能食用。所以，这类货物有必要加保渗漏险。

（6）碰损、破碎险（risk of clash and breakage）

承保货物在运输途中因震动、碰撞、受压或搬运不慎引起的破碎、折裂、裂损和发生弯曲、凹瘪、变形等损失。易发生碰损的主要是一些金属制品、漆木制品，如机器、仪器、仪表、搪瓷器皿、漆木器用具和家具等；而破碎损失最集中在那些易碎物品上，如玻璃和玻璃制品、陶瓷制品、大理石板，以及玉、石、象牙、木、竹器雕刻和贝壳制品等观赏性工艺品。由于这类货物在保险期内因海上自然灾害或运输工具发生意外事故所造成的碰损、破碎损失，已被平安险和水渍险这两种主险列入其承保范围，所以作为一种一般附加险，碰损、破碎险主要是对一切外来因素所致碰损、破碎损失承担赔偿责任。

（7）串味险（risk of odour）

串味险，又叫变味险（risk of change of flavour），承保货物因受其他物品的影响而引起串味、变味的损失。易发生串味、变味的多为食品、饮料、茶叶、中药材和香料等，它们在运输途中若与皮革、樟脑或异味物品存放在同一货舱内，就极有可能被串味而使本身品质受损。保险人对加保此附加险的货物所发生的串味损失负责赔偿。不过，如果造成这些损失的原因在于船方的配载不当，那么保险人有权向负有责任的船方要求赔偿。

（8）受潮受热险（damage caused by sweating and heating）

承保运输途中的货物因在货舱中受潮湿或高温所造成的损失。导致潮湿、高温的原因，或是由于气温突然变化，或是由于船上通风设备失灵，使得货舱内水汽集聚凝结，引起货物受潮、发热而最终发霉变质。

（9）钩损险（risk of hook damage）

承保货物在运输、装卸过程中，因使用吊钩一类工具而本身直接被钩破的损失，或外包装被钩坏造成货物外漏的损失。捆装棉布、袋装粮食发生钩损的情况较为常见。

（10）包装破裂险（loss for damage caused by breakage of packing）

承保货物因装运或装卸不慎、包装破裂造成的短少、沾污、受潮等损失，以及旨在保证运输过程中续运安全需要而对包装进行修补或调换所支付的费用。由于货物因包装破裂所造成的损失,在短量险、沾污险、渗漏险等一般附加险的责任范围内也可相应得到保障,所以包装破裂险主要是用以解决对因修补或调换包装所支付费用的补偿。

(11) 锈损险(risk of rusting)

承保货物在运输过程中受海水、淡水、雨淋或潮湿生锈而造成的损失。会生锈的货物当然是指金属或金属制品。凡在原装时未存在,确实是在保险期限内发生的锈损,保险人都予以负责。但是,保险人从便于掌握或控制责任的角度出发,对那些极易生锈的铁丝、钢丝绳、水管零件等,以及生锈不可避免的裸装金属条、板、块等,往往拒绝承保;即使对那些由于体积大、长,习惯装载于舱面而加保了舱面险的大五金,也往往将锈损责任除外,因为保险人如果承担了这一必然发生的锈损赔偿责任,那么几乎笔笔都要赔。这显然与保险人不承保事先已经确定要发生的风险损失这一原则相悖。

2. 特别附加险(special additional risks)

特别附加险承保一些涉及政治、国家政策法令和行政措施等的特殊外来因素所造成的风险损失。一般有以下七种:

(1) 舱面险(on deck)

舱面险对装载在舱面的货物,除按主险的保险条款负责以外,还承保因被抛弃或被风浪冲击落水所造成的损失,又叫甲板险。

海上运输的货物一般都是装载在舱内的,装载在舱面的货物,如活牲畜、活家禽,按国际海运惯例,不能被视做货物,保险人对它们在运输过程中的损失是不负责的。但是在实际业务中,有些货物或是因为体积庞大,或是因为含有毒性、酸性和有污染性,甚至是易燃易爆的危险品,必须装载于舱面。为了满足这些货物保险保障的需要,就产生了附加舱面险。而活牲畜、活家禽则另有专门的活牲畜、活家禽保险(livestock transit insurance)用以解决它们在运输途中死亡的损失补偿问题。

装载在舱面的货物,极易遭受海水渍浸、雨淋和生锈的损失,因此保险人一般只愿意在平安险的基础上,而不是在一切险的基础上加保舱面险,主要是为了防止责任过大。当然,通过协商,经保险人同意并加付保险费,在一切险的基础上加保舱面险的情况也是有的。

由于集装箱运输进入海运,装于舱面的集装箱货物提单已为国际贸易界普遍接受,银行也已把它视做清洁提单而接受结汇,所以国际保险界也都将装载于舱面上的集装箱内货物当做普通装载在舱内的货物一样对待,允许它们根据需要选保适当的主险,不限于只投保平安险,也不需另加保险费。

(2) 进口关税险(import duty)

进口关税险承保已经遭受保险责任范围内损失的货物,不论该损失是在进口前或进口后发生的，根据进口国的规定仍须按完好价值完税所造成的关税损失。

对在运输途中受到水损、沾污、发热变质或短量等的货物如何征收进口税，各国有不同的规定。有的规定可以对货物短少、残损部分按其价值申请减免税；有的规定要区别对待发生在进口前还是进口后的货损，前者可以减免税，后者则不能；还有的规定，不管货物是否短少、残损，也无关货损发生在进口前后的时间，一律按完好价值完税。进口关税险就是承保因上述情况所引起的关税损失，也即货物遭受损失，不论是在进口前抑或进口后发生的，如进口国要求仍须按全额缴纳进口税的，保险人对被保险人就货物损失部分所缴纳的关税予以赔偿，关键是货损必须是保险责任事故所引起的。

进口关税险的保险金额，由被保险人根据他的国家即进口国所制定的进口关税税率确定，一般是按照发票金额的几成加保。加保进口关税险的保险金额，在保险单上应与货物的保险金额分开载明，以便在发生关税损失时在该保险金额限度内赔付，与主险即货物险的保险金额不能串用。

(3) 拒收险(rejection risk)

拒收险承保货物在进口时，不论何种原因而被进口国政府或有关当局拒绝进口或没收所造成的损失。保险人一般按货物的保险价值赔偿。如果货物在发运后尚未抵达进口港，进口国在此期间宣布禁运，保险人只负责赔偿将货物运回出口国或转口到其他目的地而增加的运费，但所赔金额不能超过这批货物的保险价值。如果在货物发运前，进口国即已宣布禁运，保险人则不承担赔偿责任。

加保拒收险的货物主要是与人体健康有关的食品、饮料和药品等。加保时，被保险人必须持有进口所需的特许证和进口限额。由于世界上大多数国家对这类货物的进口基本上都规定有卫生检验标准，一旦违反进口国规定的标准，就会被拒绝进口乃至被销毁。因此风险比较大，一般情况下保险人都不愿承保。即使同意承保，其加保的费率也相当高。实务中也有些保险人采取先高收费，若不发生事故，再按一定比例退还部分保险费的办法处理。

(4) 黄曲霉毒素险(aflatoxin)

黄曲霉毒素险承保某些含有黄曲霉毒素的食物因超过进口国对该毒素的限制标准而被拒绝进口、没收或强制改变用途而遭受的损失。

黄曲霉毒素是致癌毒素，发霉的花生、大米等往往含有这种毒素，各国卫生当局对这种毒菌素的含量都有严格的限制标准。如超过限制标准，就会拒绝进口，或予以没收，或强迫改变用途。被保险人因此而遭受的损失，若加保了黄曲霉毒素险，就可以从保险人那里获得不超过货物保险价值的赔偿。就其性质而言，这种特别附加险实际上是一种专门承保一种原因的拒收险。必须注意，被保险人经保险人要求，有义务处理被拒绝进口或强制改变用途的货物，有责任对因此而引起的争议申请仲裁。

(5) 交货不到险(failure to delivery)

交货不到险承保不论由于什么原因,已装上船的货物不能在预定抵达目的地的日期起六个月内交货的损失。保险人对这一损失按全部损失赔偿。

交货不到的损失,既有由于运输上的原因引起,也有由于某些政治上的原因所造成,而且往往以政治原因居多,如禁运、在中途港被强迫卸载造成交货不到等。显然其责任范围要比属于一般附加险的提货不着险大,因为后者只对运输上的原因导致整件提货不着的损失负责。

由于交货不到险承保的责任与提货不着险的责任范围有时会重复,与战争险的承保范围也有可能出现重复情况,因此按规定对可以在运输险(即指包括提货不着险责任的一切险,以及加保提货不着险的平安险或水渍险)和战争险项下获得赔偿的损失,交货不到险不予负责。此外,加保交货不到险时,被保险人应当持有进口所需要的一切许可证,以免因无证而不准进口发生交货不到。还必须强调的是,一旦发生了交货不到,保险人在按全部损失赔偿以后,就有权取得对被保险货物的全部权益,也即被保险人必须将其对货物的全部权益转让给保险人。之所以作出此规定,是因为交货不到也有可能如上述是因禁运或中途被强迫卸载的缘由造成的,货物实际上并未遭受全部损失。

(6) 出口货物到香港(包括九龙)或澳门存仓火险责任扩展条款(fire risk extension clause for storage of cargo at destination Hong Kong, including Kowloon, or Macao)

这是中国人民保险公司设计的一个条款,专门适用于我国内地出口到港澳,并在我国驻港澳银行办理押汇的运输货物保险。在进出口业务结算中采用押汇又称议付(negotiation)方式,由卖方把运送给买方的货物装船并取得货运单据后,抵押货运单据,开出以买方为付款人的汇票,以此汇票向出口方银行贴现,先期取得货款。在买方(进口方)未向出口方银行归还货款之前,货物的权益属于银行,因此在保险单上必须注明货物过户给放款银行即出口方银行。即使这些货物已运抵目的地,买方因未归还货款,也无权提货。此时货物往往存放在过户银行指定的仓库里。如果在运输货物保险单上加贴了这一条款,保险人就对货物在存仓期间因发生火灾而造成的损失负责赔偿。保险责任期限有两种方式可以选用:一种是从运输责任终止后,货物运入过户银行指定的仓库时开始,到银行收回押款,解除对货物的权益时终止;另一种是从运输责任终止时开始,满30天为止。因此可以看出,这一保险条款是为了保障过户银行的利益的。

(7) 卖方利益险(contingency insurance covers sellers' interest only)

该附加险承保在FOB和CFR合同中以托收方式支付货款的情况下,买方拒绝付款赎单使卖方蒙受的货物损失。

3. 特殊附加险(specific additional risk)

特殊附加险与特别附加险一样,所承保的责任都超出一般外来原因所造成的事故损失,不属于一切险的承保范围之内。不同的是,特别附加险主要承保政治、国家政策法令和行政措施等所致损失,特殊附加险承保的风险主要是战争和罢工等。

(1) 战争险(war risk)

中国人民保险公司海上运输战争险条款规定,其承保范围包括:① 由战争、类似战争行为、敌对行为、武装冲突或海盗行为直接引起或作为上述行为的后果造成的被保险货物的损失;② 由于上述事件导致货物被捕获、没收、扣留、禁制或扣押造成的损失;③ 因各种常规武器包括水雷、鱼雷和炸弹造成的损失;④ 由上述原因导致的共同海损牺牲、分摊和救助费用。但是,对由于敌对行动使用原子武器和核武器造成的损失和费用,基于执政者、当权者或任何其他武装集团扣留、限制或扣押造成的承保航程损失或落空提出的索赔,保险公司不予赔偿。与其他险种不同,战争险的承保责任是自被保险货物在保单所载明的装运港上海轮或驳船时开始,至保单所载明的目的港卸离海轮或驳船为止。如果被保险货物不卸离海轮,则保险责任从船舶到达该港口之日午夜时起算,满 15 天为限。当需要中途转船时,不论被保险货物是否卸载,保险责任在该转运港的最长期限从船舶到达该港口或卸货地之日午夜起算,满 15 天为限。如果被保险货物装上续运海轮,则保险恢复有效。

(2) 战争险的附加费用(additional expenses-war risks)

该附加险承保因战争后果所引起的附加费用,如卸货、存仓、转运、关税等。

(3) 罢工险(strikes risk)

该附加险承保因罢工被迫停工、工潮、暴动或民变造成被保险货物的直接损失,或者由于上述原因引起的共同海损的牺牲、分摊和救助费用。按照国际保险习惯,罢工险通常与战争险同时承保,投保人只需在保单上注明战争险包括罢工险并附上罢工险条款即可,无须另加附保险费。

四、伦敦保险业协会货物保险条款

在我国的进出口业务中,除了使用中国人民保险公司的保险单和货物保险条款外,常用的还有伦敦保险业协会制定的货物保险条款。目前通用的是 1983 年 4 月 1 日起与新保险单配套使用的新货物保险条款。

(一) 伦敦保险业协会货物保险条款的特点

1. 用英文字母表示原来各基本险别名称。新保险险别分别改用英文字母 A、B、C 表示旧的一切险、水渍险和平安险,从而避免了过去因险别名称含义不清且与承保范围不符而容易产生的误解。

2. 消除了原险别之间的交叉和重叠。例如，原水渍险只增加了平安险不承保的那一部分，即对于由于自然灾害引起的货物部分损失给予赔偿。而平安险虽称为“单独海损不赔”，但对在运输工具发生触礁、搁浅等意外事故的情况下，如在此之前或之后又遇自然灾害给货物造成的部分损失，又给予赔偿。这样水渍险和平安险之间的差别更小了。修改后B险承保因自然灾害造成的全部损失或部分损失以及因重大或非重大意外事故（如装卸时货物落海或摔落造成整件全部损失）造成的货物全部损失或部分损失，而C险只承保由重大意外事故造成的货物全部损失或部分损失，这样两种险种之间减少了交叉和重叠，界线更为清楚。

3. 新货物保险条款增加了承保陆上风险。例如，B、C条款承保由于陆上运输工具的颠翻、出轨、碰撞引起的保险标的的损失或损害以及湖水、河水浸入船舶造成的损害。

4. 独立投保的保险条款。伦敦保险业协会的新货物保险条款共有6种。除协会货物保险A、B、C条款外，还有协会战争险条款、罢工险条款、恶意损害险条款。除恶意损害险条款外，各条款均分为承保范围、除外责任、期限、赔偿、保险受益、减少损失、避免延误、法律和惯例以及附注9部分，共19项条款。与旧货物保险条款不同，新的协会战争险条款和罢工险条款既可以在投保了A、B或C条款后加保，也可以在需要时作为独立的险别进行投保。

（二）六种保险条款的承保范围与除外责任

1. 协会货物保险条款A（institute cargo clause A）

相当于旧协会货物保险“一切险”条款。其承保范围为一切险减除外责任。即除了该条款规定的除外责任外，承保被保险货物的一切灭失和损害风险及费用。

除外责任包括两部分：一般除外责任和特殊除外责任。

（1）一般除外责任。包括：① 被保险人的故意行为造成的损失、损害或费用；② 保险标的的自然渗漏、重量和数量的自然消耗或自然磨损或破裂；③ 因保险标的的包装或准备不充分或不适当造成的损失或费用，此包装指由被保险人或其雇佣人完成的包括集装箱或运输专用箱在内的装载；④ 因保险标的的内在缺陷或性质引起的损害或费用；⑤ 因拖延直接造成的损失、损害或费用；⑥ 因船舶所有人、经理人、租船人或经纪人破产或拖欠款项造成的损失、损害或费用；⑦ 因使用任何原子或核子裂变和（或）聚变或其他类似反应堆或放射性作用或物质的战争武器而造成的损失、损害或费用。

（2）特殊除外责任。包括：船舶不适航、不适货以及战争、罢工。不适航、不适货指：船舶或驳船的不适航；船舶、驳船、运输工具、集装箱或运输专用箱不适宜安全运送保险标的；当战争标的装载时，被保险人或其雇佣人员知道这种不适航或不适货。战争、罢工指:战争、内乱、革命、叛乱、造反或由此引起的骚乱,或交战势力或针对交战势力的任何敌对行为;捕获、拘留、扣留、禁制或扣押(海盗行为除外)以及因此引起的后果或任何企图;遗弃的水雷、鱼雷、炸弹或其他遗弃的战争武器;因罢工、停工、工潮、暴动或民变造成;因任何恐怖主义者或任何带有政治动机的人的行为造成的。

2. 协会货物保险条款 B(institute cargo clause B)

相当于旧协会货物保险条款"水渍险"。其承保因自然灾害以及重大与非重大意外事故造成的保险标的的损失或损坏。

自然灾害包括:地震、火山爆发或雷电等。

重大意外事故包括:火灾或爆炸;船舶或驳船搁浅、触礁、沉没或倾覆;陆上运输工具的颠翻或出轨;船舶、驳船或运输工具与除水之外的任何外界物体的碰撞或解除,在避难港卸货。

非重大意外事故包括:货物在装卸时落海或摔落造成整件货物的灭失。

此外,它还承保:共同海损牺牲;抛货或浪击入海;海、湖或河水进入船舱、驳船、运输工具、集装箱、运输专用箱或储存处所造成的损失。

其除外责任中,除两点与协会货物保险条款 A 的规定不同外,其余均与 A 条款的除外责任相同。这两个不同点是:① 除被保险人外,A 条款对一切人的故意行为造成的损失、损害或费用给予承保;而 B 条款对任何一人或数人采取非法行为故意损坏或故意破坏保险标的或其中任何一部分,均不予承保(第 47 条)。② 在战争险除外责任中,A 条款将海盗行为从战争除外责任中排除,即对海盗行为引起的后果予以承保;B 条款在战争除外责任中未将海盗行为排除,则意味着对海盗行为造成的后果不予承保(第 62 条)。

3. 协会货物保险条款 C(institute cargo clause C)

相当于旧协会货物保险的"平安险"。其承保因重大意外事故造成的保险标的损失、损害及其费用。此外,还承保共同海损牺牲与抛货。

除外责任与协会货物保险条款 B 相同,故不赘述。

4. 协会货物战争险条款(institute war clause-cargo)

承保范围包括:(1) 战争等敌对行为对货物造成的损害;(2) 因战争行为引起的捕获、扣留、扣押等;(3) 非敌对行为使用原子武器造成的损失。对海盗行为、敌对行为使用原子武器不予承保。

5. 协会货物罢工险条款(institute strike clause-cargo)

承保范围包括:(1) 由罢工者及参与罢工的人员造成的货物损失或损害;(2) 因罢工、停工等给保险标的造成的损害;(3) 恐怖分子或出于政治动机而行动的人对保险标的造成的损害。但对航程终止后因罢工造成的存仓费、重新装船费等不予承保。

6. 恶意损害险条款(malicious damage clause)

与修改前的“罢工、暴动和民变险”内容基本相同。其承保由于恶意行动、故意破坏行动而导致的保险标的的灭失或损害。但是如是出于政治动机的人的行为,则不予承保。

关于各险承保责任起讫,新旧条款的规定与中国人民保险公司海洋运输货物保险条款的规定基本相同。

五、船东保赔协会

(一) 船东保赔协会概述

船东保赔协会(Shipowner's Protection and Indemnity Association)简称保赔协会(P&I Club),是船东之间自愿组成的保险组织。该协会以船东的互助保险(mutual insurance)形式,承保一般保险公司不予承担的风险。世界上最早的船东互保协会成立于1855年,在保险经纪人彼得·丁达尔的策划下,创立了世界上第一个“船东相互保障协会”,后于1876年成为英国的“布列塔尼亚船舶保赔协会”的一个组织。目前,全世界约有保赔协会20多家,其中16家是国际性的,参加互保协会的商船约占全球商船的95%。

船东互保协会成立的历史背景是,由于1854年英国商船法规定,船东对人身伤亡责任及船舶碰撞责任都要负责,而一般保险合同对某些风险不予承保,当时的主动权又掌握在劳氏保险社手中,船东对此极为不满,因而组织了自己的保赔协会承担保险公司不保的风险。①

1. 船东保赔协会的特性

从保赔协会的性质看,它与保险公司相比有五方面明显的不同特性:

(1) 互保协会是自筹资金,不以营利为目的,其宗旨是为会员服务;而保险公司是以营利为目的,其资金来源主要是投保人支付的保费。

(2) 保赔协会成员既是投保人,又是承保人;而保险公司投保人与承保人是两个独立的法人或自然人。

(3) 除油污外(限额5亿美元左右),保赔协会赔偿责任是无限的,而保险公司赔偿是以保险金额为限。②

(4) 保赔协会与船东们的利益是一致的,而保险公司同船东们则往往是对

---

① 如在“西方希望”号轮案件中,该船因沉没导致船、货尽损,货主通过诉讼获得了货损的全部赔偿,理由是货损是“西方希望”号轮绕航所致。“西方希望”号轮将该项赔偿转向北英格兰船东保障协会索赔,但由于根据协会的章程,协会对船东的这项损失并无赔偿责任。参见沈木珠:《海商法比较研究》,中国政法大学出版社1997年版,第417页。

② 从1996年2月20日起,某些保赔协会已为其会员提供了每次风险为20亿美元责任限额的保险。这些协会之所以具有如此大的保险能力,完全是再保险的缘故。参见沈木珠:《海商法比较研究》,中国政法大学出版社1997年版,第418页。

立的。

(5) 保赔协会的保费是按入会船舶吨位大小承保金额多少而交付的,赔偿是按比例分摊的,保险公司则没有这种规定。

2. 船东保赔协会的组织形式

船东保赔协会是由船东们自己经营的组织,其权利机构由大会、董事会、经理公司等组成。大会是最高权利机构,参加该组织的会员按章程规定出席大会,并选举董事会成员。由董事会制定协会方针政策和执行大会决议,并承担确定保费、财务、投资、理赔、监督经理人等工作。经理人根据董事会授权处理日常业务。保赔协会的主要业务往来通过通讯代理网络进行,保赔代理们委托的都是世界上有名的协会,如"联合王国保赔协会"、"西英保赔协会"、"标准船东保赔协会"等。从船东保赔协会的组织宗旨看,是积极维护了船东利益,为其提供各种航运和法律咨询服务,使其能专心从事航海贸易业务,并能有效地促进国际航运业的发展。

(二) 船东保赔协会承保的范围

船东保赔协会承保的范围非常广泛,其主要内容包括以下项目:

1. 保赔协会承保的基本风险

(1) 碰撞责任

① 保险人不予承保的1/4船舶碰撞责任;

② 碰撞事故的超额责任,包括超过船壳机器险保险金额的超额责任和除外责任;

③ 船舶碰撞的除外责任。

(2) 保赔协会承保的财产损坏责任

① 在非碰撞事故中,损坏他船及其货物的责任;

② 清除船舶残骸责任;

③ 船员行李损失的责任。

(3) 保赔协会承保的人身伤亡责任

① 对船员的人身伤亡的赔偿责任;

② 对装卸工人的人身伤亡的赔偿责任;

③ 对旅客的人身伤亡的赔偿责任;

④ 船舶碰撞中致使对方船上人身伤亡的赔偿责任。

(4) 保赔协会的合同责任

① 货损货差责任;

② 受雇合同责任;

③ 拖带合同责任;

④ 船东违约而造成共同货损分摊费用的责任。

(5) 保赔协会承保的费用责任

① 因意外事故而遣返船员所支出的费用；

② 为处置偷渡者、避难者或送伤病员而发生的绕航费；

③ 为了防止或减少损失而支出的费用；

④ 滞期费用；

⑤ 各种罚款；

⑥ 法律诉讼费。

2. 保赔协会承保的特殊责任

(1) 战争风险责任；

(2) 罢工风险责任；

(3) 集装箱所致风险责任。

船东保赔协会承保的范围还包括：油污索赔中的赔偿责任，以及保赔协会章程未予规定而经协会权利机构特许的其他赔偿责任。

(三) 保赔协会的保险费、保险期限、停保和终止

1. 保赔协会的保险费

保赔协会的保险费不按固定费率计算，而是根据会员投保的险别、船型、船龄、航行区域、赔款记录等方面确定的。如果会员投保的船舶在保险期间受损，其赔偿超过了保费，保赔协会有权增加其以后的保费。保赔协会收费是以年初收取预付保费和年末收取追加保费的方式进行的。预付费一般是以费率的100%收取，追加费是以赔付的百分比计算。

2. 保赔协会的保险期限

保赔协会的保险期限一般为1年，保险期限从2月20日12时开始（格林尼治时间）到下年的2月20日12时终止。在保险期间，保赔协会有权向被保险人发出通知终止下年的保险。被保险人也有权按自己的抉择，不必说明任何理由，在不迟于保期的2月20日正午前，向保赔协会发出终止保险通知书。如被保险人想继续投保应早通知保赔协会，以便保赔协会安排承保工作。

3. 保赔协会的保险停保和终止

参加保赔协会的船东或船舶发生下列情况，保险协会有权宣布停保：会员停业；会员长期拖欠协会款项；入会船舶被出售；入会船舶经保险人接受为实际全损或推定全损；入会船舶失踪；入会船舶不符保赔协会规章认可的船级社的要求等。

保赔协会的会员在保险期内，将其全部或部分入会的船舶退保，应在预定退保前的1个月以书面形式通知保赔协会。自停保或退保之日12时起，保赔协会责任即终止。

(四) 中国船东互保协会

我国于1984年1月1日组建了自己的船东互保协会,即"中国船东互保协会"(China Shipowners Mutual Insurance Association)。1994年中国船东互保协会修订了自己的保险条款,其内容基本接近于国际规定。该互保协会章程规定,凡从事国际运输的中国船东,期租船的承租人或船舶经营人,可将其拥有的或经营的,具有合格船级的船舶投保。投保船舶的公司即成为本会的会员。目前,我国大部分国轮参加了中国船东互保协会,参加互保协会的船东必须遵守协会章程和保险条款。以下介绍中国船东互保协会1994年修订的保险条款。

1. 中国船东互保协会承保的风险

(1) 船员、旅客、装卸工人等人身伤亡;

(2) 船员的遣返和替工的派遣费用;

(3) 私人物品的灭失或损坏;

(4) 货损货差责任;

(5) 船舶碰撞责任;

(6) 财产的灭失或损坏;

(7) 安置偷渡和避难人员的费用;

(8) 救助人命的费用;

(9) 船舶残骸处理责任;

(10) 检疫费用;

(11) 污染、救助、共同海损分摊费用;

(12) 海事调查费用;

(13) 损害防止和法律诉讼费用;

(14) 罚款;

(15) 集装箱的灭失或损坏等。

2. 除外风险

(1) 船舶保单承保的责任、费用和开支;

(2) 战争风险(不包括船员的不法行为和海盗);

(3) 核风险;

(4) 运输违禁物,偷越封锁线,或从事非法贸易,或进入本协会认为不安全的、不适当的或将引起额外风险的航程而导致的索赔。

3. 会员违反运输合同,且该违反是由于会员故意或轻率的行为或过失,协会对由此产生的责任和费用不负责任

第三节 国际陆上货物运输保险制度

陆上货物运输保险是指以对火车和汽车等陆地运输工具运输货物所设立的保险。公路运输和铁路运输都是国际贸易货物运输的重要组成部分。目前陆上运输在非洲、欧洲和拉丁美洲的内陆国家中比重较大,与此相适应的保险业也发展较快。在国际间有关陆上货物运输保险没有统一的规定,各国保险公司根据自己的保险单设立保险条款,其保险内容大致相同。通常保险公司只对火车和汽车运输进行保险。

在我国,中国人民保险公司制定的陆上货物运输保险条款(火车、汽车)分为责任范围、除外责任、责任起讫、被保险人义务、索赔期限五部分。

一、责任范围

陆上货物运输保险的基本险包括陆运险(overland transportation risks)和陆运一切险(overland transportation all risks)。另外,还开设陆上运输冷藏货物险(专门险)和陆上运输货物战争险(附加险)。

(一) 陆运险

其承保范围包括:(1) 被保险货物在运输途中遭受暴风、雷电、洪水、地震等自然灾害;(2) 运输工具遭受碰撞、倾覆、出轨;或在驳运过程中因驳运工具遭受搁浅、沉没;或由于遭受隧道坍塌、崖崩或失火、爆炸等意外事故所遭受的全部损失和部分损失;(3) 被保险人对遭受承保范围内危险的货物采取抢救、防止或减少货损的措施而支付的合理费用,但以不超过该批被救货物的保险金额为限。

(二) 陆运一切险

其承保范围除包括上述陆运险的责任外,还负责被保险货物在运输途中由于外来原因所致的短少、短量、偷窃、渗漏、碰损、破碎、钩损、雨淋、生锈、受潮、受热、发霉、串味、沾污等全部损失或部分损失。

(三) 陆上运输冷藏货物保险

陆上运输冷藏货物保险是陆上运输保险的一个专门保险,责任范围包括陆上运输的全部责任,同时还负责赔偿由于冷藏机器或隔温设备在运输途中损坏所致被保险货物解冻融化而腐烂的损失。

中国人民保险公司在承保此险时,对承运工具有特别要求,规定装货的任何运输工具都必须有相应的冷藏设备或隔温设备;或供应、贮存足够的冰块使车厢内始终保持适当的温度,以保证冷藏货物不致融化腐烂。

(四) 陆上运输货物战争险

这是陆上运输保险的一种附加险,只有投保了基本险后才能附加投保。责任范围包括火车在运输途中由于战争、类似战争行为和敌对行为、武装冲突所致的损失。

二、除外责任

根据陆运货物保险条款的规定，保险公司对由于下列原因造成的货物损失，不负赔偿责任：

（1）被保险人的故意行为或过失造成的损失；

（2）属于发货人责任引起的损失；

（3）在保险责任开始前，被保险货物存在的品质不良或数量短差造成的损失；

（4）被保险货物的自然损耗、本质缺陷、特性以及市价跌落、运输延误造成的损失和费用；

（5）陆上运输货物战争险和货物运输罢工险条款规定的责任范围和除外责任。

三、责任起讫

陆运货物保险负“仓至仓”责任，自被保险货物远离保险单所载明的起运地仓库或储存处所开始运输时生效，包括正常运输过程中的陆上和与其有关的水上驳运在内，直至该货物运达保险单所载目的地收款人的最后仓库或储存处所或被保险人用做分配、分派的其他储存处所为止。如货物未抵达上述仓库或储存处所，则以被保险货物运抵最后卸货的车站满60天为止。

四、被保险人义务

1. 被保险货物运抵目的地以后，被保险人应及时提货，当发现被保险货物遭受任何损失，应立即向保险单上所载明的检验、理赔代理人申请检验。如发现被保险货物整件短少，或有明显残损痕迹，应立即向承运人、受托人或有关当局索取货损货差证明。如货损货差是由于承运人、受托人或有关方面责任造成的，则应以书面方式向他们提出索赔，必要时须取得延长时效的认证。

2. 对遭受承保责任内危险的货物，被保险人应迅速采取合理的抢救措施，防止或减少货物的损失。

3. 在向保险人索赔时，须提供下列单证：保险单正本、运单、发票、装箱单、磅码单、货损货差证明、检验报告以及索赔清单。当涉及第三者责任时，还须提供向第三者追偿的有关函电及其他必要单证或文件。

五、索赔期限

索赔时效自被保险货物在最后目的地车站全部卸离运输工具后起算,最多不超过两年。

第四节　国际航空货物运输保险制度

国际航空货物运输保险是指对航空运输中的货物进行的保险。这种保险必须经保险人与被保险人签订书面合同才生效。在合同履行过程中,保险人负责赔偿因承保范围的危险所致的货物全部损失或部分损失,被保险人负责支付保险费。目前,在国际上较有影响的是1982年英国伦敦保险业协会航空运输货物险条款,中国人民保险公司也制定了相应的航空运输货物保险条款。下面将分别予以介绍。

一、中国人民保险公司航空运输货物保险条款

中国人民保险公司制定的航空运输货物保险条款分责任范围、除外责任、责任起讫、被保险人义务、索赔期限五部分。

(一) 责任范围

航空运输货物保险分航空运输险和航空运输一切险两种。

1. 航空运输险

承保:(1) 被保险货物在运输途中遭受雷电、火灾、爆炸或由于飞机遭受恶劣气候或其他危难事故而被抛弃,或由于飞机遭受碰撞、倾覆、坠落或失踪等意外事故所造成的全部损失或部分损失。(2) 被保险人对遭受承保范围内危险的货物采取抢救、防止或减少货损的措施而支出的合理费用,但以不超过该批被救货物的保险金额为限。

2. 航空运输一切险

除包括上述航空运输险的责任外,还负责被保险货物由于外来原因所致的全部损失或部分损失。

(二) 除外责任

根据航空货物保险条款的规定,保险公司对由于下列原因造成的货物损失,不负赔偿责任:

(1) 被保险人的故意行为或过失造成的损失;

(2) 属于发货人责任引起的损失;

(3) 在保险责任开始前,被保险货物存在的品质不良或数量短差造成的损失;

(4) 被保险货物的自然损耗、本质缺陷、特性以及市价跌落、运输延误所造成的损失和费用;

(5) 航空运输货物战争险和货物运输罢工险条款规定的责任范围和除外责任。

(三) 责任起讫

1. 航空运输货物保险负“仓至仓”责任,自被保险货物运离保险单所载明启运地仓库或储存处所开始运输时生效,包括正常运输过程中的运输工具在内,直至该货物到达保险单所载明目的地收货人的最后仓库或储存处所或被保险人用做分配、分派或非正常运输的其他储存处所为止。如未抵达上述仓库或储存处所,则以被保险货物在最后卸载地卸离飞机后满30天为止。

2. 由于被保险人无法控制的运输延迟、绕航、被迫卸货、重新装载、转载或承运人适用运输合同赋予的权限所作的任何航行上的变更或终止运输合同,致使被保险人货物运到非保险单所载目的地时,在被保险人及时将获知的情况通知保险人,并在必要时加付保险费的情况下,保险单继续有效,并按下列规定终止:

(1) 被保险货物如在非保险单所载目的地出售,保险责任至交货时为止。但无论如何,均以被保险货物在卸载地全部卸离飞机后满30天为止。

(2) 被保险货物如在上述30天期限内继续运往保险单所载目的地或其他目的地时,保险责任仍按“仓至仓”的规定终止。

(四) 被保险人义务

1. 被保险货物运抵目的地以后,被保险人应及时提货,当发现被保险货物遭受任何损失,应立即向保险单上所载明的检验、理赔代理人申请检验。如发现被保险货物整件短少,或有明显残损痕迹,应立即向承运人、受托人或有关当局索取货损货差证明。如货损货差是由于承运人、受托人或有关方面责任造成的,则应以书面方式向他们提出索赔,必要时须取得延长时效的认证。

2. 对遭受承保责任内危险的货物,被保险人应迅速采取合理的抢救措施,防止或减少货物的损失。

3. 在向保险人索赔时,须提供下列单证:保险单正本、运单、发票、装箱单、磅码单、货损货差证明、检验报告及索赔清单。当涉及第三者责任时,还须提供向第三者追偿的有关函电及其他必要单证或文件。

(五) 索赔期限

索赔时效自被保险货物在最后目的地全部卸离飞机后起算,最多不超过两年。

二、伦敦保险业协会航空运输货物险条款

(一) 保险责任

航空货物运输保险采用一切险的承保责任,保险公司负责承担包括航空运输险的全部责任,还负责被保险货物由于外来原因所致的全部损失或部分损失。航空货物运输一切险的责任范围与海运保险及陆运保险的一切险相同。

(二) 除外责任

该条款规定保险人对战争、罢工以及下列原因所致的灭失、毁损或费用均不负责:

(1) 可归属于被保险人的故意或违法行为的灭失、毁损或费用;

(2) 保险标的物的漏损、失重或自然消耗;

(3) 由于保险标的物的不良或不当包装或搭配引起的灭失;

(4) 因运载工具对保险标的物的安全运送不适合所引起的灭失、毁损或费用;

(5) 保险标的物的固有瑕疵或本质缺陷所引起的灭失、毁损或费用;

(6) 因延迟为近因所导致的灭失、毁损或费用;

(7) 由于运输飞机的所有人、经理人、租用人或营运人的破产或债务所引起的灭失、毁损或费用;

(8) 任何使用原子、核子武器或其他类似武器引起的保险标的物的灭失、毁损或费用。

(三) 责任起讫

该条款规定,本保险自保险标的物离开本保险单所载启运地的仓库或储存处所时开始生效,并在正常的运输过程中继续有效直至运至下列地点之一时终止:

(1) 至本保险单所载目的地,或途中的任何其他仓库或储存处所。

(2) 至本保险单所载目的地,或途中的任何其他仓库或储存处所而为被保险人用做:第一,通常运输过程以外的储存;第二,分配或分派。

(3) 至本保险标的物在最终卸载地,自飞机卸载后计算满 30 天。

(四) 赔偿责任

该条款规定航空货物运输保险人的赔偿责任为两种:一种是对每一飞机的最高责任额限额;另一种是对每一次空灾事故的总责任限额。前者是以保障运输货物价值为标准,后者是以保障终点站的集中损失为主。两者都以在损失时目的地货损的实际现金价值为限。①

① 参见朱榄叶主编:《国际经济法学》,北京大学出版社 2005 年版,第 119 页。

本章参考书目

1. 李玉泉:《保险法》(第二版),法律出版社 2003 年版。

2. 应世昌编著:《海上保险学》,上海财经大学出版社 1996 年版。

3. 〔英〕约翰·T. 斯蒂尔:《保险的原则与实务》,孟兴国等译,中国金融出版社 1992 年版。

4. 杨良宜、汪鹏南:《英国海上保险条款详论》,大连海事大学出版社 1996 年版。

5. 〔加〕威廉·台特雷:《海上货物索赔》(第三版),张永坚等译,大连海运学院出版社 1993 年版。

6. William Tetley, Marine Cargo Claims, 4th ed., Montréal : Thomson/Carswell, 2008.

7. D. Rhidian Thomas ed., The Modern Law of Marine Insurance, LLP, 2002.

8. D. Rhidian Thomas ed., Marine Insurance: The Law in Transition, Informa Publisher, 2006.

9. D. Rhidian Thomas ed., Liability Regimes in Contemporary Maritime Law, Informa, 2007.

10. Ling Zhu, Compulsory Insurance and Compensation for Bunker Oil Pollution Damage, Springer, 2007.

第五章　国际贸易结算与支付法律制度

第一节　国际贸易结算与支付工具

国际结算是指国际间债权债务关系的清偿，国际间债权债务除了通过国际货物贸易产生外，国际旅游、国际服务贸易、国际技术转让、国际投资以及国际融资活动等都会产生国际间债权债务的清偿问题，在此主要讨论由于国际货物贸易引起的结算与支付问题。

国际贸易的结算与支付一开始是用现金完成的，但是用现金进行结算与支付有许多的不便之处，包括运输上的、清点上的麻烦，不但费用较高，而且还要辨别其真伪。随着国际贸易的发展，出现了一种非现金结算与支付的工具——票据，这样使得国际贸易结算与支付的工具包括了两种：货币和票据。在现今的国际贸易结算与支付中，直接用货币已经很少了，只在一些小额结算或在国际贸易的尾数的支付中才直接使用货币。但是，即使是用票据结算与支付，还是要用一定的货币表示其金额。因而，货币是国际贸易结算与支付的标的物，是国际贸易结算与支付的法定工具。

一、国际贸易结算与支付中的货币

（一）国际贸易结算与支付中的货币选择

国际货物贸易是跨国的货物买卖，由于各国使用的货币各不相同，在国际货物买卖合同中，除了可以在合同中约定以买卖双方之一的货币表示之外，还可以约定使用第三国的货币，但前提是所使用的货币必须是完全可自由兑换货币。

国际货物买卖当事人在选择适用的货币时，除了必须选择完全可自由兑换的货币外，还要充分考虑到各国货币的升值与贬值的趋势，特别是在当今国际经济中影响外汇市场的因素越来越多，外汇汇率的变动趋势越来越复杂，而国际货物买卖中从合同订立到支付货款需要经过一定的期间，在此期间内汇率变动的可能性随时存在，无论汇率向哪种方向变动，都将给买方或卖方带来基于汇率变动造成的损失，更何况国际贸易的金额往往较大，当事人有必要采取一定的措施以避免因汇率变动带来的损失。此外，在当事人选择货币时还得考虑各国的外汇管制制度，也即有关国家的金融法律制度。

（二）外汇管制法律对国际贸易结算与支付的影响

外汇管制（foreign exchange control）是指一个国家通过法律、法规、条例等形式对外汇资金的收入与支出、汇入和汇出、本币与外币的兑换所进行的管理和规制活动。不同国家根据各自不同的国际收支状况、外汇储备情况以及各国对外经济交往的实际情况等采取不同的管制措施。但是,在现代国际金融的法律制度中,各国通常应尽量放宽对经常项目[①]下的外汇管制。国际货币基金组织作为协调国际金融的最重要的国际组织,在《国际货币基金协定》中对成员国的汇兑措施作出了相应的规范。基金组织的宗旨之一是协助建立成员国经常性交易的多边制度,并消除妨碍世界贸易发展的外汇管制。这项原则直接体现于《国际货币基金协定》第 8 条和第 14 条。[②] 第 8 条要求成员国应取消经常项目下的外汇管制,并在第 14 条中规定了过渡办法。

外汇管制的内容通常包括对经常项目的外汇管制、对资本项目的外汇管制、对汇率的管制、对外汇账户的管制、对黄金和现钞输出入的管制以及对外汇储备的管制。[③] 这其中,对经常项目的外汇管制、对汇率的管制,以及对外汇账户的管制都会对国际贸易结算与支付产生影响。在对经常项目的管制中,一般会对进口商所需外汇严格控制,在实行严格管制的国家中,进口所需外汇须经批准才能用汇,有些国家甚至采取进口外汇的批准手续与进口许可证、配额的管理联系起来,而出口外汇收入的管制中,许多国家规定出口商必须将出口外汇收入的全部或部分按规定汇率出售给国家指定的银行;对汇率的管制会影响到汇率的变化,有些国家甚至采取复汇率制度,而复汇率制度则旨在促进本国商品的出口而控制外国商品的进口;对外汇账户的管制则会使得出口方的收汇受到限制。

我国于 1996 年 12 月正式宣布承担《国际货币基金协定》第 8 条的义务,1997 年 1 月 14 日修改后的《外汇管理条例》第 5 条明确规定:"国家对经常性国际支付和转移不予限制。"自此,从 1997 年开始我国实现了人民币在经常项目下的可自由兑换,并成为国际货币基金组织"第八条款会员国"。我国外汇管制法律的这一变动使得我国基本消除了影响国际贸易结算与支付的外汇管制做法,从而有利地推动了我国对外贸易的发展。2005 年 7 月 21 日,我国对外汇管理体制又作出了重大调整:我国宣布从即日起以人民币汇率实行"以市场供求为基础的,有管理的浮动汇率制度",人民币从原本紧盯美元的汇率制度,改为参考一篮子货币。所谓"参考一篮子货币",是指某一个国家根据贸易与投资密切程度,选择数种主要货币,不同货币设定不同权重后组成一篮子货币,设定浮动范围,该国货币就根据这一篮子货币并在范围内浮动。并且宣布由 1 美元兑 8.2765 元人民币改为 1 美元兑 8.11 元人民币,升值 2%,从此拉开了人民币长期

---

① 所谓"经常项目",是指国际收支中经常发生的交易项目,包括贸易收支、劳务收支和单方面转移等。

② 参见陈安主编:《国际经济法学》,北京大学出版社 2001 年版,第 309 页。

③ 参见刘颖、邓瑞平:《国际经济法》,中信出版社 2003 年版,第 556—557 页。

升值的步伐,国内外关于人民币升值的争议①由此告一段落,但我国外汇汇率的形成机制改革将一如既往地持续下去。无论如何,人民币的此种汇率机制对我国的对外贸易结算与支付造成的影响是深远的,企业在进出口贸易过程中就必须考虑不断变动中的外汇汇率,因而采用相应的规避汇率风险的措施就显得非常必要。②

（三）外汇交易与汇率风险规避

如前所述,在国际贸易结算与支付中,当事人有必要采取一定的措施以避免因汇率变动带来的损失,当事人可以在合同中特别约定货币保值条款用以规避汇率风险。国际贸易结算与支付中,货币保值的方法主要有以下几种:第一,汇价加值法,即在合同中把可能变动的汇价计入货价中,这以对汇价变动准确把握作为前提;第二,黄金保值法,即在合同中规定实际支付金额以订立合同时采用的货币的实际含金量为标准计算;第三,汇率保值法,即在合同中规定用以计价和支付的货币与另一种稳定的货币汇率折价计算。货币保值的方法虽然可以使当事人规避汇率风险,但以当事人在合同中形成合意为前提,因而在实践中并不常用。当事人一方如果要规避汇率风险,更为可行的方法是借助于外汇交易,以下三种外汇交易的方法都可以起到规避汇率风险的作用:

1. 远期外汇交易(forward transactions)

远期外汇交易是指交易双方事先订立合同,约定汇率、数量和将来交割的期限,在期限到来时依合同的约定进行交割的交易方式。由于事先约定好了将来交割的汇率,因而无论到期汇率实际变动情况如何,都可以按照合同订立时就已确定的汇率进行交易,从而起到规避汇率风险的作用。远期外汇交易是最基本也是最简单可行的方法。

2. 调期交易(swap transactions)

调期交易,简而言之是指在买进或卖出即期外汇的同时,卖出或买进远期外汇的交易方式。调期交易其实是一种对冲的交易,即在买进的同时卖出或在卖出的同时买进,如果买进的是即期,则卖出远期,如果卖出即期,则买进远期。在实践中,如果有买进或卖出的需要,则同时做一笔卖出或买进就可避免汇率风险。

3. 外币期权交易(currency option)

外币期权是指在一约定的时期内按约定的汇率买卖约定数量外币的权利。外币期权交易即通过合约使一方获得外币期权,合约规定期权买方预先向对方

---

① 关于人民币升值的讨论由来已久,国外不断向我国施加压力,试图通过贸易限制、贸易制裁等措施,迫使人民币升值,美国甚至宣称要诉诸 WTO 争端解决机构。但从法律的角度而论,无论是作为 IMF 的成员国还是 WTO 的成员方,中国并无国际法上的义务让人民币升值。

② 2008 年 4 月 10 日,美元兑人民币中间价首度破 7 元,为 6.9920 元。

支付一笔保险费，即获得了在将来买卖某种货币的选择权。在合约有效期内，期权买方有权按合同约定的汇率和金额买卖外汇，也可以放弃该权利，即不进行交割。期权交易的好处在于如果汇率向不利于期权买方的方向发展，则行使权利，从而避免汇率风险带来的损失，而如果汇率向着有利于期权买方的方向发展，则可以不进行交割，从而获得了汇率变动带来的利益，而代价仅是为获得此种选择权而预先支付的保险费。从这点上看，外币期权交易比远期外汇交易更有价值，因为远期外汇交易仅能避免汇率风险带来的损失，但不能享受汇率变动可能带来的利益。

二、国际贸易结算与支付中的票据

票据(bill)有广义和狭义之分，广义上的票据包括汇票、本票、支票、提单、保险单、股票、债券等一切商业上的凭证；狭义上的票据专指用于结算与支付的汇票、本票、支票，它是指经出票人签发，约定由出票人自己或其指定的人于见票时或于将来指定的时间无条件支付一定金额的货币的有价证券。票据的当事人一般有：出票人(drawer)，即签发票据的人；受票人(drawee)，也是付款人，即接受票据并须按票据的指示支付票据金额的人；受款人(payee)，即拥有票据并能获得票据上写明的票据金额的人。

(一) 票据的特征与种类

1. 票据的特征

(1) 票据是金钱证券。票据权利以支付一定金额的金钱为标的，出票人必须由自己或其指定的人支付一定数额的金钱，而受款人则是以获得一定数额的金钱为目的的。

(2) 票据是设权证券。出票人做成票据之后，即在票据上设定了一项权利，持票人即有要求票据上的付款人支付一定金额货币的权利。票据的这项权利之所以存在，是有一定原因的，这个原因就是票据的基础关系。如买卖关系中卖方签发票据的基础关系是他和买方之间的买卖关系，正是基于此种关系，卖方签发以买方为付款人的票据。但是须注意的是，票据一旦设立，就与它的基础关系相脱离，这主要是基于它的流通性和无因性。因而在前述例子中，卖方所签发的票据一旦设立，不论他们之间的买卖关系是否有效，都不影响票据的权利。

(3) 票据是无因证券。只要持有票据就可以行使票据上的权利，而不论票据的来源如何，这是为了保证票据能作为支付工具使用，也是票据作为一种信用工具的应有属性。因而，虽然票据设定权利是有因的，即以基础关系为前提，但主张票据上的权利是无因的，这也是基于对票据的流通性的考虑。

(4) 票据是流通证券。票据是可以流通的，各国法律都明确规定票据在经符合法定要求的背书后可以转让。这也是随着经济交往，特别是贸易的发展而对票据提出的要求。为了使票据的流通能更顺利地进行，票据的持有人（债权人）在转让票据时并不需要通知付款人（债务人），这与一般民法上的债权转让有所不同。各国票据法都规定，善意而又付出了对价的受让人的权利优于其让与人，这是为了便于票据的流通转让而作出的规定，因而它属于商法上的债权转让，这就是票据法上的权利转让（negotiation）与民法上的债权让与（assignment）的根本区别。综上所述，票据的流通性在法律上有以下三点体现：第一，只要符合法定要求的形式即可转让，而不必通知原债务人；第二，受让人取得票据后即取得它的全部权利，包括有权以自己的名义对票据上的出票人、承兑人或其前手起诉；第三，票据在转让后，善意而又支付了对价的受让人可取得优于其前手（prodecessors）的权利，不因其前手对票据的权利有缺陷而受到影响。[①] 流通性是票据最重要的特征。

（5）票据是文义证券。票据上的权利义务以票据上记载的为准，不得以票据记载以外的其他事项认定票据上的权利义务。所有在票据上签名的人都必须对此义务负责。

（6）票据是要式证券。票据必须按法律要求的形式做成，否则无效。各国法律都对票据的形式作出了规定。因为票据是文义证券，当事人的权利义务完全按票据上的记载执行，为了保障其流通的顺利进行，要式性就显得特别重要。

（7）票据是返还证券。票据持有人在获得支付后应将票据交还给付款人，因为票据是无因证券，只要持有证券不论任何原因都可以获得支付，如果不交还给付款人，就可以凭持有的票据再次获得支付。

2. 票据的种类

各国法律对票据的种类有不同的规定。德国法和法国法认为，票据只包括汇票和本票，不包括支票，有关支票的法律问题另行由单行法规予以规定，不包括在票据法之内；英美等国的法律则认为汇票与本票皆为票据，而把支票认为是以银行为付款人的汇票，归入到汇票的范畴。目前国际上一般都认为票据应包括汇票（bill of exchange，又简称为 draft 或 bill）、本票（promissory note）和支票（check 或 cheque）。一般而言，汇票是指由出票人签发的、要求受票人于见票时或将来指定的时间内将一定金额的货币无条件支付给受款人的支付凭证；本票是指由出票人签发给受款人，规定于见票时或将来指定的时间由出票人自己无条件支付一定金额货币的支付凭证；支票是指出票人委托银行于见票时无条件支付给受款人一定金额货币的支付凭证。由此可以看出汇票、本票和支票三者之间的区别：（1）从当事人看，汇票和支票都有三个当事人，而本票由于是自己出票自己付款，因而出票人和付款人并为一体；（2）从支付的时间看，只有支票

---

① 参见冯大同编著：《国际贸易法》，北京大学出版社 1995 年版，第 135—136 页。

是见票即付的,也就是说只要受款人向付款人提示付款,付款人就必须立即付款,而对于汇票和本票,既可以是见票即付,也可以在见票后将来指定的某一时间支付;(3) 从付款人看,支票仅限于由银行支付,而汇票和本票的付款人则可以是银行,也可以是其他人。

在国际贸易结算与支付中,运用得最多的是汇票,因而有必要进一步介绍汇票的内容和分类。如前所述,汇票的当事人有三个:出票人,在国际贸易中通常是卖方;受票人,在国际贸易中通常是买方或其指定的银行;受款人,在国际贸易中通常是卖方或其指定的银行。一份完整的汇票,应包括以下内容:

(1) 汇票上必须有“汇票”字样。

(2) 无条件支付的命令。汇票上的支付命令必须是无条件的,不得以任何行为或事件作为汇票支付的条件。

(3) 汇票的金额。汇票上的金额必须确定无疑,不能出现如“大约”等模糊概念。

(4) 付款期限。汇票上必须注明付款期限,依据该汇票是即期的还是远期的,付款日又有所不同:即期的汇票,见票之时即为付款之时;而对于远期的汇票而言,见票的时间必定不是付款的时间,只是承兑的时间。汇票上所写的日期应为付款的日期,而不能仅仅注明见票的时间,一般情况下,在汇票中不注明承兑的时间。

(5) 付款地点。付款地点不但是持票人提示汇票请求付款的地点,而且一旦发生纠纷,该地点在冲突法上具有重要意义。

(6) 付款人。这是必须在汇票中明确规定的,否则汇票就失去了本来的目的,持票人就会请求付款无门。

(7) 受款人。写明受款人在国际贸易中特别重要,因为汇票的直接目的是为了支付货款。如前所述,票据是可以自由转让的,汇票也不例外,但如果汇票的受款人采用了不同的写法,其转让的要求就各不相同。在法律上,受款人又称“汇票抬头”,汇票开出的如果是限制性抬头,如“仅付 A 公司”,则该汇票不能流通;如果是指示性抬头,如“付给某某的指定人”,这种汇票虽可转让,但须通过背书才可转让;而如果是持票来人抬头,如“付给持票人”,此时汇票无须背书即可转让。

(8) 出票日期。在汇票上写明出票日期是为了确定该汇票是否有效成立,并且出票日期还是付款日期、承兑期限、提示期限的起算日。

(9) 出票地点。出票地点的意义在于出票地所在国家的法律通常是判定汇票是否有效的依据。

(10) 出票人签字。汇票只有经出票人签字之后才生效,未经出票人签字的汇票是无效的。出票人签字后,就承担了票据上的责任,出票人也是持票人追索的对象之一。

汇票依其在国际贸易中的作用,可以作不同的分类:

(1) 光票汇票和跟单汇票,这是根据汇票在获得支付时是否以提交相关的单据作为条件而作的划分。仅凭汇票即能获得支付的汇票即为光票汇票;在提示汇票的同时需提交相关的单据才能获得支付的,称为跟单汇票,在国际贸易中,相关的单据通常包括提单、保险单、商业发票等。

(2) 即期汇票和远期汇票,这是以汇票的支付是否需要事先经承兑为依据而划分的。即期汇票是见票即付的汇票;远期汇票是需先作承兑提示,然后在汇票的到期日才由承兑人付款。在汇票中都会注明是即期还是远期。

(3) 银行汇票和商业汇票,出票人是银行的为银行汇票,出票人是工商企业的即为商业汇票。在国际贸易中,一般使用的是银行汇票,通常由买方指示其开户银行开出以卖方所在地的开户银行的关联行作为付款行的汇票,由买方寄交卖方,卖方凭票向付款行要求付款或承兑。

(4) 商业承兑汇票和银行承兑汇票,这是以汇票由工商企业还是银行承兑而作的划分。商业承兑汇票是由工商企业出票而以另一企业为付款人的远期汇票,该汇票经由付款人承兑后即成为商业承兑汇票;银行承兑汇票则是以银行为付款人的远期汇票,该汇票经由银行承兑后即成为银行承兑汇票。

(二) 票据行为

票据效力的产生、票据的流通与转让以及票据权利的行使都需要通过当事人一定的行为才能完成,这种行为就是票据行为。票据行为一般包括出票、背书、提示、承兑、付款、拒付和追索。

1. 出票(issue)。包括做成(preparation)和交付(delivery)两个行为。做成是出票人按照法定的要求和当事人的约定,制作票据的行为。票据只有在交给有关的当事人后才能发生效用,故而做成和交付是密不可分的两个行为,它们共同构成出票行为。

2. 背书(endorsement)。背书是票据的当事人在票据背面签名,并将票据交给受让人的行为,票据的出让人称为“背书人”,票据的受让人称为“被背书人”。通过背书,票据权利从背书人手中转移到被背书人手中。背书人又称为“前手”,被背书人又称为“后手”。票据经过背书可以多次转让,对于票据的受让人而言,在他之前的背书人都是他的前手,在他之后的人都是后手。各国票据法都规定后手有优于前手的权利,即只要是正当持票人,不论他的前手拥有是否合法,权利是否有缺陷,都可以根据票据获得付款,一旦遭到拒付,后手有向其前手包括出票人追索的权利,有权要求其前手包括出票人中的任何一人付款;所有的前手都要保证后手必定能够获得支付。

3. 提示(presentment)。票据的持有人在要求付款或请求承兑时,必须向付款人或承兑人出示票据，这个行为即为提示。根据提示的目的不同，分为付款提示和承兑提示。

4. 承兑（acceptance）。并非所有票据都是见票即付的，对于远期汇票，在持票人提示后，付款人先在票据上签名，表示认同该票据，并写上“承兑”字样，承诺在票据到期之时一定会付款，这就是承兑。付款人一旦承兑，就要承担到期付款的义务。正因为如此，所以习惯上有一种说法叫“承兑意味着付款”。

5. 付款（payment）。票据受款人有权于票据到期日向票据付款人或承兑人提示票据，要求其支付票据金额的货币，票据上的付款人支付票据金额货币给受款人的行为即为付款。付款人在支付票面金额后，即收回票据，票据上的权利义务关系即告消灭。

6. 拒付（dishonour）。即期付款（见票即付）的票据在受款人向付款人提示付款时遭到拒绝，或者远期付款的承兑人在受款人向其提示承兑时不予承兑，都构成拒付。票据一旦遭到拒付，受款人即可行使追索权，特别是对于承兑票据，只要付款人拒绝承兑，就可行使追索权，而不必等到票据到期才行使追索权。

7. 追索（recourse）。为了保障票据持有人的正当权益，各国的票据法都规定一旦票据遭到拒付，票据持有人可以向出票人及他的任何前手要求付款，这就是追索权，票据持有人行使追索权的行为即为追索。一般来说，票据一旦遭到拒付，票据持有人应及时向付款地或承兑地的公证机关或者其他有权作证的机关，如法院、银行等申请作出拒绝证书，拒绝证书是票据持有人行使追索权的法律依据，并且该权利的行使应在一定的期限内完成。

（三）票据的法律调整与国际票据法律的统一

1. 国际上关于票据立法的三个法系

毫无疑问，票据在国际贸易结算与支付中发挥着巨大的作用。为了调整票据法律关系，自 19 世纪以来，一些国家就开始了票据的立法工作，由于历史等原因，在各国票据法律的形成过程中，形成了三个主要的票据法系，即法国法系、德国法系以及英美法系。

（1）法国法系。法国是最早制定票据法律的国家，早在 1673 年法国国王颁布的《商事条例》中就对票据作了规定，后在 1807 年《商法典》中列专章加以规定。法国法系的主要特点是仅把票据作为代替现金输送的工具，而很少考虑将票据作为流通手段和信贷工具，因而它没有严格区分票据关系和基础关系，但在基础关系中强调要有资金关系。当然随着国际经贸的发展，法国法的这种特点已不适应现代经济发展的需要，某些原来仿效法国法的国家，如意大利、西班牙、比利时、希腊、土耳其以及拉美国家，都舍弃了法国法的一些原有做法，因此法国法在日内瓦公约后也开始逐步改变。

（2）德国法系。1871 年德国了颁布了《普通票据条例》，从此有了德国票据法，德国票据法强调票据作为流通手段和信贷工具的作用，认为票据不仅限于作为输送现金的工具。德国法将票据关系与其基础关系分开，从而使票据成为无因证券。现在欧洲大陆许多国家，包括比利时、意大利、西班牙以及瑞典、瑞士等国，都属于德国法系，德国法对亚洲许多国家的票据立法也产生了深刻的影响。

(3) 英美法系。包括英国、美国以及某些受普通法传统影响的国家。其立法最早是英国1882年《汇票法》。英美法系的特点是不仅强调票据作为流通手段和信贷工具的作用，而且强调保护善意正当的执票人，认为不论票据的对价关系或资金关系如何，凡善意的票据受让人均可受到法律上的保护，这有利地促进了票据的流通。

2. 国际票据法律的统一

由于存在多种法系，甚至在同一法系中不同国家的法律也有所不同，这给作为国际贸易结算与支付工具的票据在使用和流通上带来了极大的不便。为此，从19世纪末开始就有了统一各国票据法律的行动，经过长期的酝酿和努力，终于在20世纪30年代有了国际票据法律统一的成果，即日内瓦公约。日内瓦公约包括：(1) 1930年通过的关于统一汇票和本票的三个公约，即《统一汇票本票法公约》、《解决汇票及本票若干法律冲突公约》以及《汇票本票印花税公约》；(2) 1931年通过的关于统一支票的三个公约，即《统一支票法公约》、《解决支票若干法律冲突公约》以及《支票印花税公约》。日内瓦公约为国际票据法律的统一作出了有益的尝试，并且现在大多数欧洲国家以及日本和某些拉美国家都已经采用了日内瓦公约，但英美法系则从一开始就拒绝参加日内瓦公约，主要因为日内瓦公约仅是调和法国法系和德国法系之间分歧的产物，但却与英美法系的传统做法相矛盾。在日内瓦公约达成后，国际上的票据立法事实上分为两大法系：一是英美法系，另一个则是日内瓦法系。因而，关于票据统一立法的工作并未完成。20世纪60年代末，随着国际贸易的飞速发展，联合国国际贸易法委员会再次发起了统一国际票据法的倡议，经过多年的努力，终于在1987年8月在维也纳召开的联合国国际贸易法委员会第二十届会议上正式讨论通过了《联合国国际汇票和国际本票公约》，并在1988年第四十三届联大上获得通过，该公约因此也成为目前国际票据法律统一的最新成果。

三、电子结算与支付相关问题

早在许多年前，美国纽约的11家大银行共同建立了银行间的支付清算系统，每天用电子转移的资金超过万亿美元，这个数额超过美国全国所需的货币总额。在所有的交易行业中，用电子结算的占85%，用支票结算的占13%，用现金结算的仅占1%多一点。[①] 相比之下,我国的结算系统中支票还占相当大的比重,现金在居民消费中占的比例更大。国外有人将电子资金结算带来的好处归纳为"ABC",即A——提高经营效率(advancement of productivity),B——改进管理水平(better management),C——改善对顾客的服务(customer services)。[②] 因而,电子结算方式无疑适应当前经济全球化和金融一体化的发展,对于推动国际贸易、国际结算向高效、无纸化发展,降低贸易结算风险大有裨益。

(一)电子商务与电子支付

随着计算机、网络和现代通讯技术的日益发展,电子商务已经成为人们所熟知的一种支付方式。而今,电子商务的增长速度是惊人的,1994年全球电子商务销售额为12亿美元,1997年增长了1倍多,达26亿美元,1998年销售额达500亿美元,比1997年增长近20倍。目前,电子商务交易额正以10倍的速度增长,北美地区的在线零售额以每年翻三番的速度增长。[③]

按照世界贸易组织关于电子商务专题报告的定义,电子商务有六种实现途径,即电话、传真、垫支、电子支付以及货币流通系统、电子数据交换和国际互联网。[④] 最完整的也是最高级的电子商务系统是利用因特网进行全部的贸易活动,即在网上实现信息搜寻、订货和支付以及物流配送这三个阶段。其中第二个阶段就涉及如何利用网络以安全、快捷的方式实现交易双方的资金划拨,以确保电子商务交易的顺利进行。可以说,电子支付是电子商务活动的关键环节和重要组成部分,是电子商务能够顺利发展的基本条件。

据统计,2000年与因特网有关的电子商务交易金额达1200亿美元。与此同时,电子支付也以惊人的速度增长。以全美自动化协会(NACHA)为例,该协会在2000年支付大会上公布的统计数据表明,1999年该会所属的ACH(自动化清算所)网络支付的年交易额是10年前开始时的4倍。作为促进电子商务的新支付方法,ACH支付总计达到62.47亿美元,比1998年的53.44亿美元增长16.9%。[⑤]

没有有效的电子支付就不可能完成一个完整的电子商务交易,这一点已成为共识。正是在银行支付系统电子化的迅猛发展和电子商务所带来的巨大商机的有力推动下,各商业银行和网上商家不断开发和完善电子支付系统,使电子支付得到迅速发展。因此,可以说电子支付是随着金融电子信息化和电子商务的

---

① 参见〔美〕泰德·克罗福德:《金钱传》,段敏等译,珠海出版社1997年版,第275页。转引自吴志攀:《国际金融法中应跟踪研究的问题》,载《法学杂志》1998年第3期。

② 参见申焕章、黎和贵、黄守成:《电子时代支付结算的法律思考》,载《金融会计》2005年第1期。

③ 参见王蜀黔:《电子支付法律问题研究》,武汉大学出版社2005年版,第4页。

④ 同上。

⑤ 同上。

崛起而发展起来的一种新的支付方式。

（二）电子支付的概念与特征

1. 电子支付的概念

电子支付本身就是指进行商务交易的当事人，包括消费者、厂家和金融机构，使用安全电子支付手段通过网络进行的货币支付或资金流动。有的学者把电子支付分为狭义的和广义的电子支付。所谓狭义的电子支付，主要指电子资金划拨义务。美国《统一商法典》对其的定义就是：电子支付是支付命令发送方将存放于商业银行的资金，通过传输线路划入收益方开户银行，以支付收益方的一系列过程。① 而广义的电子支付，还应包括网上银行所开展的许多新型金融服务，如电子现金、电子钱包、信用卡等。② 实质上是以数字化信息替代货币的存储与流通，从而完成交易支付的。归结起来，电子支付（electronic payment）就是指通过电子信息化的手段实现交易中的价值和使用价值的交换过程。作为高科技的产物，电子支付的实现充分体现了这一点——以金融电子网络为基础，以电子设施和各种交易卡为媒介，以计算通讯技术为支撑。由此可以看出，电子支付包含了两个层面的含义：一是以计算机及其网络为手段，将传统的支付方式电子化，即以电子通讯取代传统的信函、电报等用来进行资金流动的信息传递，如通过 ATM 转账或通过 POS 机用信用卡进行结算；二是以某种形式的电子信息完全取代现金、票据等传统支付工具进行资金的传递，如荷兰的求索现金公司（Dig Cash bv/inc.）研制的网络型电子货币的代表“数字现金”（e-cash），以及英国银行和电信公司联合研究开发的蒙得克斯卡（Mondex）等。③ 电子支付方式的出现要早于因特网，目前已经建立起的三种不同类型的支付系统包括预支付（pre-paid）系统、即时支付（instant-paid）系统和后支付（post-paid）系统。

2. 电子支付的特征

支付最初的定义是为了解决商品交换和劳务活动的债权和债务关系，由银行所提供的金融服务业务。支付中最重要的是支付手段问题。常用的支付手段从最初的现金支付、支票支付到现在逐渐发展为信用卡支付。20 世纪 80 年代以来，伴随着银行计算机技术应用的不断深入，银行已能够利用计算机系统将支付过程的“现金流动”和“票据流动”转换为计算机中的“数据流动”。④ 资金在银行计算机网络系统中以电子数据的形式进行转账和划拨，这就是银行业推出的现代支付方式。

---

① 参见张楚：《电子商务法》，中国人民大学出版社 2001 年版，第 254 页。

② 同上书，第 146 页。

③ 参见王蜀黔：《电子支付法律问题研究》，武汉大学出版社 2005 年版，第 1 页。

④ 参见吕廷杰、徐华飞主编：《中国电子商务发展研究报告》，北京邮电大学出版社 2003 年版，第 139 页。

与传统的支付相比,电子支付具有以下特征:

(1) 电子支付是在开放的网络系统中以先进的数字流转技术完成信息传输,采用数字化的方式进行款项支付的;而传统的交易支付方式则是以传统的通信媒介通过现金流滞、票据转让和银行的汇兑等物理实体完成款项的支付。例如,采用数字现金进行支付,就是把现金数额转化为一系列加密的序列数,通过网络把代表一定金额的序列数在银行和接受数字现金的商家之间进行传递,从而完成支付。[①] 电子支付的工作环境是基于一个开放的系统平台(即互联网),电子支付的最终实现有赖于数据在不同的计算机系统间流动,仅凭各自独立的计算机是无法完成电子支付的,必须通过一定的通讯技术将处于不同位置的计算机连接起来,形成一个计算机网络,才能完成电子支付过程。而传统的交易支付方式仅在较为封闭的系统中运作。

(2) 电子支付对软、硬件设施有很高的要求,一般要求有联网的微机、相关的软件及其他一些配套设施,而传统的交易支付方式对设施没有什么特殊的要求。

(3) 电子支付具有方便、快捷、高效、经济的优势,交易方只要求有上网的计算机,便可足不出户,在很短的时间内完成整个支付过程。支付费用和成本仅相当于传统支付方法的几十分之一,甚至几百分之一。[②]

也有人将电子支付交易的特征总结为无因性、复合性和技术性。[③] 由于电子支付工具、支付过程具有无形化的特征,它将传统支付方式中面对面的信用关系虚拟化。例如,对支付工具的安全管理不是依靠普通的防伪技术,而是通过用户密码、软硬件加密、解密系统以及路由器等网络设备的安全保护功能实现的;为保证支付工具的通用性,需制定一系列标准;其风险管理的复杂性进一步增大等。

(三) 电子结算与支付法律制度

1. 电子结算与支付法律制度概述

关于电子交易中资金流动的法律制度称为"电子支付法律制度",它关系到电子商务能否在线直接进行,这类规范实际上是交易实践或惯例的总结。从交易数额与类型看,电子支付可划分为两类:一类是小额支付(又称"消费性资金传输"),另一类是大宗划拨(又称"商业性资金传输")。规范前者的法律制度着重体现保护消费者的原则,一般应做到事前明示、事前授权、交付记录、及时纠错、金融机构的全额责任和消费者的限额责任,主要应用于 B to C 电子商务;而

---

① 参见王蜀黔:《电子支付法律问题研究》,武汉大学出版社 2005 年版,第 2 页。

② 参见吕廷杰、徐华飞主编:《中国电子商务发展研究报告》,北京邮电大学出版社 2003 年版,第 147 页。

③ 参见刘心:《网上银行电子支付法律问题研究》,湖南师范大学法学院 2003 年硕士论文。

后者则是 B to B 电子商务的重要手段，界定当事人之间的风险分配原则是该类法律规范的主要目的。①

作为广义电子商务法的基本内容之一（另一个方面为电子信息交易制度），电子支付规范尤其能体现在线电子商务的特点，与电子信息交易制度相比虽然其调整对象都是因数字化商品交易而产生的商事关系，但两者亦有很大区别：电子信息交易中的数字化商品，仅包括了应用软件和具有财产价值的信息（数据库）两类；而作为电子支付标的的数字化商品，则指电子货币与电子票据等金融商品，而非具有特定使用价值的商品或服务，它是作为一般等价物而在交易中起债务清偿作用的。

与传统金融法律关系相比，在传统金融中，法律关系的主体主要是银行与客户的单一关系，而在网络金融中，法律关系的主体则可能涉及银行、客户、特约商户、收单行、代理行甚至电子设备生产厂家等多方关系，但基本关系仍存在于银行与客户之间，只是因为借助网络这一工具，其权利义务与传统金融中的权利义务在具体表现上有一定的区别。例如，小额电子资金划拨需要由持卡人、零售商、发卡银行、零售商收款银行、零售商开户银行、数据处理者和登记公司等的行为共同完成。②

2. 电子资金划拨法律问题

（1）电子资金划拨概述

电子资金划拨（electronic funds transfer，EFT）是指运用电子方法代替有纸单据方法完成资金划拨的一个或多个步骤，其主要表现为利用电子技术传送资金划拨指令取代利用有纸单据传送资金划拨指令。它既改变最初的以现金交付完成的结算与支付，也改变了目前普遍采用的以票据流转完成的结算与支付，它是利用电子技术，将付款人账户中的资金划转至收款人的账户内。在国际贸易中，其一般操作流程是：① 发端人（originator）与受益人（beneficiary），在国际贸易中就是买卖合同中的买卖双方，在合同中约定通过电子资金划拨方式支付货款；② 发端人向发端人银行（originator's bank，即接受发端人的支付指令的银行）签发支付命令，并向发端人银行作出支付（或发端人在发端人银行有存款）；③ 发端人银行通过中间银行（intermediary bank）或直接向受益人银行（beneficiary's bank）签发支付命令；④ 受益人银行将货款记入受益人账户。由此可见，电子资金划拨借助于电子手段快速、高效地完成支付，只是一种新型的支付手段，而不是一种新的支付方式，电子资金划拨的实质是买方主动付款。电子资金划拨的费用和风险都高于传统的货币（现金）支付手段和票据支付手段，但具有快速、

① 参见张楚：《电子商务法》，中国人民大学出版社 2001 年版，第 255 页。

② 参见马思萍、舒峰：《网络金融中电子支付法律关系研究》，载《学海》2004 年第 6 期。

高效和无纸化的特点。电子资金划拨的特征在于:第一,以电子手段取代传统的有纸凭证进行资金划拨;第二,以银行和客户间订立的合同作为电子资金划拨的根据(在以票据支付的结算中银行与客户不用签订合同);第三,电子资金划拨是电脑技术与通讯技术的结合。

(2) 电子资金划拨的法律调整

电子资金划拨作为一种新的支付手段仍处于初始发展阶段,因而调整其的法律也不多见。成文法中,美国于1978年制定了《电子资金划拨法》,但该法只适用于购物消费服务的电子资金划拨,而不适用于国际贸易结算与支付中的电子资金划拨。[①] 以调整大额电子资金划拨关系为内容的美国《统一商法典》第4A编将其调整对象界定为贷记划拨关系,因而其规定可称为调整国际贸易中的电子资金划拨的法律规范。在国际上,联合国在推动电子资金划拨立法方面作出了许多努力,特别是联合国国际贸易法委员会。1987年联合国公布了《联合国电子资金划拨法律指南》(UNCITRAL Legal Guide on Electronic Funds Transfers),特别是在1992年公布了《联合国国际资金划拨示范法》(UNCITRAL Model Law on International Credit Transfers,又有人翻译为《联合国国际贷记划拨示范法》)。但是,这两者都不是各国共同签署的条约,因而不具有法律约束力,只能由各国参照适用或由各国在立法中作参考。而在电子资金划拨中使用的数据电文的法律效力方面,已经获得了比较普遍的认同,除了1996年联合国的《电子商务示范法》之外,在ICC的UCP500以及INCOTERMS 2000中都已确认电子资料交换与书面文件具有同等效力。

(3) 电子资金划拨的几个法律问题

第一,关于发端人(付款人)能否撤回划拨资金的指令问题。理论上说,从发端人向银行发出电子资金划拨的指令到受益人获得付款之间存在一个有限的时间,在受益人没有获得付款时发端人是否可以撤回其指令,在法律上并无明确规定,但从电子资金划拨操作的技术上看时间非常有限,撤回的可能性不大,而且允许随意撤回指令不利于电子资金划拨的顺利进行,因而在没有约定的情况下不可撤回。

第二,付款人(发端人)履行付款义务的时间如何确定的问题。严格意义上说,只有受益人获得了付款才能认为付款人履行了付款义务,由于电子资金划拨可能会出现技术上的错误,从而使得资金划拨不能如期完成,这里就存在一个发

---

① 电子资金划拨系统可以分为小额电子资金划拨系统与大额电子资金划拨系统。小额电子资金划拨系统是为广大消费者服务的电子资金划拨系统,它是由收款人发动银行程序的资金划拨,如收款人向银行提示票据从而发起资金划拨,又称为"借记划拨",小额资金划拨主要涉及银行客户与银行之间的关系;国际贸易中使用的电子资金划拨属大额电子资金划拨系统,它是由付款人发动银行程序,由付款人向银行发出支付命令,指示银行借记自己的账户并贷记收款人的账户,因而又称为"贷记划拨"。

端人已经发出指令而受益人未能获得付款的情况。针对此种情况，除非发端人（付款人）在特定银行内有足够的存款，并且是在合同规定的期限内发出划拨资金的电子指令，否则并不能认为付款人已经履行了付款义务。

第三，银行的错误及责任承担的问题。如果银行因故未能及时、准确地完成电子资金划拨，其所承担的责任是有限的，通常是返回资金、支付利息、偿付汇率损失，银行一般不能承担间接损失的赔偿责任。关于银行是否承担间接损失的问题，最早在 Evra 公司诉瑞士银行一案中已有结论，美国《统一商法典》第 4A 编以及《联合国国际资金划拨示范法》中也作了类似的规定。[①]

（四）电子支付的立法状况

1. 国外及国际组织的电子支付立法状况

1978 年美国颁布的《电子资金传输法》（Electronic Financial Transportation Act, EFTA）标志着电子支付的产生。这是关于小额电子资金划拨方面的法律，它主要是根据小额电子资金在划拨过程中交易发生频繁，但交易金额相对较小的特点而制定的，以保护消费者为主要目的。而今，电子支付中的 B to C 电子商务模式中所采用的在线支付方式就属于这种小额电子资金划拨模式。后来，美国为使电子资金支付与汇票、支票等单据凭证的支付在统一法规下进行，曾经试图制定《统一新支付法典》，虽然没有成功，但是为电子支付法的创立和发展奠定了一定的基础。接着，为了制定有关在 FEDWIRE 以及 CHIPS 两个清算网络系统上所进行的大额资金支付方面的规则，美国于 1989 年在《统一商法典》（UCC）中追加了新的一编，即第 4A 编，用以调整商业性电子资金划拨。根据这种大额电子资金在划拨过程中交易金额相对比较大、风险相对增大、安全性要求更强的特点，在 UCC 4A 中，主要对以下几个方面进行了一系列的规定：当事人之间的权利与义务关系，负担无权限交易损失的安全手续，事故或故障造成当事人之间的责任，支付指令的撤销等。现金电子商务的另一种在线支付模式——B to B 电子商务模式就属于这种大额电子资金划拨模式。

另外，联合国贸发会国际支付工作组于 1982 年着手编写《电子资金传输系统规则指南》并于 1987 年正式公布。该委员会又于 1992 年通过了《国际贷记划拨示范法》，该示范法也是关于大额电子资金划拨方面的法规。

此外，其他一些组织和国家也制定了有关电子支付方面的法律。例如，法国于 1985 年对使用信用卡支付进行了立法；在日本，政府机构以及金融界经过多年研究，于 1994 年 6 月由全国银行业协会联合会制定了有关网上银行资金移动的规定。

除了国际组织与各国政府制定的法律文件之外，国际组织及各国际金融自

---

① 参见刘颖、邓瑞平：《国际经济法》，中信出版社 2003 年版，第 600 页。

治团体的规则及银行业务惯例,也在调整电子支付关系中起到重要作用。国际标准化组织 ISO 银行业委员会制定的《电子资金划拨标准术语》、国际商会银行委员会正在拟定的《银行间支付规则草案》等,即属国际组织制定的自治规范。而英国银行协会的《银行业惯例守则》,就是国内金融自治规范。[①] 可以看到,为了规范电子支付,各国制定了不少的法律、法规,但是这些法律、法规主要集中在技术标准和应用方面,也难以称得上是电子支付法律关系方面的直接立法。

2. 我国的电子支付立法状况

我国金融电子化程度落后于其他国家,与此相关的立法也相对落后。随着电子商务的迅速发展,对支付电子化、网络化、无纸化提出了迫切要求。在这种情况下,中国人民银行于 1999 年出台了《信用卡业务管理办法》。该管理办法主要在消费业务方面,制定了一些关于电子资金支付方面的法规。1999 年,中国人民银行又根据金融电子化发展过程中需要加强对银行卡业务管理的情况,从防范银行卡业务风险和维护商业银行、持卡人、商家及其他当事人和合法权益的角度出发,对《信用卡业务管理办法》进行了修改,并于 1999 年 3 月 1 日起实施了新的《银行卡业务管理办法》。这个管理办法的出台在一定程度上对作为电子支付手段之一的银行卡在支付过程中所涉及的内容进行了一系列的规范。

与此同时,为了促进和规范我国电子商务大发展,国家质量监督检验检疫总局也颁布了一些电子商务国家标准,如 2002 年 9 月 1 日起正式实施的《大宗商品电子交易规范》(GB/T18769)。该标准由中国物流与采购联合会提出并归口,中储物流在线有限责任公司、中国物资储运协会等单位合作编制。《大宗商品电子交易规范》规定了大宗商品电子交易的条件,以及电子交易中心的设立条件、章程、职能、义务等多项内容。它规范了电子商务的交易过程,保证了电子商务健康有序地发展。但在之后的实践中发现存在一些问题。针对这些问题,也为了更好地规范大宗商品电子交易行为,促进电子商务与商品流通现代化的健康发展,国家质检总局批准发布了 2003《大宗商品电子交易规范》(GB/T18769),取代了原先的 2002《大宗商品电子交易规范》(GB/T18769)。

目前,我国有关电子支付的立法主要在银行卡和网上银行的规制方面,对电子支票和电子现金无专门规定,而且在是制定统一的电子商务法典还是制定电子商务的各单行法的问题上还存在争议。2004 年 8 月 28 日《电子签名法》的出台可以说对于现阶段我国电子结算和支付的发展起到了积极作用,肯定了电子签名的合法性,也肯定了电子银行(如网上银行、电话银行、手机银行)和电子结算的合法性。这部法律为进一步创新支付结算工具和方式提供了基础,如电子票据和电子货币等的产生,可以说实现了我国支付结算的又一次飞跃。但是,无

① 参见张楚:《电子商务法》,中国人民大学出版社 2001 年版,第 254 页。

论从学者研究还是从立法意向看,我国注重的是电子合同、电子证据和电子签名等问题,在电子化权利和信息权利的研究方面则相对薄弱。

第二节　国际贸易支付方式

国际贸易结算与支付的方式主要有三种,即汇付(remittance)、托收(collection)和信用证(letter of credit)。通常在国际货物买卖中,总是要求买方向卖方支付货款,因此,支付时由买方通过银行主动将款项汇付给卖方的付款方式为顺汇法,如汇付的付款方式;由卖方开出汇票给买方,由买方依据汇票付款的为逆汇法,如托收和信用证的付款方式。在这三种方式中,银行都可能参与,但银行承担的责任是不同的,银行在其中如果仅起到作为付款中介的作用,而以买方的信用作为付款的保证,则属于以商业信用为基础的付款方式,如汇付和托收;如果银行在其中承担保证付款的责任,则属于以银行信用为基础的付款方式,如信用证的付款方式。

一、汇付

(一) 汇付概述

汇付是买方主动将款项汇给卖方的一种付款方式。在汇付业务中,买方一般通过银行将款项汇给卖方,在这里,银行仅仅是代客办理汇款业务,并不承担任何的付款责任,因此严格地说,银行并未介入该项业务。在汇付的具体操作过程中,买方将款项交给其所在地的银行,由该行将款项汇给其在卖方所在地的关联行,并由此行付款给卖方。因此,一般来说,汇付的当事人包括:(1) 汇款人(remitter),是国际贸易中的买方,在国际货物买卖中承担付款义务;(2) 汇出行(remitting bank),是买方所在地的银行,接受买方的申请办理汇付业务;(3) 汇入行(paying bank),是受汇出行的委托,实际向卖方付款的银行,一般是卖方所在地的银行,即出口地银行;(4) 收款人(payee),是国际贸易中的卖方,依照国际货物买卖合同有权收取货款。

在国际贸易支付中,通常采用以下三种汇付方式:

(1) 信汇(mail transfer, M/T)。即由买方将款项交给当地银行,由当地银行开出付款委托书,并由其负责将付款委托书寄交卖方所在地银行,由卖方所在地银行向卖方付款。实践中,付款委托书应用航空方式邮寄。

(2) 电汇(telegraphic transfer, T/T)。与信汇不同,电汇是买方要求汇出行以电报等电讯的方式委托汇入行向卖方付款。

(3) 票汇(demand draft, D/D)。票汇是汇出行应汇款人(买方)的申请,开立以其在国外分行或代理行为付款行的银行即期汇票(banker's demand draft),

由汇款人寄给收款人(卖方),卖方或其指定的人凭票向付款行要求付款。由于汇票是流通证券,因此具有很大的灵活性,只要汇票上的记载允许,如汇票上注明“款交来人”,则汇款人既可以自己将汇票带到某地亲自取款付给卖方,也可以将汇票寄给卖方由其自取。而且,票汇不像信汇那样,收款人只能向一家银行即汇入行取款,一般来说,如果汇票上的记载允许,国外银行都愿意买入汇票,所以持有汇票的人可以将汇票卖给任何一家汇出行的代理行从而取得现金。

此外,还有凭单付款(remittance against documents)的汇付方式。凭单付款是指汇出行应汇款人的请求,开立汇票寄往汇入行,并指示汇入行凭收款人提供的某些指定单据即可付款给收款人,汇入行根据汇出行的指示向收款人发出汇款通知书,作为汇付依据。

(二) 汇付的特征与作用

汇付是一种典型的商业信用支付方式,卖方能否获得付款完全取决于买方的信用,对卖方而言收款风险较大,所以在国际贸易的结算与支付中很少使用,一般只在小金额的支付或是货款的尾数或佣金、保险金等的支付中才采用。当然汇付的方式最为简便,成本也最低,如果卖方可以信赖买方,则这也不失为一种快捷方便的支付方式。汇付的四种方式也稍有区别:电汇对于收款人来说,可以迅速收到货款,但要求付款人支付较高的费用;信汇对于收款人来说,虽然费用较低,但收款人收款速度较慢,影响资金周转;票汇方式由于汇票可以转让,较为灵活;凭单付款的方式则对买方较为有利。

二、托收

(一) 托收概述

托收简而言之,即为委托收款,是由卖方开出以买方为付款人的汇票,委托银行向买方收取货款的一种支付方式,由于托收通常是委托银行向买方收款,因而托收通常又称为“银行托收”。托收的基本做法是:先由卖方开出以买方为付款人的汇票,然后由卖方向其所在地银行提出托收申请,委托出口地银行通过其在进口地的代理行或分行等关联行向买方收取货款。因而,托收的当事人一般有:(1) 委托人(principal),即委托银行代其收取汇票款项(货款)的人,在国际贸易中通常是卖方;(2) 托收行(remitting bank),即接受卖方的委托代其收取货款的卖方所在地银行;(3) 代收行(collecting bank),即接受托收行的委托向买方收取货款的买方所在地银行;(4) 付款人(drawee),即汇票的受票人,是指代收行对之提示汇票,要求其付款或承兑的汇票上的付款人,在国际贸易中通常是买方。

托收的一般运作程序是:

(1) 根据进出口合同规定采用跟单托收方式,并明确规定是采用付款交单还是承兑交单；

（2）卖方根据合同发货后，应立即办理托收申请，并开立汇票连同全套装运单据交托收行委托其收款；

（3）托收行把委托书、汇票和货运单据寄交国外代收行，委托其向买方收款；

（4）代收行审查委托书及有关单据，如无误，即通知买方并向买方作付款提示或承兑提示；

（5）买方在认定代收行所交单据与合同相符后，即可依托收的方式，付款赎单或在汇票上承兑，到期付款赎单，或直接在汇票上承兑后赎单，汇票到期后再付款；

（6）代收行收款后通知托收行，托收行收到转账通知后把货款付给卖方。

（二）托收的种类

托收可分为光票托收（clean collection）和跟单托收（documentary collection），光票托收是指卖方仅仅开出汇票委托银行代为收款，并不附随任何单据；而跟单托收是指卖方委托银行收款时，不仅将汇票交给银行，而且连同提单、保险单、商业发票等相应的单据一同交给银行，由银行向买方收款，并指示银行只有在买方付款或承兑时才能将单据交给买方。在国际贸易中，只有在收取货款尾数或佣金等小额费用时才使用光票托收，而且光票托收对于买方而言并不能因此确信卖方已经交货，因而收到货款的可能性并不大，因而实践中托收业务基本上是跟单托收。根据跟单托收交付单据的条件不同，跟单托收又可以分为付款交单和承兑交单。

1. 付款交单（documents against payment，D/P）

付款交单指买方获得货运单据以付清货款为前提。实践中，一般是由卖方先行发货，取得货运单据，然后把汇票连同货运单据交给托收行，并指示银行只有在买方付清货款时才能将货运单据交给买方。按照付款时间的不同，又可将付款交单分为即期付款交单和远期付款交单。

（1）即期付款交单。卖方开立即期汇票，通过银行向买方提示后，买方应于见票时全额付款才能取得货运单据。这种票款和单据两讫的手续，就进口商来说，通称“付款赎单”。

（2）远期付款交单。卖方开立远期汇票，通过银行向买方作承兑提示，买方只有在汇票到期日付清全部货款后才能领取货运单据。

在实践中，远期付款交单还有凭信托收据借取单据提货的变通方法。在远期付款交单中，买方即使承兑了也不能取得货运单据，只有在其付款后银行才能将货运单据交给买方。为了能提早获取货运单据从而提取货物，由买方向银行出具文件，表示愿意以银行受托人的身份代银行提货，承认货物所有权仍属银行并保证在汇票到期日向银行付清货款,这种书面文件就称为“信托收据”。如果汇票的到期日明显晚于货物到达目的地的时间,通过这种方法,买方可在付款期未到之时提取货物,达到融通资金的目的。这种做法有点类似于承兑交单,但它和承兑交单在性质上是不同的:代收行对于资信较好的进口商允许凭信托收据借取单据提货,这是代收行对进口商的一种资金融通安排,与出口商无关。因此,这种付款交单的性质不变,代收行如果到期收不到货款,仍应对原委托银行,即托收行(也就是出口商)承担付款责任。有的出口商主动授权银行允许进口商在承兑汇票后凭信托收据先行借货,在这种情况下其性质与承兑交单相同,如果进口商到期拒付货款,后果由出口商自己承担。

2. 承兑交单(documents against acceptance,D/A)

在承兑交单中使用的必定是远期汇票。如前所述,在远期付款交单中,买方承兑之后仍不能取得货运单据。而在承兑交单中,只要买方承兑了就可以收到货运单据,待汇票到期时再付款。这种方式对于买方来说是非常方便的,因为他只要在汇票上承兑,就能取得货物,而且无需自行筹措资金,只需把出售货物的货款作为汇票到期的付款。但是,此种方式对卖方十分不利,因为万一买方取得单据提取货物后,到期违约不履行付款义务,卖方就有钱货两空的危险。虽然他可凭买方的承诺汇票依法起诉,但在国外诉讼,费时费钱,收效甚微。

(三) 托收的特征与作用

托收也是一种借助于商业信用的支付方式,在托收业务中,银行只是受委托人(卖方)之托向付款人(买方)收款,银行对汇票的付款人是否付款不承担任何责任,银行只负责将拒付的情况及时通知委托人,出口商在发货后能否获得付款,完全取决于进口商的信誉。托收是一种逆汇法的支付方式,买方只是在卖方已经交货的情况下才将货款付出,主动权在买方手中。当然,由于托收基本上采用的是跟单托收,由于银行交单有付款人的付款或承兑作保证,也就是在卖方未获得付款或承兑时仍然控制货运单据,从而控制了货物,因而对卖方也有一定的保障。但总体而言,托收对卖方收取货款有较大风险。例如,在进口商破产或因行市下跌进口商借故不履行付款义务时,出口商就无法收回货款,而且还要负担到目的地提货、存仓和保险等费用,以及因货物转售而可能带来的额外费用;如果货物无法在当地转售,则还需负担货物运往其他国家、地区或运回本国的运费、保险费。特别是在采用承兑交单时,对出口商的风险就更大,因为进口商在承兑后就可取得装运单据,如果进口商破产倒闭,或者提货出售后携款潜逃,出口商就将蒙受钱货两空的巨大损失。而托收对于进口商比较有利:一则便于资金融通;二则不必像申请开立信用证那样,需要向银行交纳一笔开证保证金,可以减少费用。正因为如此,有时出口商为了争取客户,愿意采用这种方式。

（四）托收的法律调整

1. 托收统一规则

国际商会在1967年制定和公布了《商业单据托收统一规则》(Uniform Rules for the Collection of Commercial Paper)，在其基础上，于1979年修订发布了《托收统一规则》(Uniform Rules for Collections, URC)，经过该规则的长期实践，国际商会于1995年修订发布了新的《托收统一规则》(国际商会第522号出版物，简称URC 522)，进一步完善了托收支付方式。URC 522是一项国际贸易惯例，并不具有普遍的法律约束力，当事人只有在采用它时才受其约束，因而在URC 522中明确规定应在托收指示中注明遵循URC 522。[①] 但是，URC 522对托收的解释起到了协调统一其各种不同解释的作用，所以在国际贸易实践中得到各国的广泛承认和使用。

2. 托收当事人之间的关系

依照URC 522的规定，托收业务中当事人之间的法律关系如下：

(1) 委托人和托收行之间是委托代理关系。按照惯例，委托人在委托银行办理托收时，要填写一份托收委托书，具体写明托收的基本内容和双方的责任范围。如果银行接受委托，[②]这个委托书即构成委托人和托收行之间的代理合同，他们之间的关系适用代理法的一般原则。

(2) 托收行与代收行之间的关系也是委托代理关系。[③] 托收行和代收行之间通常有代理合同，规定代理的范围和具体事宜，代收行可由委托人(卖方)提名，如委托人没有提名，则托收行有权自行指定代收行，但其费用与风险均应由委托人承担。代收行接受委托后，应按托收行的指示和规定的时间向汇票上的付款人作付款提示或承兑提示，并应于遭到拒付时及时通知托收行。除非有特别约定，否则，与托收有关的各银行没有义务作出拒绝证书。

(3) 代收行和付款人之间无合同关系。代收行只是受托收行的委托以托收行的代理人的身份向付款人收取货款，如果付款人拒付，只能由委托人根据其与付款人之间的货物买卖合同向付款人追索。

(4) 委托人与付款人之间是合同关系。他们之间由于签订了国际货物买卖合同而产生权利义务关系。

(5) 代收行与委托人(卖方)之间也没有直接的合同关系。代收行只是委

---

① 参见URC 522第1条a款。

② 需要注意的是，银行可以自行决定是否接受卖方的托收委托，银行并无必须办理托收的义务。正因为如此，URC 522在修改时将原来使用的“托收指令(collection order)”改成了“托收指示(collection instruction)”，参见URC 522第1条b款。

③ 由于在托收中存在多个委托关系，因而URC 522在修改时将原来的“委托人”改成了“向其发出托收指示的一方”，参见URC 522第5条c款。

托人的代理人，即托收行的代理人，如果代收行超出代理权限行事导致委托人受损失的，委托人只能通过托收行追究其法律责任。[①]

3. 银行的责任与豁免

依照 URC 522 的规定，在托收业务中，银行并不承担保证付款的责任，并且银行无需对货物负责，URC 522 强调托收的特点，银行与货物及货款的收付无关，因而不能以银行或其指定人为收货人。[②] 银行的责任与豁免概括如下：

（1）关于检验单据。银行并无检验单据的义务，银行只需核实所收到的单据与托收指示书所列单据是否在表面上一致，提示行应该负责查看汇票上的承兑形式在表面上是否完整和正确，但对其签名的真实性或签名人是否有签署承兑的权限概不负责。

（2）关于延误。银行对传递途中发生的延误、残缺和其他错误，或对专门术语在翻译和解释上的错误免责，并且银行对托收指示需要澄清而引起的延误不负责任。

（3）关于不可抗力。银行对于天灾、战争、罢工等不可抗力事故所产生的后果不负责任。

（4）关于拒付与拒绝证书。汇票如果被拒付，托收银行在收到此项通知后，必须在合理的时间内对代收银行作出进一步处理有关单据的指示。如果在出拒付通知后 90 天内仍未接到该项指示的，代收银行可将单据退回托收银行。除非托收指示书中有明确指示，否则银行并无义务作出拒绝证书。

三、信用证

（一）信用证概述

信用证是银行根据进口方（买方）的请求，开给出口商（卖方）的一种在一定的金额和时间内凭规定的单据保证承担付款责任的书面凭证。在信用证内，开证银行授权出口商在符合信用证所规定的条件下，以该行或其指定银行为付款人，开具不超过规定金额的汇票，并附规定的货运单据，到期在指定地点收取货款。因而，信用证其实质是银行以自身的信誉向卖方提供付款保证。

在国际贸易实践中，买卖双方存在着相互不信任，卖方担心买方拿货后不付

---

① 代收行与委托人（卖方）之间虽然没有直接的合同关系，但无论在理论上还是在实践上都有人支持委托人（卖方）可以直接起诉代收行。持这种观点的人主要从代理关系出发认为：在国际托收中，委托人与代收行之间是代理法律关系。当委托人直接指定代收行时，托收行与代收行构成对委托人的共同代理法律关系；当委托人未指定代收行而由托收行进行指定时，代收行与委托人之间形成转委托（复代理）法律关系。依此观点，委托人是可以直接起诉代收行的，尤其是代收行与托收行构成对委托人的共同代理法律关系时，实际上代收行与委托人之间就成立了直接的代理关系；如果是复代理的法律关系，委托人也可以直接起诉代收行。

② 参见 URC 522 第 10 条 a 款。

款,因而不愿意先将货物交给买方,而买方也害怕货款付出之后拿不到货,因而也不愿先付款。与此同时,买卖任何一方先履行合同义务都将尚失信贷的利益:卖方将货物交运后等到买方提货后付款需要较长的一段时间,这会造成卖方的资金积压;而买方在付款之后如果不能拿到货也会影响买方的资金周转。托收中的承兑交单在一定程度上解决了这个问题:通常卖方在将货物交付运输后即取得货运单据,并且可以开出以买方为付款人的汇票,卖方如果将汇票连同货运单据一起向银行贴现(discount),即可兑现货款,而买方在承兑汇票后即可取得货运单据,提取货物,待到汇票到期时才付款,因而买方也获得了信贷上的利益。但是,这里存在两个问题:一是银行之所以愿意贴现是基于买方最终会承兑并付款,如果买方的信用程度不高,则卖方向银行贴现时银行未必愿意;二则银行即使愿意贴现了,但如果买方拒绝付款或拒绝承兑,则依票据法,作为持票人的银行可以向作为出票人的卖方追索。因而,这个问题事实上并没有被真正解决,为此就需要一个在资金和信用上更为强有力的第三方——银行出面,由银行代替买方作为卖方所开汇票的付款人,并保证只要卖方按信用证上的规定提供符合要求的装运单据,银行以自身的信用保证付款。由此可见,信用证借助的是银行信用,是以银行信用为保障的支付方式,是对卖方最为有利的支付方式。

信用证支付方式至少在两个方面发挥了重要作用:一是基本解决了买卖双方相互不信任的矛盾,而且由于信用证是以银行信用为保证的,有别于以商业信用为保证的支付方式,这就使得那些彼此不熟悉或互相不了解的买卖双方,特别是一些资力和信誉一般的进出口企业也能较顺利地进行交易,从而促进了国际贸易的发展;二是便利了进出口双方向银行融通资金,有利于他们的资金周转,从而也有利于扩大贸易额。

各银行开出的信用证并无统一的格式要求,但信用证一般包括以下内容:(1)信用证的当事人,主要包括开证申请人、开证行、通知行和受益人的名称和地址,有的信用证还包括保兑行、指定的议付行或付款行。(2)对信用证本身的说明,如开证时间、信用证的种类和号码、汇票最高金额、有效期和到期地点等。(3)关于货物情况的说明,如货物名称、品种、规格、数量、品质、包装、价格、生产国别、制造厂商等。(4)装运条款,主要规定装运港(地)、目的港(地)、运输方式、装船日期(最后期限)以及是否分批装船和中途转运等。(5)单据条款,主要规定应提交哪些单据。一般来说,信用证规定的单据包括三类:第一类是货运单据,如各种发票、装箱单、重量证书、质量证书、产地证书等;第二类是运输单据,主要是提单;第三类是保险单据,即保险单或其他保险凭证。除此之外,还要在信用证中规定一个交单付款、承兑或议付的日期。(6)开证行保证条款,规定开证行要对受益人、议付行或汇票持有人保证,开证行在收到符合信用证要求的单据后,即对根据信用证开出的汇票承担付款责任。(7)特殊条款,即在信用证中视每一笔交易的不同情况作出不同的规定。信用证的内容由开证申请人根据买卖合同的要求向开证行提出,也即信用证的规定应与买卖合同的规定相一致。

(二)信用证交易的一般流程及信用证的当事人

1. 信用证交易的一般流程

在信用证的支付方式中,涉及的当事人较多,其运作程序也较为复杂。信用证交易的一般流程如下:

(1)买卖双方在合同中约定以信用证的方式付款,合同的规定构成信用证支付的前提。

(2)买方(开证申请人)申请开证。买方向其所在地银行申请开证时,应填写开证申请书。开证申请书一般包括两方面的内容:第一,根据买卖合同的规定,明确开证行在开立的信用证中所必须包含的内容;第二,买方对开证行的声明或保证,旨在确定买方在开证行取得相应单据时买方的付款赎单义务,如果银行认为有必要,通常还要求买方交纳一定的开证押金或提供其他担保,以此作为要求开证行向卖方开出信用证的对等条件。

(3)开证行接受买方的申请开出信用证。开证行根据开证申请书的内容,用信函、电报或电传向卖方(信用证的受益人)开立信用证,并寄发给卖方所在地的开证行的代理行或关联行(通知行),请其通知受益人。

(4)卖方所在地银行通知受益人。通知行核对签字印鉴(或密押)无误后将信用证通知受益人。

(5)受益人收到信用证,经审核与合同无误后,按信用证规定装运货物,并备齐货运单据,开立汇票,在信用证有效期内,递交当地银行(议付行)请求议付。

(6)议付行议付货款。议付行按信用证条款审核无误后,从汇票金额中扣除自付款日起到估计收到票款(即获得偿付)日为止的利息和手续费后,议付货款(即垫付货款),议付完货款后,在信用证背面注明议付金额,并将卖方所提交的货运单据寄交开证行或其指定的银行(如付款行或偿付银行),向后者索偿。没有任何一家银行有议付的义务,但许多银行将议付作为一项主要的业务,因而在有些信用证中开证行会指定议付行。

(7)开证行或其指定的付款行(在某些情况下也可能是偿付银行)审核单据是否与信用证条款相符,如无误,即偿还议付行垫付的货款,同时通知买方付款赎单。

(8)买方付款赎单。买方经审核无误,付款赎单后,信用证交易即告结束,开证行与卖方之间因开立信用证而产生的权利义务关系也告结束。至于买方如何凭装运单据提货,以及提货时如果发现卖方所交货物与买卖合同的规定不相符,买方能否拒收货物或向卖方请求损害赔偿,则由买卖双方根据买卖合同的规定予以处理,与信用证无关,银行对此不承担责任。

2. 信用证支付方式的当事人

信用证支付方式中,通常包括以下当事人:

(1) 开证申请人(applicant),是指根据合同要求向银行申请开立信用证的人,即国际货物买卖合同中的买方,他是支付关系中承担付款责任的债务人。

(2) 开证行(issuing bank),即接受开证申请人的委托或为其自身(即开证行自己主动要求做信用证业务)开立信用证的银行,一般是买方所在地的银行。

(3) 通知行(advising bank),即接受开证行的委托,负责将信用证通知受益人(卖方)的银行,一般是卖方所在地的银行,是开证行的代理行或有业务往来的关联行。

(4) 受益人(beneficiary),是指有权享受信用证上的利益的人,即国际货物买卖合同中的卖方,他是支付关系中的债权人。

(5) 议付行(negotiating bank),即愿意买进或贴现受益人按信用证开出的汇票的银行。① 议付行可以是指定的,也可以是非指定的;议付行可以是通知行,也可以是其他银行,不受任何限制。

(6) 保兑行(confirming bank),即在开出的不可撤销的信用证上加上自己的保兑责任的银行。所谓保兑责任,是指承担根据信用证开出的汇票保证会被兑现的责任,保兑行在信用证上加保兑后,即对信用证独立负责,承担必须付款或承兑的责任。

(7) 付款行(paying bank),即信用证上指定的承担最后付款责任的银行,它可以是开证行,也可以指定开证行以外的其他银行作为付款行。

(8) 受让人(transferee),又称"第二受益人"(second beneficiary),是指受受益人转让而使用信用证的人。

(9) 偿付银行(reimbursing bank),又称"清算银行",是指受开证行在信用证中的委托,代替开证行偿还议付行垫付的款项的第三国银行,也就是开证行指定的对议付行或付款行进行偿付的代理人,偿付银行的出现往往是由于开证行的资金高度集中在该第三国的缘故。

(三) 信用证的种类

信用证可以从不同的角度进行分类,大致有以下八种:

1. 光票信用证(clean L/C)和跟单信用证(documentary L/C)

光票信用证是指凭不附货运单据的汇票付款的信用证,由于银行之所以愿

---

① UCP 600 第 2 条中规定:议付意指指定银行在其应获得偿付的银行日或在此之前,通过向受益人预付或者同意向受益人预付款项的方式购买相符提示项下的汇票(汇票付款人为指定银行以外的银行)及/或单据。

意在其中承担保证付款的责任，是以卖方交付相应的货运单据为前提的，因而光票信用证的使用是极少的；跟单信用证是指凭跟单汇票或仅凭单据付款的信用证，通常在信用证中规定以卖方出具跟单汇票作为获取货款的对等条件的即为跟单信用证，跟单信用证在国际贸易中得到广泛应用。

2. 可撤销信用证（revocable L/C）和不可撤销信用证（irrevocable L/C）

按照 UCP 500 的规定，信用证中应注明是可撤销的还是不可撤销的，凡未注明是可撤销信用证的，均视为是不可撤销的信用证。按照最新的跟单信用证统一惯例即 UCP 600 的规定，信用证是不可撤销的，即使信用证中对此未作指示也是如此。[①] 因此，现在并不存在可撤销信用证。

3. 保兑信用证（confirmed L/C）和不保兑信用证（unconfirmed L/C）

保兑即保证兑付，凡是一家银行开立的信用证经由另一家银行保兑[②]的，即为保兑信用证。信用证经另一家银行保兑后，保兑行就和开证行一样承担保证付款的责任，对于受益人来说，就获得了两家银行的付款保证，他可以要求其中任何一家银行履行付款责任，不过首先要服从信用证条款的规定，即必须首先要求信用证上规定的付款行付款，除非付款行不付款，才可要求开证行或保兑行付款。但是，如果保兑行是出口地银行，而信用证上规定的付款行在第三国，根据某些银行的解释，保兑行应首先承担付款责任。另外，经保兑的信用证必是不可撤销的信用证，可撤销的信用证不可加保兑。从理论上说，开证行要另一家银行保兑，并对其信用证负责，首先自己要对信用证负责，所以事实上不存在加保兑的可撤销的信用证。

4. 即期信用证（sight L/C）和远期信用证（usance L/C）

凡是信用证规定受益人须开立即期汇票收款，银行保证见票即付的，为即期信用证；凡是信用证规定受益人须开立远期汇票收款的，为远期信用证，远期信用证中的远期汇票要先经承兑才能获得付款。

5. 可转让信用证[③]（transferable L/C）和可分割信用证（divisible L/C）

可转让信用证是指受益人有权将其部分或全部权利转让给第三人（即第二

---

① 参见 UCP 600 第 3 条。并且，在 UCP 600 第 2 条对信用证的定义中也强调信用证是不可撤销的："信用证意指一项约定，无论其如何命名或描述，该约定不可撤销并因此构成开证行对于相符提示予以兑付的确定承诺。"

② UCP 600 第 2 条中规定："保兑意指保兑行在开证行之外对于相符提示作出承付或议付的确定承诺。"

③ UCP 600 专门针对"可转让的信用证"作了规定："转让信用证意指明确表明其可以转让的信用证。""根据受益人（第一受益人）的请求，转让信用证可以被全部或部分地转让给其他受益人（第二受益人）。""已转让信用证意指经转让银行办理转让后可供第二受益人使用的信用证。"这也就意味着信用证的转让必须经转让银行办理。"转让银行意指办理信用证转让的指定银行，或者在适用于任何银行的信用证中，转让银行是由开证行特别授权并办理转让信用证的银行。开证行也可以担任转让银行。"

受益人)使用的信用证,可转让信用证只能作一次转让,在信用证准许分批转让的条件下,可转让的信用证可以个别办理转让,此项分割办理转让的总额仍视作信用证的第一次转让。信用证的转让并不等于合同随之转让,因此,如果第二受益人不履行合同,第一受益人(即卖方)仍须对其与买方签订的合同负责。可分割的信用证是指受益人有权将信用证转让给两个或两个以上的人使用的信用证。由此可见,可转让的信用证与可分割的信用证的区别在于能转让给一个人使用还是可转让给两个或两个以上的人使用。信用证未表明是可转让的,皆为不可转让的信用证。信用证并非流通工具,它不能像汇票或其他票据那样通过背书转让,因此,无论是可转让的信用证还是可分割的信用证,都只能作一次转让,第二受益人不能将信用证作第二次转让。在国际贸易中,中间商在经营出口业务中,有些交易由外贸公司统一对外成交,分口岸交货,为了便于各口岸在办理交货后能及时就地结汇,我国的外贸公司也常要求外国进口商开立可转让的信用证或可分割的信用证。

6. 循环信用证(revolving L/C)和非循环信用证(non-revolving L/C)

一般信用证,除非有特别规定,以开证金额作为受益人能使用的最高额度,不论一次装运或分批装运,其累计金额超过此额度后,开证行即不负责任,此为非循环信用证;有时进口商签订的合同,往往需要在较长时期内分批完成,进口商为了节省开证手续和押金,要求开立循环信用证,它是指信用证的金额被出口商全部或部分使用后,能够恢复到原金额,循环多次使用,直到信用证达到规定的次数、时间或金额为止。

7. 对开信用证(reciprocal L/C)

当交易双方进行互有进出口或互相有关联的交易时,双方都对其进口部分向对方开立信用证,这称为"对开信用证"。对开信用证的性质是一张信用证的受益人和开证申请人,同时又是第二张信用证的开证申请人和受益人。两张信用证虽然可以先开的先生效,但一般都是同时生效,即一方开出的信用证虽经受益人接受,此时尚不能生效,而是要等到另一方开出的信用证也为其受益人接受时,才通知对方银行两证同时生效。

8. 备用信用证(standby L/C)

备用信用证又称"担保信用证"、"保证信用证"、"履约信用证",是一种特殊形式的光票信用证,即开证行保证主债务人(可以是买方也可以是卖方)不履行其义务时,由开证行保证付款,如果主债务人确实履行了合同规定的义务,银行的保证责任就免除了,就成为了备而不用的信用证,因而称为"备用信用证"。备用信用证与一般的信用证是有区别的:一般的信用证主要用于国际贸易中货款的支付,在正常情况下,受益人只有在履行了其义务,即将货物装船并备齐装运单据,才能向银行议付货款,银行也只有在受益人提供了符合信用证要求的装运单据后才向其付款;而备用信用证则通常用于借款保证、履约保证、投标保证等,受益人只有在其保证的债务人(备用信用证中的开证申请人)违约的情况下才能行使信用证上的权利,银行付款的依据是受益人提供的足以证明开证申请人违约的有关证据,如果开证申请人履约,则备用信用证就只能备而不用了。

在实践中,还经常使用银行担保函,信用证和银行担保函是有本质区别的:(1)进口商委托银行开往境外出口商的担保函,是保证出口商交货后进口商未按约支付货款时由银行负责付款。由此可见,进口商仍是主债务人,银行只是起到一种担保的作用,是从债务人。担保函常与商业汇票结合使用。(2)出口商委托银行开往境外进口商的担保函,是保证在出口商不按合同规定交货时由银行负责赔偿进口商的损失,因此,它只是以银行自身的资信,保证出口商会按约交货并承担出口商违约时对进口商赔偿损失的责任,通常单独使用;而信用证是由银行首先向受益人承担付款的责任。(3)担保函并不是一种单独的支付方式,因而进口商或出口商并不能由此获得信贷(资金融通)的利益。

(四)信用证的法律调整

信用证是国际贸易惯例的产物,而不是法律的产物,因此,虽然信用证从19世纪80年代开始就在国际贸易结算与支付中被使用,但大多数国家并没有关于信用证的完备的成文立法。鉴于信用证在国际贸易中的广泛应用,为了统一各国对跟单信用证条款的方法和解释,明确各方当事人的权利义务,国际商会于1930年制定了《跟单信用证统一惯例》(Uniform Customs and Practice for Documentary Credit,UCP)供各国自愿采用。该惯例曾于1951年、1962年、1974年、1978年、1983年、1993年和2006年作过七次修改,现在使用的是2006年国际商会通过的《跟单信用证统一惯例》(2007年修订本),该修订本以《国际商会第600号出版物》发表,于2007年7月1日起施行,即UCP 600。UCP 600是个别信用证方面国际惯例的最新成果,也反映了国际贸易领域的最新发展。UCP 600本身并不是法律,因而也不具备普遍的法律效力,对于不接受它的银行不具有约束力,即使接受它的银行和受益人也可在采用时对个别条款加以修改、补充。在实践中,采用UCP 600时,一般都在信用证中加注:“除另有规定外,本证适用国际商会《跟单信用证统一惯例》(2007年修订本),即《国际商会第600号出版物》办理。”(Except so far as otherwise expressly stated,this credit is subject to Uniform Customs and Practice for Documentary Credit, 2007 Revision, International Chamber of Commerce publication No. 600)。目前我国银行在处理信用证业务时也基本参照UCP 600办理。

1. 信用证交易的基本原则及信用证与合同的关系

“严格相符”是信用证交易的基本原则,也是信用证支付方式赖以存在的基础。所谓“严格相符”是指卖方(受益人)向银行提供的各种单据必须在表面上与信用证完全一致。“相符”包括“单证相符”和“单单相符”:“单证相符”要求卖方所提供的单据必须在表面上与信用证完全一致;“单单相符”要求卖方所提供的各种单据相互之间应完全一致。[①] “严格”即要求卖方所提供的单据应与信用证完全一致,如果不相符,即使是微小的差距,[②]银行也有权拒绝付款;严格同时也是对银行的要求,即如果卖方提供的单据与信用证完全一致,银行必须付款,即使卖方的交货行为可能存在问题。之所以如此“严格”是基于:第一,在信用证业务中,开证行是根据买方在开证申请书中的授权行事的,而通知行又是在开证行的授权范围内行事的,一旦超越授权范围行事,就不能从委托人手中获得补偿,即买方有理由拒绝付款赎单,其结果是卖方自行承担风险,因而银行对卖方的要求是很“严格”的;第二,如果卖方提交了符合信用证要求的单据,而银行不付款,则有悖信用证的本质特征,即信用证是银行以自身的信用为卖方作付款保证,只要卖方能提供符合信用证要求的单据,银行就必须付款,因而该原则对银行的要求也是很“严格”的。

由此可见,信用证与合同的关系是:第一,信用证是基于合同而产生的,买卖双方没有在合同中约定采用信用证的方式支付,买方就不承担申请开证的义务,而如果买方没有申请开证,则卖方就不能获得信用证利益,信用证支付方式也就无从谈起了。第二,信用证独立于买卖合同,信用证一旦开出,即独立于买卖合同。UCP 600 中明确规定,信用证独立于其可能依据的销售合同或其他合同和文件。即使信用证援引有关合同的规定,银行也与该合同完全无关。[③] 第三,信用证支付不受买卖双方实际履约状况的影响。在信用证支付中,银行付款与不付并非取决于卖方实际履行合同的状况,即使卖方的履约有瑕疵,银行也不能拒绝付款,因为银行付与不付是依据“严格相符”的原则。并且,依照信用证的独立原则,买方无权以卖方履约有瑕疵而对抗银行,根据开证申请,买方负有付款赎单的义务。

由此也可明确信用证有如下特点:第一,信用证是开证行的付款保证。依据“严格相符”的原则,只要卖方提交了符合信用证要求的单据,银行就保证付款。第二,银行承担第一付款责任。即银行首先向受益人付款,并且银行是以自身的

---

① UCP 600 第 14 条对审查单据的标准作了规定,其中 d 款规定:“单据中内容的描述不必与信用证、信用证对该项单据的描述以及国际标准银行实务完全一致,但不得与该项单据中的内容、其他规定的单据或信用证相冲突。”因而有学者提出,现在对相符的要求除了“单证相符”、“单单相符”外还有“单内相符”。

② 同样是基于上注 UCP 600 第 14 条 d 款的规定,在实践中银行审查单据并非追求“完全一致”,有时“不符点”是可以接受的,只要此种不符点不会引起歧义,不会造成误解。并且在第 14 条 e 款中还规定:“除商业发票外,其他单据中的货物、服务或行为描述若须规定,可使用统称,但不得与信用证规定的描述相矛盾。”

③ 参见 UCP 600 第 4 条 a 款。

信用保证向受益人付款,所以通说银行替买方向卖方垫付货款,之后银行再找买方付款赎单。并且银行不得以买方破产、清盘或其他原因不能付款赎单为理由拒绝向卖方付款。第三,信用证业务是纯粹的单据业务。如前所述,信用证交易并不取决于买卖双方的履约状况,银行付款与否是依据卖方提供的单据,如果卖方没能提供符合要求的单据,即使卖方的履约状况非常好,卖方也无法从银行获得付款。第四,信用证是一项独立的书面付款凭证,是自足的文件,即便信用证的规定与合同的规定有出入,也并不以合同的规定为准,应采取的措施是根据合同规定由卖方通知开证行修改信用证。

2. 关于信用证实务中几个问题的处理

(1) 卖方拿到信用证发现信用证与合同规定不一致时的处理

信用证的受益人(卖方)应通过信用证的开证申请人(买方)让开证行修改信用证。

(2) 银行的审单时间

按照指定行事的指定银行、保兑行(如有)以及开证行,自其收到提示单据的翌日起算,应各自拥有最多不超过五个银行工作日的时间以决定交单是否相符。该期限不因单据提示日适逢信用证有效期,或最迟交单日或在其后而被缩减或受到其他影响。①

(3) 不同情况下的审单②

如果信用证要求提示运输单据、保险单据和商业发票以外的单据,但未规定该单据由何人出具或单据的内容,只要所提交单据的内容看来满足其功能需要且其他方面与第 14 条 d 款相符,银行将对提示的单据予以接受;

如果提示信用证中未要求提交的单据,银行将不予置理,可以退还交单人;

如果信用证中包含某项条件而未规定需提交与之相符的单据,银行将认为未列明此条件,并对此不予置理。

(4) 信用证金额、数量与单价的增减幅度

"约"(about)、"大约"(approximately)用于信用证金额或信用证规定的数量或单价时,应解释为允许有关金额或数量或单价有不超过 10% 的增减幅度。③

在信用证未以包装单位件数或货物自身件数的方式规定货物数量时,货物

① 参见 UCP 600 第 14 条 b 款。

② 参见 UCP 600 第 14 条 f、g、h 款。

③ 参见 UCP 600 第 30 条 a 款。值得注意的是,此处的规定比 UCP 500 的规定更为精确,只涉及"约"、"大约"这两种表述,删除了"'近似'或'类似表述'",从而缩小了允许 10% 增减幅度解释的范围。并且"约"或"大约"如果是限定数量,则允许数量有 10% 的增减,并不是因此金额或单价也允许有 10% 的增减,反之亦然。

数量允许有 5% 的增减幅度，只要总支取金额不超过信用证金额。[①]

如果信用证规定了货物数量，而该数量已全部发运，以及如果信用证规定了单价，而该单价又未降低，或当第 30 条 b 款不适用时，则即使不允许部分装运，也允许支取的金额有 5% 的减幅。若信用证规定有特定的增减幅度或使用第 30 条 a 款提到的用语限定数量，则该减幅不适用。[②]

(5) 银行拒付及其处理[③]

当按照指定行事的指定银行、保兑行(如有)或开证行确定提示不符时，可以拒绝承付或议付。

当开证行确定提示不符时，可以依据其独立的判断要求申请人放弃有关不符点。然而，并不因此延长第 14 条 b 款中述及的期限。

当按照指定行事的指定银行、保兑行(如有)或开证行决定拒绝兑付或议付时，必须一次性通知交单人。通知必须声明：

A. 银行拒绝承付或议付；及

B. 银行凭以拒绝承付或议付的各个不符点；及

C. (a) 银行持有单据等候交单人进一步指示；或

(b) 开证行持有单据直至收到申请人通知弃权并同意接受该弃权，或在同意接受弃权前从提示人处收到进一步指示；或

(c) 银行退回单据；或

(d) 银行按照先前从提示人处收到的指示行事。

(6) 通知行的责任。通知行虽不承担责任，但它应合理谨慎地审核所通知信用证的表面真实性。如无法确定信用证的表面真实性，必须毫不迟延地通知开证行。如果通知行决定通知受益人，则必须告知受益人其无法确认信用证的真实性。

(7) 银行的免责。银行可根据以下四种情况免责：第一，银行对任何单据的形式、完整性、准确性、真实性、虚假性或法律效力，或单据中载明、附加的一般条件或特殊条件，概不负责；第二，银行对单据所代表货物的描述、数量、重量、品质、状况、包装、交货、金额或存在与否，或对货物发货人、承运人、货运代理人、收

---

① 参见 UCP 600 第 30 条 b 款。此条款强调即使数量的增加是可接受的，但支取的金额如果超过了信用证金额，仍然是不被接受的。

② 参见 UCP 600 第 30 条 c 款。此条的规定强调的是支取的金额可以有 5% 的减幅，但其适用有较多的条件：一是信用证要求的货物数量(如有)已全部发运；二是信用证规定的单价(如有)没有降低；三是本条 b 款没有适用；四是信用证没有规定特定的增减幅度，并且信用证中没有使用 a 款规定的限定。该条款考虑的情况是：如果货物已全部发运且单价没有降低而支取金额有 5% 以内的减幅，单据也是可以接受的，这主要是因为有时信用证金额直接确定为一个整数或价格条款，如 CFR 或 CIF 中所报的价格是基于预先估计的价格报的，而最终的保费或运费有可能低于合同规定，因而也就低于信用证的可支取金额。

③ 参见 UCP 600 第 16 条。

货人、货物保险人或其他任何人的诚信或行为及/或疏忽、清偿能力、行为能力或资信情况概不负责;第三,银行对由于天灾、暴动、骚乱、叛乱、战争、恐怖主义行为或任何罢工、停工或其无法控制的任何其他原因导致的营业中断的后果,概不负责;第四,银行对传递过程中的延迟、错误,包括翻译的解释性错误概不负责。

3. 信用证当事人之间的关系

(1) 国际货物买卖合同中买卖双方的关系,在信用证中即开证申请人和受益人之间的关系。在合同中如果规定以信用证的方式支付,买方就有及时申请开立信用证的义务。

(2) 开证申请人与开证行的关系。他们之间是基于开证申请书而建立起来的合同关系,开证申请人按合同规定的内容列明开立信用证的各项内容并支付手续费及提供担保,开证行一旦接受委托开出信用证,就承担了向卖方保证付款的责任,同时,也享有要求开证申请人偿还其所垫付的款项的权利,开证行并有权收取利息和开证费用。开证申请人与开证行之间的关系完全由他们之间的合同决定,该合同独立于买卖合同。

(3) 开证行与通知行的关系。它们之间的关系是委托代理关系,应受它们之间所订立的委托代理合同的约束,通知行如果在不可撤销的信用证上加保兑,则同时成为保兑行,也就意味着同时要承担保证兑现的责任。

(4) 通知行与受益人之间不存在合同关系。按照 UCP 600 的规定,通知行对于任何通知、信件或单据在传递过程中发生的延误或遗失所引起的一切后果概不负责。

(5) 通知行是由开证行所指定的,它只是开证行的代理人,因此,通知行与开证申请人之间不存在直接的合同关系。

(6) 开证行与受益人之间的关系。因开证行开立的是不可撤销的信用证,在信用证送达受益人生效时,双方就建立了一种互有约束力的合同关系,这个合同既独立于买卖合同,也独立于买方与开证行之间根据开证申请书建立的合同。在开证行按信用证规定向受益人付款后,即使开证申请人破产或由于其他原因拒绝付款赎单,开证行也不能向受益人行使追索权追回已付款项,这是基于信用证是开证行以自身的信用对受益人所作的付款保证,也是基于"严格相符"原则,因此,开证行对按信用证条款交单的受益人几乎承担了绝对付款的义务。

4. 信用证欺诈

在信用证支付方式中,信用证欺诈时有发生,通常可以分为卖方欺诈和买方和/或银行欺诈,前者主要表现为卖方利用信用证的"严格相符"原则而实施的欺诈,后者则主要表现为利用信用证"软条款"实施的欺诈。

(1) 卖方欺诈

在信用证交易中,银行以自身的信用对卖方作了付款保证,依照"严格相符”的原则，只要卖方提交了符合信用证要求的单据，银行必须付款，这也是信用证独立原则的体现。因此，即使卖方的交货行为有瑕疵或卖方所交的货物不符合合同要求，甚至卖方根本没有交货，只要卖方提供了符合信用证要求的单据，银行必须付款，这就为卖方的欺诈创造了条件。一直以来，银行为维护自身的信用，加之信用证的独立性，银行总是对卖方付款，从而客观上纵容了卖方的欺诈。为了解决卖方利用信用证进行欺诈，一些国家在司法实践中逐步形成了“欺诈例外”的原则。所谓“欺诈例外”，即在承认信用证独立性原则的同时，也应当承认有例外的情况。而要银行接受此种例外拒绝向卖方付款而不至于影响银行的信用，需由法院颁发禁止令，禁止银行向卖方付款。具体而言，在银行未向卖方付款或承兑之前，如果有确凿的证据证明卖方确有欺诈行为，买方可向法院申请颁发禁止令，禁止银行向卖方付款。“欺诈例外”的原则最早出现在美国法院的判例中，之后《统一商法典》也作了相关的规定。现在，许多国家如英国、加拿大、新加坡、法国等也在法院的判例中表明承认欺诈例外的原则。我国最高人民法院也对此问题作了与“欺诈例外”原则一致的规定。

以下简要介绍2005年《最高人民法院关于审理信用证纠纷案件若干问题的规定》：

第一，适用范围

在信用证开立、通知、修改、撤销、保兑、议付、偿付等环节产生的纠纷（第1条）；开证申请人与开证行之间因申请开证而产生的欠款纠纷、委托人和受托人之间因委托开立信用证产生的纠纷、担保人为申请开证或委托开证提供担保而产生的纠纷，以及信用证项下融资产生的纠纷（第3条）。

第二，法律适用

有约定的依约定；未约定的依UCP或其他惯例（第2条）。后一类争议（第3条）适用中国法，当事人另有约定的除外（第4条）。

第三，信用证独立性与审单标准

关于独立性：当事人以基础交易抗辩的，不予支持，但存在欺诈例外（第5条）。

关于审单标准：严格相符标准而非实质相符标准（第6条）；严格相符即“表面上相符”，并且并非“镜像标准”，也就是说，如果表面上并非完全一致，但并不导致相互之间产生歧义的，不应认定为不符点，即开证行有权接受不符点（第7条）。

第四，信用证欺诈的构成（第8条）

① 受益人伪造单据或者提交记载内容虚假的单据；

② 受益人恶意不交付货物或交付的货物无价值；

③ 受益人和开证申请人或其他第三人串通提交假单据，而没有真实的基础

交易；

④ 其他进行信用证欺诈的情形。

第五，欺诈例外及其适用（第9条）

开证申请人、开证行或其他利害关系人发现有信用证欺诈的情形，并认为将会给其造成难以弥补的损害时，可以向有管辖权的人民法院申请中止支付信用证下的款项。

第六，欺诈例外的例外

存在下列情况之一的，不适用欺诈例外（第10条）：

① 开证行的指定人、授权人已按照开证行的指令善意地进行了付款；

② 开证行或其指定人、授权人已对信用证项下票据善意地作出了承兑；

③ 保兑行善意地履行了付款义务；

④ 议付行善意地进行了议付。

第七，中止支付与终止支付

诉前申请中止支付的条件（第11条）：

① 受理申请的法院享有管辖权；

② 申请人提供的证据材料证明存在欺诈；

③ 如不采取中止措施，将会使申请人的合法权益受到难以弥补的损害；

④ 申请人提供了可靠的、充分的担保；

⑤ 不存在欺诈例外的例外情况。

当事人在诉讼中申请中止支付的，应当符合前述(2)至(5)项条件。

人民法院接受中止申请后，必须在48小时内作出裁定，裁定中止的，应当立即执行（第12、13条）。

人民法院通过实体审理，认定构成信用证欺诈，并且不存在欺诈例外的例外情况的，应当判决终止支付信用证项下的款项（第14、15条）。

第八，信用证项下保证责任的承担

保证人以开证行或开证申请人接受不符点未征得其同意为由请求免除保证责任的，人民法院不予支持。保证合同另有规定的除外（第16条）。

开证申请人与开证行对信用证进行修改未征得保证人同意的，保证人只在原保证合同约定的或者法律规定的期间和范围内承担保证责任。保证合同另有约定的除外（第17条）。

（2）买方和/或银行欺诈

最主要体现为利用信用证的“软条款”实施欺诈。信用证的“软条款”是指在信用证中规定了一些对卖方取得付款的限制性条款，或信用证的条款不清、责任不明，使得卖方事实上很难获得银行的付款。信用证的“软条款”是买方为实施欺诈而故意布下的“陷阱”。买方在信用证中故意加列一些使信用证实际无法生效、卖方无法执行的“软条款”，目的是骗得履约金、佣金或质保金后，不通知装船、不签发检验证书，使卖方拿不到装船通知和检验证书，因此不能发货，或使卖方所交单据“总是”不符合信用证的要求，从而使得卖方实际上无法获得付款。信用证中常见的“软条款”有：第一，暂不生效条款；第二，限制性付款条款，如规定要在货物清关后才支付，或货物检验后才付款等；第三，加列各种限制，如在信用证中对受益人的交货和提交的各种单据加列各种限制；第四，对装运的限制，主要是对受益人的交货及装运加以各种限制。对于此种类型的欺诈，卖方可以采取的措施是加强审证，如果发现有“软条款”或与买卖合同不符的条款，应立即与买方协商，让其修改信用证；同时，卖方还可注意买方可能获得的利益，如果买方对履约金、佣金或质保金等的要求非常强烈，可能买方有欺诈的意图，卖方更应加强审证。

第三节　国际贸易支付方式的新发展

一、传统国际贸易支付方式的使用与缺陷

（一）传统国际贸易支付方式使用情况概述

如前所述，汇付、托收和信用证支付方式是传统国际贸易支付的主要方式，在长期的国际贸易实践中也是运用得最多的，特别是信用证支付方式。

汇付、托收和信用证这三种支付方式各有利弊，具体而言：

1. 从费用支出和手续的繁简程度而言，汇付方式费用最低、手续最简单；托收的方式费用相对较高，手续也相对较复杂；而信用证的支付方式则费用最高并且手续最为繁琐。

2. 从对买卖双方是否有利的角度看，汇付和托收对买方较为有利，而信用证则对卖方较为有利。这主要是因为汇付和托收是借助于商业信用的支付方式，卖方能否获得付款取决于买方的信用，卖方无法掌握主动权；而信用证则是借助于银行信用的支付方式，卖方以提交符合信用证要求的单据即交货作为取得付款的条件，主动权掌握在卖方自己手中。

3. 从资金负担及融资手段看，除非是买方预付货款，否则卖方的资金负担较重；从融资手段看，汇付不具有资金融通的功能，而托收和信用证则有，但托收通常只是利用单据进行资金融通，而信用证的支付方式中资金融通的方式选择较多。

4. 对于买卖双方风险承担而言，也有较大差异：汇付和托收的风险集中由卖方承担，而在信用证支付方式中，风险更多地由买方承担。而且，在信用证支付方式中，越来越多的信用证欺诈对于买卖双方而言都将承担欺诈的风险。

（二）传统国际贸易支付方式的缺陷

传统国际贸易支付方式从总体而言较好地解决了国际贸易中的支付需要，特别是信用证的支付方式被国际贸易实践广泛运用，但也存在缺陷。其中最重要的方面在于始终无法脱离买卖双方，也即无论哪种方式总是涉及对买方较为有利抑或是对卖方较为有利的问题，而这也就产生了另一个问题，即总是把支付和买卖双方的其他的争议绞在一起，从而影响了贸易的效率。即便是在信用证支付这种借助于银行信用的支付方式中，银行以第三者的身份介入，似乎使得买卖双方能在支付问题上独立出来，但实际上问题仍未解决，从信用证的开立、内容到信用证的修改、生效都无不与合同、与买卖双方关系密切。如今，传统国际贸易支付方式中最值得依赖的信用证支付方式正受到越来越多的挑战，因而改革传统国际贸易支付方式已势在必行。

二、以应收账款转让为主要特征的国际贸易支付方式

（一）国际贸易支付中应收账款转让概述

国际货物贸易支付可以通过多种途径解决，在一些国际贸易实践中，货款不一定能够在货物交付之前或者货物交付之时结付，由此会产生应收而未收的贸易支付款项。随着国际贸易竞争的加剧，国际贸易中买方市场的趋向日趋明显，这种趋势在初级产品的交易中表现得更为明显，作为货物的卖方为了获得一笔交易，可能乐意买方在货物交付之后才付款，这在为买方提供国际贸易融资的同时，也使得卖方手中产生了大量的应收款项。在会计学上，这部分应付而未付的款项被称为“应收账款”（accounting receivable, A/R）。应收账款的存在使得卖方的资金流大为减少，为了尽快获得货款，作为卖方贸易融资的一种方式，应收账款转让应运而生。

应收账款转让是国际保理业务的一个核心内容，如果没有应收账款转让，出口保理商就不可能获得向进口保理商收取货款的权利。所以说，应收账款的转让法律制度的构建和统一对于国际保理法律制度的构建和统一也具有重要意义。从本质上讲，应收账款的转让属于债权的转让，所以，从国内法角度而言，应收账款转让涉及的法律关系就是债权转让的法律关系。然而，国际贸易中的债权转让具有涉外因素，比纯粹的国内应收账款转让更具有复杂性。

（二）国际贸易支付中应收账款转让的方式

国际贸易支付中应收款转让的方式可以有多种。商人无论基于何种目的，总能够发展出更为复杂和更为新颖的转让方式来。目前比较常用的方式主要包括以下五种：

1. 保理（factoring）。是指保理商向以赊销方式出售商品或提供服务的供应商（卖方）提供的综合性的金融服务，保理商通过向卖方购买应收款的方式获得

债权,也获得向买方收取应收款的权利,成为了转让关系中的受让人,而作为卖方则获得了资金的融通。

2. 福费廷(forfaiting or forfeiting)和发票贴现(invoice discounting)。福费廷通常是指包买商从企业那里无追索权地购买已经承兑的,并通常是由进出口商所在地银行担保的远期汇票或本票的融资方式。

3. 资产证券化(securitization)。资产证券化是指将能够产生稳定收入流的资产出售给一个独立的实体,由该实体以这些资产发行证券,并用发行证券所筹集的资金来购买资产,其中最先持有并转让该资产的一方,是需要融资的机构,购买资产支撑证券的人是投资者,是最终提供资金的人。[①]

4. 项目融资(project financing)。在项目融资中,贷款银行将资金提供给项目人,而贷款的偿还是以项目未来的受益作为担保,银行和项目人的协议中有时含有项目未来受益转让给银行的条款,这时就会产生应收款的转让。

5. 再融资。简而言之,由于应收款的转让具有融资作用,所以应收款的再次转让也成为国际贸易中的常见现象,因为每个受让人都希望获得融资,应收款也存在着被买卖的可能。

(三)《联合国国际贸易应收账款转让公约》

由于关于债权转让的各国国内法律制度存在某些差异,债权转让中涉及的当事人和法律关系又比较复杂,在准据法的确定上也存在着诸多的选择,因此,在这方面进行国际协调,对于国际贸易的开展十分有利。在《联合国国际贸易应收账款转让公约》之前,国际社会也曾经试图对于这部分内容进行国际协调,最主要的成就在于国际统一私法协会在1988年通过,并于1995年5月1日生效的《国际保理公约》。在该公约中,对于保理关系所产生的应收账款转让作出了规定,但是该公约中关于应收账款转让的规定仅仅适用于保理关系中的应收账款转让,而在其他法律关系中所涉及的应收账款转让只能适用各国的国内法。为了解决这个问题,联合国国际贸易法委员会于1995年决定制定一项国际公约以规范国际贸易中的应收账款转让,并委托国际合同惯例工作组负责公约的起草工作。工作组于2001年完成了《联合国国际贸易应收账款转让公约》(以下简称《公约》)的起草工作,并于同年12月12日在第五十六届联合国大会第八十五次全体会议上表决通过,同时向各国开放签署。

《公约》的序言部分很好地表达了国际社会的愿望以及联合国贸易法委员会对于《公约》起草缔结的态度,其讲到:“考虑到适用于应收款转让的法律制度的内容和选择并不确定,由此产生的问题对国际贸易构成了障碍,渴望就应收

---

① 所谓“支撑”的意思就是该证券由这些资产作为担保或者代表了对这些资产的所有者权益。参见彭冰:《资产证券化的法律解释》,北京大学出版社2001年版,第18页。

款的转让制订原则和通过规则，从而建立确定性和透明度，促进关于应收款转让的法律现代化，同时保护现有的转让惯例和便利新惯例的发展，还渴望确保应收款转让情况下对债务人利益的充分保护，认为采用一套有关应收款转让的统一规则将有助于以更可承受的费率获得资本和信贷，并从而促进国际贸易的发展。”从《公约》的内容看，《公约》在很大程度上实现了各国关于应收款转让的法律制度的统一。可以预见，《公约》会促进应收款转让法律的现代化，有利于国际贸易的顺利开展，对于国际贸易融资制度的构成和发展起到积极作用。

在一个应收款转让交易中，一般涉及两个合同和三方当事人。这两个合同一是产生应收款项的合同，可以称为“原始合同”（origin contract），在原始合同中，当事人包括债权人和债务人；另一个合同是应收款项的转让合同，可以称为“转让合同”（assignment contract），在转让合同中的当事人包括转让人、受让人和第三方。其中，转让合同中的转让人就是原始合同的债权人，而转让合同的第三方则是原始合同的债务人。

三、《联合国国际贸易应收账款转让公约》的主要内容

（一）《公约》的适用范围

1. 应收款的概念

如前所述，“应收款”这个会计学的概念在法律上需要得到特别的澄清。由于《公约》的立意在于仅仅适用于因国际贸易所产生的应收款，倾向于对应收款的概念不通过抽象词句定义的方式解释。但是，从《公约》对“转让”一词的定义可以推断出“应收款”的概念应定义为：“一方应从另一方获得一笔款额的全部或部分合同权利或其中的未分割权益。”从这个定义看，任何类型合同产生的应收款均包括在内，但为了更加明确《公约》所指的“应收款”的概念，特别是其中涉及的“合同”一词的概念，《公约》在第4条明确规定不适用于下列情况下或从其中而产生的应收款转让：(1) 受管制交易所的交易；(2) 由净额结算协议规范的金融合同，但所有未了结的交易终结时所欠的应收款不在此列；(3) 外汇交易；(4) 银行间支付系统、银行间支付协议或与证券或其他金融资产或工具相关的清算和结算系统；(5) 中间人所持证券或其他金融工具或资产的担保权转移、此类资产的买卖、借贷或持有或回购协议；(6) 银行存款；(7) 信用证或独立担保。

对于“合同规定的权利”的确切含义则留给国内法处理，但货物、工程和服务供应合同产生的债权明确涵盖在内，无论这些合同是商业合同还是消费合同，包括在内的还有：贷款应收款、知识产权特许使用费、公路通行费收入、违约损害

的金钱赔偿债权以及利息和可转换为金钱的非金钱债券。[①] 但是，“合同规定的权利”显然并不包括侵权行为债权等非合同债权，也不包括行政法或法律上直接赋予的受偿权，如退税受偿权和法律规定的不当得利请求权等。

2. 转让

《公约》将“转让”(assignment)一词界定为“一人(转让人，assignor)以协议方式向另一人(受让人，assignee)转移该转让人应从第三人获得一笔款项的全部或部分合同权利或其中的未分割部分”[②]。根据该定义，《公约》所指的应收款转让只能通过合同方式进行，其他方式的转让，如行政司法判决、由法律直接规定而发生的转让代位求偿等都不属于《公约》的调整范围。

事实上，“转让”一词的概念中还提及“作为对债务或其他义务的担保而产生的应收款权利应视为转移”。也就是说，这种方式下的转移可以视为转让定义中第一句所指的“转移”。因此，联合国贸易法委员会秘书处的说明认为，“转让”一词的定义同时涵盖应收款担保权的设定和应收款全部财产的转移，并且无论其是否作为担保。不过，该解释同时也指出，《公约》并未规定何种因素构成无保留的转让或担保转让，而是将这一问题留给《公约》以外的准据法处理。

《公约》第2条第2款还规定了另一种形式的转让——“后继转让”(subsequent assignment)，即一般所说的再转让：当先前所发生的转让适用《公约》时，其后发生的转让也适用《公约》。

3. 国际性的界定

纯粹的国内案件一般并不能引起国际公约的适用，只有出现涉外因素的时候，才有可能适用国际条约或其他类型的国际规则。因此，如何判定一个应收款的涉外因素就非常重要。

《公约》第3条规定了有两种情况：(1) 当原始合同订立时，转让人和债务人所在地在不同国家的，该应收款具有国际性，因而其应收款的转让具有国际性；(2) 当转让合同订立时，转让人和受让人所在地在不同国家的，该转让具有国际性，从而该应收款转让具有国际性。这两种情况可以分别成为国际应收款的转让(assignment of international receivables)和应收款的国际转让(international assignment of receivables)。简单概括之，在两个合同的三方当事人所在地不变的情况下，只要其中两方当事人的所在地不在同一国家，则该交易就具有国际性，否则，应收款转让的国际性需要根据具体的合同订立时当事人的所在地考虑。

---

① 参见联合国贸易法委员会秘书处关于《联合国国际贸易应收款转让公约》的解释性说明，第29页。

② 《联合国国际贸易应收款转让公约》第2条a款。

然而,《公约》的特征之一就是其适用范围的扩张。有两种情况,即使是一个纯粹的国内应收款的国内转让也有可能适用《公约》:其一,根据对于“后继转让”的定义,①在先前的转让适用《公约》的情况下,为了确保法律适用结果的一致性,《公约》也适用于这种后继转让,而不论该后继转让是否具有第 3 条所说的国际因素。其二,在涉及国内应收款的本国受让人与外国受让人之间的优先权冲突时,为了确保对于受让人优先权的确定,即使是对于国内受让人的转让也适用《公约》。

在判断应收款转让的国际性时,对于当事人的所在地的判断具有决定性意义,所以《公约》在第 5 条定义部分指出,一方的所在地为其营业地所在国,转让人或让受让人在一个以上国家境内设有营业地的,转让人或受让人的中央管理职能行使地为营业地。债务人在一个以上国家境内设有营业地的,以与原始合同关系最密切的营业地为准。某人没有营业地的,以其惯常居住地为准。

4. 关联因素

与《公约》的适用相联系的另一个重要因素是缔约国。一般而言,如果当事人没有选择适用某一公约且当事人所在国并非该公约的缔约国时,该公约就不能约束该当事人。由于在应收款转让关系中涉及了三方当事人,如果要求每一当事人的国家都缔结或加入《公约》才能使得其适用,将大大减损《公约》的作用。所以,《公约》采用了一个比较扩张的方法。根据《公约》第 1 条的规定,只要转让合同订立时转让人所在地在一个缔约国内,国际应收款的转让和应收款的国际转让都适用《公约》。但是,下列情况下,即使转让合同订立时转让人不在一个缔约国内,《公约》仍然适用:(1) 先前的转让适用了《公约》,后续转让也适用《公约》;(2) 如果某一缔约国没有根据《公约》第 39 条作出保留,并且如果应收款转让是属于国际应收款的转让或应收款的国际转让,《公约》第五章部分关于冲突法规则部分的规定至少应该适用。

由于《公约》的扩张适用可能给作为第三人的债务人带来不可预知的结果,所以,《公约》折中地规定,扩张适用原则不得影响债务人的权利和义务。但是,如果债务人所在国是缔约国或者管辖原始合同的法律是一个缔约国的法律,《公约》应整体适用于应收款的转让。

5. 当事人意思自治

《公约》第 6 条规定,在不违反《公约》第 19 条(主要是关于债务人的某些抗辩权不得通过协议放弃的规定)的前提下,当事人包括转让人、受让人和作为第三人的债务人可以通过协议删减或更改《公约》对其各自权利和义务的规定。

---

① 参见《联合国国际贸易应收款转让公约》第 2 条 b 款。

（二）应收款转让的有效性和效力

1. 形式上和实质上的有效性

《公约》本身并没有对应收款转让的形式作出规定，而是从解决法律冲突的角度入手，为应收款转让合同的形式问题规定了应该使用的法律，从而将应收款转让合同的形式问题留给了支配该合同的准据法决定。其原因在于，在形式的有效性方面负责起草的委员会缺乏共识。根据《公约》第五章规定的冲突法规则，所在地在同一国家的双方订立的转让合同，满足管辖该合同的法律要求的，或满足订立合同时所在地国家的法律要求的，在形式上对双方都有效；所在地在不同国家的双方之间订立的转让合同，满足管辖该合同的法律要求的，或满足其中一方国家的法律要求的，在形式上对双方都有效。[①] 但是，由于根据《公约》第39条，缔约国可以对第五章的内容提出保留，所以第五章的效力在具体实践过程中可能会受到减损。

另一个相关的问题是，转让是否需要通知债务人。在这方面各国的立法差异同样存在，如我国的《合同法》就规定，债权的转让只有转让的通知到达债务人时才对债务人发生法律效力。《公约》第13条对这个问题作了明确的规定："除非转让人与受让人另行议定，转让人或受让人或双方都可向债务人发出转让通知（notification of the assignment）和付款指示（payment instruction），但在通知发出后，只有受让人才可发出这种指示"。《公约》将"转让通知"解释为"合理地指明所转让的应收款和受让人的书面通信"。一项转让通知要生效，必须使用某种按情理预计可使债务人知道其内容的语言文字做成，并为债务人所收到，至于是否构成"债务人收到"，则应该由《公约》之外的支配该应收款转让合同的准据法决定。[②]

2. 应收款转让的效力

第一，对应收款转让的法定限制。

什么样的债权可以转让，各国国内法的规定都不一致。问题的争议在于一些尚未满足支付条件的应付款是否可以转让。《公约》规定，只要符合下列条件之一的，其转让对于转让人和受让人之间、对于债务人或对于竞合求偿人而言并非无效：(1) 应收款被单独列明作为与该转让相关的应收款；(2) 应收款由任何其他方式列明，但条件是在转让时，或就未来应收款而言在原始合同订立时，可被认明是与该转让相关的应收款。[③] 由此可见，《公约》采取的是促进卖方贸易融资的态度。

---

① 参见《联合国国际贸易应收款转让公约》第27条。

② 参见周辉斌、谭小斌：《〈联合国国际贸易中应收款转让公约〉研究》，载李双元主编：《国际法与比较法论丛》（第8辑），中国方正出版社2003年版，第272—273页。

③ 参见《联合国国际贸易应收款转让公约》第8条。

第二,对应收款的合同限制。

有些合同中可能含有非转让条款,即原始合同规定,因原始合同所生的任何债权不得通过任何形式进行转让。我国《合同法》也规定,如果当事人约定债权不得转让的,该债权不得转让。但是,根据《公约》的规定,即使存在此类条款的限制,由某些特定的合同所生的债权,其转让仍具有法律效力。这些合同包括:(1)根据供应或租赁货物或除金融服务外的服务合同、工程建筑合同或买卖或租赁不动产的合同这类原始合同产生的应收款;(2)根据买卖或租赁工业产权或其他知识产权或专有资料为其核发许可证的原始合同产生的应收款;(3)代表对信用卡交易支付的应收款;(4)依照涉及两个以上当事人的净结算协议按净额结算应付款项后尚欠转让人的应收款。

需要注意的是,为了平衡作为债务人的第三方的利益,《公约》又规定:这个规定并不影响转让人因违反原始合同中禁止转让条款而承担的任何义务或赔偿责任,而债务人也不能仅仅根据转让违反了禁止转让条款而撤销原始合同或转让合同。可见,《公约》在原始合同对应收款设有禁止转让的情况下,既承认应收款转让合同的效力,又赋予债务人根据禁止转让条款向作为债权人的转让人要求赔偿的权利。

另需注意的是,按照《公约》,在以上四类合同中,如果转让人对应收款还享有付款担保权利,不论其是对人权还是对物权,也不论当事人就该担保权利是否有限制转让的约定,担保权利也随同应收款债权一并转让给受让人。作为平衡,债务人或担保人只能按照管辖原始合同的法律追究转让人的责任,而不能撤销原始合同或转让合同。但是,如果《公约》以外的法律对应收款担保权利的转移形式或登记有任何权利的,仍需履行该规定要求。[①]

(三)当事人的权利、义务和抗辩

1. 转让人与受让人的关系

第一,当事人意思自治。关于转让人与受让人之间的关系,由于二者之间从本质上讲是一种合同关系,所以《公约》严格采取了意思自治原则,表现在转让人与受让人可以通过协议约定双方的权利义务,两者之间的任何惯例以及国际商事惯例也约束双方。

第二,转让人的表示。除非另有约定,转让人在订立合同时就表示该转让人有权转让应收款并且此前并没有将该应收款转让给其他人,而且债务人现在和将来均没有任何抗辩或抵消权。但除非另行约定,转让人并不保证债务人具备或将来具备付款的能力。

第三,通知。除非另有约定,转让人或受让人或双方都可以向债务人发出转

---

① 参见《联合国国际贸易应收款转让公约》第10条。

让通知或付款指示,但在通知发出后,只有受让人才有权发出付款指示。但是,就《公约》第17条(关于债务人根据何份通知或指示付款的规定)而言,违反双方约定所发出的通知并非当然无效,而由违反协议的一方承担损害赔偿责任。

第四,获得付款的权利。除非另有约定,无论通知是否发出,如果所转让的应收款的付款支付给受让人的,受让人有权保留所转让应收款的收益和就其退还的货物;支付给转让人的,受让人有权获得属于收益的付款以及就转让应收款而退还给转让人的货物;支付给第三人而受让人对该人拥有优先权的,受让人有权获得属于收益的付款,并有权获得就所转让应收款退还该人的货物。并且,受让人保留的部分不得超出其在应收款中所占权益的价值。

2. 债务人

第一,保护债务人原则。除《公约》另有规定外,未经债务人同意,转让不影响债务人的权利和义务。付款指示虽然可以改变债务人付款的受款人、受款地点或受款账户,但不得改变原始合同规定的付款币种或把原始合同规定的付款所在国改为债务人所在国以外的国家。

第二,通知。转让通知和付款指示所用的一种语文按情理预计可使债务人知道其内容的,债务人收到时即发生效力。《公约》特别规定,转让通知或付款指示可以涉及通知后产生的应收款。一项后继转让的通知则构成对所有先前转让的通知。

第三,债务人付款解除义务。债务人在收到转让通知前,有权根据原始合同付款而解除其义务。但是,在收到转让通知后,除《公约》另有规定(第17条第3款至第8款的规定)外,债务人仅可通过向受让人付款而解除其付款义务。

第四,《公约》第17条第3款至第8款的规定。(1) 如果债务人收到同一转让人发出的针对单一转让合同的数份指示,债务人根据最后收到的指示而付款并解除义务;(2) 如果债务人收到同一转让人针对相同应收款的数份转让通知,债务人应根据最先收到的付款指示付款;(3) 如果债务人收到数次后继转让通知,债务人应根据最后一次后继转让通知付款;(4) 如果债务人收到针对一项或多项应收款的一部分或未可分割的权益的转让通知,债务人根据通知付款而解除付款义务;(5) 如有要求,债务人可以通过向有权获得付款者、主管司法当局或公共存款基金付款而解除义务。

3. 债务人的抗辩和抵消权

《公约》第18条规定,债务人根据原始合同享有的抗辩权和抵消权,可以向受让人提出。而对于收到转让通知后债务人可以利用的任何抵消权,债务人可以向受让人提出。

《公约》虽然赋予债务人向受让人提出抗辩或抵消的权利,但也规定债务人可以通过与转让人的协议放弃这些抗辩或抵消,此类协议必须经过债务人和转让人书面签署。

4. 原始合同的修改

由于原始合同的修改可能影响到债务人或受让人的利益,所以《公约》特别规定,在发出转让通知前,转让人与债务人之间订立的涉及受让人权利的协议对受让人具有效力,而受让人也取得相应的权利。在发出转让通知后,转让人与债务人之间订立的涉及受让人权利的协议对受让人不具有效力,除非(1)受让人同意该协议;(2)履约不足未挣得全部应收款,并且原始合同中写明可作修改或者根据原始合同,一个合理的受让人会同意此种修改。

(四)优先权

在国际应收款转让中,一个债权可能被多次转让或因为法律规定的其他原因导致数个人对该债权享有权利,这时,受让人对债权的权利可能与其他对该债权享有权利的第三人的权利相冲突,这些可以对该债权主张权利的人被称为"竞合求偿人"(competing creditors),如何处理这些竞合求偿人之间的次序关系就构成了优先权问题。

在实践中,出现竞合求偿人的主要情形表现为:(1)其他受让人。一个债权可能因为任何其他的原因被多次转让,甚至被转让人恶意转让。(2)担保权人。如果应收款被作为担保财产,一旦债务不能清偿,该应收款就可能作为担保权利被实现。(3)转让人的前手卖方。如果转让人的前手卖方采用所有权保留的买卖方式,而作为后手卖方的转让人尚未付清该笔货款,则可能产生转让人的前手卖方对该笔转让款也享有权利的情形。(4)破产债权人。如果转让人进入破产程序,在特定情况下,债权的转让行为可能被认为无效,被转让债权即进入破产程序,破产程序的债权人可能对此享有权利。(5)其他权利人。如承运人、持有信托收据的银行等。

《公约》对于确定竞合求偿人的优先权关系并没有规定实体规范,因为在这方面,各国的差异非常明显,所以《公约》只是为解决这一冲突提供了冲突规则。

《公约》对"优先权"的定义是:"一人优先于另一人的权利,并以适合此目的为限,包括确定该项权利是一项对人权还是对物权,是否属于一项对负债或其他义务的担保权利,以及该项权利对竞合求偿人发生效力的任何必要条件是否得到满足"。根据《公约》第22条的规定,转让人所在国的法律管辖受让人对所转让应收款的权利相对于竞合求偿人权利的优先性。但是,根据《公约》第23条仅对于优先权适用的关于公共政策和强制性规则的规定,在非转让人所在国开始的破产程序中,根据法院地国家法律产生,并根据该国法律在破产诉讼程序中相对于某一受让人的权利而被给予优先地位的具有优先性。其后,法院地国的公共政策可以排除转让人所在国法律的适用,但是法院地国或其他任何国家的强制性规则都不能排除转让人所在国法律规定的适用。这是一个比较特殊的做法。

（五）法律适用

《公约》在第五章特别规定了一些冲突规则以解决法律冲突问题，以及解决一些国家国内冲突规则不完善或缺位的问题，但是由于《公约》规定的那些冲突规范可能与一些国家已有的冲突规范相矛盾，《公约》特别规定关于第五章的内容缔约国可以予以保留。

1. 转让人与受让人的权利与义务的法律适用

对于转让人与受让人相互之间的权利和义务，适用他们选择的法律，如果没有选择，则按照最密切联系原则，适用与该应收款转让合同关系最密切的国家的法律。如果没有相反的证据，则推定是指与转让合同最密切的转让人的营业地所在国法律。

2. 受让人与债务人的权利和义务的法律适用

根据保护债务人利益的原则，《公约》将受让人与债务人之间的权利与义务问题交由管辖应收款的法律处理。《公约》第 29 条规定，管辖原始合同的法律决定对受让人与债务人之间的转让在合同上的限制是否有效、受让人与债务人的关系、转让合同在哪些条件下可对债务人发生效力和债务人的义务是否已得到解除。

3. 适用于优先权的法律

《公约》规定优先权问题受转让人所在地法律管辖，这一规则重申了第 22 条（关于适用于竞合权利的法律规定）的规定，其价值在于可适用于因转让与公约缔约国之间没有领土关系从而第 22 条不予适用的交易。

4. 强制性规则和公共政策

《公约》规定，不论本可适用何种法律，如果法院所在地国的法律规则是强制性的，第 27 条至第 29 条中的任何规定概不限制这些规则的适用。又规定，如果与第 27 条至第 29 条所作规定的事项有密切联系关系的另一国的法律规则是强制性的，而且根据该另一国的法律，不论本可适用何种法律，这些强制性规则必须适用，则这几条中的任何规定概不限制这些规则的适用。这就是一般所说的强制性规则。概而言之，如果法院地国和最密切联系国家的法律有强制性规定，则《公约》关于转让合同的形式、适用于转让人与受让人相互间权利和义务的法律、适用于受让人与债务人的权利和义务的法律部分的规定不予适用，而适用法院地国或最密切联系地国家的法律规则。

关于公共政策方面，只有在《公约》规定的适用明显违背法院所在地国的公共政策时才能拒绝《公约》的适用。

第四节　国际贸易支付中的融资

一、国际贸易支付中的融资

（一）国际贸易支付中的融资概述

国际贸易支付中的融资从广义上说，包括一切为国际贸易支付或在国际贸易支付过程中进行的各种资金融通活动，包括各种信贷活动、信用担保或融通活动以及出口信用保险活动。具体而言，包括进、出口商相互之间为达成贸易而进行的资金或商品信贷活动；银行及其他金融机构、政府机构或国际金融机构为支持国际贸易而进行的资金信贷活动；银行及其他金融机构为支持贸易信贷而进行的信用担保或融通活动；以及各国政府机构或银行等为支持本国出口而进行的出口信用保险等。

在当今国际贸易实践中，对大多数商品而言买方市场的特征较为明显，为了争取市场、扩大产品的销售，出口商通常会为进口商提供各种形式的融资，比较典型的做法是出口商向进口商提供各种延期付款赊账信贷，因为是以出口商先向进口商提供商品并允许进口商延期付款以此为进口商提供融资便利的做法，相当于进口商先行借取商品，因而又称为“商品信贷”。当然贸易实践中也有进口商向出口商提供融资便利的做法，典型的如预支信贷，即进口商向出口商预支汇款或为出口商开立预支信用证等，但预付定金的行为不属于预支信贷。在国际贸易支付的融资中，更多的是出口商或进口商从银行或其他金融机构获得资金融通的便利，一般情况下此类资金融通是短期的资金融通。但是，在大型或成套设备的进出口贸易中，情况则有所不同，在此种情况下，生产商或出口商为大型、成套设备的开发和生产需要巨额资金，而对于进口商而言，购买大型、成套设备也需要巨额资金，因而进出口双方都需要银行或其他金融机构甚至是政府或国际金融机构提供较大金额的、期限较长的信贷支持。这就是国际贸易支付融资中的中长期信贷，即一年以上的资金融通安排，其最主要的形式是出口信贷，一般是在出口国政府的支付下，出口国的商业银行或其他金融机构向出口商或进口商提供各种中长期优惠性贸易专项贷款，有时甚至是出口国政府提供的贷款，或是政府贷款与出口信贷相结合的混合贷款。在出口信贷中，通常还需要政府提供出口信用保险的支持。在少数情况下也会有国际金融机构提供此种融资。

（二）国际贸易支付中的融资实践

国际贸易支付中的融资实践有短期和中长期两大类。

1. 国际贸易支付中的短期融资实践

短期融资实践除了商品信贷之外,主要是银行及其他金融机构在贸易过程中为进出口商提供的各种资金融通活动。

(1) 在整个出口环节中对出口商的短期融资活动

① 无抵押贷款,这是出口地银行为得到国外订单的出口厂商提供的为其安排出口商品生产的专用贷款。

② 出口储备货物抵押贷款,是出口地银行向出口商提供的、以出口商的出口储备货物为抵押的专用贷款。

③ 打包放款,是出口地银行向出口商提供的、以出口商正在打包待运的货物及信用证(也可以没有)为抵押的、用于打包放款申请书上规定用途的专用贷款。

④ 出口押汇,也称"在途货物抵押贷款",是指出口地银行为出口商提供的、以出口商的提单及汇票的转让或抵押为条件的、用于偿还前期贷款的专用贷款。出口押汇又可分为净额押汇和部分押汇两种,净额押汇是指银行将信用证项下货款或托收货款在预先扣除利息和押汇费用后的净额,垫付给出口商的押汇行为;部分押汇则是指银行只垫付部分信用证项下货款或托收货款给出口商的押汇行为。

⑤ 异国存储货物贷款,是出口地银行为本国出口商提供的、以出口商已运抵进口地的存储货物为抵押的、用于偿还前期贷款的专用贷款。

⑥ 票据信贷,是指银行为出口商提供的、单纯以票据为依托的各种信贷或资金融通活动,主要包括承兑信用额度、贴现和押款等形式。承兑信用额度是指托收项下出口地银行为出口商承兑其出具的融资汇票,或者是卖方远期信用证项下付款行为出口商承兑其信用证项下的汇票等融通行为;贴现是指出口地银行按一定贴现率扣除贴现利息之后的净额受让出口商持有的远期汇票;押款即汇票抵押贷款,是出口地银行为出口商提供的、以出口商出具的经过进口商或进口商银行承兑的汇票为抵押的、用于偿还前期贷款的专用贷款。

(2) 银行对进口商提供的各种短期资金融通活动

① 提供信用证融资额度,即进口地银行不收取进口商的开证保证金,而是通过控制客户融资额度的方式为进口商开立信用证的融资方式。

② 进口押汇,即进口货物抵押信贷,是进口地银行在信用证项下或 D/P 托收项下,以受益人提供的货运单据为抵押,为进口商垫付货款的融资方式。

③ T/R 信贷,是进口地银行在信用证项下或 D/P 托收项下,为进口商垫付货款后做凭信托收据借单提货的融资方式。

④ 票据信贷,是进口地银行为出口商提供的单纯以票据为依托的各种信贷或资金融通活动,包括承兑信用额度、汇票担保和贴现等形式。承兑信用额度是

指托收项下进口地银行为进口商承兑其出具的融资汇票,或者是买方远期信用证项下开证行为进口商承兑其信用证项下的融资汇票的融资行为;汇票担保是进口地银行给进口商承兑的汇票提供保证或保函等融资方便;贴现是指进口地银行按一定的贴现率扣除贴现利息之后的净额受让进口商持有的远期汇票。

2. 国际贸易支付中的中长期融资实践

如前所述,中长期融资活动主要是出口信贷,以及为出口信贷提供支持的出口信用保险。

(1) 出口信贷

出口信贷是出口国政府为支持本国大型、成套设备的出口,以提供利息补贴及信贷保险的形式,鼓励本国银行对本国出口商或外国进口商(或是进口国银行)提供低息优惠贷款的融资方式。出口信贷的基本类型是卖方信贷和买方信贷。

第一,卖方信贷及其法律问题。

卖方信贷是出口地银行为支持出口商在大型或成套设备的出口业务中能以赊销或延期付款的方式销售,而向出口商提供的中长期优惠贷款,该贷款以外国进口商分期支付的货款向出口地银行还款。因而,严格意义上说,出口信贷事实上由出口商为进口商提供的商品信贷和出口地银行为出口商提供的货币信贷两个信贷构成。

卖方信贷合同以进出口买卖合同为基础,但在法律上两者相互独立,因而尽管在实践中都约定由贷款银行代为向进口商收取货款并以此偿还贷款,但如果进口商拒付货款或延迟支付,贷款银行并无权直接向进口商索赔,而只能依信贷合同向出口商要求还款。为了避免外国进口商违约给出口商造成重大损失,出口国政府通常为出口信贷提供出口信用保险,通过出口信用保险,把外国进口商的违约风险转嫁给政府(出口信用保险机构)承担,而出口商则可享受卖方信贷的低利率优惠,体现出风险承担与利益享受的分离。

在卖方信贷中,出口商可能承担双重违约风险,主要体现为:出口商在进出口买卖合同生效前与银行订立卖方信贷合同,如果进出口买卖合同最终未能生效,则出口商可能承担对银行的违约风险;出口商在进出口买卖合同生效后再与银行订立卖方信贷合同,万一出口商未能从银行获得卖方信贷,则可能无法组织生产,因而最终将承担对进出口买卖合同的违约风险。为避免此双重风险,通常情况下的处理是在进出口买卖合同生效后进口商支付定金之前,出口商与银行订立卖方信贷协议,同时约定以信贷协议的签订作为进口商支付定金的前提,而出口商提取贷款则以进口商付清定金为前提。

第二,买方信贷及其法律问题。

买方信贷是出口国银行为促进本国大型、成套设备的出口而直接向外国进口商或进口国银行提供贷款,以使进口商能按期及时支付货款的资金融通活动,具体可分为出口国银行对进口商的信贷和对进口国银行的信贷,对进口国银行的信贷由进口国银行转贷给进口商。

与卖方信贷相同,买方信贷中各合同也是相互联系、相互依存却又相互独立。在直接向进口商提供贷款的情况下,通常要求进口商首先付清定金才能取得贷款;而在由进口国银行转贷的情况下,进口国银行不得以进口商未能履行还款义务为理由而拒绝向出口国银行偿还贷款,并且也不得以出口商未适当履行进出口合同为理由而拒绝向出口国银行偿还贷款。同样,出口国银行可通过向本国的出口信用保险机构投保,而将进口商或进口国银行拒不还款的风险转嫁给出口信用保险机构。

(2) 出口信用保险

出口信用保险是指由国家财政支持的出口国的官方或半官方专门保险机构,为本国出口商和银行在出口收汇和出口信贷中所面临的商业风险和政治风险提供保险的保险方式。

出口信用保险是国家的政策性支持,是促进进出口贸易的金融手段之一,其承保的风险不仅包括进口商或进口国银行的信用风险,如无力支付或违约拒付等商业风险,还包括因进口国政治、法律等方面的原因引起的未能收回货款或贷款的政治风险。

二、国际贸易支付中融资的基本做法

(一) 传统国际贸易支付方式中的融资

在传统国际贸易支付的三种方式中,汇付的方式不具有融资的手段,只有托收和信用证项下有融资的手段。

1. 跟单托收项下的融资

托收项下的融资主要包括,银行对出口商的资金融通以及银行/出口商对进口商的资金融通。

(1) 银行对出口商的资金融通

① 托收出口押汇

这是托收行以运输单据及汇票为质押品向出口商提供信贷的资金融通方式,可分为净额押汇和部分押汇两种形式。前者是托收行以净额议付跟单汇票;后者是托收行以部分金额垫付跟单汇票。无论是何种形式,如果出口商不能及时还贷,银行均有权追索垫款或处理货物。

② 为出口商承兑信用额度

这需要出口商事先与托收银行订立承兑信用额度协议,从而在托收货款时利用融资汇票作为资金融通的一种方式。融资汇票即出口商在托收货款时,用在途货物提单及商业汇票作抵押，专为融资而开立的一张以托收行为付款人的远期汇票，此汇票经托收行承兑后即可向贴现市场贴现从而得到资金融通。

(2) 银行/出口商对进口商的资金融通

① 凭信托收据(trust receipt，T/R)借单提货

在D/P条件下，代收行给予进口商凭信托收据借单提货的便利，为进口商融通资金的一种方式。信托收据是指进口商在付款之前向银行借取商业单据时开立的，以代收行为信托人、进口商为委托人的一种具有保证性质的书面收据，进口商保证在货款付清以前，履行代为保管和处理货物及货款的义务，进口商在付款到期日再付清货款赎回其信托收据。此种方式的运用主要是为了解决，货物先于远期D/P的付款到期日到达的情况下，为进口商提供资金融通的便利。在此项业务中，货物的所有权归属信托人，受托人(即凭借取的单据提取货物的进口商)必须以信托人的名义单独存仓和保管，并须于付款到期日付清货款、赎回其信托收据后取得对货物的所有权。信托人可随时取消信托，收回货物及已售出的货款，信托人虽然可在因此项信托遭受损失时向受托人索取赔偿，并且如果受托人破产清算时，对该项信托项下的货物及货款有优先债权，但代收行必须承担出口商通过托收行对其的委托责任，即在D/P条件下，托收行及代收行均得遵照出口商的要求在进口商付款时才可将相应的单据交给进口商。因此，如果进口商到期未能付清货款，则代收行须对出口商负责。在实践中，委托方(出口商)有时会授权代收行对进口商凭信托收据借单，即“远期D/P，可凭信托收据借单(远期D/P，T/R)”，这是出口商为进口商融通资金，在此种情况下，风险由出口商承担，与银行无关。而如果是代收行自行对进口商凭信托收据借单，这便是代收行对进口商的资金融通，则风险由代收行承担，与出口商无关。

“远期D/P，T/R”托收与“D/A”托收的区别在于：前者代收行负有代理T/R业务的责任，可凭信托收据代为追偿货款；而后者代收行对是否能收回货款不负责任。

② 为进口商承兑信用额度

即进口商事先与银行订立承兑信用额度协议，从而在托收赎单时利用融资汇票作为资金融通的一种方式。

2. 跟单信用证项下的资金融通

在跟单信用证项下，进出口商都有较多的融资手段。

(1) 银行对出口商的资金融通

此项资金融通主要包括打包放款、信用证项下的出口押汇及承兑和贴现卖方远期信用证项下汇票。打包放款即开证行授权出口地银行或在开证行没有授权的情况下，信用证项下的指定兑现银行自行以正本信用证及正在打包待运的货物为抵押，而给信用证受益人(出口商)提供信贷的资金融通方式，经开证行

授权的其中风险由开证行承担,未经开证行授权的,其中风险由放款银行自行承担;出口押汇即在信用证项下,出口地银行以单据及汇票为质押品给信用证受益人提供信贷的资金融通方式,如果是由开证行邀请或授权出口地银行放贷的,其中风险由开证行承担,如果未得到开证行邀请或授权的,风险由出口地银行自行承担;承兑和贴现卖方远期信用证项下汇票包括开证行应开证申请人的要求开立承兑信用证,邀请或授权出口地银行为信用证受益人承兑汇票,以及银行为信用证受益人贴现其持有的承兑汇票的资金融通方式。

(2) 银行对进口商的资金融通

银行对进口商的资金融通包括承兑和贴现买方远期信用证项下的汇票和凭信托收据借单提货。前者中的买方远期信用证项下汇票只是一种融资汇票,这种汇票是由进口商出具专门用于融资的信贷工具,而非用于结算的支付工具;后者的融资方式其风险完全由开证行承担。

(二) 新型国际贸易支付方式中的融资

新型国际贸易支付方式中的融资主要有国际保付代理和包买票据两种。

1. 国际保付代理

国际保付代理(international factoring)是由保理商经过资信审查,为短期赊销出口商提供信用管理、账务管理、坏账担保和应收账款催讨及融资的一种综合性的结算融资服务。国际保理是应收账款转让这种新型的国际贸易支付手段中最重要的一种。其中,除了提供资信调查、财务管理、风险担保、应收账款催讨等综合性的服务之外,为出口商提供资金融通的服务也是国际保理的重要特征。国际保理的主要法律特征表现为债权转让,在出口商预期不能很快甚至不能确定是否获得进口商的支付的情况下,保理商愿意接受出口商的债权转让,这本身就是保理商对出口商提供的一种资金融通的便利;而且在综合保理项下或隐蔽保理(即不将债权转让通知进口商的保理)项下,保理商可以为之提供无追索权的预付融资或保留追索权的短期融资。

2. 包买票据

包买票据(forfaiting)又称为"福费廷",是一种特殊的中长期票据融资方式,是从卖方信贷中演变而来的新的融资方式,是指包买商(主要是银行,或其他金融机构)从本国出口商那里无追索权地买断经过外国进口商银行承兑或担保的中长期汇票、本票或其他应收账款债权凭证的金融交易。包买票据对于出口商而言通过以票据或其他债权凭证表示的债权转让而提前获得资金,从而得到了资金融通的便利。包买票据债权的转让有记名转让和匿名转让两种,包买票据业务有专门的二级市场,即包买票据市场,可以进行票据的交易。汇票和本票的记名转让属于流通转让,发票等其他债权凭证的记名转让本质上属于过户转让。在包买票据业务中,银行承担票据拒付的一切风险,无论在什么情况下遭到拒付,银行(包买商)都不能向出口商要求支付票据款。

本章参考书目

1. 沈达明、冯大同编著:《国际经济贸易中使用的银行担保》,中国对外经济贸易出版社 1993 年版。

2. 王贵国:《国际货币金融法》,法律出版社 2007 年版。

3. 金赛波:《中国信用证和贸易融资法律:案例和资料》,法律出版社 2005 年版。

4. 杨良宜:《信用证》,中国政法大学出版社 1998 年版。

5. 李国安主编:《国际融资担保的创新与借鉴》,北京大学出版社 2005 年版。

6. Dalhuisen Jan Hendrik, Dalhuisen on Transnational and Comparative Commercial, Financial and Trade Law, 3rd ed., Hart Publisher, 2007.

7. Chatterjee Charles, Legal Aspects of Trade Finance, Routledge, 2006.

8. Norbert Horn ed., The Law of International Trade Finance, Kluwer Law and Taxation Publishers, 1989.

9. Carole Murray, David Holloway, Daren Timson-Hunt, Schmitthoff's Export Trade: The Law and Practice of International Trade, 11th ed., Sweet & Maxwell, 2007.

10. David B. Tatge, Jeremy B. Tatge & David Flaxman, American Factoring Law, BNA Books, 2009.

第六章 国际贸易争议解决法律制度

第一节 国际贸易争议概述

一、国际贸易争议简介

争议(dispute)是指交易的一方认为另一方未能全部或部分履行合同规定的责任而引起的业务纠纷。国际贸易争议,是指在国际贸易中,有关当事方之间就国际贸易合同的履行产生的纠纷。

在国际贸易业务中,这种纠纷屡见不鲜,究其原因有:(1) 卖方不交货,或未按合同规定的时间、品质、数量、包装条款交货,或单证不符等;(2) 买方不开或缓开信用证,不付款或不按时付款赎单,无理拒收货物,在 FOB 条件下不按时派船接货等;(3) 合同条款的规定欠明确,买卖双方国家的法律或对国际贸易惯例的解释不一致,甚至对合同是否成立有不同的看法;(4) 在履行合同过程中遇到了买卖双方不能预见或无法控制的情况,如某种不可抗力,双方有不一致的解释等。

由上述原因引起的国际贸易争议,其争议的焦点实质上基本是一致的,那就是:当事人是否构成违约?违约的事实如何?违约的责任由谁承担?

二、国际贸易争议的种类

按照国际贸易关系参加者的不同,国际贸易争议可以分为以下三种:

(一) 不同国家的国民之间的国际贸易争议

这类争议一般产生于不同国家的国民之间由于货物买卖、技术转让、投资、工程承包等跨国经济活动而发生的争议。这些不同国家的国民,包括自然人和法人,是国际贸易交易活动的直接参加者。因此,产生于国际贸易活动中的争议,绝大部分属于这类当事人之间的争议。这类争议的特点是:争议各方当事人所处的法律地位是平等的,他们之间的权利与义务也是对等的。

(二) 国家与外国国民之间的国际贸易争议

此类争议主要发生在国家对具体从事国际贸易活动的当事人进行管理或监督的过程中。例如,国家海关或税务部门对进出口的货物征收关税和其他有关管理费、进出口商品检验部门对货物进出口依法进行检验等。这类国际贸易争议的主要特点是:争议双方具有不同的法律地位;一方为主权国家,另一方为外国国民。按照国际法一般原则,国家享有属地优越权,外国国民在他国从事国际贸易行为,对于该国的法律、法规和规章必须遵守,对于该国主管机构的管理行为必须服从。

(三) 国家之间的经济贸易争议

国家之间的经济贸易争议是指主权国家在经济贸易交往中所产生的争议。这类争议的特点是:争议一般产生于国家之间订立的双边或多边国际公约的解释或履行中,如对 WTO 中的各项协议的解释或履行中发生的争议;争议双方均为主权者,具有平等地位。

三、解决国际贸易争议的方法

就国际贸易争议解决的方法而言,概括起来,主要有以下两种情况:

(一) 司法解决方法

所谓司法方法,即通过国际民事诉讼的方法解决国际贸易争议。这里所说的国际民事诉讼,是在一国法院提起的涉及不同国家当事人之间的国际贸易争议的诉讼,各国法院根据本国的民事诉讼法对此类争议行使管辖权。一国法院作出的判决在本国的执行基本是没有法律障碍的,但若要到他国执行,则存在一个外国法院判决的承认与执行问题。

(二) 非司法解决方法

所谓非司法解决方法,即通过法院以外的方式解决争议的方法,如通过双方当事人友好协商或谈判,或者由双方同意的第三人进行调解或仲裁。

1. 协商

协商是指争议当事人在自愿互谅的基础上,按照有关合同规定,直接进行磋商,自行达成协议,从而解决争议的方式。这是由争议双方当事人自行解决其争议的最为常见的方法。其特点是没有第三者的介入,而由当事人双方通过友好协商的方式自行解决争议。

在国际商事交易合同的争议解决条款中,一般首先规定的是"由于本合同产生的争议,当事双方应当通过友好协商的方式解决"。而事实上多数争议都是由双方当事人自行解决的。只有在通过协商谈判不能达成协议的情况下,再将此争议提交诉讼解决。在协商谈判解决争议的情况下,当事双方一般应当具有解决问题的诚意,在谈判中查明或基本查明争议事实后,本着互谅互让的原则,通过友好协商的方式,使争议得到及时的解决。

实践证明,只要双方当事人能够在解决争议的问题上密切合作,并怀有解决问题的诚意,协商就是一种行之有效的解决争议的方法。

协商需遵循五个原则:自愿原则;平等原则;合法原则;协商一致原则;公平合理原则。

2. 调解

调解是指当事人自愿将争议提交第三人,并在第三人的主持下,达成和解协议,从而解决争议的一种方式。

调解的特点是由与争议双方无利害关系的第三者参与争议的解决。通常应由争议双方当事人订立通过调解的方式解决争议的书面或口头协议,并共同作出对调解员的选择。调解员的主要作用是促成争议双方达成和解协议。为此,调解员可以按照当事各方约定的程序查明争议的事实,然后对争议双方进行"面对面"或"背对背"的调解,协助双方当事人分析争议的问题,从中找出妥善的解决争议的方案;或者促成当事人自行达成和解协议;或者自行提出解决争议的方案。但无论是当事人自行达成的和解协议,还是调解员提出的解决争议的方案,对争议双方均无法律上的拘束力。特别是对于调解员提出的解决方案,当事人可以接受,也可以拒绝。如果当事人接受了调解员提出的解决方案或者自行达成了调解协议,调解即告成功。如果调解失败,当事人可继续寻求其他的解决争议的方法,或者诉讼,或者仲裁。

调解与诉讼、仲裁之间的主要区别,在于诉讼和仲裁是通过有拘束力的判决或裁决使争议得到解决,而调解的结果本身并没有法律拘束力。

由此可见,调解有其固有的优势,它可以使当事人在友好的气氛中商讨争议的解决。然而,调解并不是解决当事人之间争议的最终手段,如果当事人未能通过调解解决其争议,他们不得不将争议提交仲裁或者诉讼,以达到最终解决争议的目的。

调解有如下类型:民间调解;调解机构调解;仲裁机构调解;法院调解。

1987 年,北京调解中心在中国国际贸易促进委员会(CCPIT)内设立,该中心根据当事人之间订立的调解协议,受理调解案件。调解员由 CCPIT 从具有国际经济、贸易、金融、投资、技术转让、承包工程、运输、保险以及其他国际商事方面及法律方面的专门知识及实践经验的、公正的人士中聘请。除北京调解中心外,在全国各贸促分会中,许多都设立了解决国际商事争议的调解中心,受理当事人提交的调解案件。

中国国际贸易仲裁委员会在审理仲裁案件的过程中,同样也坚持仲裁与调解相结合的做法。仲裁庭在查明或基本查明争议事实的情况下,如果双方当事人同意,也可中止仲裁程序,转入调解程序。如果调解成功,仲裁庭则根据当事人达成的调解协议作出仲裁裁决;如果调解失败,则继续进行仲裁程序。

20 世纪 70 年代末,我国涉外仲裁机构与一些外国仲裁机构共同创立了一种新的调解方式,即联合调解(joint conciliation)。具体做法是:中外双方当事人向各自所在国家的仲裁机构提出请求,由被请求的仲裁机构派出数目相等的人员作为调解员,对争议事项进行调解。调解成功则争议结束,调解失败则再按照合同中的仲裁条款进行仲裁,或者将争议提交法院解决。1977—1979 年间,中美双方的仲裁机构运用此方式,成功地解决了发生在中美双边贸易中两项金额较大的争议。

总之,调解在解决国际贸易争议中一贯发挥着重要的作用。它以争议双方当事人的自愿为前提。它可以单独进行,也可以与诉讼程序和仲裁程序相结合同时进行,但它并非诉讼程序或者仲裁程序中的必经程序,同样以双方当事人自愿为前提条件。

3. 模拟法庭(mini-trial)

“模拟法庭”这一术语,最早在《纽约时报》报道的 1977 年发生在两个公司之间的一起解决专利侵权案件中被采用,此后便在美英等国家流行开来。

按照美国《布莱克法律辞典》对这一术语的解释,它是指当事人之间安排的一种自愿的、私下进行的、非正规的解决争议的方式。其具体做法是:模拟法庭由争议双方有权作出决定的公司主管和一位双方当事人共同认可的第三者组成。在开庭审理时,首先由双方律师对争议作出简要陈述,此后双方主管即试图对争议的解决作出决断。在此之前,他们应当征求该第三者的意见:假定此案由法院判决,其结果如何?为此,该第三者就此案发表其无法律上的拘束力的咨询意见。双方主管在此意见的基础上就争议的解决作出决断,以了结双方当事人之间的争议。

在模拟法庭解决争议的情况下,一方面争议双方的主管人员,即有权代表一方当事人作出决断的人员,参与争议的解决。另一方面,双方当事人指定的第三者也是一个关键性的人物。他所发表的咨询意见对于解决双方当事人的争议至关重要,尽管此项意见本身没有法律上的拘束力。如果他的意见被双方主管采纳,争议当时即可得到解决。该中立的第三者一般为在解决特定争议方面的权威人士,主要是一些退休法官,以及声誉卓著、富有经验的律师。目前,英美许多争议解决机构都提供这样的专业人士的服务。例如,英国的解决争议中心(Centre for Dispute Resolution)、特许仲裁员学会(Chartered Institute of Arbitrators),美国仲裁协会(American Arbitration Association),香港国际仲裁中心(Hong Kong International Arbitration Centre),瑞士苏黎世商会(Chamber of Commerce in Zurich, Switzerland)等机构,都提供类似的服务。

上述种种非司法解决方法,统称为“选择性争议解决方法”(alternative dispute resolution,ADR),即指采用非诉讼的方法解决国际贸易争议。采用这种解决争议的方法的前提,是当事人之间达成通过 ADR 解决争议的协议,或言之,当事人有通过 ADR 解决争议的合意。

与司法诉讼相比,ADR 具有鲜明的自身特点:首先,ADR 具有非正式性,程序安排极为灵活;不仅简便易行,而且节省费用,可以适应当事人的各种需要。

其次,ADR具有合意性,通过ADR解决争议的前提是当事人之间就通过此项方法解决争议达成了协议。最后,ADR具有共融性,既可单独适用,也可适用于诉讼程序。ADR是人们在长期的实践中逐步积累起来的解决争议的方法,它的适用范围极为广泛:不仅可以单独适用,也可适用于诉讼程序中。在诉讼程序中适用ADR的情况下,一般也应当以争议双方的自愿为前提,而由法官作为调解员,促成当事人达成和解协议。① 应该说,正是ADR自身的独有特点,才使得ADR在短时间内就取得了较为广泛的运用。

实践中,关于ADR的范围,存在两种观点:一种观点认为,ADR指当事人之间约定的除诉讼以外的解决争议的方法,如仲裁、调节、模拟法庭等;另一种观点认为,ADR包括除诉讼和仲裁以外的任何解决争议的方式。可见,前一种观点取的是广义,后一种观点取的是狭义。本书采取广义的范围,并将对仲裁专门作出论述。

第二节 国际民事诉讼

采用司法方法解决国际贸易争议,就意味着进行国际民事诉讼。国际民事诉讼程序(international civil procedure),也称“涉外民事诉讼程序”,是指含有国际因素,或者从某个主权国家的角度,含有涉外因素的民事诉讼。也就是说,在有关的民事诉讼中涉及两个或两个以上国家的人和事,或同两个或两个以上的国家存在不同程度的联系。

由于各国法院在受理国际商事诉讼时只适用法院地的诉讼程序法,因此,产生相同的当事人就同一诉讼标的同时在几个不同国家的法院涉诉的情况,是不足为怪的。在此类诉讼中,由于涉及不同国家的法律制度,就会涉及一系列复杂的问题。在一国法院进行的国际商事诉讼所涉及的主要法律问题包括:管辖权问题;法律适用问题;判决的承认与执行问题。

一、管辖权问题

(一)管辖权的冲突

国际民事诉讼管辖权是指一国法院或具有审判权的其他司法机关受理、审判具有国际因素或涉外因素的民商事案件的权限。它旨在解决某一特定的国际民商事案件究竟应由哪一个国家的法院管辖的问题。②

关于如何确定国际民事诉讼管辖权,主要有国籍管辖、地域管辖、专属管辖、

---

① 参见郭玉军、甘勇:《美国选择性争议解决方式(ADR)介评》,载《中国法学》2000年第5期。

② 参见黄进、李庆明:《诉权的行使与国际民事诉讼管辖权》,载《政治与法律》2007年第1期。

协议管辖、应诉管辖等。由于国际上并不存在统一的管辖国际贸易案件的标准，各国法院只适用自己国家的民事诉讼法决定对特定案件的管辖，因而经常导致管辖权的冲突。

理论上，管辖权的冲突可以分为积极和消极的冲突。所谓积极的冲突，是指两个或两个以上的国家法院对同一标的行使管辖权；所谓消极的冲突，是指没有任何国家的法院对诉讼标的行使管辖权。但在实践中，一般仅存在管辖权的积极冲突。因此，除非作出特别说明，这里所说的管辖权的冲突就仅仅指积极的冲突。

按照国际法上的属地原则，主权国家对其境内的一切人和物均有管辖权；而依照属人优越权原则，主权国家对其国民享有管辖权，即便他们在该国境外时亦然。据此，主权国家一方面可对其境内的外国国民及其财产享有管辖权，另一方面对位于外国的本国国民同样享有管辖权，于是便可能产生管辖权的冲突问题。国际贸易涉及两个或两个以上的国家，如甲国公民将其位于乙国的货物出售给丙国的买方，那么这三个国家的法院依据其各自的法律，均可主张对该同一交易的管辖权，并可对该同一诉讼标的作出判决。

（二）平行诉讼（parallel litigation）

平行诉讼，又称"诉讼竞合"、"双重起诉"，包括以下两种情形：其一是相同当事人的诉讼，即同一原告在内国和外国法院就同一争议对同一被告提起诉讼；其二是相反当事人的诉讼，即同一诉讼标的，国内法院的原告在外国法院又成为被告。

由于国际社会没有一个关于国际民事诉讼管辖权的普遍性法律制度，因而在国际层面上，难以调和各国国际民事裁判管辖权的冲突。当事人基于自身利益考虑选择法院进行重复诉讼，是国际平行诉讼现象产生的基本动因。而国际社会缺乏限制国际平行诉讼的普遍性机制，进一步助长了平行诉讼现象的发生。①

平行诉讼无疑会给当事人带来大量的诉讼费用并拖延诉讼程序，还使诉讼具有不确定性。避免平行诉讼的方法之一就是由争议双方订立选择法院（choice of forum）的约定。在实践上，这种选择一般不是争议任何一方所属国的法院，通常为第三国法院。另一方面，由于对国际商事诉讼的管辖权缺乏统一标准，即便当事人就诉讼地点作出了选择，也不能保证被选择的法院一定会接受对当事人之间特定争议行使管辖权，因为许多国家的法律规定法院对案件的管辖需要与该国有一定的联系。

因平行诉讼而引起的管辖权冲突是涉外民事诉讼管辖权冲突中最常见的情

---

① 参见刘萍：《国际平行诉讼的成因与对策分析》，载《河北法学》2004 年第 11 期。

形。而所谓“先受诉法院管辖原则”，则是指在发生平行诉讼时，原则上应由最先受理案件的法院行使审判管辖权。

此外，有关国家还可以通过缔结双边司法互助协定或有关的多边国际公约，避免管辖权的冲突和平行诉讼的问题。

在此领域内比较有影响的公约是1968年9月27日由比利时、联邦德国、法国、意大利、卢森堡和荷兰在布鲁塞尔签订的《欧洲关于法院对民、商事管辖权和判决执行的公约》（简称《布鲁塞尔公约》），该公约于1973年1月1日生效。该公约就民、商事案件的管辖权划分的统一标准作了规定，如合同、扶养、侵权行为、保险、赊卖、租购等案件的管辖法院，属于专属管辖案件的法院；同时对管辖权的受理和审查、审理中的案件和有关联的诉讼案件等，以及判决的执行问题，作了比较系统的规定，从而在一定程度上避免了平行诉讼。此外，1988年欧洲一些国家之间订立的《卢加诺关于法院对民、商事管辖权和判决执行的公约》（简称《卢加诺公约》）也同样具有避免平行诉讼的效果。这两个公约构成了“布鲁塞尔和卢加诺体制”。目前，适用这一体制的国家包括：奥地利、比利时、丹麦、芬兰、法国、英国、希腊、德国、爱尔兰、冰岛、意大利、卢森堡、荷兰、挪威、葡萄牙、西班牙、瑞典和瑞士。各缔约国可通过适用上述国际公约规定的关于民、商事案件管辖的统一标准，避免或消除有关国际民、商事案件的平行诉讼。当事人如在公约的解释或执行问题上发生争议，可向欧洲法院起诉就公约适用中的问题作出解释和裁定。

采用双边司法协助条约的方式也可在一定条件下避免平行管辖的问题。我国与法国、德国等几十个国家订立了这种协定。无论是双边条约，还是多边公约，都仅对特定的缔约国有效。这些双边或多边国际公约尽管在一定程度上可避免或消除平行管辖的问题，但从广义上看，在相当一段时期内，还不可能完全避免或消除管辖权的冲突。

（三）不方便法院原则

在处理管辖权的冲突和平行诉讼的问题上，不方便法院（forum non conveniens）原则是一项值得借鉴的原则，该原则属于法院自由裁量事项范围。[①]

不方便法院原则是指，法院在处理民商事案件时，尽管其本身对案件具有管辖权，也是正确的审判地点，但如果法院发现其是审理案件的不适当法院或在外国有审理案件的适当法院，法院有权使用自由裁量权拒绝行使管辖权。

不方便法院说已被美国、英国、加拿大、澳大利亚等普通法国家作为挫败选购法院（forum shopping）现象的一种有效方法予以接受。[②] 在一些混合法制地区

① 参见李双元等：《中国国际私法通论》，法律出版社1996年版，第587页。

② 参见胡振杰：《不方便法院说比较研究》，载《法学研究》2002年第4期。

以及少数大陆法国家也有与不方便法院原则相类似的立法与实践，如美国的路易斯安那州、加拿大的魁北克以及日本。

不方便法院原则于19世纪首先出现在苏格兰，到了19世纪中期，苏格兰法院开始使用“不方便法院”这一术语。苏格兰当时之所以采用这一原则，主要是为了平衡管辖权制度中某些过分的规定。在20世纪中后期，苏格兰的不方便法院原则逐渐被绝大部分普通法国家所采纳。各国根据本国的实际情况发展了不同的不方便法院原则，形成了各自的特点。综观各国的实践，我们大体上可以把不方便法院原则分为三种模式：美国模式、英国模式和澳大利亚模式。

美国模式又称为“最适当法院模式”，是指美国最高法院在1947年的Gulf Oil Corp. v. Gilbert案和1981年的Piper Aircraft Co. v. Reyno案中所确立的灵活的不方便法院原则的标准和分析方法。其基本分析方法分为两个步骤：首先分析是否存在一个适当的替代法院，接着平衡所有相关的私人利益因素和公共利益因素。法院只有在平衡了这两个方面的因素后，才能决定是否批准不方便法院的动议。

一般来说，私人利益方面的因素包括：(1) 获得证据资源的相对容易性；(2) 强制程序对不愿意出庭作证证人的可适用性；(3) 支付愿意出庭作证的证人的相关费用；(4) 如果需要观看事件发生的地点，观看事件缘起地点的可能性；(5) 外国法院判决的可执行性；(6) 其他所有能使案件得到快捷、简便、经济审理的实践问题。

公共利益因素包括：(1) 因法院日程安排拥挤而导致的法院行政困难；(2) 法院处理具有地方化争议中的公共利益；(3) 适用外国法的困难；(4) 避免广泛的选购法院；(5) 适用法院地法律的相关利益；(6) 审理和地方法院没有多大联系的诉讼，法院地居民承担纳税义务以及提供陪审员义务的不合理性。

这里需要强调的是，美国最高法院在Gulf Oil案中所列的因素仅仅是例证，不包括所有的因素，地方法院可以根据案件的具体情况，自由裁量决定平衡所有与案件相关的因素。美国不方便法院原则的主要观点是：在不方便法院原则的分析中，将公共利益因素放在极为重要的地位，尤其是把法院的工作负担作为不方便法院分析的一个主要因素；区别外国原告与本国原告，对外国原告的法院选择赋予较少的权重；替代法院的法律对原告不利的变化并不能阻碍法院运用不方便法院原则。美国是运用不方便法院原则最为灵活的国家，也是运用最多的国家。

英国模式又称为“更适当法院模式”，是指英国法院在1984年的The Abidin Daver案和1986年的Spiliada Maritime Corp. v. Cansulex Ltd. 案中确立的不方便法院原则的标准和分析方法。其核心内容就是：为了所有当事人的利益以及正义的目的，如果外国替代法院是审理案件更为适当的法院，法院可以根据不方便法院为由中止诉讼。其具体分析方法分为两个阶段:第一阶段要求被告承担举证责任证明外国存在一个比本国法院明显更为适当的替代法院。如果被告不能证明,法院就会拒绝中止诉讼。这一阶段主要决定"本质法院"的问题,所谓"本质法院"就是诉讼与之有最真实和实际联系的法院。第二阶段主要涉及实质正义的问题,由原告证明正义的因素要求案件在该国法院审理。英国模式被新西兰、加拿大、新加坡、我国香港等国家和地区所接受。

澳大利亚模式又称为"明显的不适当法院模式",是指澳大利亚高等法院在1990年Voth v. Manildra Flour Mills Pty Ltd案中确立的不方便法院原则的标准和分析方法。澳大利亚拒绝了英国的模式,学者认为有三点理由:希望坚持澳大利亚的权威;原告有权选择法院,法院不能轻易地拒绝管辖权;普遍不信任自由裁量权。澳大利亚模式注重分析诉讼在本地法院进行的有利方面与不利方面,而不对本地法院与外国法院作比较分析。因为,判断诉讼与本地法院之间的联系程度相对于比较外国法院的利益更为容易,法官能更好地评价在特殊案件中本地法院是否是明显的不适当法院。澳大利亚的方法对当事人来说也具有更多的可预见性。与美国、英国相比较,澳大利亚的方法较为严格。[①]

我国现行的立法以及司法解释都没有明确规定有关不方便法院原则问题,这就在我国国际私法学者中引起了关于在我国是否采纳英美普通法的不方便法院原则的争论。纵观我国学者的态度,大部分都倾向采用不方便法院原则。正如有学者指出的,采用不方便法院原则有助于实现公正与效率规则,与国家主权原则并不矛盾,符合互惠原则的要求,并且符合遵守国际条约、尊重国际惯例的原则,因此我国应该建立不方便法院制度。[②] 的确,我国有关立法应当确立不方便法院原则,因为适用不方便法院原则不仅符合我国民事诉讼法有关管辖规定的"两便原则",而且体现了管辖权的国际协调精神,是预防和解决国际民事管辖权冲突的有效手段。

二、法律适用问题

法律适用,是指国际贸易争议适用何种法律解决。被选择适用解决国际贸易争议的法律,又被称为"准据法"。因此,法律适用的问题,实际上就是确定准据法的问题。

合同当事人的国籍不同、当事人在不同的国家有营业所、合同的标的处于当事人所属国境外、合同的签订地以及履行地处于当事人所属国境外等都是有关合同"国际性"的表现。正因其国际性,国际贸易从签订到履行,涉及本国法、外

---

① 参见徐伟功:《不方便法院原则在中国的运用》,载《政法论坛》2003年第2期。

② 参见奚晓明:《不方便法院制度的几点思考》,载《法学研究》2002年第1期。

国法、国际法、国际惯例乃至“现代商人法”[1]等一系列法律规范，当因合同发生争议时，也会产生适用何种法律规范解决争议的问题。

总的来说，国际贸易的法律适用有两种方法。一种是直接适用统一实体法；另一种是通过冲突规范的指引，间接适用国内法。所谓统一实体法，是指直接确定国际贸易当事人权利义务关系的法律规范，包括国际公约（如《联合国国际货物销售合同公约》，CISG）和国际惯例（如国际统一私法协会《国际商事合同通则》）。所谓冲突规范，是指用以指明某一涉外民事关系应该适用哪一国法律确定当事人之间的权利义务的规范。[2]

根据国际私法上的各种不同学说以及各国的实践，可以将间接选择准据法的方法概括为以下八种：根据法律的性质确定准据法；根据法律关系的性质确定准据法；根据最密切联系原则确定准据法；根据利益分析确定准据法；根据规则选择确定准据法；根据当事人的协议确定准据法；根据分割方法确定准据法；根据有利于判决在国外的承认与执行确定准据法。但就目前而言，在国际贸易领域，主要的法律适用规则一般包括：当事人意思自治原则和最密切联系原则。

（一）当事人意思自治原则

尽管国际贸易争议的法律适用是个复杂的问题，然而在经济自由化的背景下，一项源于冲突法的法律适用原则得到了几乎所有国家的认可与采用，从而跃升成为这个领域内的一般原则，那就是当事人意思自治原则。

1. 意思自治原则的发展

当事人意思自治是一项古老的法律适用原则。早在14世纪，意大利波伦亚大学教授萨利塞（Salicet）就在其著作中提到过这一概念。15世纪，巴黎大学教授罗朱斯·库尔蒂乌斯（Rochus Curtius）明确指出，合同之所以适用行为地法，是因为当事人默示同意适用该法。这就为当事人选择法律的观念，即现代的自治法观念开辟了道路。[3]

1525年，法国学者杜摩兰（Dumoulin）在对一项有关夫妻财产制的问题提供咨询时提出一项重要观点，即，如果说适用行为地法是出于当事人的意愿，那么他们还可以要求适用另外一种法律。而在其专著《巴黎习惯法评述》（Commentaire sur la Coutume de Paris）中，杜摩兰更是明确提出了“意思自治”原则（autonomie de la volonté; autonomy of will）。他认为，在契约关系中，应该适用当事人自

---

① 所谓“现代商人法”，一般是指在国际商事实践中逐渐自发产生的、以国际商事关系为调整对象的、相对独立于国内法的“自治性”的法律体系或法律部门。参见郑远民：《现代商人法研究》，法律出版社2001年版，第34页。当然，我们认为，现代商人法基本上还是属于国际商事惯例的范畴。

② 参见余先予主编：《国际私法教程》，中国财政经济出版社1998年版，第60页。

③ 参见〔法〕巴迪福尔等：《国际私法总论》，陈洪武等译，中国对外翻译出版公司1989年版，第305页。

主选择的习惯法，即使当事人于契约中未作明示的选择，法院应推定其默示的意思，以确定应当适用的法律，即根据整个案情的各种迹象判断双方当事人意思之所在。[①] 杜摩兰的意思自治理论适应了时代的需要，正如曼恩指出，通过尊重当事人的意图，不论法院在何处，都可以实现确定性、可预见性和结果的一致性。无疑，这种法律选择的效果，对经济的自由流转是很有好处的，因而该理论逐渐为许多国家的司法及立法实践所接受。

1760 年，英国出现了第一个采用意思自治原则的判例；1865 年，英国法院最终确立了意思自治原则在合同法律适用领域的支配地位。1825 年，美国法院开始引用意思自治原则判案；1953 年，美国最高法院对该原则基本上已经完全接受。而及至 20 世纪上半期，欧洲大陆的法国、德国、比利时、荷兰、瑞士等国家的法院都承认了这一原则。[②] 在立法方面，1865 年的《意大利民法典》最早明确接受了意思自治原则，并将其提高到合同准据法首要原则的高度。此后，日本、泰国、埃及、西班牙、葡萄牙、希腊、匈牙利、阿根廷、土耳其、秘鲁、波兰、也门、德国、瑞士、以色列、印度等国以及大部分的西班牙语和葡萄牙语国家也都在立法上确立了意思自治原则的地位。美国在 1971 年《第二次冲突法重述》中也接受了该原则；我国的《民法通则》以及《合同法》也采纳了当事人意思自治的原则。

2. 国际贸易中的意思自治原则

在各国普遍接受当事人意思自治原则的背景下，在国际货物买卖领域，不仅有关的统一冲突法规范性文件（如 1985 年海牙《国际货物买卖合同法律适用公约》，以下简称海牙《法律适用公约》）采纳该原则为一般原则，而且有关的统一实体法规范性文件[③]也采纳该原则为一般原则。

可见，作为冲突法规则的当事人意思自治原则，即合同当事人可以通过协商一致的意思表示自由选择支配合同准据法的法律选择原则，作为国际货物买卖合同法律选择的一般原则，无论在国际层面上还是在国内层面上都获得了普遍的承认与接受。除了它具有确定性、一致性、可预见性以及易于解决争议的优点之外，至少还有以下一些深刻原因：自由经济的发展需要赋予当事人选择法律的权利，自由、平等的思想要求在合同领域实现意思自治，司法上的契约自由和私法自治原则也要求法律适用领域有与之配套的制度。[④]

自二战以来，当事人意思自治原则已经逐渐超出冲突法规则的范畴，而以更

---

① 参见韩德培主编：《国际私法新论》，武汉大学出版社 1997 年版，第 57 页。

② See Nussbaum, Principles of Private International Law, Oxford University Press, 1943, pp. 156—157.

③ 如《国际贸易术语解释通则》、《托收统一规则》、《跟单信用证统一惯例》、《海牙规则》、《维斯比规则》、《汉堡规则》等等。其中，最为重要的是 1980 年联合国国际贸易法委员会制定的《联合国国际货物销售合同公约》和 1994 年国际统一私法协会制定的《国际商事合同通则》。

④ 参见韩德培主编：《国际私法新论》，武汉大学出版社 1997 年版，第 295—296 页。

为直接的方式调整着货物买卖合同的法律关系。也就是说，至少在国际货物买卖合同中，当事人意思自治不仅仅意味着当事人可以“选择”准据法，还意味着当事人可以“制定”准据法，只要当事人愿意，他们完全可以自己决定他们之间的权利义务关系，而不必依靠准据法的规定。1980 年《联合国国际货物销售合同公约》第 6 条规定：“双方当事人可以不适用本公约，或在第 12 条的条件下，减损本公约的任何规定或改变其效力。”《国际商事合同通则》第 1.5 条也规定：“除通则另有规定外，当事人可以排除通则的适用，或者减损或改变通则任何条款的效力。”这些规定都表明，当事人所依据意思自治原则享有的权利，已经不仅仅包括间接的为法律冲突选择准据法的权利，还包括直接的为法律关系确定具体权利义务的权利，而此时的当事人意思自治原则，无论如何都已经不再是单纯的冲突法规则了。

因此，作为国际贸易法律选择的当事人意思自治原则，是指国际货物贸易当事人可以通过协商一致的意思表示，自由选择支配合同准据法、决定特定权利义务关系的法律选择原则。在国际贸易领域，这已经成为一项普遍接受的一般原则。

3. 意思自治的具体表现形式

当事人可以就整个国际货物买卖合同进行法律选择，也可以就合同的某一特定部分进行法律选择，甚至可以对合同的不同部分适用不同的法律。1980 年欧共体《罗马公约》第 3 条第 1 款规定，双方当事人可以选择适用于整个合同或合同的一部分的法律。当事人可以选择不同法律规范不同的合同条款，也可选择法律适用于合同的特定事项，如合同的解释等。当然，当事人选择的法律必须具有逻辑上的一致性，选择不同国家的法律规范，不能使合同的不同方面产生矛盾，这是必要的前提条件。[①]

在选择法律的时间方面，通常没有限制。根据《罗马公约》第 3 条第 2 款，双方当事人既可在合同签订之前，也可在合同签订之时或签订之后选择法律，从而给予了当事人最大限度的自由。多数国家国内法上也采取了同样的态度，只不过，对于当事人在合同订立后选择或变更选择的权利，也是存在一定限制的，即不得使合同归于无效或使第三人的合法权益遭受损害。

当事人选择法律的方式是灵活多样的。对于明示的选择，各国普遍持肯定的态度，不论这种选择是书面的、口头的、数据电文的抑或任何其他形式。但对于默示选择，还是存在一定分歧的。土耳其、尼日利亚、秘鲁和我国等少数国家不承认任何形式的默示选择，美国有限度地承认默示选择，而多数国家允许法官在审理时推定当事人的意图。1980 年《罗马公约》就对默示选择持肯定态度。

① 参见肖永平主编：《欧盟统一国际私法研究》，武汉大学出版社 2002 年版，第 142 页。

我们认为,一定程度上来说,可以赋予当事人以灵活的方式选择法律的权利,尽管默示选择实际上是将这种权利让渡给了法官,但是确实不能排除当事人在一定程度上就某些法律适用问题存在未道明的一致的可能,在崇尚私法自由、意思自治的背景下,尽量地探寻当事人自己的选择,并非一件坏事。但是,当我们允许默示选择的时候,不能忘记,选择的权利实际上已经从弱势的当事人转到强势的法官身上,从保护当事人合法利益、避免非公正裁判的角度出发,对默示选择的限制也是必要的。因此,在某些特殊情况下,或者在某些特定合同领域内,甚或在合同的某些特定方面,应当禁止法官推定当事人的意图。有的时候,"默示推定"的做法表面上看起来是为了维护当事人自己的法律选择,实质上这种所谓的选择完全是法官强加给当事人,这恰恰是对当事人意思自治权利的剥夺和歪曲。①

当事人根据意思自治原则所选择的法律,应当是实体法,而不包括该法律体系中的冲突法。否则,一方面,合同的法律关系将变得不确定,而更为关键的是,对当事人自己而言,重要的是明确权利义务而绝不是像法学专家那样玩"反致"、"转致"的枯燥游戏,当事人不会有选择冲突法的动机,除非是为了欺诈的需要。因此,1980 年《罗马公约》第 15 条就规定:"凡适用依本公约确定的任何国家的法律,意即适用该国现行的法律规则而非其国际私法规则。"

一般来说,当事人可以选择任意国家的法律作为准据法,而不必拘泥于与合同有客观联系的国家的法律。这是多数国家采取的做法,但是对此也并非没有不同的声音,如波兰国际私法和美国《统一商法典》为了避免当事人规避法律,就只允许当事人选择与合同有客观联系的法律。当然,大多数的国家并不要求当事人的法律选择与合同有客观联系,②1980 年《罗马公约》、1985 年海牙《法律适用公约》等都持相同立场,我国一般也允许当事人自由选择国际货物买卖合同的准据法。

当事人意思自治必须接受一定的限制,这种限制主要来自两个方面:强制性规范和公共秩序。强制性规范主要存在于合同的特殊方面,涉及有关国家的行政管制权力,因而当事人不能通过协议减损,其优越地位和优先适用性得到晚近的国内立法和国际公约的普遍承认。公共秩序也即公共秩序保留,是指当适用某外国法与法院地国的重大利益、基本政策、公序良俗、道德的基本观念或法律的基本原则相抵触而排除其适用的一种保留制度。作为一种维护主权的安全阀,各国学者无不肯定公共秩序保留的重要意义,许多国家的立法都将公共秩序

---

① 关于这一问题的举例与论述,可参见罗国强:《离岸金融交易关系的法律适用》,载陈安主编:《国际经济法学刊》第 12 卷(第 2 期),北京大学出版社 2005 年版,第 276—277 页。

② 参见韩德培主编:《国际私法新论》,武汉大学出版社 1997 年版,第 298 页。

保留作为一项基本制度规定下来,而多数的国际公约也支持公共秩序保留的国际私法制度。

总之,当事人意思自治,是指合同当事人可以通过协商一致的意思表示自由选择支配合同准据法。当事人在选法范围、选法时间、选法方式等方面享有较大的自由,但是也必须接受国家主权一定程度上的限制。

(二) 最密切联系原则

1. 最密切联系原则的起源

最密切联系原则是当代冲突法中的一个很重要的理论。其思想渊源可以追溯到萨维尼的"法律关系本座说"。萨维尼认为,每一种法律关系,根据其自身的特性,都与某一法律制度相联系,而其联系的所在,即该法律关系的本座;要在某一法律关系上达到适用法律的一致性,就必须适用以"本座"为标志而确定的法律制度。萨维尼所使用的"本座"一词,在含义上相当接近于当代冲突法中的"最密切联系地"一词。但是,萨维尼认为每一法律关系有且只有一个"本座",人们因此可以而且必须建立起一整套机械的法律选择规范体系,①而最密切联系学说恰恰反对建立机械的法律选择规范体系,强调的是一切争议由法院依据具体情况,或在立法者提供某些标志的指导下作出判断。因此,最密切联系原则不是对"法律关系本座说"的简单承袭,而是对它的扬弃。

最密切联系原则的要旨,不是根据一个连结点机械地决定某个诉讼案件中应适用的准据法,而是所有与某个特定问题有关的连结因素都应在决定该问题的准据法时被考虑。美国学者里斯正是在这样的思路构建之下,才创立了"最密切联系原则",并以此为指导,编纂了美国《第二次冲突法重述》中的有关内容。最密切联系原则不仅在美国获得重视和适用,而且对其他国家也产生了很大的影响,如 1946 年《希腊民法典》、1978 年《奥地利联邦国际私法法规》、1982 年《土耳其国际私法和国际诉讼程序法》以及 1988 年《瑞士联邦国际私法法规》都程度不同地吸收和体现了这一原则。1980 年《罗马公约》第 4 条也规定,如果当事人没有选择法律,契约应适用与之有最密切联系的国家的法律。

2. 最密切联系原则的特点

在国际货物买卖合同的法律适用方面,最密切联系原则是指,合同应适用的法律,是与合同法律关系有最密切联系的法律,主张以合同法律关系的最密切联系地为客观标志予以确定合同的准据法。

作为当事人意思自治原则的重要补充,最密切联系原则的作用日益得到加强。根据各国立法和司法实践以及国际条约的有关规定,如果国际货物买卖合

---

① See Lipetein, Principles of the Conflict of Laws, National and International, Martinus Nijhoff, 1981, p. 22.

同的当事人未在合同中明示或者默示选择适用该合同的法律，或者法院地国的冲突规则不主张法官推定隐含在合同条款、合同性质或案情本身中当事人的所谓真实意图，最密切联系原则就作为确定国际货物买卖合同准据法的法律选择原则。依据该项原则，法官有可能从一系列客观因素，包括合同本身所引用的条款与使用的文字、合同缔约地、合同履行地、当事人的住所地或营业地、当事人或其他代理人的国籍、货物运送始发地或目的地、约定支付的货币所属国、船舶的国籍、与合同有关的单据的格式、合同的内容、有关仲裁的约定、清偿或担保债务的条款等出发，找出一个最适合于该合同并与该合同有最密切联系的法律作为合同的准据法。

最密切联系原则摆脱了僵化、刻板而机械地着眼某一单一连结点选择合同准据法的传统方式，增强了确定合同准据法的可预见性、统一性和针对性，提高了法律适用的灵活性、客观性与合理性，代表了合同准据法理论的最新发展趋势。

但是，最密切联系原则也存在其本身难以克服的缺陷。如果将最密切联系原则与前述依当事人默示选择法律的意向确定合同准据法的方法结合起来进行分析和比较，就会发现，无论是站在当事人的角度推定（如果当事人考虑到法律选择这个问题的话）选择哪个法律作为合同的准据法，还是站在法院的角度去依据各种客观因素，找出那个与合同有最实际、最密切联系的法律，其结果往往是相同的，法院操作时所掺杂的主、客观因素的比例也不会有多大的不同。问题的严重性还在于，这两种方法都赋予法官以较大的自由裁量权，易于导致主观随意性，从而降低法律适用结果的确定性和可预见性。①

总之，作为国际货物买卖合同自体法的次要构成因素，作为当事人意思自治原则的补充与辅助，最密切联系原则是指，合同应适用的法律是与合同法律关系有最密切联系的法律。该原则注重法律关系与地域的联系，并仍然采用客观的连结因素作为媒介，确定合同的准据法。然而，在最密切联系原则的概念之下，起决定作用的已经不再是固定的连结点，而是弹性的联系概念。一项国际货物买卖合同之所以适用某国法，不是因为该国是合同的缔结地或履行地，而是因为该法与合同存在最密切的联系。尽管仍然存在一定缺陷，但该原则毕竟提高了法律适用的灵活性，有利于国际交往和公正合理地对待当事人的利益。

3. 特征履行说

特征履行是最密切联系原则的必要补充。所谓特征履行，又称为“特征性给付”，是指双务合同中代表合同本质特征的当事人履行合同的行为。例如，买卖合同中卖方交付物品的给付行为、雇佣合同中受雇人提供劳务的给付行为反

① 参见黄进主编：《国际私法》，法律出版社 1999 年版，第 412 页。

映了这两种合同的本质特征,因而属于特征性履行。按照特征履行说,合同准据法应为担负特征性给付义务的当事人的住所地法,或惯常居所地法,或营业所所在地法。特征履行说所依据的单一的具体连结点反映了合同的本质,这一连结点在与合同有关的众多的连结点中无疑“分量”最重,与合同的联系最为密切。因此,这一学说能正确、客观地确定与合同有最密切联系的国家的法律。

特征履行说的出现是有其深刻原因的。由于最密切联系原则的适用需要法官对国家、社会、当事人的利益及其他客观标志进行综合考察,因而给了法官较大的自由裁量权,何为最密切联系点,全凭法官自由裁量,实际上没有一个明确的标准可循。为解决这一问题,自20世纪60年代开始,许多国家尤其是大陆法系国家采用了最密切联系原则具体化的方法,其突出表现是以特征性履行方法具体贯彻最密切联系原则。可以说,特征性履行的法律选择方法实际上是最密切联系原则的具体化。

最先采用特征履行方法的是1955年的《国际有体动产买卖法律适用公约》。该公约第3条规定,如果买卖合同当事人未指定应适用的法律,依卖方收到订单时的惯常居所地国家的国内法。目前,奥地利、荷兰、丹麦、德国、匈牙利、比利时、瑞士和我国的立法,以及1980年《罗马公约》、1985年海牙《法律适用公约》都采纳了这种特征履行说。即将最密切联系原则与特征性履行方法相结合,以最密切联系原则为合同法律适用的原则,而以合同的特征性履行作为确定最密切联系的客观依据。

依特征性履行方法确定国际货物买卖合同的准据法,通常是将合同分为不同的种类,进而根据各种合同的特征性履行一方当事人的住所地、惯常居所地或营业所所在地为标志,分别确定各种合同的最密切联系地法。这种做法不但考虑到不同类型的合同应有不同的冲突规则,而且还考虑到合同与有关国家以及当事人之间的联系,可以避免“适用与合同有最密切联系的国家的法律”这个原则性规定的抽象性,使法院操作简便,不必再对每一具体合同的最密切联系地法作复杂的分析和判断。

一般说来,以特征性履行方法作为贯彻最密切联系原则的手段,可以保证法律适用结果的确定性、可预见性和一致性。然而,在某些情况下,采用特征性履行方法也会导致不合理的法律适用结果。例如,一个买卖合同的当事人双方在买方营业地进行谈判并订立合同,约定在买方营业地交付货物和支付货款,此时,当事人一方的营业地、合同谈判地和订立地、合同履行地等重要连结因素都集中在买方营业地,如果仍依据特征履行说,以卖方营业地法为合同准据法,显然是不合理的。[1]

---

① 参见肖永平:《冲突法专论》,武汉大学出版社1999年版,第214页。

总之，作为最密切联系原则的必要补充，特征履行是指，依据代表合同本质特征的当事人履行合同的行为地判断最密切联系地，从而确定合同准据法。

综上所述，目前，依据冲突法决定国际贸易争议的法律选择，是以当事人意思自治为主，以最密切联系原则为辅，并以特征性履行行为确定最密切联系地。这是国际上的通行做法。

（三）我国的有关规定与实践

作为一个发展中的贸易大国，我国的国际货物流转正在日趋繁荣与兴旺，因此，有关国际货物买卖合同的法律适用，也就越来越成为令人关注的一个话题。一方面，如何有效地适用法律，保护本国当事人的合法权利，维护国家经济利益；另一方面，如何合理地适用法律，保障外国当事人的合理预期，维持公平的国际贸易环境——这些都是我们不得不考虑的问题。

我国对国际货物买卖合同法律适用的有关法律规定，可以从以下三个方面来阐述：

1．对国际通行做法的采纳

我国《民法通则》第 145 条规定："涉外合同的当事人可以选择处理合同争议所适用的法律，法律另有规定的除外。涉外合同的当事人没有选择的，适用与合同有最密切联系的国家的法律。"《合同法》第 126 条规定："涉外合同的当事人可以选择处理合同争议所适用的法律，但法律另有规定的除外。涉外合同的当事人没有选择的，适用与合同有最密切联系的国家的法律。"

可见，我国法承认当事人选择处理涉外合同争议所适用的法律的权利，如果当事人不作出选择，那么就适用与合同有最密切联系的国家的法律。显然，这与国际上通行的做法一致。至于"法律另有规定的除外"这一限制条款，实际上并不是针对国际货物买卖合同，而主要针对《合同法》第 126 条第 2 款所规定的"在中华人民共和国境内履行的中外合资经营企业合同、中外合作经营企业合同、中外合作勘探开发自然资源合同"。

对于作为最密切联系原则辅助的特征履行说，尽管在立法上我国没有作出规定，但是在司法解释中相应的规定是存在的——这就是最高人民法院于 2007 年发布的《关于审理涉外民事或商事合同纠纷案件法律适用若干问题的规定》。该司法解释不但考虑了合同的不同类型应有不同的冲突法规则，而且考虑了合同与有关国家的联系以及合同各方当事人之间的关系，并以代表上述各类合同本质的特征性履行或以合同本身的特征为基础作出硬性规定，应该被认为是贯彻并实施最密切联系原则的特征履行说的体现。

根据上述司法解释，如果当事人未选择合同所适用的法律，人民法院按照最密切联系原则确定所应适用的法律。在通常情况下，国际货物买卖合同适用合同订立时卖方住所地的法律。如果合同是在买方住所地谈判并订立的，或者合同明确规定卖方须在买方住所地履行交货义务的，则适用合同订立时买方住所地的法律。但是，为了避免对特征履行过于绝对和僵化的理解，该司法解释又规定："合同明显地与另一国家或者地区的法律具有更密切的关系，人民法院应以另一国家或者地区的法律作为处理合同争议的依据。"

从以上的规定可以看出，我国在国际贸易争议的法律适用上，实际上采用了国际上通行的做法。

2. 对 CISG 的直接适用

我国是 CISG 最早的缔约国之一，该公约于 1988 年 1 月 1 日起对我国生效。然而，CISG 是否可以在当事人没有明确选择的情况下，在我国法院得到直接的优先适用却是存在争议的问题。

条约在国内的适用，有一元论与二元论的区别，也有直接适用与间接适用的不同。[①] 就我国来说，所批准的国际条约是否可以在我国得到直接适用，因宪法性法律缺乏相关规定，故而不可一概而论。一般来说，民商事方面的条约可以得到直接适用，而行政或经济管制方面的条约则不可以。例如，我国虽然已经是 WTO 成员国，但是与多数国家的做法一样，WTO 规则在我国不能得到直接适用。

但是，CISG 属于民商事领域的国际条约，依据《民法通则》第 142 条的规定，"中华人民共和国缔结或者参加的国际条约同中华人民共和国的民事法律有不同规定的，适用国际条约的规定，但中华人民共和国声明保留的条款除外"，CISG 可以在我国得到直接适用。

1987 年 12 月 10 日，最高人民法院在《转发对外经济贸易合作部〈关于执行联合国国际货物贸易销售合同公约应注意的几个问题〉的通知》明确指出："我国政府既已加入了公约，也就承担了执行公约的义务。因此，根据公约第一条（1）款的规定，自 1988 年 1 月 1 日起，我国各公司与上述国家（匈牙利除外）的公司达成的货物买卖合同如不另作法律选择，则合同规定事项将自动适用公约的有关规定，发生纠纷或诉讼亦得依据公约处理。故各公司对一般的货物买卖合同应考虑适用公约，但公司亦可依据交易的性质、产品的特性以及国别等具体因素，与外商达成与公约条文不一致的合同条款，或在合同中明确排除适用公约，转而选择某一国的国内法为合同适用法律。"很明显，依据上述司法解释，CISG 对我国是直接适用的。只要有关的涉外货物买卖合同当事人营业地在不同的缔约国，并且该合同所涉及的货物买卖属于 CISG 调整范围的货物以及买卖方式，CISG 将自动适用于有关的合同关系，除非当事人依据 CISG 也承认意思自治原则，自主决定排除 CISG 的适用或者修改有关的条款内容及其效力。

---

① 参见王铁崖主编：《国际法》，法律出版社 1997 年版，第 27—33 页。

需要注意的是，有以下几种情况是CISG在我国直接适用的例外：

首先，由于我国对CISG第1条第1款b项作出了保留，因此，对我国当事人与营业地在非缔约国的当事人缔结的国际货物买卖合同不自动适用CISG。我国作这样的保留有其合理性，公约第1条第1款b项的出发点是扩大适用范围，而各国希望不过多限制国内法的适用，这都是无可厚非的，也正因为如此b项才成为可保留的条款。同时应该看到，随着国际私法的趋同化，[①]这一问题最终将归于无形。并且，在作出b项保留的情形下，合同当事人还是可以依据《合同法》第126条，选择CISG作为准据法用以调整其合同关系。当然，这已经不属于国际条约的直接适用范畴，而是属于当事人依据国内法选择特定规则作为准据法的范畴了。

其次，我国已经与有关国家就有关问题缔结其他条约并作出法律适用安排的，不适用CISG。CISG第90条规定："本公约不优于业已缔结或可能缔结并载有与属于本公约范围内事项有关的条款的任何国际协定，但以双方当事人的营业地均在这种协定的缔约国内为限。"根据该规定，如果我国政府与其他CISG缔约国政府之间存在载有与CISG范围内事项有关的条款的国际协定，则我国当事人与其他缔约国当事人间的货物买卖合同，应适用该国际协定的规定而不适用CISG。[②] 就我国而言，我国和匈牙利虽同为CISG缔约国，营业地分别位于两国的当事人之间的国际货物买卖合同本来应该属于CISG范围内事项，但由于中匈两国于1962年签订了具有双边条约性质的"交货共同条件"，就产生了作为多边条约的CISG与作为双边条约的"交货共同条件"的冲突问题。而显然，我国与匈牙利的选择是，适用双边条约而不适用CISG。最高人民法院《转发对外经济贸易合作部〈关于执行联合国国际货物贸易销售合同公约应注意的几个问题〉的通知》明确规定，中国与匈牙利之间的协定贸易虽属货物买卖，但目前不适用CISG，仍适用中国与匈牙利1962年签订的"交货共同条件"。因此，基于有关缔约国的选择，我国和匈牙利的当事人之间的货物买卖合同不适用CISG，但是这不是CISG第90条规定所直接带来的效果，而是CISG缔约国在CISG许可框架内合意的结果。同样的道理，如果有关缔约国就这一适用双边条约还是多边条约的问题作出另外的选择或者日后改变选择，那么也是可以的。也就是说，中国与匈牙利之间，以后可以达成协议，改选择适用双边条约为选择适用公约。而在匈牙利已经于2004年加入欧盟的背景之下，这种可能性也是比

① 李双元教授指出，受当今国际社会"和平"与"发展"潮流的影响，当代国际私法越来越表现出趋同化的倾向。参见李双元：《走向21世纪的国际私法：国际私法与法律的趋同化》，法律出版社1999年版，第417页。

② 参见肖永平：《冲突法专论》，武汉大学出版社1999年版，第224页。

较大的。[①]

最后,在我国提出保留的范围内,CISG 不能适用。除了前面已经提到的第 1 条第 1 款 b 项保留,我国在加入时对 CISG 的第 11 条也提出了保留。我国是根据 CISG 第 96 条的规定,即"本国法律规定销售合同必须以书面订立或书面证明的缔约国,可以随时按照第 12 条的规定,声明本公约……得以书面以外任何形式作出的任何规定不适用"作出书面保留的。此项保留在提出之时,是与当时的《涉外经济合同法》的规定一致的,即合同必须采取书面的形式订立。随着《合同法》的生效以及《涉外经济合同法》的废止,我国国内法已经不再要求合同必须采取书面的方式订立,《合同法》第 10 条明确规定口头形式和其他形式与书面形式一样是订立合同的方式。因此而产生的疑问是:既然国内法都改变了,那么这一项保留是否自动失效了?答案是否定的。一般来说,国内法与国际法属于两个不同的体系,国内表示行为与国际表示行为并不必然是相通的。我国《宪法》也没有规定国内法与国际法之间可以自由并入或转化,更何况,即使是对彻底采取"一元论"的国家(这种国家非常少)而言,也存在一个国内法与国际法冲突时何者优先的问题,只有采取国内法优先的态度,才可能得到国内法的改变实际上改变对国际条约的保留的结果。因此,只要我国不就该项保留重新表态,正式撤回保留,那么该保留就是有效的,就构成不适用 CISG 有关内容的例外情况。有的学者认为,在我国《合同法》颁布实施之后,该保留已无任何意义,因为即使在不适用 CISG 而适用我国法律的情况下,结果仍然是一样的。[②]但我们认为:第一,只要没有被撤回,该保留在国际法上就是有效的,就不能不被考虑。第二,保留的结果不是在合同形式问题上不适用 CISG,而是依据国际私法规则确立的准据法判断,[③]也就是说,不必然适用中国法。由是观之,我国当事人与营业地在其他缔约国的当事人进行国际货物买卖,为了保护利益,仍然应当以书面的形式订立合同(当然,实际上几乎所有当事人都是这样做的),除非他们选择适用我国法律或者确信合同的最密切联系地法允许非书面合同形式的存在。第三,必须纳入考虑的是该作出保留的缔约国对书面形式的要求是任意性规范还是强制性规范。[④] 如我国当时作出保留的情况,《涉外经济合同法》第

---

① 参见杜涛:《国际经济贸易中的国际私法问题》,武汉大学出版社 2005 年版,第 182 页。

② 参见赵相林主编:《国际商事关系法律适用论》,中国政法大学出版社 2005 年版,第 105 页。

③ 这种观点是西方的主流观点,See John O. Honnold, Uniform Law for International Sales under the 1980 United Nation Convention, Kluwer Law and Taxation Publishers, p. 156. 我国有些学者是主张一经保留,则凡是缔约一方为我国当事人的国际货物买卖合同都必须采用书面形式,参见丁伟:《对国际货物买卖合同形式的两点看法》,载《法学》1999 年第 7 期。

④ 事实上,CISG 之所以允许书面形式保留,就是考虑到当时某些国家,如苏联、中国等国家的法律要求对外贸易合同采取书面形式,且这种书面形式要求是一项强制性规定,违反它一定程度上等于违反公共政策。任意性规范比较典型的是美国,《统一商法典》第 2-201 节欺诈行为法有书面形式要求,但不是强制性规定,违反这项规定的后果也不是使合同无效,只是不能强制执行。

7 条对合同书面订立并签字的方能成立的规定是强制性规范，1987 年 10 月 19 日发布的《最高人民法院关于适用〈涉外经济合同法〉若干问题的解答》也明确将未采取书面形式的涉外经济合同归于无效合同，则假如外国仲裁机构或法院依照其他有关法律作出了相反的裁决，我国也可以公共秩序保留拒绝承认和执行。时至今日，《合同法》已经承认非书面形式订立的国际货物买卖合同，所以已经不存在这一问题，但《合同法》第 10 条还是规定了“法律、行政法规规定采用书面形式的，应当采用书面形式”，不排除特殊的货物买卖按照有关行政法规必须采取书面形式的可能，这样书面保留还是有其发挥作用的空间的。第四，必须要指出的是，由于 CISG 第 96 条允许书面保留的前提是该缔约国“本国法律规定销售合同必须以书面订立或书面证明”，我国现在显然已经不再符合此项前提了，这一保留的效力本身也是存疑的。

3. 对国际惯例的有条件适用

国际惯例是指国际民商事交往中双方当事人经常引用的、用于直接确定他们之间权利义务关系的规则。国际统一私法协会的《国际商事合同通则》（以下简称《通则》）并非是有拘束力的条约，而仅能算是国际贸易领域的国际惯例。我国没有适用《通则》的义务，但是在尊重国际经济惯例的普遍共识之下，我国在一定条件下，是可以适用作为国际惯例的《通则》的。

第一种情形，是依据 CISG 对当事人所同意的惯例的支持，适用作为国际惯例的《通则》。CISG 第 9 条规定，当事人之间业已同意的任何惯例和他们之间确立的任何习惯做法，对双方当事人均有约束力。除另有协议外，双方当事人应视为已默示地同意对他们的合同或其成立适用双方当事人已经知道或理应知道的惯例，条件是这种惯例必须是在国际贸易上已为有关特定贸易所涉同类合同的当事人所广泛知道并为他们经常遵守。可见，只要当事人同意（并且这种同意可以是默示的）《通则》构成惯例，《通则》就依据 CISG 的规定取得了拘束力，成为有效的准据法。由于我国也是 CISG 的缔约国，因此也就承担了 CISG 第 9 条所规定的尊重国际惯例的义务，故而在当事人营业地属于不同缔约国的时候，只要当事人承认《通则》是国际惯例，就应当适用该通则。

第二，是在无其他法律规定的情况下适用作为国际惯例的《通则》。我国《民法通则》第 142 条第 3 款规定：“中华人民共和国法律和中华人民共和国缔结或者参加的国际条约没有规定的，可以适用国际惯例。”这就是我国法院适用《通则》的依据。这种情况是可能出现的。CISG 并非一个全面的国际货物买卖合同法，它仅就合同的订立、卖方和买方的合同权利义务、违约及其救济等事项作了规定，而我国《合同法》也并非面面俱到，除总则外，其专门调整货物买卖合同的法律规范只有 45 条。相比之下，《通则》的内容更为丰富，针对性与具体性更强，且作为国际上比较公认与通行做法的编纂，权威性与合理性也比较强。当我国法院考察某个特定问题,发现法律以及条约没有规定的时候,就可以直接适用《通则》的有关规定。当然,应该看到,这种适用是无保障也不完全的。因为,既然法律规定"可以"适用国际惯例,那么必然意味着也可以不适用国际惯例,一切都取决于法官的自由裁量,如果法官认为没有必要或者出于任何其他原因,都可以排除《通则》的适用;而即使法官愿意适用《通则》,出于法律的限制,也只有在我国法律和我国缔结或者参加的国际条约没有规定的情况下,才能够适用。可见,虽然《通则》可以作为国际惯例被我国法院适用,但其适用受到很大的限制。

第三,是在国际货物买卖合同当事人的选择之下,适用作为合同内容一部分的《通则》。这种适用《通则》的情况的主要依据,是《民法通则》第145条以及《合同法》第126条。依据以上国内法的规定,涉外货物买卖合同的当事人可以选择处理合同争议所适用的法律。因此,只要有关的当事人明确地选择适用《通则》,那么我国法律是认可的,只不过,此时的《通则》已经不作为国际惯例起作用,而是作为合同内容的一部分,在国内法的保障下起作用。当国际货物买卖合同当事人选择《通则》作为所适用的法律的时候,他们实际上已经通过自己的意思自治,将《通则》并入到合同内容中,而我国法律的规定是允许这样做并且保障其法律效力的。与上一种被适用的情况相比,此时被适用的《通则》虽然丧失了其国际惯例的本来性质,成为合同的组成部分,但也使得《通则》可以基本上不受限制地被适用,在当事人的合意之下,《通则》可以被完整地援引。

最后,还应该指出的是,《通则》还可以依据有关国际条约和国内法的规定,被用于解释有关国际货物买卖合同。此时《通则》所得到的仅仅是一种间接的适用,而不是直接被适用于确定权利义务。此外,是否被拿来解释、如何解释,很大程度上都是法官自由裁量的范围,故而此时的《通则》只不过是一种等待法官认可的参考标准而已。

三、法院判决的承认与执行

(一)承认与执行概述

国际民事诉讼的判决的承认与执行,是指外国法院的判决得到内国的承认和执行,因而在内国发生域外效力的情况。

根据国际法上关于主权国家及其管辖范围的一般原则,一国法院作出的判决,仅在该国境内有效,外国法院没有承认与执行他国法院判决的义务,除非有国际公约的约束,或者国家之间出于国际礼让,相互承认与执行对方法院的判决。

在国家间判决承认与执行方面,国际社会历来存在三种不同的理论观点。一是国家中心(state-centric)说,即是否承认与执行外国判决完全由该国自主决定;二是世界主义或全球主义(cosmopolitan or global)说,亦即国家间判决承认与执行问题完全由国际社会在效力和普遍公正之间取得平衡,而国家不应发挥任何作用;三是国家社会(society of states)说,即国家作为参与者在协调国际矛盾上发挥重要作用——站在组成共同社会的国家的立场上共同寻求效力和普遍公正。国家中心说是目前为止世界各国所普遍采用的学说理论。[①] 这意味着,是否承认与执行外国法院判决、如何承认与执行外国法院判决,均取决于内国的意志或其合意。

一国法院的判决是该国的国家行为,原只在该国境内有效。为了使该判决在其他国家发生效力,该判决必须符合后者的立法、判例或条约规定,才能得到后者的承认或执行。执行指国家以公力强制执行判决,必须以承认为条件,但承认并非必然伴随着执行。对外国法院的民、商事判决,除给付判决以外,只发生承认问题。例如,一个单纯准许当事人离婚的判决,就不发生执行问题,因为无须执行。一般说来,承认和执行外国判决的法律上的条件是相同的,只是执行还须经过一定的法律程序,而承认除少数国家的法律(如1942年意大利《民事诉讼法典》第796条)以外,不需要这种程序。根据一事不再理原则,如果对经过判决的案件的原当事人,承认国法院不准其就同一标的提起新的诉讼,就是对原判决发生既判力的承认;又如被判决离婚的一方向承认国婚姻登记员申请为另一婚姻登记,如果婚姻登记员许可该婚姻的登记,显然以承认判决国法院的离婚判决为前提,而无须任何程序。

关于承认和执行外国判决的问题,在多边和双边条约中都有规定。有关该问题的重要多边条约有:1968年9月27日欧洲共同体国家在布鲁塞尔签订的《关于民商事案件管辖权及判决承认与执行公约》、1928年2月28日美洲国家在哈瓦那签订的《国际私法公约》、1940年3月19日拉丁美洲国家在蒙得维的亚签订的《国际诉讼程序法条约》,以及海牙国际私法会议参加国在各届会议上所制定的下列公约:1958年4月15日《儿童抚养义务决定的承认和执行公约》、1965年11月15日《收养管辖权、法律适用和决定承认公约》、1970年6月1日《承认离婚和法定分居公约》、1971年2月1日《民商事案件外国判决的承认和执行公约》。至于有关该问题的双边条约,为数很多。例如,1964年8月27日法国和阿尔及利亚在阿尔及尔签订的《执行判决和引渡专约》。另外,在不少双边的司法协助条约中,也可以找到相互承认和执行判决的条款。

(二)承认与执行外国判决的条件

关于一国法院承认和执行外国法院判决的条件,各国法律的规定大同小异。一般来说,有关的条件包括:

---

① 参见宣增益:《国家间判决承认与执行》,载《中国法学》2004年第2期。

1. 该外国判决必须是已确定的,既不得上诉也不得申请再审。

2. 该外国判决与内国法院已作出的判决并无矛盾。

3. 在该外国判决确定以前,本案双方当事人并未就同一标的在内国法院进行诉讼。

4. 按照承认或执行国(即被申请承认或执行外国判决的国家)的法律,判决国(即判决该案的法院的本国)对该案有管辖权。这里,承认或执行国的法院只审查判决国对该案有无管辖权(即"国际管辖权"),而不审查判决国的一个特定法院对该案有无管辖权(即"国内管辖权")。如果承认或执行国法院按照内国法律对该案有专属管辖权,判决国就没有管辖权;如果按照承认或执行国的法律,被告住所地法院对该案有管辖权,那么该国自应认为判决国法院也可以根据被告在该国有住所而行使管辖权。但有的国家的判决认为,承认或执行国尚需采取更为宽大的态度,以便利外国法院的判决得到承认和执行。例如,1971 年 11 月 10 日巴黎上诉法院对美国麦克世界范围有限公司等上诉案的判决中认为,只要原告向判决国法院的起诉既不是擅断的,又不是不自然的,也不是诈欺的,该外国判决就应得到承认或执行。所谓"擅断",是指该案同判决国并无客观的关系;所谓"不自然"和"诈欺",是指原告向判决国法院起诉,旨在规避正常的有管辖权的法院以取得不正当的利益。

5. 该外国判决不违反承认或执行国的公共秩序和善良风俗。

6. 该外国判决在适用法律上并不违反承认或执行国国际私法的规定。这只是少数国家的法律为了保护其内国人的利益而规定的一个条件。例如,1961 年葡萄牙《民事诉讼法典》第 1096 条第 7 款规定:判决对葡萄牙人不利时,不得违反葡萄牙私法的规定,如果按照葡萄牙的抵触规则,应适用葡萄牙私法。1877 年德国《民事诉讼法》第 328 条第 3 款也有类似的规定。

7. 互惠。很多国家的法典规定了这个条件。例如,按照 1896 年奥地利《执行法》第 79 条,相互作为执行外国判决的条件必须由国际条约或载在公报中的有关相互执行的政府宣告予以保证。1877 年德国《民事诉讼法》第 328 条第 5 款规定,承认外国判决,除了按照德国法院无管辖权的非财产案件的判决外,以得到相互的保证为条件,但该法并不要求外国立法上或政府宣言的保证,而只要求事实上互相的保证。按照 1933 年英国的《外国判决(相互执行)法》,只有执行外国判决以相互为条件,承认外国判决无须有互相的保证。总的来说,许多国家立法受传统的国家主权观念的影响,仍然坚持以绝对的"互惠原则"作为承认与执行外国法院判决的必要条件,如日本、土耳其、英国、秘鲁、突尼斯等;有的国家采取不完全的互惠原则,但这一般限于某些特定领域;还有的国家开始放弃或软化了这一要求。①

8. 无诈欺情事。其又分为两种:一是过去的诈欺,指通过行贿、伪证等取得对其有利的判决;二是现在的诈欺,指通过诈欺使用判决。

(三) 执行外国法院判决的程序

关于执行外国法院判决的程序,各国的制度可分为三种:

1. 执行判决程序

按照这个程序,外国判决只有在内国法院宣告执行判决后,才可以在内国强制执行。为了取得执行判决,原判决债权人须向有管辖权的内国法院对判决债务人起诉。采取这个程序的国家颇多,但对原案的实质是否进行再审则规定不同。有些国家的法律,如 1967 年比利时《司法法典》第 570 条第 2 项规定,在这种程序中,除非条约另有规定,比利时法官除审查条件外,并须审查本案的实质,即比利时法官须就外国判决是否在实质上正确的问题,从法律和事实进行全面的审查,才可作出是否予以强制执行的判决。根据 1942 年的意大利《民事诉讼法典》第 798 条,在一定情况下也要求其法院对原案的实质进行再审。法国过去也采取这种立场,自 1955 年以后,已倾向于不审查实质。1877 年德国《民事诉讼法》第 328 条和 1963 年捷克斯洛伐克《国际私法和国际民事诉讼法》第 63 条则根本不要求对实质进行审查。

2. 注册程序

这是英国立法采取的程序。按照 1933 年英国《外国判决(相互执行)法》,外国高级法院作出的给付金钱判决,在相互条件下,可以通过向英国法院注册而得到执行。当英王认为某一外国对英国已满足相互条件时,他可以颁发枢密院令将该国确定为按该法相互执行判决的国家。英国法院接到判决债权人的申请后,必须将判决注册,并无自由斟酌的余地。但是,判决债务人可以根据该法列举的撤销注册的理由,如原判决法院无管辖权、原告有诈欺情事等,申请撤销注册。经注册而未撤销的外国判决,与英国判决有同一效力。

3. 根据原判决诉请作出新判决的程序

这是英国普通法上的程序。按照这种程序,外国判决债权人可以根据该判决向英国法院起诉,而由英国法院作出新判决,并据以执行。英国法院在这种程序中不审查原判决在法律上和事实上是否正确。

(四) 我国对外国法院判决的承认与执行

外国法院的判决只有经我国法院承认后,才能在我国境内得以执行。

按照我国《民事诉讼法》第 267 条的规定,向我国法院申请承认与执行的外国法院的判决,必须是已经发生法律效力的判决。当事人应当向我国有管辖权

---

① 参见杜涛:《互惠原则与外国法院判决的承认与执行》,载《环球法律评论》2007 年第 1 期。

的中级人民法院申请承认与执行。

根据《民事诉讼法》第268条的规定,我国对外国法院判决的承认与执行所依据的主要原则有两个:一是我国缔结或者参加的国际条约中的有关规定,如我国与其他一些国家订立的司法互助协定中的规定;二是按照互惠原则进行审查,如我国法院认为该判决不违反我国法律的基本原则或者国家主权、安全、社会公共利益的,裁定承认其效力,需要执行的,发出执行令。按照我国《民事诉讼法》的有关规定执行,对于违反我国法律的基本原则或者国家主权、安全、社会公共利益的,不予承认与执行。

第三节 国际商事仲裁

一、国际商事仲裁概述

(一)国际商事仲裁的历史发展

通过仲裁方式解决争议,是一项古老的制度。仲裁的实质,就是争议双方共同约请与争议无利害关系的第三者公断,而对公断的结果,双方当事人必须执行。

仲裁作为解决国际商事争议的一种手段,是随着国际贸易的发展而由商人们自发地创立起来的。作为国际商事仲裁起源之一的中世纪的商人习惯法,既不是由现代意义上的国家立法机关制定的,也不是法学家们的作品,而是商人们在长期的国际商事交易中发展起来的。而中世纪的商人习惯法在当时之所以具有普遍性,就是因为这些从事国际商事交易的商人们无论在英国伦敦,还是在德国科隆或意大利的威尼斯经商,都适用相同的商事惯例。这些惯例形成和发展的一个主要原因,就是商人们自己在各主要集市均设立了处理他们之间的商事争议的行商法院(pie powder),这些行商法院无疑是统一的,具有现代调解或仲裁的性质,而不是严格意义上的法院。若以现代术语表述,它们具有常设国际仲裁庭的特点。那些非职业性的仲裁员被召集在一起,负责在各地解决争议,无论处理争议的法院设在何处,地方惯例有何区别,他们都会明确地适用相同的商业惯例。

19世纪末,随着商事交易的发展和仲裁解决争议方式的普遍采用,仲裁逐步发展成为解决争议的一项国内法上的制度。自进入20世纪以来,特别是二战后,随着科技的进步和国际贸易的迅速发展,仲裁解决国际商事争议已经得到各国法律的普遍认可。各国间承认与执行在他国作出的仲裁裁决的国际义务,已经在1958年《承认与执行外国仲裁裁决公约》(简称《纽约公约》)中得到了固定。鉴于一国法院的判决在另一国家申请执行时可能遇到的种种问题,可以这样认为,通过仲裁解决国际商事争议,已经成为国际商人们首先选择的并最受欢迎的解决争议的方法。

（二）国际商事仲裁的概念和法律特征

国际商事仲裁就是指国际商事关系的双方当事人在争议发生后,依据仲裁条款或仲裁协议,自愿将争议提交某一临时仲裁机构或某一国际常设仲裁机构审理,由其根据有关法律或公平合理原则作出裁决,从而解决争议。

对于何谓国际性的商事仲裁,法国《民事诉讼法典》第1492条作了原则性的界定:"如果包含国际商事利益,仲裁就是国际性的。"这里"国际商事利益"的含义,显然是极为广泛的。对一国而言,凡是仲裁协议的一方或双方为外国人、无国籍人或其他外国企业或实体,或者仲裁协议订立时双方当事人的住所或营业地位于不同的国家,或者即便仲裁协议双方当事人的住所或营业地位于相同的国家,但如果仲裁地点位于该国境外,或者仲裁协议中所涉及的商事关系的设立、变更或终止的法律事实发生在国外,或者争议标的位于该国境外者,均可视为国际商事仲裁。

国际商事仲裁主要具有以下三个方面的特征:

首先,它是一种自愿解决争议的方法。当事人之间约定的通过仲裁方式解决他们之间已经发生的或将来可能发生的争议的仲裁协议,是通过仲裁解决争议的基本前提。如无此项协议,就不可能有仲裁的发生。这一特点与ADR是相同的。

其次,仲裁解决争议具有较大的灵活性。当事人可就由谁仲裁、仲裁适用的规则和法律、仲裁地点、仲裁所使用的语文以及仲裁费用的承担等作出约定。除非当事双方另有约定,仲裁一般均采用不公开审理的方法,这样,当事人的商业信誉和商业秘密就能得到较好的保护。而在司法诉讼中,各国法院只适用本国的诉讼程序法,当事人一般不能自由地选择审理争议的法官,并且需严格地按照诉讼程序法的规定审理案件。

最后,仲裁裁决具有与法院判决相同的法律效力。而且,与法院判决相比,仲裁裁决如需在外国执行时,具有更大的优势。因为世界上一百多个国家均是1958年《纽约公约》的缔约国。据此公约,缔约国有义务承认与执行在另一缔约国境内作出的仲裁裁决,除非该裁决有公约规定的拒绝承认与执行的理由。而一国法院作出的判决需在另一国执行时,由于各国在政治、经济、文化和意识形态等方面的差异,内国法院往往对外国法院的判决采取不信任的态度,而目前又缺乏相互承认与执行外国法院判决的普遍性的国际公约,所以法院对需在该国执行的外国法院判决的审查上,往往附有非常苛刻的条件。

正是由于仲裁所具备的上述特点,使之成为解决国际贸易争议的主要方法。绝大多数国际贸易合同中均含有通过仲裁解决争议的条款——仲裁条款。许多国家之间订立的双边或多边国际公约或协定,一般也含有仲裁条款。

国际商事仲裁程序一般包括如下阶段：第一，仲裁的申请和受理。第二，仲裁庭的组成。临时仲裁机构可直接作为仲裁庭，常设仲裁机构内部则设有仲裁庭组织；仲裁庭由双方当事人合意选定或由有关仲裁机构基于当事人的授权或依职权指定的仲裁员组成。第三，仲裁审理。分为口头审理和书面审理两种方式。第四，仲裁裁决。仲裁庭作出裁决后，仲裁程序即告终结。

（三）国际商事仲裁的性质

关于仲裁的性质，主要存在四种说法：契约说、司法权说、混合说和自治说。契约说认为，国际商事仲裁是一种合同；司法权说认为，国际商事仲裁是一种准司法行为；混合说认为，国际商事仲裁既是一种合同也是一种准司法行为；自治说认为，国际商事仲裁是当事人行使意思自治权利的体现。

如今多数学者都赞同混合说，即认为仲裁既具有契约性又具有司法性。[①]笔者认为，自治说不过是对当事人意思自治（契约性）的另一个角度的表达。至于主张仲裁具有宽泛的多种性质的观点，[②]本质上仍然是混合论。可以说，混合说比较准确地对仲裁的性质作了原则性的概括。

然而，这一概括很大程度上仍然是不明确的，[③]也无益于解决实际问题。如果说仲裁有契约性的话，那么它属于何种契约？契约性与司法性之间的关系是什么？哪些问题需要主要考虑仲裁的契约性，哪些需要主要考虑其司法性？而一个永远正确的“仲裁既具有契约性又具有司法性”或“仲裁是一种准司法的争端解决方式”的结论，对于前面所列问题的解决是没有什么帮助的。

最初的仲裁仅具有契约性，它是中世纪的商人们为了迅速解决争端而订立的协议，其审理、裁决和履行都是依据诚信原则而自愿进行的。直到 19 世纪初左右，各国才将仲裁纳入其法制轨道，法律监督仲裁并保证其执行，这就使仲裁具有了司法性，如今的仲裁无疑分享了部分原属于诉讼的司法权。早有学者指出，仲裁的实质是解决民商事争议的一项合同上的制度，[④]司法的监督与支持不

---

① See Alan Redfern & Martin Hunter, Law and Practice of International Commercial Arbitration, 2nd edition, Sweet and Maxwell, 1991, p. 8; Sauser-Hall, L'arbitrage en droit international prive, Annuaire de l'institut de Droit International, 1952, p. 469. 另参见〔英〕施米托夫：《国际贸易法文选》，赵秀文选译，中国大百科全书出版社 1993 年版，第 598 页；赵秀文：《国际商事仲裁及其适用法律研究》，北京大学出版社 2002 年版，第 5 页；韩健：《现代国际商事仲裁法的理论与实践》，法律出版社 2000 年版，第 38 页；郑远民等编著：《国际私法：国际民事诉讼法与国际商事仲裁法》，中信出版社 2002 年版，第 210 页；谭兵主编：《中国仲裁制度研究》，法律出版社 1995 年版，第 11 页。

② 有的学者认为仲裁兼具契约性、司法性、自治性。参见邵景春：《国际合同：法律适用论》，北京大学出版社 1997 年版，第 439 页；宋航：《国际商事仲裁裁决的承认与执行》，法律出版社 2000 年版，第 17 页。

③ 有学者评价道，混合说貌似公允，实则模糊。参见黄进、徐前权、宋连斌编著：《仲裁法学》，中国政法大学出版社 1997 年版，第 5 页。

④ 参见赵秀文：《香港仲裁制度》，河南人民出版社 1997 年版，第 2 页。

是仲裁的实质,而是使仲裁有法律效力的必要辅助。[①] 仲裁制度最根本的属性在于当事人意思自治。[②]

可见,契约性是仲裁的基本特性,司法性是仲裁的重要特性,但是它是衍生特性,在法律没有正式承认仲裁以前,仲裁依靠其契约性就已经成为仲裁。仲裁是一种受到国家司法体制支持的平等民事主体之间的法律服务行为。

前面已经指出仲裁的基本特性是契约性,下面要分析的是,它属于何种契约?这就需要从解构仲裁的内部关系入手。而仲裁内部关系的核心,就是几类主要仲裁参加人之间的法律关系。

1. 仲裁员与当事人的关系

尽管理论界有人将这种关系看做是一种"准合同"或"准司法"关系,[③]但是合同关系是最符合实际的,因为如果不考虑其他外部因素,尤其是如今仲裁事实上分享了部分司法权这一因素的话,仲裁员与当事人之间关系的实质就是前者接受指定并审理案件,后者支付酬劳并取得裁决,这就是合同关系。至于这属于何种合同类型,有的认为是委托合同,有的认为是雇佣合同,还有的认为是承揽合同,[④]而笔者认为这是一种法律服务合同。

仲裁本来就是一种法律的争端解决办法,仲裁员运用法律知识为当事人解决争端的过程,实际上就是当事人依合同享受法律服务的过程。一旦合同达成,仲裁员就只需服从合同与法律而不必受任何一方当事人的不当影响,他不为任何特定一方当事人的利益服务,而是为双方当事人特定的共同利益服务,这一共同利益就是争端的迅速解决和权益归属的有效确定,尽管这一共同利益的实现可能会以某一方当事人利益的损失为代价。可见,仲裁员出具一份裁决书与律师出具一份法律意见书并没有实质的不同,都是法律服务。然而,仲裁与一般法律服务的区别在于,其服务内容是解决争端而非咨询或代理,且当事人选择仲裁后,就自愿限制了其程序上的诉权,他们不再通过法院的审判而通过仲裁员的服务行使其程序上的处分权。

2. 仲裁机构与当事人的关系

笔者认为,在机构仲裁的情况下,仲裁机构与当事人构成法律服务合同关系。仲裁机构接受当事人的申请,为当事人提供仲裁员名册,管理仲裁日常事务,实质就是为仲裁员与当事人之间合同的履行作必要的安排与准备,也是一种

---

① See Anthony Walton & Mary Vitoria, Russell on the Law of Arbitration, 20th edition, Stevens & Sons, 1982, p. 1.

② 参见陈治东:《国际商事仲裁法》,法律出版社 1998 年版,第 9 页。类似的表述还可参见宋连斌:《国际商事仲裁管辖权研究》,法律出版社 2000 年版,第 16 页;李玉泉主编:《国际民事诉讼与国际商事仲裁》,武汉大学出版社 1994 年版,第 246 页。

③ 参见郭寿康等主编:《国际经济贸易仲裁法》,中国法制出版社 1999 年版,第 193—200 页。

④ See Julian. D. M. Lew, Immunity of Arbitration, London Lord Publishing Cor., 1990, pp. 46—54.

帮助当事人解决争端的法律服务。仲裁员的服务与仲裁机构的服务相辅相成，构成仲裁服务的全部内容，当然仲裁机构的服务是属于从属地位的。

在临时仲裁的情况下，一般不存在仲裁机构，即使存在，这种仲裁机构也并不管理仲裁程序，只是宣传仲裁，没有管理仲裁日常事物的义务。[①] 所以，这种情况下一般也就无所谓仲裁机构与当事人的合同关系，如果有的话，双方至多存在一种中介关系，仲裁机构只是促使仲裁员与当事人达成法律服务合同。

3. 仲裁员与仲裁机构的关系[②]

需要指出的是，仲裁员与仲裁机构之间不是雇佣合同(employment contract)关系，而是独立劳务合同(independent contract)关系。也就是说，仲裁员不是仲裁机构的工作人员，而是仲裁机构所聘请的独立劳动者。[③] 仲裁员仅以个人名义行使职权，依靠自己的法律知识与能力为当事人服务；仲裁员行使职权不依赖于仲裁机构的命令，只依赖于其与当事人之间的法律服务合同；仲裁机构主要负责接受当事人提交的仲裁申请案、协助组成仲裁庭，在当事人与仲裁员之间传递有关仲裁审理所需要的文件、协助安排开庭审理等，至于仲裁审理和仲裁裁决，完全属于仲裁庭的裁量范围。当然，这里的独立劳务合同是从属于以解决争端为目的的法律服务合同的。

通过上述分析，可以得出以下结论：仲裁的内部关系主要是以解决争端为目的的一种法律服务关系，仲裁的基本性质是一种法律服务。

这一定义有利于对仲裁与斡旋、调解、诉讼等其他争端解决方式作出原则性的区分。[④] 首先，仲裁、斡旋、调解都是以解决争端为目的的服务，但是仲裁具有法律性，而后两者没有。因为，仲裁始终是以一定的法律规范[⑤]为准绳，以仲裁解决争端必须依据一定法律规则进行，即使是在仲裁中进行的调解也要在法律的是非曲直的基础上进行，而偏离法律的友好仲裁也是这一背景下才有的特殊情况，更何况友好仲裁所依据的公平原则说到底也是一种自然法，或曰衡平法。相比之下，斡旋与调解本身并没有依据法律规范进行的要求，这也许就是法律不会令这两种争端解决方式具有约束力的原因。其次，仲裁与诉讼都是以法律解决争端，但是仲裁是一种民间性的服务，而诉讼不是，诉讼所体现的是国家公权

---

① 参见康明：《临时仲裁及其在我国的现状和发展》，载《仲裁与法律》2000年第3期，第7页。

② 显然，这一命题仅在机构仲裁的情况下才有实际意义。

③ 两者的区别在于，工作人员在工作中受雇主的全面监控，且一般以雇主的名义、依靠雇主提供的条件工作；而独立劳务者只需听从雇主依照合同对自己的工作所作的安排或要求，至于合同未规定的事项雇主不得过问，且独立劳务者一般以个人名义、依靠自身的条件工作。

④ 关于对这几类关系的具体区分，参见韩德培主编：《国际私法新论》，武汉大学出版社1997年版，第702—704页；陈治东：《国际商事仲裁法》，法律出版社1998年版，第2—6页。

⑤ 无论是早期的商人习惯法，还是如今的国内实体法、冲突法、条约、惯例、当事人选择的法、现代商人法等，都是一定的法律规则。

力的执法过程。[1]

（四）国际商事仲裁的种类

国际商事仲裁的种类很多，按照不同的分类标准，可作出不同的分类。但就最重要的分类方式而言，国际商事仲裁可以分为两类：

1. 临时仲裁

临时仲裁，是指根据当事人之间的仲裁协议而临时设立仲裁庭，审理特定案件并作出仲裁裁决的仲裁形式。裁决作出后，该仲裁庭即行解散。

仲裁在产生初期是以临时仲裁的形式出现的，并且在以后相当长一段时间内都只有临时仲裁而无机构仲裁。临时仲裁是仲裁的初始形态，在当今世界各国都普遍设置常设仲裁机构的情况下，不仅没有消灭，反而发展得更为迅速，在国际仲裁制度中占有十分重要的地位。当今世界各国普遍承认临时仲裁方式，并在有关国际仲裁公约中作出明确规定。

临时仲裁具有以下几个特点：

第一，规则的统一性。不同国家的商人之间均主要采用相同的办法，运用相同的游戏规则处理纠纷。

第二，程序简单，不拘泥于形式。临时仲裁机构的主要优势是程序上比较灵活，在一定条件下可提高工作效率和节省仲裁费用的开支。因为一般常设仲裁机构均收取管理费，此外还要办理其他一些复杂的手续。但这样做的缺点是当事人得就仲裁所涉及的各种问题作出约定，如果程序进行中发生争议，如一方当事人拒绝指定仲裁员，另一方当事人须按照所适用的仲裁规则的规定，申请法院或其他机构指定仲裁员。

第三，仲裁庭不具有任何国家背景，处于更为中立的地位。这是仲裁相对于一国法院的明显优势，且无疑对案件的处理结果的公平性大有好处。

临时仲裁制度事实上已由1958年《纽约公约》第1条第3款中确立。我国是《纽约公约》的成员国，但是我国《仲裁法》对临时仲裁没有作出规定。那么，我国是否像多数国家那样应该允许临时仲裁？如果仲裁是契约性的，那么，应该让当事人有缔结临时仲裁协议的自由，只要当事人自愿承受临时仲裁的不利之处；如果仲裁有司法性，那么在一国认为发展临时仲裁成本过高、收益有限，且其他司法解决机制足以满足当事人的需要时，它可以选择不发展临时仲裁而尽量去完善已有的机构仲裁。

我们认为，临时仲裁不过是另一种仲裁形式，仲裁采用何种形式主要是其内部关系的问题，从契约性考量，应该让当事人有缔结临时仲裁协议的自由，即使

---

① 参见罗国强：《论仲裁的性质》，载《仲裁与法律》总第94辑。

临时仲裁制度是不完备的、过时的，只要当事人愿意选择就应当允许。[1]

2. 机构仲裁

机构仲裁是当事人协商一致选择常设性的仲裁机构解决其争议的商事仲裁，即由某一常设的商事仲裁机构按照固定的仲裁规则（通常是本机构的仲裁规则）管理商事仲裁程序。

机构仲裁的特点包括：

第一，仲裁机构的常设性。这是机构仲裁的最明显特征。也就是说，从事这类仲裁的机构是固定的，它存在于争议发生之前，并且不因争议的解决而终止。

第二，仲裁规则的严密性和实用性。在机构仲裁中，每个常设机构都有自己既定的仲裁规则，并且这些规则都是在仲裁实践中一再得到检验和修正的，具有相当程度的科学性和实用性。

第三，仲裁员素质的可信性和范围的广泛性。在机构仲裁中，常设的仲裁机构都设有仲裁员名册，供当事人选择。这些人员一般都是依法定的条件任命的，为人正派，且具有一定的专业素质和法律素质，能为当事人所信任。同时，仲裁员群体分布广泛，特别是国际仲裁机构，其仲裁员来自不同国家和地区。

第四，仲裁费用的明确性。机构仲裁对仲裁员的报酬及各种费用的收取均有明文规定，将收费标准明示于当事人，使当事人易于了解和接受。

从以上特点中，我们可以看出机构仲裁具有两大优势：一是它依据既定的仲裁规则进行仲裁，程序较为严格；二是它有现存的固定管理机构和合格可信的仲裁人员。

随着仲裁制度的不断发展，机构仲裁已经成为当今仲裁的主要形式，在仲裁领域占主导地位。这主要是由于机构仲裁在订约成本、规则制定成本、选任仲裁员成本、监督成本等方面，较之临时仲裁更有优势。而我国的仲裁只有机构仲裁，不存在临时仲裁。

常设仲裁机构是依据国际公约或一国国内法设立的审理国际商事仲裁案件的机构，如中国国际贸易仲裁委员会、美国仲裁协会等。在国际商事仲裁实践中，一些重大的仲裁案件一般均由这类仲裁机构仲裁解决。根据常设仲裁机构的性质的不同，还可以分为国际性、区域性和行业性仲裁机构。

常设仲裁机构与临时仲裁机构的主要区别在于由专门的组织实施对仲裁程序的管理。这些仲裁机构有自己的名称、章程、比较完善的仲裁规则、固定的办公地点和秘书处及其工作人员，一般还有供当事人选择的仲裁员名册及示范仲裁条款或仲裁协议。这些机构在对仲裁程序实施管理时，一般适用自己的规则，但在现代国际商事仲裁实践上，许多仲裁机构也允许当事人选择适用其他的仲

---

① 参见罗国强：《论仲裁的性质》，载《仲裁与法律》总第94辑。

裁规则,如联合国国际贸易法委员会的仲裁规则或其他仲裁机构的仲裁规则。

在国际商事交往实践中,人们越来越多地将争议提交常设仲裁机构解决,特别是争议标的较大的案件。常设仲裁机构本身并不具体负责处理某一仲裁案件,其主要职能是对提交其仲裁的案件实施行政管理,保障所适用的仲裁规则的实施。尽管各常设仲裁机构的具体职责有所不同,但一般都具有以下三个方面的职能:

第一,接受当事人提出的仲裁申请,对仲裁管辖权问题进行初步审查。各仲裁机构都设有专门的办事机构,如国际商会国际仲裁院的秘书处、伦敦国际仲裁院的登记处、中国国际贸易仲裁委员会的秘书局等,这些办事机构负责受理当事人向各有关仲裁机构提交的仲裁申请。由机构对当事人的申请及其所依据的仲裁条款或仲裁协议进行初步审查,若认为有管辖权的话,即可决定受理当事人提交的案件,并按仲裁规则及有关的收费标准收取仲裁费。

第二,协助仲裁庭的组庭工作。如果当事人就其约定的独任仲裁员或首席仲裁员不能达成一致,或者在由三位仲裁员组成仲裁庭的情况下,被申请人在仲裁规则规定的期限内未能指定仲裁员,按照许多仲裁机构的仲裁规则的规定,应由仲裁机构指定上述各仲裁员。例如,按照 1998 年 1 月 1 日起生效的《国际商会国际仲裁院仲裁规则》第 8 条的规定,如果当事人约定争议由独任仲裁员审理,但双方当事人未能在被申请人收到申请人的仲裁申请之日后 30 日内或秘书处允许的额外期限内就此独任仲裁员达成协议,该独任仲裁员由仲裁院指定;如果争议在由三位仲裁员审理的情况下,一方当事人未能对其应当指定的仲裁员作出指定,则仲裁院有权对此仲裁员作出指定。按照 1998 年 1 月 1 日起实施的《伦敦国际仲裁院仲裁规则》第 5 条的规定,在由三位仲裁员组成仲裁庭时,首席仲裁员由仲裁院而非当事人指定。其他仲裁机构的仲裁规则也有类似规定。

第三,撤销对仲裁员的指定和指定替代仲裁员。例如,按照《伦敦国际仲裁院仲裁规则》第 10 条的规定,如果仲裁员故意违背仲裁协议或应当适用的仲裁规则,无故拖延仲裁程序,或者存在着对某一仲裁员的公正性和独立性产生正当怀疑的情况,仲裁院有权作出撤回对该仲裁员的指定或要求其回避的决定。《国际商会国际仲裁院仲裁规则》第 11 条、《中国国际贸易仲裁委员会仲裁规则》第 28 条、《美国仲裁协会仲裁规则》第 9 条,均有类似的规定。因仲裁员死亡、仲裁机构接受仲裁员辞职或回避,或根据双方当事人的请求,仲裁机构也可以对替代仲裁员作出指定。

常设仲裁机构在通过仲裁方式解决国际商事争议中的积极作用,主要表现在以下四个方面:

首先,在起草仲裁协议中的作用。各常设仲裁机构一般都有自己的仲裁规则和建议当事人采纳的标准仲裁条款,这样就使当事人不必为如何使仲裁条款起草得更为全面、具体而绞尽脑汁。他们只要写明将争议提交哪个仲裁机构解决,其他一些细节问题一般也就会迎刃而解。这是由于当事人选择了在某一特定的机构仲裁,就意味着适用该机构的仲裁规则,而这些仲裁规则对仲裁涉及的具体问题,如仲裁地点、仲裁庭的组成、仲裁程序的进行、仲裁适用的法律、仲裁使用的语文,以至于仲裁的收费标准等,都有专门的规定。

其次,在选择仲裁员方面的便利。通过仲裁方式能否使国际商事争议切实得到独立、公正的解决,关键在于仲裁员自身的素质和他们所具有的资格、能力和水平。在国际商事交易中,当事人在选择仲裁员时,特别是在独任仲裁员和首席仲裁员的选择上,往往难以达成一致。但在常设机构仲裁的情况下,鉴于各常设仲裁机构一般都有自己的仲裁员名册,而列入名册的仲裁员一般都学有专长,为各有关领域的专家、学者,且来自各个不同的国家并有着丰富的解决国际商事争议的经验,因而当事人有比较大的选择余地。例如,列入中国国际贸易仲裁委员会(China International Economic and Trade Arbitration Commission, CIETAC)名册上的290名仲裁员中,来自外国和港澳地区的仲裁员为87人,占总人数的30%,他们来自美国、埃及、意大利、荷兰、新加坡、德国、加拿大、瑞士、法国、西班牙、比利时、瑞典、澳大利亚、英国、韩国、俄罗斯、马来西亚、泰国、奥地利、尼日利亚、日本、香港共22个国家和地区,都是国际贸易、科学技术和法律等方面具有专门知识和实践经验的知名人士。当然,一些著名的国际商事仲裁机构,如国际商会国际仲裁院、解决投资争议国际中心的仲裁员,均为各有关国家的知名学者和专家。

再次,在仲裁程序中的积极作用。常设仲裁机构均设有专门的办事机构,如秘书处(局)、登记处等。这些机构在仲裁程序中所发挥的具体作用有所不同,有的机构的秘书处为所有的仲裁庭都配备了专门的工作人员,负责仲裁庭与当事人之间的联系,直至仲裁裁决的作出,如中国国际贸易仲裁委员会和美国仲裁协会;有的秘书处的主要工作集中在仲裁庭组庭之前,如国际商会国际仲裁院秘书处的工作。除了上述办事机构的作用外,仲裁机构作为管理仲裁程序机关,本身也开展大量的与保障仲裁程序顺利进行有关的工作,如根据国际商事仲裁的发展状况及时修订本机构的仲裁规则、接受当事人委托或按照仲裁规则规定指定仲裁员、决定仲裁案件的管辖权、决定仲裁员的回避及指定替代仲裁员、解决当事人与仲裁庭之间的争议等。

最后,在促进仲裁裁决的承认与执行方面的作用。鉴于世界上一百多个国家都是《纽约公约》的缔约国,仲裁裁决较之法院判决在裁决或判决地以外的国家的执行更为方便。而常设仲裁机构所具有的一整套管理仲裁程序的制度,包括仲裁规则、内部规章及其办事机构和具体的办事人员等,使其在长期的实践中积累了大量的经验和建立了良好的信誉。因此,常设仲裁机构项下的裁决被法院撤销或拒绝执行的比例极低。以 CIETAC 管理下由各仲裁庭作出的仲裁裁决在香港地区的执行情况为例,香港法院自 1989 年 1 月首次按《纽约公约》执行 CIETAC 裁决以来,截至 1994 年初,约有 60 个 CIETAC 裁决申请执行,除一起由于程序问题被拒绝执行外,其余均得到香港最高法院的执行。而由那些信誉卓著的国际常设仲裁机构,如国际商会国际仲裁院管理下作出的仲裁裁决的执行情况更为理想,因为按照《国际商会国际仲裁院仲裁规则》,仲裁庭在向当事人签发裁决书之前,裁决书草案必须经仲裁院审查后才能由仲裁员签署。因此,与临时仲裁庭作出的仲裁裁决相比,常设仲裁机构管理下由各仲裁庭作出的仲裁裁决,更易得到外国法院的承认与执行。

目前,国际上影响较大的几个常设商事仲裁机构是:国际商会仲裁院,成立于 1923 年,总部设在巴黎;瑞典斯德哥尔摩商会仲裁院,成立于 1917 年;英国伦敦国际仲裁院,成立于 1892 年;美国仲裁协会,成立于 1926 年,总部设在纽约;瑞士苏黎世商会仲裁院,成立于 1911 年。我国的国际商事仲裁机构主要是中国国际经济贸易仲裁委员会,成立于 1956 年,1980 年、1988 年两次调整,总部设在北京,在深圳、上海设有分会;中国海事仲裁委员会,成立于 1959 年,1988 年调整,总部设在北京。

(五) 调整国际商事仲裁的法律规则

1. 国际公约

在世界范围内最有影响的国际仲裁公约是《承认与执行外国仲裁裁决公约》。该公约由联合国主持制定,1958 年在纽约召开的联合国国际商事仲裁会议上通过,故简称《纽约公约》。该公约共 16 条。其主要规定是:各缔约国应当承认当事各方所签订或在互换函电中所载明的合同中的仲裁条款或仲裁协议的效力;除公约规定的拒绝承认与执行外国仲裁裁决的情况外,各缔约国应当承认与执行该项在外国作出的仲裁裁决。公约规定了各国可以拒绝承认与执行的外国仲裁裁决的各项条件。

除了上述普遍性的国际公约外,还有一些地区性的国际公约。如由联合国欧洲经济委员会主持制定、1961 年由欧洲各国签署的《欧洲国际商事仲裁公约》,由美洲国家组织主持制定、1975 年在巴拿马城召开的国际私法特别会议上通过的《美洲国家国际商事仲裁公约》(简称《巴拿马公约》)。这两个公约均就其适用范围、仲裁协议的效力、仲裁庭的组成、仲裁规则的适用、仲裁裁决的效力及其承认与执行等作了规定。这两个公约的缔约国,一般均为《纽约公约》的缔约国。

2. 国内仲裁立法

世界上有些国家有关仲裁的立法均调整国际商事仲裁。有的在其民事诉讼法中含有关于仲裁的规定,如德国民事诉讼法、日本民事诉讼法、法国民事诉讼法等；另有些国家则制定了专门的仲裁法，如美国1926年《联邦仲裁法》、英国1996年《仲裁法》。这些仲裁法既调整国内仲裁，也调整国际仲裁。还有一些国家专门制定了调整国际商事仲裁的法律或法规，如埃及于1988年制定的《埃及国际商事仲裁法案》。有的则根据联合国国际贸易法委员会主持制定的1985年《国际商事仲裁示范法》制定了本国的国际商事仲裁法，如《俄罗斯国际商事仲裁法》、《保加利亚国际商事仲裁法》等。所有这些有关仲裁的法律或法规，均就有关仲裁涉及的各种事项，包括仲裁协议的效力、仲裁庭的管辖权、仲裁庭的组成、仲裁员的指定、仲裁程序的进行、仲裁裁决的作出及其补救办法、仲裁裁决的效力及其承认与执行等事项作了规定。

我国调整国际仲裁的国内立法主要表现在我国于1994年颁布的《仲裁法》和1991年的《民事诉讼法》，其中《仲裁法》第七章就我国的涉外仲裁，包括涉外仲裁机构的组成、仲裁员的聘任、保全措施、涉外仲裁裁决的撤销和承认与执行问题等作了专门规定。《民事诉讼法》第二十八章（第257—261条）的规定也是专门针对国际贸易、运输和海事争议的仲裁的。主要内容包括：当事人之间订有将他们之间的争议提交仲裁解决的仲裁协议时，不得向法院起诉；申请强制执行涉外仲裁裁决的法院；不予执行此项仲裁裁决的条件等。

3. 仲裁规则

国际贸易中的当事人在他们之间订立的仲裁协议中所约定的通过仲裁方式解决争议应当适用的仲裁规则，在通过仲裁方式解决争议的过程中发挥着重要的作用。

在国际商事仲裁实践上，一般常设仲裁机构均有自己的仲裁规则。当事人在将争议提交其在仲裁协议中约定的仲裁机构时，如无相反的约定，就意味着适用该机构的仲裁规则。有些仲裁机构的规则对此还作出了专门规定。例如，1992年1月1日起实施的《日内瓦商工会仲裁规则》第1条第1款规定："一旦当事人同意将争议提交商工会进行仲裁，本规则将适用。"

为了解决临时仲裁机构无专门仲裁规则的问题，联合国国际贸易法委员会组织了来自各不同法律制度的国家的专家，于1976年制定了一套《仲裁规则》。三十多年的实践证明，此项规则不仅被广泛地应用于临时仲裁，世界上许多常设仲裁机构的仲裁规则，也是参照此规则制定的。此外，包括中国国际经济贸易仲裁委员会在内的绝大多数仲裁机构，均允许当事人选择适用联合国国际贸易法委员会的《仲裁规则》，并应当事人的请求对依此规则进行的仲裁程序实施管理。

仲裁规则的特点是：第一，只对特定的当事人，即选择适用某一特定规则的当事人有拘束力。第二，其适用不得与进行仲裁应当适用的法律相抵触。如果这些规则的适用与仲裁应当适用的法律发生抵触，则此类规则应当服从法律中的有关规定。例如，联合国国际贸易法委员会制定的《仲裁规则》第1条第2款规定："仲裁应受本规则支配，但本规则的任何规定如与双方当事人必须遵守的适用于仲裁的法律规定相抵触时，应服从法律的规定。"

二、国际商事仲裁协议

（一）国际商事仲裁协议概述

国际商事仲裁协议是指当事各方同意将他们之间已经发生的或将来可能发生的争议提交仲裁解决的协议。

国际商事仲裁协议有两种表现形式：合同中的仲裁条款和专门的仲裁协议书。合同中的仲裁条款是合同双方当事人在争议发生之前订立的将合同执行过程中可能发生的争议提交仲裁解决的协议。其特点是：它是当事人之间在争议发生之前所达成将争议提交仲裁解决的约定；它不是一个独立的文件，而是主合同中的一个条款。而仲裁协议书一般是指当事人之间订立的将已经发生或可能发生的争议提交仲裁解决的协议。它的特点是：它是当事人之间在争议发生之后或之前所达成将争议提交仲裁解决的约定；它是一个独立的文件，其内容是将特定的争议提交仲裁解决的单独的一项协议。

但是，无论是合同中的仲裁条款，还是当事人之间订立的单独的仲裁协议书，都必须包括如下内容：将争议提交仲裁解决的意思表示，即双方当事人同意将争议通过仲裁的方式，而不是通过司法诉讼的方法解决的约定。此外，一般来讲，完整的仲裁协议还应包括如下内容：提交仲裁的事项，即将什么样的争议提交仲裁解决，这是对仲裁庭的管辖权作出界定的依据；仲裁地点，这是一个关键内容，关系到仲裁程序与准据法的选择；仲裁庭的组成或仲裁机构；仲裁程序规则，一般来讲，在哪个仲裁机构仲裁，就适用该机构的仲裁规则，但也有的国家允许当事人的任意选择；仲裁裁决的效力，指裁决是否具有终局性，对当事人有无约束力，能否向法院上诉等。

概括起来，国际商事仲裁协议具有以下三个方面的法律特征：

第一，它是特定的法律关系的当事人之间同意将其争议提交仲裁解决的共同的意思表示，而不是一方当事人的意思表示。

第二，仲裁协议是使某一特定的仲裁机构取得对协议项下的案件的管辖权的依据，同时也是排除法院对该特定案件实施管辖的主要的抗辩理由。因为，按照《纽约公约》第2条第3款的规定："当事人就诉讼事项订有本条所称之仲裁协议者，缔约国法院受理诉讼时应依当事人一方之请求，令当事人提交仲裁，但仲裁协议经法院认定无效、失效或者不能施行者，不在此限。"

第三，一项有效的仲裁协议是仲裁裁决得以承认与执行的基本前提。对于仲裁庭作出的仲裁裁决，如果败诉一方未能自动执行，另一方当事人可请求法院强制执行此项裁决。但法院在执行此项裁决时，如果认定该项裁决根据无效的仲裁协议作出，按照《纽约公约》第 5 条第 1 款的规定，被请求执行该裁决的法院也会拒绝承认与执行此项裁决。

（二）国际商事仲裁协议的效力

仲裁协议的效力，是指仲裁协议对仲裁主体以及人民法院的约束力和有效性。

仲裁协议由双方当事人合法签订，具备各项有效条件，即产生如下效力：

1. 约束当事人。仲裁协议一旦成立，即对当事人产生了直接的法律效力。这种效力表现在：第一，不得向法院起诉，除非双方当事人另外达成变更协议。如果一方当事人就协议规定的事项提起了起诉，另一方当事人则有权利向法院以仲裁协议提出异议。第二，履行裁决义务，双方当事人均有义务履行仲裁庭作出的裁决，这是仲裁协议设立的主要义务之一。

2. 约束仲裁员和仲裁机构。有效的仲裁协议是仲裁员和仲裁机构受理争议的依据。仲裁协议对仲裁员和仲裁机构的效力表现在：第一，授权效力。仲裁员和仲裁机构的具体仲裁权由当事人授予。在当事人委托仲裁机构对某项争议进行仲裁时，就将特定的仲裁权授予了该机构。第二，对仲裁审理范围的限制效力。仲裁员和仲裁机构只能受理按仲裁协议规定的争议，并只能对于当事人提交的争议进行仲裁审理，并作出裁决。1958 年《纽约公约》规定，当有关裁决所处理的争议不在当事人所提交的争议范围内，或者裁决载有关于交付的仲裁协议以外的事项时，有关国家法院可以基于一方当事人的申请拒绝承认和执行该仲裁裁决。《中国国际经贸仲裁委员会仲裁规则》第 3 条也规定："仲裁委员会根据当事人在争议发生之前或者争议发生之后达成的将争议提交仲裁委员会仲裁的仲裁协议和一方当事人的书面申请，受理案件。"

3. 约束法院。仲裁协议排除了法院对争端的管辖权。1958 年《纽约公约》规定："如果缔约国的法院受理一个案件，而这个案件所涉及的事项，当事人已经达成本条意义内的仲裁协议时，除非该法院查明该协议是无效的、未生效的、不可能执行的，应该由一方当事人的申请，提交仲裁。"《中国国际经贸仲裁委员会仲裁规则》第 4 条规定：仲裁委员会有权利对仲裁协议的存在、效力以及仲裁协议的管辖权问题进行决定。当事人对仲裁协议的效力有异议的，如果一方请求仲裁委员会裁定，一方提请人民法院裁定，由人民法院裁定。法院在处理管辖权问题上的规定是，凡起诉至人民法院的涉外、涉港澳台经济贸易纠纷的案件，如果当事人在合同中订有仲裁条款，或者仲裁协议无效、失效、无法执行的，在决定受理一方当事人起诉之前，必须根据本辖区所属高级人民法院同意受理，将其审查意见上报最高人民法院。在最高人民法院答复之前，可暂不受理。

4. 使仲裁裁决具有强制执行的效力。一项有效的仲裁协议是强制执行仲裁裁决的依据。国际公约及许多国内立法都规定,如果一方当事人拒绝履行仲裁裁决,他方当事人可向有关国家法院凭借有效的仲裁协议和裁决书,申请强制裁决。另一方面,无效的仲裁协议是构成有关国家拒绝承认和执行有关裁决的理由之一。[①]

5. 仲裁条款的独立性。仲裁条款是合同的一个条款时,如果合同为无效合同,该合同中的仲裁条款是否也随之无效?英国法院最早在海曼诉达文斯(Heyman v. Darwins)一案中确立了仲裁条款可独立于它所依据的合同而存在。在该案中,达文斯是英国一家钢铁制造商,它与营业地在纽约的海曼订立了独家代理合同,合同中含有措辞广泛的仲裁条款:"由本合同产生的争议应通过仲裁解决"。后来,达文斯拒绝履行合同,双方发生争议。于是,海曼将此争议诉诸法院,指控达文斯违约。达文斯则请求法院中止对该案的审理,并裁定将此争议按照合同中的规定提交仲裁解决。本案初审法官麦克米兰驳回了被告达文斯的请求。该法官认为:"如果合同从来就不存在,那么作为合同一部分的仲裁协议也不存在。因为大合同中包含着小协议。"即如果合同无效,作为该合同一部分的仲裁条款也随之无效。但上议院认为,该合同中的仲裁条款可以独立于它所依据的合同而存在。此后,法国最高法院 1963 年 5 月 7 日在 Societe Gosset v. Societe Cara-pelli 一案的判决,以及美国最高法院 1967 年在 Prima Paint Corp v. Flood & Conklin Manufacturing Co. 一案的判决中,均确立了仲裁条款可独立于它所依据的合同存在的原则,即便一方当事人称合同是通过欺诈的方式订立或合同无效时亦然。目前,仲裁条款独立原则已经被包括我国在内的许多国家通过法律的形式固定下来。我国《仲裁法》第 19 条的规定是:"仲裁协议独立存在,合同的变更、解除、终止或者无效,不影响仲裁协议的效力。"1999 年 10 月 1 日起实施的《合同法》第 57 条对此原则的规定更加明确:"合同无效、被撤销或者终止的,不影响合同中独立存在的有关解决争议方法的条款的效力。"

(三) 仲裁协议有效的条件

那么,仲裁协议如何才能具有上述效力?这就需要符合一定的法律条件。在这一方面,尽管各国法律对仲裁协议的效力应当具备的条件规定各异,但一般而言,一项有效的仲裁协议,至少应当具备以下条件:

首先,仲裁协议必须是双方当事人真实的意思表示,而不是一方当事人通过欺诈的方式强使另一方当事人接受。

其次,订立协议的双方当事人依照应当适用的法律,必须具有合法的资格和能力。如果当事人依据应当适用的法律为无行为能力者,则致使仲裁协议无效。

---

① 以上四点参见赵朝平:《浅议仲裁协议的效力》,http://www.studa.net/faxuelilun/061002/10232282.html。

再次，仲裁协议的内容应当合法，即当事人约定的仲裁事项必须是按照有关国家的法律可以通过仲裁方式解决的事项。这些法律一般为裁决地国或裁决执行地国的法律。此外，协议的内容也不得违反仲裁地国或裁决地国的法律中有关强制性的规定，并不得与这些国家的公共政策相抵触。

最后，仲裁协议的形式必须合法，按照《纽约公约》第 2 条和联合国国际贸易法委员会《国际商事仲裁示范法》第 7 条第 2 款，仲裁协议必须采用书面形式。

三、仲裁庭的管辖权

在国际商事仲裁实践中，仲裁管辖的唯一依据是当事人之间存在着将其争议通过仲裁解决的有效的仲裁协议。根据有效的仲裁协议，仲裁庭就可获得管辖权。然而往往有这样的情况发生：当仲裁协议项下的争议发生后，一方当事人将争议提交仲裁解决，而另一方则对仲裁庭的管辖权及仲裁协议的有效性提出异议。那么，在仲裁程序中，当一方当事人对仲裁管辖权有异议时，应由谁来决定仲裁管辖权？法院还是仲裁庭？

传统的观点认为，这一问题应由法院解决。但是，在 20 世纪 80 年代后，自裁管辖学说逐渐占主导地位。根据这一学说，仲裁庭有权对仲裁协议的效力及仲裁管辖权作出决定，但仲裁庭的这一权限既不是排他性的，也不是终局的，必须接受法院的司法监督。于是，出现了仲裁制度中的“并行控制”现象，即在一个管辖权异议的解决过程中，同时存在仲裁和诉讼两种程序的并行。

仲裁庭自裁管辖权原则主要发展于欧洲大陆。1961 年《欧洲国际商事仲裁公约》和 1966 年《欧洲统一仲裁法》完全采纳了这一原则并有所扩充，即仲裁庭不仅可以决定自己的管辖权，而且可以直到最终裁决时再作出这一决定。法院只可在关于管辖权的初步裁定或最终裁决作出后实施审查，在前一种情况下仲裁庭还可以不终止仲裁程序。

目前，这一原则已在国际和国内仲裁立法、仲裁规则以及司法实践中得到广泛的接受和采用。有关规定中最具影响力的是联合国的《国际商事仲裁示范法》，该法第 16 条第 1 款规定：“仲裁庭可以对它自己的管辖权包括对仲裁条款的存在和效力的任何异议，作出裁定。”受该法的影响，自 20 世纪 80 年代开始，各国纷纷改革仲裁法，均以各种方式或不同措辞接受了仲裁庭自裁管辖权原则。例如，1983 年《法国民事诉讼法典》第 1466 条规定：“如果一方当事人向仲裁员就仲裁员的管辖权的原则或范围提出异议，仲裁员应对其管辖权的效力和范围作出决定。”对仲裁较保守的英美法系国家也采纳了这一原则。英国在 1996 年《仲裁法》中的第 30 条明确规定了这一原则。在美国，从近年来的判例看，法院对这一原则也持虽严格，但可接受的态度。

仲裁庭自裁管辖权原则的确立赋予仲裁庭决定其自身管辖权的权力。但是,从上述法律规定可以看出,这一原则的全部内容并非仅此一点,也就是说,确立仲裁庭自裁管辖权原则,赋予仲裁庭决定自身管辖权的权力,并非绝对排除法院处理仲裁庭管辖权的权力,在某些特定的情况下,法院仍须直接受理有关的管辖权争议并作出裁定——支持和协助仲裁。另外,虽然对仲裁庭管辖权作出决定是一项程序性权力,但是由于这项权力的行使关系到仲裁庭对争议究竟是否享有管辖权,亦即有关的争议是应通过仲裁还是诉讼或是其他方式解决的问题,而这无疑会直接影响到当事人的实体权利义务关系。因此,赋予法院对仲裁就其自身管辖所作出的决定进行司法监督的权力也就十分必要了。从总体而言,法院在特定情况下对仲裁庭管辖权争议的直接管辖权,以及法院对仲裁庭管辖权决定必要的司法监督权,同样是仲裁庭自裁管辖权原则不可或缺的重要内容。

通过上述对仲裁庭自裁管辖权原则的内容分析,可以看出,确立此原则有着十分重要的意义。首先,对仲裁庭而言,它扩大了仲裁庭的权限。使得仲裁庭有机会对其自身的管辖权问题首先发言,尽管这并不是终局发言,并以此为基础继续仲裁程序直至作出裁决,而不必停下来等待法院对其管辖权问题作出决定。其次,该原则的确立并未完全否定法院对仲裁庭管辖权争议的管辖权,而是允许法院在必要的时候介入仲裁,直接受理当事人提出的管辖权异议,对仲裁进行支持和协助而不是干预,以进一步加快仲裁的进程,节省当事人的时间和费用。最后,尽管仲裁庭对其管辖权的决定还须受到法院的监督,但是该原则的确立无疑使法院对仲裁进行干预的时间被推迟,法院干预的几率也因此大大减少,使仲裁更少、更晚地受到法院的干预和影响。

四、国际商事仲裁的法律适用

(一)仲裁程序的法律适用

仲裁程序的法律适用,是指对于仲裁程序进行中所涉及的一些具体问题,如仲裁庭的组成、案件的审理、保全措施、裁决的作出等,应当适用何种法律的问题。

在国际商事仲裁实践中,特别是在机构仲裁的情况下,当事人选择将争议提交特定的仲裁机构仲裁,就意味着适用该机构的仲裁规则,除非当事各方另有约定。许多仲裁机构的仲裁规则也有类似规定。这是由仲裁的契约性质决定的,而仲裁规则本身也在某种程度上具有此项性质,因为只有当事人在仲裁协议中约定适用某一规则时,该特定的规则才对同意适用该规则的当事人有拘束力。

仲裁规则的适用不得违反或规避仲裁应当适用的法律所规定的当事人必须遵守的各项规定。否则,仲裁裁决在请求法院强制执行时就可能遇到麻烦。例如,由联合国国际贸易法委员会制定的《仲裁规则》第1条第2款规定:“仲裁应受本规则支配,但本规则的任何规定如与双方当事人必须遵守的适用于仲裁的法律规定相抵触时,应服从法律的规定。”

仲裁程序法是规范如何进行仲裁的法律规范的总称。尽管各国有关仲裁的法律繁简不一,名称各异,但一般都就可仲裁的事项、仲裁协议及其效力、仲裁员的指定、仲裁庭的组成及其管辖、仲裁程序、仲裁裁决及其承认与执行等问题作出规定。

按照国际法上的国家主权和地域原则,以及国际私法上的“场所支配行为”的原则,在一国进行的仲裁,该国的仲裁法理所当然地应当予以适用。各国的仲裁法也是如此规定的。例如,1998年德国《民事诉讼法》第1025条规定,德国的仲裁立法适用于在德国进行的仲裁;1997年英国《仲裁法》第2条第1款规定,有关仲裁程序的事项,适用于在英格兰、苏格兰和威尔士进行的仲裁。从法学基本理论看,一国颁布的法律在该国境内的效力是不言而喻的。并且,各国的仲裁法适用于在各该国进行的仲裁,也符合国际法的国家主权原则。

可见,适用仲裁地法是仲裁程序的法律适用的通常做法。那么,在一国进行的仲裁能否选择适用另一国的仲裁法?从理论上看,仲裁本身就是一种受各国法律保护的自愿选择的争议解决的方式,对于仲裁在哪里进行、适用什么样的法律、使用什么样的语言等,均可作出约定。当事人既然可以选择仲裁解决争议,当然也可以就仲裁应当适用的法律作出约定。在仲裁立法实践上,有些国家已经对此作出了明示规定。例如,法国《民事诉讼法典》第1494条第1款规定:“仲裁协议可以通过直接规定或援引一套仲裁规则来明确仲裁应遵循的程序;它也可以选择特定的程序法为准据法。”这显然可以解释为允许在法国进行仲裁的当事人,选择适用法国仲裁法以外的国家的仲裁(程序)法。但是,这种情况并不多见,更多的是允许当事人选择仲裁地,从而适用有关的仲裁地法调整仲裁程序。例如,英国法律规定,当事人也可以自由地选择仲裁地点,特别是仲裁程序法,而该法可以独立于合同准据法和仲裁协议的支配法律。

更何况,在仲裁程序上选择适用另一国家的法律在实践上会遇到一些难以克服的问题,特别是临时性强制措施的采取。例如,选择外国法作为支配仲裁的法律可能导致该仲裁法以外的国家拒绝行使对于该仲裁案件的管辖权。同时,在一国进行仲裁而选择适用另一国家的仲裁法在实践上也会引起某些法律冲突。这是由于一方面,按照国际法上的属地原则,主权国家的法律适用于该国家的领域,即一国仲裁法无疑地适用于在该国境内进行的仲裁;另一方面,如果当事人选择了适用另一国家的仲裁法,而该国仲裁法与仲裁地法可能不一致,甚至相冲突,这时,适用该另一国仲裁法可能会使案件的审理出现与适用仲裁地法不同的结果。

（二）非国内仲裁

与上述问题有密切联系的另一个问题是：在一国境内进行的仲裁是否可完全独立于该国的仲裁法？

传统的观点认为，仲裁受特定国家的国内法，即仲裁地法的支配，仲裁地法决定仲裁程序的有效性。如果仲裁不与某一特定国家的法律制度相联系，仲裁庭的决定就不会产生法律上的拘束力。也就是说，尽管国际商事仲裁具有国际性、自主性，但它不可能脱离任何国家的法律监督而在真空中进行，因为仲裁裁决的效力是由有关国家的法律赋予的，特别是由仲裁地国的法律赋予的。如果仲裁裁决在裁决地国无效，或者被该国的法院撤销，该裁决就不应得到其他国家的承认与执行。

另一种观点认为，国际商事仲裁可以独立于裁决地国的仲裁法，它可以超出仲裁地国家的法律而独立存在。此项仲裁被称为“非国内仲裁”（delocalized arbitration）或者“浮动裁决”（floating award）。[①]

由此，因非国内仲裁而产生的裁决，即便在裁决地国无效或被该国撤销，也是可以执行的。例如，某一裁决被裁决地国法院以作出此裁决的仲裁员在裁决中有舞弊行为为由而撤销，该裁决仍然可以在另一国家申请执行，该另一国家仍然可以承认此项裁决的效力，如果该另一国家的法律关于撤销裁决的规定中没有上述撤销的理由。

非国内仲裁的核心内容是仲裁程序的进行可以适用当事人或仲裁庭选定的仲裁地以外的程序法，仲裁裁决不一定要与仲裁地法相联系，其效力不一定必须由仲裁地法授予。非国内仲裁理论的实质是在寻求强制执行仲裁裁决之前，尽可能地减少地方法院的干预，而在寻求强制执行此项裁决时，有关的空白点应当由裁决执行地的法律填补。

早在一百多年前的1899年，法国法院就在一个判例中认定，在法国适用英国法作出的裁决为“英国”裁决，这种裁决不得在法国法院提出上诉。在此后的一些判决中，法院准许在法国进行的仲裁适用法国以外的法律，并以此法律决定该仲裁协议的有效性。

关于非国内仲裁理论的产生，从主观上看，是对当事人的意思自治原则的充分尊重，特别是国际商事仲裁协议应当比单纯国内仲裁协议有更多的自主权，当事人不仅可以就仲裁涉及的实体问题的适用法律作出选择，而且也可就仲裁程序所适用的法律作出选择，仲裁可以在一国境内进行仲裁，但可以不适用该仲裁地国的仲裁法。就该理论产生的客观情况而言，是真正意义上的国际商事仲裁

---

① 参见郭玉军、陈芝兰：《论国际商事仲裁中的“非国内化”理论》，载《法制与社会发展》2003年第1期。

的特点决定的。所谓“真正意义上的国际商事仲裁”，通常指仲裁协议的当事双方来自不同的国家，组成仲裁庭的仲裁员也分别来自不同的国家，特别是首席仲裁员或独任仲裁员，一般应当具有与当事双方不同的国籍，仲裁所在地为争议双方所属国以外的国家或地区，这些地点的选择纯属偶然或出于中立的考虑，因而当事人选择某一地点作为仲裁地有时并非是想要适用当地的仲裁法而是出于平等、适当和方便等因素的考虑。非国内仲裁旨在尽可能地摆脱仲裁地法院的干预，最大限度地尊重当事人的意思表示，而当事人对所适用的规则的选择也不仅仅限于某一特定国家的法律，既是一个或几个国家的法律规则，也可以是国际法的基本原则和规则。这从理论上看是可行的，符合国际商事仲裁的国际化发展方向。然而，这一理论在实践上存在难以克服的缺陷，主要表现为如果裁决不是依照任何一个国家的法律作出，则在仲裁程序进行的过程中，任何一个国家的法院都无权对此裁决实施管辖，直至胜诉当事人申请强制执行此裁决。在这种情况下，败诉一方当事人得向所有被申请执行裁决的国家的法院提出请求拒绝承认与执行的抗辩。

但是，一般认为，仲裁程序从属于某一特定国家的法律体系是必要的。为此，法国在 1981 年颁布国际仲裁法令时专门规定，所有在法国作出的裁决均可以向法国法院提出上诉。事实上法国也认可了地域的标准。英国法从不认为仲裁程序可以脱离任何国家的法律制度而独立存在。在英国法看来，仲裁程序法一般为进行仲裁（仲裁本座，the seat of arbitration）的国家的法律。当事各方对仲裁本座的选择极为重要，它意味着仲裁应当遵守该地的法律进行，而本座地的法院也有权对在当地进行的仲裁实施监督和管辖。英国 1996 年的《仲裁法》也同样适用于在英国进行的仲裁或适用英国仲裁法作出的仲裁裁决。

更何况，在国际商事仲裁实践上，法院对仲裁的监督不仅仅表现为对仲裁的干预，而更多地表现为对仲裁的协助与支持，如责令当事人执行仲裁协议、令证人出庭作证、对争议的财产采取临时性的强制措施等。所有这些，作为民间团体的仲裁机构是无能为力的。①

其实，非国内仲裁这一理论的主旨就是尽量减少法院对仲裁的干预，尤其是仲裁地法院对其境内作出的裁决的监督。这一理论能否成立？如果仲裁是契约性的，按照当事人意思自治原则，这一理论当然可以成立；如果仲裁有司法性，那么过度减损法院的干预就是不可能，也不可为的。法院对仲裁的监督属于仲裁外部关系，因而非国内仲裁的问题应从仲裁的司法性考量，对仲裁的司法监督不是可以自由处分的民事权利，而是国家主权的体现，是不可能完全放弃的，非国

① 参见赵秀文：《论非内国仲裁》，载陈安主编：《国际经济法论丛》第 6 卷，法律出版社 2002 年版。

内仲裁理论总的来说是不可取的。[①]

(三) 国际商事仲裁实体问题的法律适用

解决争议实体问题的法律适用就是用什么样的标准判断当事人之间争议的是非曲直。

国际商事交易涉及不同国家的法律,不同国家可能就相同的事项作出不同的规定,如在合同成立的问题上,假定一合资经营合同当事人之间在合同签订后主管机关批准前发生争议,适用不同国家的法律,可能产生不同的结果。在法律规定合资合同批准生效的国家,该合同尚未成立;但在意思表示一致生效的国家,此合同就有效地成立了。可见,适用什么样的法律解决国际商事争议,无论对诉讼,还是对仲裁,都是对争议作出评断的法官或仲裁员所面临的现实问题。在审理国际贸易案件的过程中,在查明事实的基础上,适用什么样的法律和规则确定当事各方的权利与义务,是作出公正合理裁决的至关重要的环节。

合同准据法是决定合同当事人权利与义务依据的法律。根据欧洲经济共同体成员国于1980年6月19日在罗马订立的《关于合同债务的适用法律公约》的规定,合同准据法不仅适用于合同的解释和履行,而且还应当适用于违反合同的后果,包括依法律的规定确定损害赔偿的金额、债务消灭的各种方法、诉讼时效和无效合同的后果等。一般认为,凡与国际商事合同有直接或间接关系的所有事项,均应适用于合同的准据法,包括由于合同无效而产生的不当得利。

可见,按照各有关国家的国际私法和有关的国际公约的规定,一般除了合同履行方式适用履行地法外,所有产生于国际商事合同项下的直接或间接事项,均应适用于合同准据法。

在国际商事仲裁实践上,确定合同准据法的方法有以下两种情况:

1. 当事人意思自治

如果争议双方在合同中共同选择了合同准据法,此项选择应当受到审理争议的法官或仲裁员的尊重和适用,这是当事人意思自治原则的体现。这一做法已成为国际公约、各有关国家的国内法和对各国的法律冲突规则所进行的官方重述中所公认的处理各国法律冲突的基本原则。例如,1961年《欧洲国际商事仲裁公约》第7条第1款专门就此作了明确规定:“当事人可以通过协议自行决定仲裁员就争议所适用的法律”。按照各国国际私法上普遍认可的当事人意思自治原则,当事人可以自主地订立合同,就他们之间的权利与义务作出约定,也可就合同的适用法律(合同准据法)作出约定。

国际商会国际仲裁院1990年审理的意大利的被代理人诉比利时的代理人的独占批发合同一案中,双方约定合同的适用法律为意大利法。申请人在合同

① 参见罗国强:《论仲裁的性质》,载《仲裁与法律》总第94辑。

执行七年后终止了该合同,并按合同规定提前三个月发出了终止合同的通知,比利时的代理人认为此项终止无效,因为它违反了比利时法中关于"终止独占批发合同的通知至少应当提前三年发出"的强制性规定,于是在比利时法院起诉,要求意大利的被代理人赔偿由于终止该合同而给代理人造成的损失。意大利的被代理人则按照合同中规定的仲裁条款,请求国际商会国际仲裁院依其仲裁规则解决此项争议。该案由独任仲裁员在德国科隆审理。该独任仲裁员认为,意大利法适用于解决本案争议的实体问题,比利时法中关于"终止独占批发合同的通知至少应当提前三年发出"的强制性规定不予考虑。就本案争议而言,本案的批发合同已经有效地终止,而合同中关于终止合同应当提前三个月通知的规定符合意大利法。

2. 由仲裁庭决定准据法的适用

在国际商事交易实践中,许多情况下,当事人在合同中并未就合同的适用法律作出约定,而只就争议解决的仲裁机构或应当适用的仲裁规则作出约定。在这种情况下,只能由仲裁庭决定应当适用的准据法。

关于由仲裁庭决定解决争议应当适用的准据法的情况,有些仲裁规则对此作出了明确的规定。例如,联合国国际贸易法委员会 1976 年《仲裁规则》第 33 条第 1 款就规定了仲裁庭在作出仲裁裁决时应当适用的法律:"仲裁庭应适用当事双方预先指定的适用于解决争议实体问题的法律,当事人未有此项指定时,仲裁庭应当适用法律冲突法所决定的认为可以适用的法律。"国际商会国际仲裁院 1998 年的《仲裁规则》第 17 条第 1 款规定:"当事人得自由约定仲裁庭解决争议实体问题所适用的法律规则。如无此约定,仲裁庭得适用它所认为适当的法律规则。"按照上述有关规定,仲裁庭决定解决争议应当适用的法律的方法有两种情况。

首先,仲裁庭通过应当适用的法律冲突规则决定应当适用的准据法。这是传统的确定准据法的方法。在国际商事仲裁实践中,许多仲裁机构的仲裁规则并未就仲裁应当适用的法律作出规定,在这种情况下,传统的做法就是由仲裁庭首先决定应当适用的冲突规则,然后通过该规则的指引,决定应当适用的准据法。仲裁庭在决定应当适用的冲突规则时,一般有两种适用冲突规则的方法。第一,适用仲裁地的国际私法中关于适用法律的规则;第二,由仲裁庭直接决定应当适用的冲突规则。然而,无论采用上述哪一种方法,就仲裁庭所适用的冲突规则而言,按照各国普遍认可的国际私法上关于合同适用法律的基本原则,一般均适用与合同有最密切联系的国家的法律解决争议的实体问题。在具体的准据法的适用上,最终则取决于仲裁庭对该"最密切联系的法律"的解释,进而对应当适用的准据法作出选择。

其次,仲裁庭直接决定应当适用的准据法。国际商会国际仲裁院 1998 年

《仲裁规则》以及美国仲裁协会 1997 年《国际仲裁规则》第 28 条第 1 款有类似规定。这种规定反映了国际商事仲裁的最新发展情况，突破了传统上的适用法律的方法。

按照现代国际商事仲裁的理论与实践，无论是当事人选择的准据法，还是仲裁庭决定适用的准据法，都不一定局限于某一国家的法律。仲裁庭在决定适用法律时，首先应当考虑的是双方当事人之间的合同是如何规定的，包括就他们之间的具体的权利与义务和合同应当适用的法律所作的约定。其次，对于争议所涉及的事项应考虑是否有该特定行业的惯例，如国际贸易惯例，如有此项惯例，不管当事人是否对此在合同中作出约定，按照联合国国际贸易法委员会《仲裁规则》第 33 条第 2 款、1998 年国际商会国际仲裁院《仲裁规则》第 17 条第 2 款、1997 年美国仲裁协会《国际仲裁规则》第 28 条第 2 款等，仲裁庭均应考虑该特定惯例的适用。再次，有关国际公约中的规定，如果买卖双方所属国均为《联合国国际货物买卖合同公约》的缔约国，关于合同的订立及买卖双方当事人的权利与义务，均可适用该公约，除非当事人在合同中约定不适用该公约。最后，其他法律规则。这些法律规则，一般认为它不是某一特定国家的国内法，但又是各有关国家认可的规则，有人称之为“商人习惯法”或“现代商人法”（lex mecatoria）。

五、国际商事仲裁裁决

（一）仲裁裁决概述

仲裁裁决是仲裁庭就当事人提交仲裁解决的事项作出的决定，此项决定无论在仲裁程序进行中的哪一阶段作出，对争议各方均有拘束力。

仲裁裁决可以分为不同的类型，包括先决裁决、临时裁决、部分裁决和最终裁决、追加裁决等。

在仲裁程序开始后，如果一方当事人对仲裁庭的管辖权提出异议，为了确定仲裁庭对其所审理的案件的管辖权，仲裁庭可就其管辖权问题作出先决裁决（preliminary award）。

在仲裁程序进行的过程中，仲裁庭还可就当事人提出的某些请求事项作出临时裁决（interim award）或部分裁决（interlocutory or partial award）。这些裁决所涉及的或者是需要立即处理的不易保存的物品，或者是当事人之间不存在争议的部分。这些裁决均构成最终裁决（final award）的一部分。

仲裁程序以仲裁庭作出最终裁决而告终，而最终裁决是就当事人所提交的所有事项作出的裁决，包括中间裁决和部分裁决。如果当事人已经就仲裁庭在仲裁程序中作出的中间裁决或部分裁决履行完毕，最终裁决可以不提及那些争议已经得到解决的事项。如上述裁决尚未履行，仲裁庭则应在最终裁决中特别提及其在仲裁程序中作出的中间裁决或部分裁决构成最终裁决的一部分。

当仲裁程序结束后，如果仲裁庭在裁决中漏裁了当事人的请求中的某些事项，在应予适用的法律或仲裁规则规定的期限内，无论是当事人提出请求，还是仲裁庭自行发现，仲裁庭如果认为情况属实，可就这些漏裁的事项作出追加裁决(additional award)。

这里需要强调的是，无论裁决在仲裁程序的哪一个阶段作出，均对当事各方具有法律上的拘束力，除法律规定的补救办法外，均可得到法院的执行。

仲裁裁决均由仲裁庭作出。裁决应当采用书面形式，并附具裁决所依据的理由。按照许多国家的仲裁法和仲裁规则的规定，在由三位仲裁员组成仲裁庭的情况下，如果他们就裁决的内容不能达成一致，裁决应当根据多数仲裁员的意见作出。如果不能形成多数意见，则按首席仲裁员的意见作出。我国《仲裁法》第53条就是这样规定的。如果在仲裁程序中争议各方就他们之间的争议事项达成和解，仲裁庭可根据当事人之间的和解协议作出裁决。在此种情况下，一般可以不附具裁决所依据的理由。

此外，根据仲裁裁决作出国家的不同，国际商事仲裁裁决可以分为内国裁决(domestic award)和外国裁决(foreign award)，当然，这一区分是相对的。

从理论上说，裁决一经作出，即对当事人具有法律上的拘束力。如果一方当事人不能自动履行，另一方当事人可请求法院强制执行。

(二) 仲裁裁决的撤销

按照各有关国家的仲裁立法与实践，如果裁决存在着法律规定的可以撤销的理由，当事人则可在法律规定的期限内，向对此有管辖权的法院申请撤销该仲裁裁决。

按照联合国国际贸易法委员会《国际商事仲裁示范法》第34条的规定，当事人申请撤销仲裁裁决应当在收到裁决书之日起三个月内提出。申请人申请撤销仲裁裁决应当有法律规定的理由，并应提供证据证明这些理由。《国际商事仲裁示范法》规定的可撤销仲裁裁决的理由，归纳起来，主要有以下四种情况：

1. 仲裁裁决所依据的仲裁协议无效

包括订立仲裁协议的任何一方当事人根据应当适用于他们的法律为无行为能力者；仲裁协议本身根据当事人所同意适用的法律为无效协议；以及当事人如未能就应适用的法律作出约定，按照裁决地国的法律为无效仲裁协议。

2. 仲裁程序不当

这是指未能将有关指定仲裁员或进行仲裁程序的事项向当事人发出适当通知，或者由于其他原因未能给当事人表达其对争议事项的意见的机会。

3. 仲裁庭越权

这是指仲裁庭裁决的事项超出了当事人在仲裁协议中规定的事项。例如，仲裁协议规定将买卖合同项下的延迟交货而引起的争议提交仲裁解决，而仲裁庭所裁决的事项不仅包括由于延迟交货而引起的争议，还包括了由于货物本身的质量而引起的争议。在此种情况下，仲裁裁决对货物质量所作的裁决部分，就超出了仲裁协议的范围，当事人就可以请求法院撤销此项裁决。对未超出协议范围的由于延迟交货而引起的争议所作的裁决，就不能请求法院撤销。

4. 仲裁庭的组成与当事人约定或应当适用的法律不符

当事人如果在仲裁协议中约定仲裁员应当由专职律师以外的技术人员担任，而事实上的仲裁庭组成人员均为专职律师，则仲裁庭的组成显然违反了当事人之间的约定。

以上情况均应当由申请人提供证据证明。如能证明有上述情况之一的，法院就可裁定撤销仲裁庭已经作出的仲裁裁决。

此外，按照《国际商事仲裁示范法》第 34 条的规定，如果法院查明，该仲裁裁决所涉及的事项依据法院地法为不能通过仲裁解决的事项，或者该仲裁裁决违反了当地的公共政策，也可裁定撤销该仲裁裁决。

一般而言，只有对仲裁实施监督的国家的法院，才有权撤销国际商事仲裁裁决。此项法院一般为裁决地的法院。如果当事人对仲裁裁决有异议，应当向裁决地国的法院寻求救济。例如，在 International Stan-dard Electric Corp. v. Bridas Sociedad Anonima Petrolera 一案中，国际商会国际仲裁院的仲裁庭依据该院的仲裁规则，在墨西哥进行仲裁并作出了裁决。国际标准电器公司是一家美国公司，布里达斯则是阿根廷的公司。国际标准电器公司不服此裁决，在美国纽约南区法院提起诉讼，请求法院撤销仲裁裁决，法院经审理后认为对此案无管辖权，因为仲裁在墨西哥进行，所适用的程序法为墨西哥的法律，因此，只有墨西哥法院有权撤销此案。

（三）仲裁裁决的承认与执行

1. 承认与执行外国仲裁裁决的依据

仲裁庭就国际商事交易中的争议在一国境内作出的仲裁裁决需要到另一国家执行的情况是很普遍的。执行地国的法院承认与执行外国仲裁裁决的依据有两个：

第一，执行地国的国内法。这些法律主要表现在这些国家的民事诉讼法或仲裁法中。现代国际商事仲裁的立法与实践表明，各国法院在承认与执行外国仲裁裁决时，一般不对仲裁裁决所涉及的争议实体问题进行司法复审，而只是依据本国法律或有关的国际公约对仲裁裁决所涉及的程序问题进行司法复审。如果仲裁裁决不存在法律规定的不予承认与执行的理由，法院将作出承认与执行该仲裁裁决的裁定。

第二，执行地国缔结或参加的双边或多边国际公约。执行地国缔结或参加的双边或多边国际公约，是这些国家承认与执行外国仲裁裁决的重要依据。由联合国在20世纪50年代主持制定的《纽约公约》是一个极为成功的尝试。该公约具体规定了缔约国承认与执行外国仲裁裁决的义务，除了公约规定的情况外，不得拒绝承认与执行外国仲裁裁决。鉴于包括我国在内的世界上各主要经济贸易国均为该公约的缔约国，因此，该公约中规定的承认与执行外国仲裁裁决的方式、程序和条件，是这些缔约国承认与执行外国仲裁裁决的重要的国际法依据。

这里必须强调指出的是：如果缔约国的国内法与它所缔结或参加的国际公约的规定发生冲突时，该缔约国所承担的国际公约项下的义务，应当优先适用，除非该缔约国对公约中的规定作出保留。在涉及承认与执行外国仲裁裁决时，《纽约公约》缔约国应当严格按照该公约中的各项规定，承认与执行外国仲裁裁决。

2. 申请承认与执行外国仲裁裁决的程序和条件

按照国际商事仲裁立法与实践，申请承认与执行外国仲裁裁决，涉及一国的国家主权，同时也属于执行地国的民事诉讼程序法管辖的问题，当然只能适用执行地国的法律。但是，如果是《纽约公约》项下的裁决，则只能依照公约第4条规定的条件执行，即申请人只要向执行地国的法院提交仲裁协议经公证的裁决书之正本或经认证的副本，以及仲裁协议之正本或经公证的副本。如果裁决书或仲裁协议所使用的语言不是裁决执行地国的语言，则申请人应当提供此项语言的文本。执行地国的法院在执行该公约裁决时，不得附加较承认与执行其本国仲裁裁决过于苛刻的条件。

《纽约公约》缔约国法院应当承认与执行外国仲裁裁决的效力，除非被申请人提出证据证明存在第5条第1款规定的五种情况之一，法院方可拒绝执行该外国仲裁裁决。这五种情况是：

（1）订立仲裁协议的一方当事人依据对其适用的法律为无行为能力者；仲裁协议依据当事人选择适用的法律无效；如无此项选择，依据裁决地国的法律为无效者；

（2）被申请人未能得到关于指定仲裁员或进行仲裁程序的适当通知，或者由于其他原因，未能陈述其案情的；

（3）仲裁庭越权，即裁决事项超出了仲裁协议规定的范围，但如果当事人提交仲裁的事项可与未提交仲裁的事项区别开来的话，则裁决中关于当事人之间约定的提交仲裁的事项的部分仍然可以执行；

（4）仲裁庭的组成或仲裁程序与当事人之间的约定不符；如无此项约定，与仲裁地国的法律不符；

(5) 裁决对当事人尚无拘束力，或已经被裁决地国的主管机关或者进行此项仲裁所适用法律的国家的主管机关撤销。

此外，如果执行地的法院认定，该仲裁裁决依据执行地国的法律为不可通过仲裁解决的事项，或者承认与执行此项裁决与法院地国的公共政策相抵触的，也可拒绝承认与执行该仲裁裁决。

3．我国法院对外国仲裁裁决的承认与执行

我国承认与执行外国仲裁裁决的依据是我国的《民事诉讼法》中的有关规定和我国缔结和参加的双边和多边国际公约。我国于1987年1月22日成为《纽约公约》的缔约国。我国在加入该公约时作出了两点公约允许的保留声明：(1) 互惠保留声明，即我国仅对在另一缔约国领土内作出的仲裁裁决的承认与执行适用公约；(2) 商事保留声明，即我国仅对按照我国法律属于契约性和非契约性商事关系所引起的争议适用该公约。

在我国执行的外国仲裁裁决，可以分为《纽约公约》项下的裁决（简称“公约裁决”）和非公约裁决。公约裁决为在我国以外的《纽约公约》缔约国境内作出的仲裁裁决。这些裁决只能依照公约规定条件执行。对于非公约裁决，按照我国《民事诉讼法》的规定，按互惠原则予以承认与执行。

申请人申请执行外国仲裁裁决的，按照我国《民事诉讼法》第269条的规定，应当直接向被执行人住所地或者其财产所在地的中级人民法院申请。如果被执行人为自然人的，为其户籍所在地的中级人民法院；被执行人为法人的，为其主要办事机构所在地的中级人民法院；被执行人在我国无住所、居所或者主要办事机构，但有财产的，为其财产所在地的中级人民法院。

在我国申请执行仲裁裁决的期限，无论是本国裁决，还是外国裁决，按照我国《民事诉讼法》第219条的规定，双方或一方当事人是公民的，申请执行的期限是一年，双方是法人或者其他组织的为六个月，自法律文书规定履行期间的最后一日起算。凡是向法院申请执行的仲裁裁决经法院审查后准许执行的，由法院作出予以执行的裁定，并向被执行人发出执行通知，责令其在指定的期限内履行，逾期不履行的，由法院强制执行。

香港回归祖国以后，内地与香港地区的仲裁裁决的执行不能适用《纽约公约》，这使两地仲裁裁决的执行变得非常困难。为解决这一问题，最高人民法院与香港特别行政区政府于1999年6月达成了《关于内地与香港特别行政区相互执行仲裁裁决的安排》。该安排依据“一国两制”的基本原则，将两地裁决的执行作为一个特别的事项予以特别规定。依据该安排，双方按照各自的法律程序处理执行问题和收取执行费用；双方按照各自形成的公共政策观念决定裁决的执行与不执行；拒绝执行仲裁裁决的条件与《纽约公约》的规定也是一致的。这一安排为两地仲裁裁决的执行提供了法律保障。

本章参考书目

1.〔英〕艾伦·雷德芬、马丁·亨特等:《国际商事仲裁法律与实践》(第四版),林一飞、宋连斌译,北京大学出版社 2005 年版。

2. 刘晓红:《国际商事仲裁协议的法理与实证》,商务印书馆 2005 年版。

3. 肖永平主编:《欧盟统一国际私法研究》,武汉大学出版社 2002 年版。

4. 王铁崖主编:《国际法》,法律出版社 1995 年版。

5. 黄进主编:《国际私法》,法律出版社 1999 年版。

6. 李双元等:《中国国际私法通论》,法律出版社 1996 年版。

7.〔德〕马迪亚斯·赫蒂根:《欧洲法》,张恩民译,法律出版社 2003 年版。

8. Julian D. M. Lew, Loukas A. Mistelis, Stefan Kröll, Comparative International Commercial Arbitration, Kluwer Law International, 2003.

9. Robert E. Hudec, The New WTO Dispute Settlement Procedure: An Overview of the First Three Years, Graduate Institute of International Studies, 1998.

10. Henrik Horn & Petros C. Mavroidis, The WTO Case Law Series (2001—2008), Cambridge University Press, 2008.

第七章　美欧与中国外贸规范的法律制度

第一节　美国管制外贸法律与政策的新发展

一、美国管制外贸的法律与政策框架[①]

(一) 对外贸易法律体系

美国贸易法律体系涵盖关税及海关法、进出口管理法律、贸易救济法律、基于安全考虑的贸易立法,以及为实施诸多对外贸易协定制定的国内立法等。美国是普通法系国家,其贸易法律体系既包括成文法也包括有效的法院判例,这些判例是对成文法的具体实施或有效补充。国会通过的成文法见于《法律汇编》,且大部分已收编于《美国法典》第19编中,而判例则印载于各法律报告中。

以下几部法律形成了美国贸易法律体系的支柱性立法:经修改后的《1930年关税法》是关于关税制定和征收的主要法律,并就反倾销和反补贴问题作出了规定;经修改后的《1974年贸易法》就非关税壁垒、对发展中国家的普惠制待遇、保障措施及301条款调查等问题作出了规定;经修改后的《1979年贸易协定法》批准了东京回合谈判成果,将有关贸易救济、海关估价、政府采购、产品标准等成果纳入了美国的贸易法体系;《1988年综合竞争与贸易法》增强了行政部门的贸易谈判权以及对不公平贸易采取措施的权力,并全面修订了当时存在的诸多贸易法律,包括反补贴反倾销的法律、《1979年贸易管理法》和《1974年贸易法》的301条款等。

另外,与贸易相关的法律还包括《2002年贸易法》、《乌拉圭回合协定法》和《乌拉圭回合协定法的行政说明》(1994)、《北美自由贸易协定实施法》(1993)、《美国—加拿大自由贸易协定实施法》、《1984年贸易和关税法》和《1962年贸易拓展法》等。

(二) 对外贸易管理制度

1. 关税制度

(1) 平均关税水平。2005年美国工业品平均税率约为4%,农产品的平均税率约为12%。

(2) 美国关税制度。美国关税制度采用的是根据海关合作理事会《协调商

---

① 本部分内容参考商务部编:《国别贸易投资环境报告》,人民出版社2006年版,第100—129页。

品名称及编码制度》制定的《美国关税协调表》。大多数美国关税为从价税，但部分进口产品，主要是农产品，需缴纳从量税。另外，也有些产品需按复合税率缴纳关税。

（3）与贸易相关的特别关税制度。① 互惠的自由贸易协定。截至2005年底，美国已和智利、以色列、新加坡、澳大利亚、安第斯、中美洲以及多米尼加等12个国家和地区缔结了双边自由贸易协定。2006年1月19日，美国与阿曼签订了双边自由贸易协定。该协定允许两国进入对方市场的所有工业品和消费品享受免税待遇。另外，美国也是北美自由贸易区等5个区域性贸易安排的成员。这些互惠性自由贸易协定的成员国分别按照所属协定享受比最惠国税率更加优惠的待遇。② 关税优惠方案。美国还建立了一些单方面的关税优惠方案，主要适用于发展中国家以及最不发达国家。其中，历史最悠久的是建立于1976年的普惠制方案。根据该方案，144个国家和地区的4650多种产品对美出口享有免税待遇。类似的优惠安排还包括1983年提出的《加勒比盆地方案》、2000年颁布的《非洲成长和机会法》和2002年修订的《安第斯贸易促进和戒毒法》。

2. 主要进口管理制度

美国主要依靠关税对进口进行管理和调节，但对相对敏感的进口产品，如农产品，美国还采用关税配额的方式。出于环保、国家安全等原因，国会通过诸多国内立法授权行政部门采取配额管理、禁止进口、收取进口附加费等方式对进口实行限制。另外，在美国的商业实践中存在着大量的产品标准，它们在一定程度上也起到了限制进口的作用。比如，进口的家禽类产品必须达到美国农业部动植物健康检查署和食品安全检查署的要求并遵守其规定。

3. 主要出口管理制度

（1）出口控制

① 出口管制制度。为保护国家安全、推进美国对外政策、限制生化武器及导弹技术扩散，以及确保一些短缺物资在国内充足供应，美国政府对部分产品实行出口控制。以《1979年出口管理法》和《出口管理条例》为核心，美国建立了一系列的出口管制制度，以防止产品出口至未经美国政府授权的目的地。目前，美国出口管制依靠总统的紧急授权运作。1990年9月30日，美国《1979年出口管理法》已期满，且至今没有新法律取代它。美国政府通过许可证的形式来进行出口控制，进行出口审查时主要考虑出口目的地、最终用户、产品本身以及其最终用途等因素。同时参与产品销售过程、提供销售服务的各方，包括银行、保险公司、船运路线、航空运输者，也都是审查出口许可证时考虑的因素。

② 出口管制制度。美国政府还要求在美国以外成立和营运的公司必须遵循美国的再出口管制制度。目前，美国政府要求外国公司在第三国出口的产品若有25%或以上成分来源于美国，需申请再出口许可证。如果该产品出口至被

列于国务院“支持恐怖主义国家”名单的目的地，则要求更为严格，即只要产品10%或以上来源于美国就需要申请再出口许可证。2005年8月2日，美国修改了《控制物资进出口法》，通过了《2005年控制物资出口改革法》。新法案规定，总检察官有权决定控制物资的出口和再出口。

（2）出口促进

美国的出口促进主要表现在出口融资、对外贸易区的免税待遇、出口退税、对中小企业出口采取鼓励措施等方面。

① 出口融资。美国进出口银行通过一系列贷款、担保和保险计划，向出口商和海外购买商提供融资。

② 对外贸易区的免税待遇。根据《1934年对外贸易区法》，美国对进入对外贸易区的外国货物和国产货物不征收关税、仓储税或消费税，在对外贸易区内用美国零部件和外国原材料装配而成的制成品，其增值部分免税。

③ 退税。根据《1930年关税法》第313条，对进口货物或原材料所收取的关税或其他税费应在其出口时获得退税。

4. 中小企业出口鼓励政策

美国商务部下设中小企业管理局，负责向中小企业提供出口信息、咨询以及出口融资短期信贷和循环工作资金等出口帮助。同时，政府还推行市场发展合作者计划，为研究提高中小企业市场竞争力和开发国外市场的非营利组织提供技术和财政支持，来帮助中小企业扩大出口。2005年，美国政府共向36个申请组织中的5个组织提供了计划资助。

5. 其他相关制度

（1）海关制度。自2002年以来，美国进口手续发生了重大变化，要求运往美国的货物在起运前应向美国当局传输有关电子信息；美国与一些外国海港达成协议以审查运往美国的集装箱。另外，《2002年生物反恐法》要求大多数食品生产和加工企业进行注册，并且所有前往美国的运送食品船只应提前通知美国食品药品管理局。

（2）贸易救济措施。美国的贸易救济制度可分为影响进口和影响出口两个方面。对进口的救济措施主要是针对不正当价格竞争行为的反倾销和反补贴措施、对进口数量进行调整的保障措施以及对侵犯美国知识产权的进口产品所采取的措施。相关法律包括美国《1930年关税法》第4小章、《1974年贸易法》201条款至204条款、337条款，以及专门针对中国的421条款。对出口的贸易救济是为维护美国公司权益，扩大美国产品和服务的海外市场准入等行为所采取的措施，主要体现在《1974年贸易法》301条款的应用上。

（3）政治经济安全措施对贸易的影响。根据《国际紧急经济权力法》、《与敌国贸易法》、《毒品控制贸易法》和《1985年国际安全和开发合作法》等法律，美国政府出于政治经济安全的考虑,可以对出口或进口进行限制或管理。

（三）主要贸易管理部门

美国宪法赋予国会管理对外贸易以及征收关税的权力。国会在对外贸易方面占据主导地位,但它也通过一系列法案,将很多职能授权行政部门。同时,行政部门与国会主要相关委员会以及私营部门咨询团体在工作上保持密切联系。

1. 国会

美国《宪法》第1条第8款明确规定,国会拥有决定征税以及管理对外贸易的权力。因此,缔结自由贸易协定、实施并修订关税措施及有关贸易措施均需依据国会的具体立法或在国会的特别授权范围内实施。

国会参议院和众议院涉及对外贸易管理事务的专门委员会有十余个,其中众议院的筹款委员会和参议院的财经委员会作用显著。

2. 行政部门

在对外贸易管理方面,美国政府行政部门的主要职责包括三个方面:一是对外贸易谈判,主要由总统下辖的国家经济委员会和美国贸易代表负责;二是进出口管理和服务,具体由商务部、农业部和海关等机构执行;三是征收关税,具体由海关执行。

（1）美国贸易代表

美国贸易代表是总统的内阁成员,是总统的主要贸易顾问、对外谈判代表和贸易问题发言人,具体负责促进与协调美国的国际贸易和直接投资政策,并实施与其他国家在上述领域的谈判。其责任和重要性随几次立法不断得以提升。

根据《乌拉圭回合协定法》,美国贸易代表办公室对被认为是WTO下的所有问题的谈判负有主要职责。此外美国贸易代表办公室还设有三位大使级的副代表。

（2）商务部

商务部是美国负责对外贸易管理及出口促进的主要政府部门。其主要职能是:实施美国对外贸易法律和法规,执行促进美国对外贸易和投资的政策;监督多双边贸易协定的实施;为美国企业提供咨询和培训。

商务部负责对外贸易管理的主要部门是国际贸易管理局和产业安全局。国际贸易管理局主要负责促进美国出口贸易的发展;进行贸易统计,收集关税税率信息;监督市场准入和美国签署的国际贸易协议的履行情况,消除国外市场准入壁垒;实施反倾销、反补贴调查等。产业安全局主要负责制定、实施和解释有关美国军民两用产品、软件与技术的出口控制政策,并颁发相应出口许可证。

为打击知识产权侵权、加强知识产权执法,2005年7月22日,布什总统根据2005年《统一拨款法》,宣布在商务部下设国际知识产权执行协调员办公室。

该办公室旨在就打击国际知识产权侵权、加强海外知识产权的保护、协调和分配联邦政府部门的资源，以在国内外保护美国的知识产权，并在落实布什政府2004年展开的“打击有组织盗版活动战略”中发挥重要作用。

(3) 国际贸易委员会

美国国际贸易委员会是一个联邦机构，在贸易问题上有广泛的调查权。其主要工作包括：判定美国的国内产业是否由于低于公平价值或受补贴的进口遭到实质性损害；对侵害知识产权等不公平贸易行为采取相应对策(总统有权否决)；对由于进口增加而受到严重损害的产业部门，向总统建议对其进行救济等。

(4) 海关

海关负责征收进口税，并执行与国际贸易相关的法律法规。

(5) 贸易政策的协调机构

美国各政府部门和国会之间主要通过三个不同级别的协调机构来协调外贸政策的制定工作，分别是：贸易政策工作委员会、贸易政策审议小组和国家经济委员会。前两个机构由贸易谈判代表担任主席。

3. 私营部门顾问委员会体制

美国贸易政策立法有较高透明度，允许吸引民间广泛参与贸易政策的讨论，民间对政府决策的影响越来越重要，已成为美国贸易决策体制的一大特色。[①]

私营部门顾问委员会体制最初由《1974年贸易法》第135条规定，并经《1979年贸易协定法》以及《1988年综合竞争与贸易法》扩充，形成目前由美国贸易代表管理的三级私营部门咨询体系。层次最高的为贸易政策及谈判顾问委员会，代表均由总统任命，为贸易协定和贸易谈判等贸易政策事务提供建议。中间一层由代表工业、农业、服务等部门经济的政策咨询委员会构成，就不同贸易措施对各个领域产生的影响向政府提供建议。来自各行各业的专家则组成了该体系的基础层，负责对涉及具体领域的贸易问题提供具体的技术性的信息。中间一层和基础层的代表由美国贸易代表或相关部门领导人任命。

二、美国管制外贸的法律与政策特点

(一) 规则取向的美国外贸法制

美国从其独立之日起，就特别重视外贸。在两百多年的外贸发展历程中，尤其是二战之后，美国已成为国际贸易中起主导作用的国家。从20世纪60年代起，在日本及欧盟的强烈竞争下，美国外贸法既有管理本国进出口功能，又有在竞争中趋利避害的服务功能。“在美国，国际贸易是最热门的话题，外贸法也是

① 参见王传丽主编：《国际贸易法》，法律出版社2008年版，第278页。

最为社会关心的法规之一。因为它直接涉及美国人的就业问题，同时也直接影响美国人民的生活质量。”[①]

美国对外贸易法的内容丰富而具体，仅《1988 年综合贸易与竞争法》就达一千多页，其内容涉及：贸易待遇，包括最惠国待遇、国民待遇、互惠待遇、普遍优惠待遇、关税同盟与自由贸易区；进口救济与贸易秩序，包括反倾销法、反补贴法、保障措施、调整援助、市场扰乱、不公平贸易做法和非经济原因的进口管制；出口促进与管制，包括 301 条款制度[②]和贸易促进、出口管制。[③]

杰克逊教授将美国进口管理措施分为 14 类，并列表详尽说明了各类贸易管制措施的法律依据、主管权责机关以及相关程序事项，包括是否存在法定时限、公民能否启动申诉、是否公开听证、是否公布附理由裁定以及能否诉诸司法审查。他据此认为，美国的贸易管理体制乃是“规则取向”，而非“权力取向”。[④]前者要求相关权责机关确保最大限度地遵守和坚持一套事先制定的规则；强势国家的外交官通常倾向于将谈判作为解决问题的方法，谈判筹码包括承诺经济援助、贸易减让、调动航空母舰和对汇率实施影响。

美国主要贸易进口管理措施[⑤]

类型		法律依据	参与的政府机构	是否存在法定时限	公民能否启动申诉	是否公开听证	是否公布附理由裁定	法律是否规定司法审查
1	保障措施（免责条款）	《1974 年贸易法》§201	国际贸易委员会/总统	是	是	是	是	否
2	反倾销	《1979 年贸易协定法》§101	（商务部）国际贸易局/国际贸易委员会	是	是	是	是	是
3	反补贴	《1979 年贸易协定法》§101	（商务部）国际贸易局/国际贸易委员会	是	是	是	是	是
4	对外国政府的申诉	《1974 年贸易法》§301	美国贸易代表/总统	是	是	是	是	否

① 〔美〕Ralph H. Folsom, International Trade and Investment（影印版），法律出版社 2003 年版，第 19 页。

② 美国《1974 年贸易法》规定了一般 301 条款、特殊 301 条款和超级 301 条款。一般 301 条款规定了当外国限制美国货物和服务的进口时美国贸易代表应当或可以采取的救济措施；特殊 301 条款规定了针对外国违反知识产权义务的各种措施和行为；超级 301 条款则针对外国限制进口措施的重点国家和重点做法。适用于整个 301 条款的救济措施有中止与外国达成的贸易协定、取消给予外国的优惠待遇、取消对美国的商业限制、通过贸易协定向美国提供补偿利益等。

③ 参见沈四宝等：《对外贸易法若干问题研究》，载《山西大学学报》（哲学社会科学版）2004 年第 3 期。

④ 参见〔美〕约翰·杰克逊：《GATT/WTO 法理与实践》，张玉卿等译，新华出版社 2002 年版，第 316 页。

⑤ 同上书，第 332 页。

（续表）

类型		法律依据	参与的政府机构	是否存在法定时限	公民能否启动申诉	是否公开听证	是否公布附理由裁定	法律是否规定司法审查
5	不公平贸易做法	《1974 年贸易法》§341（《1930 年关税法》§337）	国际贸易委员会/总统	是	是	是	是	是
6	对非市场经济的保障措施	《1974 年贸易法》§406	国际贸易委员会/总统	是	是	是	是	是
7	纺织品	《1956 年农业法》§22	总统	否	否	是	是	否
8	国家安全	《1962 年贸易扩张法》§232	商务部/总统	是	是	是（如果合适）	是	否
9	奶制品	《1933 年农业调整法》§22	农业部/国际贸易委员会/总统	否	否	是	是	否
10	肉	《1979 年肉类进口法》§1	总统	否	否	是（公众评论）	是	否
11	税收措施	《内部收益法》§103（a）（7）（D）	总统	否	否	否	否	否
12	普惠制	《1974 年》贸易法§5	总统	是	否	否	是	否
13	自愿限制安排	《1962 年贸易扩张法》§352	总统	是	否	否	否	否
14	关税	《1956 年农业法》§204	总统	是	否	否	否	否
		《1930 年关税法》§516	财政部	是	是	是	是	是

（二）美国《宪法》对国际贸易关系影响重大

美国《宪法》第 1 条第 8 款第 3 项明确规定，国会有权规范对外贸易事项（to regulate commerce with foreign nations）。国会对贸易事项的规范，从历史演变可分为三个阶段：1934 年之前，国会直接深涉国际贸易；1934 年《互惠贸易协定法》成为转折点，由该法开始，贸易政策的决策重点转至行政部门；这种现象在 1974 年水门事件后又有所转变，国会开始以积极的姿态介入国际贸易的政策形成和政策执行，行政部门在处理贸易事项时极重视国会的整体倾向。①

但就国际贸易事务，国会与总统间应如何依据《宪法》划分权限，颇为困难。原因在于国际贸易事务所涉及的范围非常宽广，不但包括对外关系的谈判及条

① 参见罗昌发：《美国国会对外贸事务之宪法及法律上控制权限》，载罗昌发：《贸易关系之法律问题》，月旦出版社股份有限公司 1994 年版。

约、协定的签署,还包括关税和非关税措施的实施和废除,以及各种贸易救济和处理。如此广泛的事务,自然不可能由任一部门单独享有并负责执行。

实践中,美国总统在传统上对国际贸易居于主导地位,主要根据是最高法院Sutherland法官在United States v. Curtiss Wright Export Corp.①一案中所引John Marshall的名言:"总统就对外关系而言是国家的唯一对外机构,且是国家在与外国交往时的唯一代表。"而且最高法院也认为,只有总统才有代表美国与外国谈判国际条约或协定的权力,其根据是美国《宪法》第2条。②

美国总统除缔约的权限外,传统上还有缔结行政协定的权力。美国法下所谓的行政协定的缔结有如下四种方式:第一,国会以立法方式事前授权总统签订,称为"Congressional Executive Agreement",最典型的例子如《1974年贸易法》、《1988年综合竞争与贸易法》的签订;第二,国会以立法方式在签订协定后补充授权总统,如《布雷顿森林协定法案》的签订;第三,总统依据固有权限签订的行政协定,称为"Presidential Executive Agreement",如总统依统帅权签订在外国部署军队等;第四,在参议院同意的条约中,明示或默示授权总统所签订的协定,称为"Treaty Executive Agreement",其作用在于执行该条约。③

值得一提的是,国会授权总统依据"快车道"(fast-track)程序缔结区域贸易协定,集中体现了国会管控外贸权限的扩大和保守主义。④

(三)美国贸易管制体系注重成本收益分析

杰克逊教授采用经济分析方法,对美国贸易管制体系的成本收益进行了权衡,试图评价这套体制运转的效率。他将美国该体制的成本区分为可量化和不可量化两类。

可量化成本包括:(1)美国相关政府部门的预算成本;(2)处理前述案件的律师以及外部顾问的成本;(3)涉案公司的内部成本。1983年,Jackson通过考察相关政府机关的年度预算,包括美国贸易代表办公室、商务部国际贸易局、国务院经贸事务局、国际贸易委员会,估计政府运行成本超过每年4400万美元;1983年因正常贸易进口而发生的律师费成本超过9700万美元;涉案公司内部成本与外部律师费大体相同。综合起来,1983年美国贸易管制的量化成本超过2.5亿美元。⑤ 与当年美国进口总量达2540亿美元的规模相比,0.1%不到的交

---

① 299 U.S. 304, 319, 1936.

② United States v. Belmont, 301 U.S. 324, 1937.

③ 参见罗昌发:《美国国会对外贸事务之宪法及法律上控制权限》,载罗昌发:《贸易关系之法律问题》,月旦出版社股份有限公司1994年版。

④ 参见刘俊:《美国缔结区域贸易协议的政策与程序评介》,载刘楠来、李兆杰主编:《中国国际法年刊(2006年卷)》,世界知识出版社2007年版。

⑤ 参见〔美〕约翰·杰克逊:《GATT/WTO法理与实践》,张玉卿等译,新华出版社2002年版,第321—322页。

易成本可合理忽略不计。

不可量化成本包括:(1) 对外政策的僵化;(2) 条文主义体制被操纵或骚扰;(3) 错法的刚性;(4) 特殊利益集团对法定标准制定的影响;(5) 对重大案件无能为力;(6) 条文主义体制的困境。① 同时,该体制的不可量化的程序和实体收益是:法定标准,公开的法律程序,司法审查的机会,以及类似内容越广泛和详细,该体制就越具备预见性和防治腐败、杜绝幕后政治交易的能力;而计算实体层面的收益是反向比较,即如不采取现行体制的损失。在现行体制缺位的情况下,全部进口限制的等量关税可能比东京回合前的美国关税水平提高 50%。按照 Alan Deardorff 和 Robert Stern 的模型,这将带来数十亿美元的福利减损。

尽管杰克逊教授的分析数据较为陈旧,但通过成本收益方法分析贸易管制效率的思路仍具有强大的生命力,它使世人能以最简单的方法了解庞大的国内贸易体制的实际运转情况,并为国家间比较提供可行性。

三、美国外贸救济单边措施的新发展

(一) 美国贸易法中 301 条款权限缩小轨迹

美国《1974 年贸易法》第 301 条的核心是:若美国贸易代表认为美国依任何贸易协定享有的权利丧失或减损;或是任何外国的行为、政策或做法,违反了或不符合美国参加的贸易协定,从而损害了美国的利益或是给美国的贸易带来不合理的负担或限制,则其"应"通过中止减让、征收关税或其他费用等进行报复。任何个人、企业都可以直接请求贸易代表对前述行为、政策进行调查。贸易代表也可主动发起调查。第 304 条至第 306 条进一步规范了美国贸易代表可采取的强制措施和裁量性措施。

长期以来,美国都以其著名的"301 条款"推行贸易单边政策。美国的理由是,《关贸总协定》的争端解决制度无法有效运作,故其必须诉诸单边报复措施保护本国利益。正因为美国的压力,乌拉圭回合才得以通过准自动通过争端解决机构(DSB)建议的制度。

1995 年,301 条款被运用于美日贸易摩擦的处理。美国通过各种渠道批判日本汽车市场的封闭性,提出扩大日本汽车厂商采购外国零部件、增加出售外国进口汽车销售点、缓和汽车年审制度等要求,在日本拒绝后,美国贸易代表依据 301 条款,决定对日本产高级轿车征收 100% 的关税。② 日本则指责美国的行为违反了《关贸总协定》第 1 条和第 2 条以及《争端解决谅解》第 23 条,要求美国

---

① 参见〔美〕约翰·杰克逊:《GATT/WTO 法理与实践》,张玉卿等译,新华出版社 2002 年版,第 320—325 页。

② 参见〔日〕中川淳司等:《国际经济法》,白巴根译,北京大学出版社 2007 年版,第 121 页。

依《关贸总协定》第22条进行磋商。最后美日双方通过双边谈判达成协议,而未诉诸世贸争端解决机制。①

关于美国《1974年贸易法》301条款是否符合WTO的问题,欧共体向DSB提出申诉,理由是:该法第304条第1款授权美国贸易代表决定外国政府的行为是否符合国际协定的规则等,事实上包括了美国贸易代表有权决定世贸成员的行为是否符合相关协定的规定、是否损害了美国的利益等;美国贸易代表的这一权力之行使,不是以世贸争端解决机构的决定为前提,故违反了《争端解决谅解》第23条第2款第1项。对此专家组的裁定是,美国《1974年贸易法》第301条至310条没有违反《世界贸易组织协定》,因为美国为履行乌拉圭回合义务而制定了行政行为陈述,该陈述保证"所有有关世贸组织的争议,必须在争端解决机构通过报告后,美国贸易代表才会作出决定"。正是这份行政行为陈述使美国《1974年贸易法》符合了包括《争端解决谅解》在内的《世界贸易组织协定》。专家组所依据的另一证据是美国贸易代表根据第301条作出的所有决定,都是基于争端解决机构的授权。②

综上,从美国贸易法案可以看出,世贸争端解决机制极大限制了各成员的权力,其单方面的贸易制裁以及报复性行为和政策均将受制于争端解决机制的司法审查。

进入21世纪以来,随着中美双边贸易不平衡的持续扩大,2004—2006年,就发生了5起就中国劳工权利、人民币汇率等议题,申请美国贸易代表进行301条款调查的申请。③ 美国贸易代表对这5起申请悉数予以拒绝(见下表),表明了美国政府审慎使用301条款的态度。

提起时间	提起的组织	结果	主题
2004年3月16日	美国劳工联盟和国会产业组织	2004年4月28日驳回	劳工权利
2004年9月9日	中国货币联盟	2004年11月12日驳回	人民币汇率
2004年9月30日	美国国会中国货币行动联盟	2004年11月12日驳回	人民币汇率
2005年4月20日	美国国会中国货币行动联盟	2005年5月27日驳回	人民币汇率
2006年6月8日	美国劳工联盟和国会产业组织	2006年7月21日驳回	劳工权利

自2000年以来,基于人民币汇率的相关问题一直是美国国会的热点议题。以下专从美国国会晚近两项立法动态——允许对非市场经济体适用平衡税和单

① 参见王贵国:《国际贸易法》,北京大学出版社2004年版,第383页。

② 同上书,第387页。

③ 参见高永富:《美国贸易法301条款与中美贸易争端》,载陈安主编:《国际经济法学刊》(第14卷第1期),北京大学出版社2007年版,第109页。

边改变倾销幅度的计算方法进行分析。[①]

(二)非市场经济体的平衡税适用

2005年7月,众议院通过了《美国贸易权利执行法案》(HR 3283),[②]允许美国公司对获得不公平补贴的中国商品进出口商提起反补贴诉讼(相同标题和内容的姊妹法案也获得参议院通过[③])。该法案第2条明确规定:《反补贴法》对非市场经济国家的行为适用,并将中国和日本定格为货币操纵。[④] 而该法案第3条明确改变了"可科征平衡税之补贴"的美国立法措辞,从而把矛头指向中国。同时,法案指示行政机关采取适当方式确定和计算补贴所授利益的估计值。[⑤]法案还授权商务部或国际贸易委员会,对从人民币补贴获益的产品及其数量作一个一般且尽可能准确的估计。由此,该法案明确推翻了美国联邦上诉巡回法院在1986年"乔治城钢铁案"[⑥]中作出的著名裁决——美国《反补贴法》不应适用于非市场经济体。

该法案也推翻了商务部自1984年就坚持的政策——非市场经济体(NME)不实施反补贴措施。商务部的理由是:在社会主义经济体(包括中国、苏联和捷克斯洛伐克等)中,补贴在指令型经济体制中无处不在,以致从经济影响角度,与西方国家不存在可比性。在实践操作层面,依商务部的观点,当一政府授予某一特定产品出口商利益,而该出口商的控股股东又是同一个政府时,不可能单独确定其数量或利益。在1986年的"乔治城钢铁案"中,联邦巡回法院支持了商务部的意见。

2007年3月,商务部宣称反补贴政策的大转向。[⑦] 它不再禁止绝对源自NME的商品征收反补贴税。自1986年"乔治城钢铁案"以来,NME一直"托福"享受着美国《反补贴法》的豁免适用。该项政策的合理性在于:在国家占主导地位的经济中,具有专向性的非法补贴很难确定。换句话说,在NME中"公立"和"私营"的界限不存在或几乎没有,这意味着补贴已渗透进NME经济活动的每

---

① 参见〔美〕Raj Bhala:《美德、中国人民币与美国贸易帝国》,刘俊译,载《香港法律期刊》2008年第1期。

② 2005年7月28日,该法案正式在第109届国会第1次会议通过。

③ United States Trade Rights Enforcement Act, 109th Congress, 1st Session, s. 1421. 须指出,异于平常的模式,参议院提起这项法案的时间是2005年7月19日,比众议院还早。

④ Like many other legislative proposals, this bill (in s. 5) also identified China's inadequate intellectual property (IP) enforcement efforts, plus (in s. 8) mandated the International Trade Commission to publish a comprehensive review of Sino American trade relations.

⑤ 19 USC §1677(5).

⑥ 801 F 2d 1308 (Fed Cir 1986).

⑦ See US Department of Commerce, Countervailing Duty Investigation of Coated Free Sheet Paper from the People's Republic of China—Whether the Analytical Elements of the Georgetown Steel Opinion are Applicable to China's Present-Day Economy, C-570-907, 29 March 2007 (Investigation Public Document), http://ia.ita.doc.gov/download/cfsp/china-cfs-georgetown-applicability.pdf.

一个环节。因此,当确定反补贴幅度这个基础问题,即计算一国政府给予特定企业的补贴价值时,若非不可能,也将非常困难。

究竟为何要改变一项坚守多年的政策呢?政治角度的答案是:源于2005年《美国贸易权利执行法案》以及2003年提案的压力,催促行政机关转向。经济角度而言,商务部认定中国政府仍对国内经济实施着控制。虽然自20世纪80年代中期以来,随着市场经济和全球化推进,这种控制力无论在深度还是广度上都大大弱化。① 举例而言,许多货物和服务市场的价格、劳动力市场的工资水准,均已实现弹性化(若非自由浮动);中国居民获得外币和信贷服务的机会极大增加;个人财产所有权和企业家冒险精神,包括私营中外企业负责人的独立决策,不仅受到政策鼓励,还获得新出台法律的保护。尽管在商务部看来中国仍是NME,但毋庸置疑,持这种政见群体日渐式微。②

正式名为《2007年公平贸易货币改革法案》的"Hunter-Ryan法"(HR 2942)③,再次重申要以征收反补贴税策略,让中国产品不堪其扰。该法案于2007年6月28日在第110届国会第1次会议中得到通过,这项长达34页的法案(与先前类似法案3—5页形成对照)支持对补贴"法定专向性"进行全面变革。由此看来,与之前的类似提案相比,这是一项更坚决、更激进的立法应对。

(1)该法案第101条中,明确保护美国农产品和制造品免受中国补贴货物的竞争,并确定美国农业和制造业基地对国家安全至关重要。

(2)该法案第101条中,专门援引了诸多美国可对中国问责的国际条约义务:包括GATT第6、16条,世界贸易组织《SCM协定》和IMF章程第4、8条。

(3)该法第103条中,从两个方面对"一国货币根本和可诉性错配"概念进行界定。第一,参照一国均衡真实有效汇率基准,该出口国现行真实有效汇率被低估;第二,基于下述四项原因,在18个月内低估的数额持续超过5%者:① 源于政府在外汇市场大规模、持续干预;② 超量外汇储备积累;③ 对与货币可自由兑换不符之资本进出实施限制或激励;④ 出口国的任何其他政策或实践操作。须指出,这两项标准必须同时满足,才满足对NME适用反补贴税的正当性要求。否则,第一项标准几近多余,因为若非币值低估,相反情况在一个贸易救济中没有利益;而第二项标准很容易满足,毕竟其第①项原因乃是最低门槛,而第④项原因则是兜

---

① See US Department of Commerce, Countervailing Duty Investigation of Coated Free Sheet Paper from the People's Republic of China—Whether the Analytical Elements of the Georgetown Steel Opinion are Applicable to China's Present-Day Economy, C-570-907, 29 March 2007 (Investigation Public Document), http://ia.ita.doc.gov/download/cfsp/china-cfs-georgetown-applicability.pdf.

② 美国贸易法针对非市场经济地位所规定的标准,见于《1930年关税法》s. 771(18)(A),之后修订进19 USC §1677。2007年商务部在"乔治城钢铁案"备忘录第2至4页,适用了这些标准。

③ 由参议员Duncan Hunter(加州共和党)和Tim Ryan(俄亥俄州民主党)发起。该法案的初版:The Chinese Currency Act of 2005, HR 1498, 109th Congress, 1st Session, 6 April 2005.

底条款。

(4) 该法第103条中,单边宣称错配的货币本质上属于GATT/WTO框架下"可科征平衡税的补贴"。而在该框架内,构成禁止性补贴(红灯)或可诉性补贴(黄灯)应符合四项关键要素:① 财政资助;② 源于政府;③ 授予利益;④ 对一个或一组企业或产业的专向性。[①] 相应地,首先,该法案将"一国货币根本和可诉性错配"界定为货币发行国政府的财政资助;其次,该法案解释道:若非错配,依美元计价商品的价格将更低,从中可发现利益被授予;第三,该法案认定这种利益具有专向性。基于这些与货币低估相关且不能驳斥的三点假设,最后的救济手段就水到渠成:对源自货币发行国(包括NME在内)的商品得征收反补贴税。

将中美双边贸易赤字与美国就业机会丧失联系起来,美国制造商和劳工集团普遍支持该项重要法案。美国劳工联盟与产业组织联席会议(AFL-CIO)呼吁应迅速通过众议院"HR 2492"号法案;美国制造业贸易行动联合会(AMTAC)大声疾呼:美国制造业在美中贸易赤字的洪流中已被淹没。它还抛出统计资料:自2001年中国加入WTO以来,正是这个贸易赤字直接导致美国340万个就业机会的丧失。[②]

然而从公平角度分析,审视该法案所包含单边性和主观判断性这两项特征,似可得出该法案明显不公正的结论。

首先,就货币低估是否相当于一项可诉补贴,一个WTO成员方单方面就可作出判断。该成员方甚至连呼吁诉诸WTO补贴和反补贴措施委员会协商的努力都没有,也没有努力将之增补进WTO部长会议谈判的清单。于是,该法案只是美国为解决自己与另一国家双边贸易账户赤字,而试图改写且世界其他国家只得遵从的贸易法则。

其次,单边定义"根本和可诉性错配"在逻辑上站不住脚,尤其是以尚未修改的《SCM协议》为参照系。客观而言,一项低估的货币能否被称为"补贴"并没有确切答案,需要具体问题具体分析。Hunter-Ryan法案是否以注入短期主观偏好而牺牲了应长期坚守的原则?可能这并非官方的政府行为,因为在政府层面并没有可见利益的转移。而且这项利益惠及的对象包括所有企业和产业,对任何部门均没有专向性(即便从最严格角度分析)。而政府行为和专向性标准乃是《SCM协议》第1条和第2条的基石。

即使货币低估是一项补贴,它是否应属于禁止性补贴(例如红灯补贴)尚不明确。这里,立场至关重要。就进口国,尤其是国内受补贴产品的消费者而言,

---

① See SCM Agreement, Art 1. The bill amends the definition of "countervailable subsidy" in US trade law at 19 USC §1677(5).

② See Amy Tsui, Trade Deficit Data Prompt Renewed Calls for China Currency Bill to Move this Year, 25 International Trade Reporter (BNA), 21 February 2008, p. 271.

他们获得了直接利益;反过来,对出口国而言则意味着间接利益:因为这项补贴将保障数千万工人的就业机会,从而使其免受贫困,保障国家的安定。再进一步,从立法起草实践角度看,将货币低估定性为禁止性补贴,是否有其必要也值得怀疑。难道《SCM 协议》第 3 条和附录关于出口补贴的列举式清单(可能指(b)、(j)两个子项)涵盖了货币低估这一项?[①]

(三) 计算倾销幅度规则的单边改变

历史上,美国一直是国际社会创造和发展国际贸易法制,尤其是 GATT/WTO 体制之不可或缺者。相应地,审视美国单方面构建规则,却将其作用于多边场合的思路,实在有欠公道,并与 GATT/WTO 的内容和精神格格不入。

然而,单边重新界定规则恰是四位美国名人参议员于 2007 年 5 月所提议的思路。他们是 Max Baucus(蒙大拿州民主党)、Charles S. Grassley(爱荷华州共和党)、Charles Schumer(纽约州民主党)和 Lindsey Graham(南卡罗来纳州共和党)。他们助推通过的法案允许美国公司以低估的人民币为原因,可寻求对中国商品实施反倾销措施(antidumping, AD)。2007 年 6 月,两位民主党领袖总统候选人,参议员 Hillary Clinton(纽约州)和 Barack Obama(伊利诺伊州),也对这份超党派法案表态支持。须指出这两人均不被视为保护主义或孤立主义代言人。[②] 这项法案全称为《2007 年货币汇率监督改革法案》(S 1607),于 2007 年 6 月 13 日在第 110 届国会第 1 次会议正式通过。立法记录显示,参议院金融委员会对这份长达 26 页的提案,以 20 比 1 投票表决通过。(值得一提的是,唯一投反对票的参议员是华盛顿州民主党人 Maria Cantwell,她认为该法案无助于推动中国迅速转向实施由市场决定的汇率制。[③])

该法案之"尚方宝剑"是,对源自与美元汇率错配国家的商品,允许征收反倾销税。[④] 考察其适用范围,该该法案明确指向中国的商品,而对其他国家不作限制。它还改变了倾销幅度的计算方法,对调查权责机关(商务部)作出肯定性倾销成立裁定的诸多限制进行松绑。最关键的改变是,明确授权调整汇率低估的计算方法。尤其在计算倾销幅度时,有必要按该国货币相对美元的贬值程度,调整产品的出口价格(EP)或推定出口价格(CEP)。[⑤] 与之对应,该法案第 6(a)

---

① See Matthew R. Leviton, Is It A Subsidy? An Evaluation of China's Currency Regime and its Compliance with the WTO, 23 UCLA Pacific Basin Law Journal, 2006, pp. 243—267. 这篇文章的结论是:人民币低估可能并非《SCM 协议》下的红灯补贴。

② See Eoin Callan, Clinton and Obama back China Crackdown, Financial Times, 6 July 2007.

③ See Amy Tsui, Senate Finance Panel OKs Currency Bill Aimed at Valuation of Chinese yuan, 24 International Trade Reporter (BNA), 2007, pp. 1101—1102.

④ See The Hunter Ryan Bill (HR 2942), The Currency Reform for Fair Trade Act of 2007, introduced on 28 June 2007 into the 110th Congress, 1st Session.

⑤ See Amy Tsui, Senate Finance Panel OKs Currency Bill Aimed at Valuation of Chinese yuan, 24 International Trade Reporter (BNA), 2007, n. 139.

(1)(A)条写道:

> 行政机关应确保在出口价格和正常价值间比较的公道性,并可通过调整出口价格和推定出口价格的方式,来反映出口国货币的根本性错配。[①]

《WTO关于实施GATT 1994第6条的协定》(简称《反倾销协定》)第2(4)条要求,在正常价值和出口价格(或推定价格)间应进行公平比较。在该段末尾,它授权对倾销幅度各种变量进行调整,以反映不同贸易水平、销售环境和诸多影响价格可比性要素的差异。而对货币低估事宜,则并无明确许可能对出口价格或推定出口价格进行调整。

针对美国《2007年货币汇率监督改革法案》与《反倾销协定》相符最有力的主张是:该协定措辞足够含糊,以致在计算倾销幅度时允许考虑货币操纵。但与之针锋相对且说服力更强的主张是:从作为公平的正义角度,可诉诸WTO来消解措辞的含糊性。适当的渠道如WTO反倾销委员会,它可就议题展开研究,尤其是币值低估调整与协定文本的相容性。若确需调整,则提出修订协定的推荐稿。部长会议会对这类修订进行考虑,一旦批准,就意味着所有成员方均参与了这项变革过程。它们也均被明确通知:就货币币值低估所作的新调整,可能会用来针对其出口商,或被其国内产业提出抗辩。

诉诸多边渠道对《反倾销协定》进行修改,乃是非常明智的政策选择。其原因不仅是前述帝国应公正行事,尤其是充分参与利用国际社区之程序机制这一理由。在实体层面,单边设定因货币币值低估之折算(adjustment),是否在所有场合都能公道适用,并不清楚。在NME(如中国)商品反倾销案例的场合,往往会使用正常价值,即第三国价格作为参照系。举例而言,美国商务部就调查中国相关数据的参照系,一般是印度或泰国商品的物价数据。在这种情况下,实在没有理由要将货币操纵折算进出口价格或推动出口价格。毕竟这时正与美元转化的货币,乃是以市场为基准的印度卢比或泰铢,而不再是被操纵的人民币。因此当正常价值源于替代国之数据时,还要商务部关注人民币的低估显不公平。而多边场合一直高度关注这种不公道,并对那些冲动的单边国内立法施以制衡。从概念上这甚至是荒谬的,因为当正常价值源于实施市场基准汇率的第三国,却仍要将人民币的低估值折算进出口价格或推定出口价格。这种实践结果也存在严重偏向。因为倾销幅度计算所涉的"正常价值"和"出口价格"之确定,均有利于美国申诉方。

在个案中,这种折算的公道性将取决于,替代国货币在多大程度上能说明人民币的低估。举例而言,若卢比或泰铢与美元相仿,相对人民币也存在低估

① 19 USC §1673.

的情形，那么，将低估值折算进出口价格或推定出口价格便貌似合理。因此在确定折算参数时，需要就如下问题达成共识：卢比兑人民币或泰铢兑人民币间的交叉汇率如何确定？折算多少才算妥当？在倾销幅度计算公式中，什么变量应进行折算？毋庸置疑，将这些问题仅交由一个 WTO 成员方来决定，实非上策。

即便中国在个案中被认定为正常价值之数据来源国，对人民币的低估值进行折算是否公道，也没有确定的答案。这里，一个前提性的问题是应确立正确的估值方法。单这一点若非容易沦为主观臆断，也非常困难。再者，美国国会提案要求商务部仅检视商品的最终价格，而非原材料或半成品的成本。如果人民币确属低估，则就海外来源的投入部分（主要是亚洲其他国家），相比人民币依市场基准汇率时的价格，中国制造商可支付更多的费用。显然，在海运至美国之前，成本更高昂的进口投入要素提升了成品的最终价格。其结果是商务部在依中国成品价格数据作为正常价值基准时，这个价格已经包含了人民币的低估值，其幅度等于进口投入要素之多付费用，再加上人民币兑该国货币的低估值，那么，商务部怎样才能精准估量这个幅度，并将之正确折算进出口价格或推定出口价格呢？一旦商务部对此无能为力，实践中 2008 年 1 月商务部次长也承认无法进行准确折算，[①]于是中国商品的美国消费者就面临被追征更高成本的危险，原因仅是商务部高估倾销幅度。

考虑一下相反的情况：将货币高估值进行折算。姑且假定人民币兑美元高估，正常价值是否应向下调整，以反映相应的错配程度才看似公平呢？而这个逻辑问题正是“美国反倾销归零案”的关键争议，即美国不允许将未倾销销售和实施倾销销售相折抵，从而人为夸大了倾销幅度。该案的启发意义不应忽略：如任由美国单干，倾销归零法（zeroing）将在初始调查和行政复审中持续处于不受制衡的状况。而通过诉诸多边主义的思路（通过 WTO 展开磋商，若有必要进行裁断），可让不公道无以遁形并展开行动。简而言之，就货币错配和倾销幅度计算间的关系，美国没有诉诸多边框架解决这一事实本身，就是论证其不公道行事的例证。

本质上，该法案的发起者将中国定格为不公道的游戏参与者。一旦美国立法介入处理，则将引发系统性不公正，例如参与、利用和内容各个方面，并由此衍生出本不值得干预的外部成本。

按公道贸易帝国的行为模式评判，可能困扰更小的是伪善。这些参议员看似完全没有意识到他们立场中的伪善：针对外汇市场干预施以反倾销税之救济

---

① See Amy Tsui, Including Currency Value in AD, CVD Margins Could Harm Impact of Stimulus, 25 International Trade Reporter (BNA), 7 February 2008, pp. 197—198.

本身，就显系干预主义思路的伎俩。而审视该法案，全篇充斥着要求更多干预的呼吁，绝非仅着眼于改变倾销幅度的折算方法。例证如下：[①]

(1) 废除使用“货币操纵”名词，要求美国财政部确定与美元存在“根本错配”的外国货币。法案将原先相关立法提案对“根本错配”定义，改成“现行真实有效汇率的低估系实质性且持续相当时间，在中期均衡水平上，对周期和转轨等因素给予折算”(第2(5)条)。唯可质疑者，以“中期”为基准减少了相应的调查期间。由此在对货币错配的调查中，会产生偏颇导向从而有利于肯定性裁定的作出。

(2) 要求美国政府遵循权责机关拟定的后续行动方案，这与众议院关于反补贴之 HR 2942 号议案内容大体相似。举例而言，基于要求，财政部可指定一个“根本错配”的国家货币，且当错配源于外国政府的明确干预时，对其采取优先行动(第4(3)条)。这种指定的后果是，财政部和相关国家之间应就货币重新配置，立即进行强制性磋商(第5(a)条)。若在6个月内磋商失败，则美国政府应中止对该国货物和服务的官方购买(第6(a)(2)条)；若仍无法解决争议，则应诉诸 WTO 争端解决机制(如依照《反补贴规则》)，以及对外汇市场实施救济性干预(第7(a)(1)—(2)条)。

(3) 美国总统基于国家安全或经济利益的需要，在获得国会同意后，得放弃上述行动(第7(c)和8(a)条)。

简而言之，这些参议员的表现堪称“以牙还牙”：对中国的干预还以颜色，回应以对公开市场进行更坚决、密度更大之干预。而且，从“操纵”转向“根本错配”相当于为实体内容加上醒目的红色标题，因为当能裁定外国政府政策明确的“错配”导向时，就等同能认定官方操纵之存在。

四、美国国际贸易法院25年回顾

美国联邦国会在1980年通过《海关法院法案》，将原先的“海关法院”改名为“美国国际贸易法院”(the United States Court of International Trade, CIT)，且管辖权相比前身得到扩充。

美国国际贸易法院规范管辖权的条款，代表着新司法架构下的关键要素。首先，针对原先海关法院审理任何控诉政府的民事诉讼，美国国际贸易法院仍然保留管辖权；其次，原先华盛顿特区法院对“调整支助”案件的管辖权，也由国际贸易法院接管；最后，美国国际贸易法院还对如下案件拥有管辖权：(1) 政府征缴民事罚款所引起的法律诉讼；(2) 海关债券补偿的诉讼；(3) 征收未缴的海关

---

① See Amy Tsui, Including Currency Value in AD, CVD Margins Could Harm Impact of Stimulus, 25 International Trade Reporter (BNA), 7 February 2008, pp. 197—198.

税收,这三项原属华盛顿特区法院管辖。[①]

2005年是CIT成立25周年,美国《乔治城大学国际法期刊》专刊予以纪念。其中,CIT首席法官Jane A. Restani撰文概括了当前该院的主要工作:[②]第一,由于对出口品征收港口维护税(harbor maintenance tax)被裁定违宪,从1994年至今审结完毕七千逾件退费申请。第二,2005年,CIT一半的案件涉及不公品贸易救济的裁定。由于美国对中国等国钢铁实施保障措施令中的"落日条款"(sunset review)已到期,CIT正实施审查。第三,针对海关罚金诉讼,由于全球产业转移的影响,美国工人、农民以及渔民福利受到减损而作出贸易调整援助(trade adjustment assistance)的裁定等,越来越成为CIT的重要工作。

Restani法官指出,不公平贸易救济的大部分案件主要涉及中国。关键争点有二:一是美国商务部实施"非市场经济认定方法"(non-market economy methodologies)引发的歧视性纠纷;二是一旦中国商品的相关信息来源不可得时,美国权责机关援引替代性数据的公平纠纷。

根据28 U.S.C §1582,不服国际贸易法院的裁判,可以上诉到联邦巡回上诉法院(U.S. Court of Appeals for the Federal Circuit, CAFC)。联邦巡回上诉法院只审查法律问题,特别是有关适当的审查标准问题。2005年CIT审结61项诉讼,而CAFC审结了9项。据统计,2000年1月至2005年9月,CAFC审结的直接源于CIT的诉讼量为5.7%。[③]

晚近,中国媒体大量报道了CIT涉华的消息,焦点也是中国入世所接受的苛刻条件,尤其集中在纺织品特保领域。下面这则案件,集中体现了CIT与CAFC的关系。

> 2004年12月30日,美国国际贸易法院根据美纺织品服装进口商协会(USA-ITA)的起诉作出初步禁令,禁止美政府受理新的以"市场扰乱威胁"为由的设限申请或对已受理的基于"威胁"的申请采取进一步措施。2005年1月26日,美政府就CIT下达的初步禁令向CAFC正式提出上诉。1月27日,美政府又向CIT提出中止临时禁令的申请,同时还表示将向CAFC提出快速考虑其上诉申请的请求,以便有助于获得初步禁令的中止令。1月31日,CIT驳回了美政府的请求。[④] 2005年6月28日,美国联邦上诉法

① 参见吴嘉生:《美国贸易法301条款评析:智慧财产权保护之帝王条款》,元照出版有限公司2001年版,第147页。

② See Jane A. Restani, A Special Year in the Life of the United States Court of International Trade, George Journal of International Law, Vol. 38, 2006 Fall, pp. 1—3.

③ See Terence P. Stewart & Elizabeth J. Drake, Reliance on Decisions of the CAFC in Trade and Customs Litigation, Georgetown Journal of International Law, Vol. 38, 2006 Fall, p. 177.

④ 参见裴王月:《美国际贸易法院禁止对我纺织品服装新设限》,载《国际商报》2005年1月7日。

院正式公布判决，推翻美国国际贸易法院早些时候作出的禁止美国商务部受理基于“市场扰乱威胁”而对来自中国的纺织品发起“特保”调查的申请。

我国学界也对 CIT 审理的涉华相关诉讼进行了评述，如龚柏华教授发表了系列论文，包括《评述美国联邦上诉法院就对华产品“特保”第一案的判决》、《评析美国联邦上诉法院对基于“市场扰乱威胁”对华纺织品采取“特保”措施裁决案》、《评述美国国际贸易法院对中国罐装蘑菇反倾销裁决的司法审查》、《评述美国国际贸易法院对来自中国高炉焦炭产品反倾销案裁决的司法审查》等。

第二节　欧盟管制外贸法律与政策的新发展

一、欧盟管制外贸的法律框架

《欧共体条约》第 131 条及以下条文，规范着欧共体的共同贸易政策。施行共同对外关税是协调贸易政策的前提(《欧共体条约》第 3 条第 1 款 b 项)。根据《欧共体条约》第 131 条第 1 款，成员国建立关税同盟旨在“为共同利益促进世界贸易的和谐发展、逐步消除国际贸易流通中的限制和关税壁垒”。德国的赫德根教授指出，这种世界贸易自由化的思想与宣称要建立一个对外的欧洲内部市场(“欧洲要塞”)的观点并不总是一致。①

《欧共体条约》第 133 条是关于共同贸易政策最重要的条款。该条第 1 款规定，共同贸易政策应当建立在各项统一原则的基础上，主要涉及“关税税率的修改、关税和贸易协定的缔结、统一贸易自由化措施、出口政策和保护措施的实施，比如出现倾销和补贴的情况”。

二、欧盟外贸救济的单边措施

1994 年 12 月 22 日，欧共体部长理事会通过了《关于在共同商业政策领域建立确保欧共体行使在国际贸易规则、尤其是世界贸易组织规则下权利的共同体程序》的第 3286/94 号条例。② 这个条例又被称为《贸易壁垒条例》，从 1995 年 1 月 1 日起生效。其前身是欧共体于 1984 年颁布的《新商业政策文件》，该文件是以美国贸易法 301 条款为样本，于 1984 年以欧共体理事会第 2641/84 号条例形式颁布的。主要内容是授权欧共体内私人在出口产品遭受第三国阻碍时，可以针对第三国不正当的贸易做法向欧共体申诉，欧共体可以据此采取与第三国协商等争端解决方式。这种新的贸易保护工具适应了 WTO 成立之后，欧共

① 〔德〕马迪亚斯·赫德根：《欧盟法》，张恩民译，法律出版社 2002 年版，第 79 页。

② OJ (1994) L 349/71.

体与美国竞争的全球市场准入战略，致力于进攻性地积极开拓全球市场，扫除贸易障碍，而不像其他的贸易保护工具那样消极地保护欧共体的内部市场。

欧共体《贸易壁垒条例》自 1995 年实施以来，逐渐被证实是一个解决市场进入问题的有效的工具。到 2003 年 5 月，欧共体委员会依据该条例共发起了 21 起调查程序。① 许多欧共体工业，像汽车、钢铁、化妆品、纺织品等，利用这一工具为进一步打开欧共体的出口市场扫除了障碍。共有 9 个国家卷入了与欧共体的贸易壁垒纠纷，欧共体利用这一新的贸易保护工具通过协商或者是把案件递交到 WTO 与这些贸易伙伴解决了贸易纠纷。在这 21 起调查案件中，大多数是由成员国和欧共体的企业联合会提起的，其中也有单个的公司提起的，从而为个体提供了一个机会间接地参与到 WTO 的争端解决机制中来。近些年来，许多学者主张 WTO 争端解决机制向私人开放，《贸易壁垒条例》被西欧的学者认为是经济全球化时代私人进入 WTO 争端解决机制的桥梁。而且，相比其他的欧共体贸易保护工具，《贸易壁垒条例》是唯一的能够为私人使用的方式。

《贸易壁垒条例》是以美国贸易法 301 条款为蓝本的，但与 301 程序不同，它比较注意其合法性。首先，它明确规定了唯以欧共体缔结或加入的国际贸易协定，尤其是 WTO 主持下制定的国际贸易规则为法律依据，只以前述国际贸易规则授予其采取行动的权利的贸易障碍为目标；其次，在程序上，必须以穷尽前述国际贸易规则规定的救济手段作为采取贸易报复措施的前提条件；而且，欧共体法院的司法审查为保证它的合法性实施提供了监督手段，尽管许多人批判司法审查的有限性。

三、欧盟法院对单一贸易市场的作用

欧盟法院对欧洲单一贸易市场的作用，在其处理“《关贸总协定》在欧共体法中的直接效力”议题中，得到充分的展现。在 1963 年 Van Gend en Loose 案中，欧洲法院第一次否决了 GATT 在欧共体内的直接效力。② 1972 年 Third International Fruit Company 案中，欧共体法院作了更详细的理由阐述：

> 根据《关贸总协定》的前言，可以确认它是以根据“相互与互惠安排”谈判为基础的协定，考虑到该协定框架下义务豁免的可能性、遭遇例外情况所能采取的措施，以及关于缔约方争端解决方式具有的极大灵活性等因素，根据上述情况可以得知，《关贸总协定》第 11 条并没有赋予欧共体公民在法院直接适用的权利。因此，本案中被申诉欧共体规则的效力，不受《关贸总

---

① 参见蒋小红：《欧盟贸易救济法律》，载蒋小红：《欧共体反倾销法与中欧贸易》，社会科学文献出版社 2004 年版。

② Case 26/62, NV Algemene Transporten Expeditie Onderneming van Gend en Loose v. Nederlandse Administratie der Belastingen [1963] ECR 1. 转引自张智勇：《论关贸总协定在欧共体法中的直接效力》，载《中外法学》2002 年第 5 期。

协定》第 11 条的影响。[①]

在 WTO 成立后，在 1999 年 Portugal v. Council 案中，欧洲法院再次表明其观点：WTO 协议在欧共体不具有直接效力。[②]

学者 Berkey 认为，拒绝给予 GATT/WTO 直接效力，充分体现了欧洲法院在维护欧共体利益中的重要作用和主观能动性。[③]

第一，在个人利益和共同体利益的平衡方面，欧洲法院更注重保护共同体的利益。否决 GATT 的直接效力将使得个人借助 GATT 规则来挑战共同体立法的合法性成为不可能。该院总法务官 Tesauro 在 Hermes International 案中提出，承认直接效力应当与对等原则的适用结合起来。如果共同体承认了 WTO 协议的直接效力而其他 WTO 成员不这样做，那么与第三国竞争者相比，共同体个人将处于劣势。因为第三国竞争者可在共同体成员国援引 WTO 的规则，而共同体个人在第三国则不能援引 WTO 协议。

第二，欧洲法院想让共同体充分利用 WTO 协议，即使共同体违背了相关规则。如果在 GATT 的专家组裁定共同体违反 GATT 规则之前，欧洲法院就要求共同体撤销其违背 GATT 的措施，那么共同体就会被剥夺对其措施引起的损害进行补救的权利。也就是说，法院根据直接效力作出的裁决将使撤销违背 GATT 规则的措施成为唯一的救济方式，从而否认共同体有权对其违背 GATT 义务的做法作出补偿。这将限制共同体政策的决策。由于 GATT 规则具有广泛的经济影响，限制共同体的决策或者限制共同体作出补偿，也会不利于 GATT 的运行。

按照欧盟法的位阶顺序，欧共体对外缔结的条约效力，低于欧共体基本条约，但高于欧共体组织的立法。一旦承认 GATT/WTO 协定的直接适用性，就等于欧共体组织在域内实施贸易政策时将受制于 GATT/WTO 协定的约束。由于美国在《乌拉圭回合协定法》中明确否定了 WTO 协定直接适用的可能，[④]欧共体如承认 GATT/WTO 的直接适用性，则美国在欧共体设立的子公司就可直接援引 WTO 协定，在欧洲法院或其成员国法院指控欧共体规则；与之同时，欧共体在美国设立的子公司却只能通过欧共体或本国政府，依赖作为国际实施手段的 WTO 争端解决程序。

与美国通过条约直接否认 WTO 协定在其国内的直接适用不同，欧共体选择通过欧洲法院发布判决的路径，取得了与美国相同的政策目标。一如在世贸

---

① 1972 E. C. R. 1228.

② See Geert A. Zonnekeyn, The Status of WTO Law in the EC Legal Order, Journal of World Trade, Vol. 34 (3), 2000, pp. 111—125.

③ See Judson Osterhoudt Berkey, The European Court of Justice and Direct Effect for the GATT: A Question Worth Revisiting, European Journal of International Law, Vol. 9, No. 4, 1998, pp. 626—658.

④ 参见〔日〕中川淳司等：《国际经济法》，白巴根译，北京大学出版社 2007 年版，第 64 页。

组织的宪政模式选择上，欧洲学者如 Petersmann 提出“国际宪政主义”（international constitutionalism），[①]而美国学者则以联邦主义的分权结构（federalism）作为世贸完善的方向。[②]

第三节 中国外贸法制框架及其新发展

一、中国对外贸易法制的框架

我国的对外贸易法律制度是指国家对货物进出口、技术进出口和国际服务贸易进行管理和控制的一系列法律、法规和其他具有法律效力的规范性文件的总称。

1. 宪法

我国《宪法》明确把我国实施改革开放基本国策写进了序言，同时还明确规定了国务院负责管理外贸的权力。

2. 法律

经过十多年（始于 1983 年）的努力，1994 年 5 月 12 日，《中华人民共和国对外贸易法》由第八届全国人大常委会第七次会议正式通过，于同年 7 月 1 日正式生效。《对外贸易法》是我国对外贸易法律制度的基本法，是整个外贸制度的核心，它规定对外贸易经营许可证制度、配额关税和海关制度、关税壁垒、检验制度、“两反一保”制度、货物进出口制度等等。2004 年 4 月 6 日全国人大发布了修订后的《对外贸易法》，并自 2004 年 7 月 1 日起施行。

3. 行政法规

我国外贸法制度中一个重要渊源，就是由国务院颁布的大量行政法规，可以说，我国对外贸易法律制度实施的主要依据就是内容广泛的行政法规，其内容涉及工商、海关、商检、外汇、税收、原产地、运输等各方面。中国入世以后，根据 WTO 规则以及我国入世时的承诺，国务院在货物贸易、技术贸易及服务贸易三个领域都颁布了行之有效的行政法规。

（1）在货物贸易和技术贸易领域内，国务院先后颁布的主要行政法规有：《货物进出口管理条例》、《技术进出口管理条例》、《反倾销条例》、《反补贴条例》、《保障措施条例》；

（2）在服务贸易领域的行政法规主要有：《外资金融机构管理条例》、《外资

---

① See Ernst-Ulrich Petersmann & Meinhard Hilf, The New GATT Round of Multilateral Trade Negotiations, Kluwer Law and Taxation Publishers, 1988.

② See John O. McGinnis & Mark L. Movsesian, The World Trade Constitution, Harvard Law Review, Vol. 114, 2000.

保险公司管理条例》、《外商投资电信企业管理规定》、《国际海运条例》、《外国律师事务所驻华代表机构管理条例》、《电影管理条例》、《音像制品管理条例》。所有这些行政法规，基本上涉及服务贸易的各主要领域，为逐步实施我国入世承诺，创造了良好的法律环境。

4. 部门规章

与外贸有关的各部委，尤其是主管外经贸的原外经贸部，在处理外贸具体工作时，往往根据具体问题，颁布了专门的部门规章。这些部门规章的特点是：(1) 可操作性强；(2) 针对性明确；(3) 颁布和废除都较方便；(4) 与法律、法规保持一致。例如，《关于进出口经营权管理规则》以及《对外贸易壁垒调查暂行规则》等。这些部门规章对维护我国外贸正常秩序，促进对外贸易的发展起到了直接的推动作用。

二、中国对外贸易法制的发展历程

我国对外贸易法律制度是从新中国成立之初开始逐步建立起来的，它的发展可以分成如下四个阶段：

1. 从新中国成立初期至1979年改革开放止。在这一阶段，由于当时西方国家对我国采取封锁和禁运的歧视和敌对态度，致使我国对外经济交往范围十分有限。1953年的进出口额仅为数十亿美元。当时的对外贸易立法主要以《中国人民政治协商会议共同纲领》和1954年《宪法》为基础，制定了《对外贸易管理暂行条例》、《进出口贸易许可证制度实施办法》等法规。这些法规仅仅是作为维持和管理当时微弱的进出口业务的基本法律依据。

2. 从1979年改革开放至2001年中国加入WTO。在这一阶段，我国的国民经济得到了巨大的增长，我国的外贸事业更是得到了突飞猛进的发展。这个阶段是我国对外贸易法律制度逐步成型的阶段，我国《对外贸易法》就是这一期间颁布并实施的。

3. 第三阶段就是从我国入世的2001年开始，中国加入WTO的重大意义不仅是使中国经济逐步融入全球经济，而且使我国的法制建设，尤其是对外贸易法律制度得到了一次良性发展机会，根据我国政府入世承诺，我国对整个对外贸易法律制度进行了全面的清理，使之能与WTO的基本原则保持一致，并在全国统一实施。

4. 2007年美国次贷危机对我国产生深远影响，我国政府为抗击全球萧条、实现经济产业结构升级的战略目标，对外贸法制作出一系列新的调整，涉及外汇管理体制、与贸易有关的国家安全维护、鼓励中国企业利用国外贸易市场等方面。

三、中国管制外贸法律框架的新发展

源于美国的次贷危机对全球经济都产生了深远影响。根据 IMF 的估计,次贷危机造成的损失起码高达 9450 亿美元。而 2008 年 9 月至 10 月,美国股票市场市值蒸发逾 4 万亿美元。更严重的是,这次金融危机在很大程度上是一次全球性事件。由下图可见,在全球主要市场股指呈集体下跌态势。①

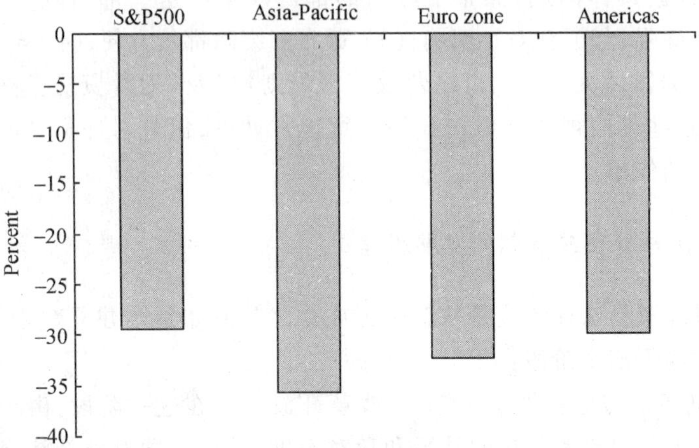

银行同业拆借市场和商业票据市场的冻结对欧洲的影响不亚于对美国的影响,欧元区银行同业拆借利率同回购利率的缺口与伦敦银行同业拆借利率与美联储利率之间的缺口类似。大西洋两岸的银行要么破产,要么等待政府的救助。②

在国际贸易法领域,次贷危机对我国产生了深远影响,相关法制规范框架出现了新的变化。值得注意的是中国在世界贸易宏观格局中的新地位。世界贸易组织在 2009 年 8 月 24 日发布的数据显示,2009 年上半年,中国出口微幅超过德国:中国出口了价值 5217 亿美元的商品,而德国的出口总额为 5216 亿美元。③在这种大背景下,中国政府在国际贸易领域的最新思路是,日益关注使用法律手段来促进中国在全球分工中的产业升级、维护中国国际贸易的国家安全和帮助中国企业走出去,尤其是资产丰饶的拉美和非洲大陆。

(一)中国贸易领域国家安全的法律规范

次贷危机爆发后,中国国际贸易领域有关国家安全的最大案例是指控澳大

① Paul Krugman, The International Finance Multiplier, October 2008, http://www.princeton.edu/~pkrugman/finmult.pdf.

② 参见〔美〕保罗·克鲁格曼:《国际金融乘数效应》,载吴敬琏主编:《比较》2008 年第 39 辑,第 32 页。

③ 参见 Ralph Atkins:《中国上半年出口略超德国》,载英国《金融时报》中文网 2009 年 8 月 25 日。

利亚力拓公司(Rio Tinto)对中国钢铁业从事了六年间谍活动,据说导致我国为购买铁矿石多花了7000亿元人民币(合1020亿美元)。[①] 据《法制日报》报道:"胡士泰等人自2009年以来,在中外进出口铁矿石谈判期间,采取不正当手段,通过拉拢收买中国钢铁生产单位内部人员,刺探窃取了中国国家秘密,对中国国家经济安全和利益造成重大损害,同时,还涉嫌收受小型钢企的贿赂,以帮助它们取得更多铁矿石的进口配额。"[②]2009年7月9日,上海市国家安全局对外正式的表述为:力拓上海办事处四名员工"刺探、窃取中国国家机密"。

但在2009年8月,中国检察机关逮捕四名涉案力拓中国员工的罪名却是侵害商业秘密罪和贿赂罪。力拓案的定性从窃取国家秘密降格为企业商业秘密。[③] 中国政府不同机关对"国家安全"内涵的解释让中国政府陷入尴尬,也让国外对中国宽泛的"国家安全"界定表示高度关注。

从法律上分析,当时铁矿石谈判主要是由中钢协牵头的,具体的内容也主要是钢铁行业和企业的信息,从常规来看应该属于企业的商业机密。有律师分析,定性的转变可能是考虑中国企业在海外市场化形象的问题。在中国加入WTO之后,中国的国有企业在海外仍然不被很多国家认定为市场经济主体,中国也一直在努力撇清国有企业和政府之间的关系。如果此次最终还是将这个案子定性为损害国家安全,那么实际上就是承认了原本不正确的论调。

从理论上分析,我国政府的这种转变也是担心外国政府对中国企业施以相同待遇,从而损及更广泛意义上的中国国家利益。国家利益,是指国家对某种结果的偏好。但问题是这种偏好并非总是容易识别,因为国家是由纷繁众多的机构与个人组成,而这些机构与个人对结果的偏好不尽相同。力拓案中起码牵涉三个中国权责机关:国家安全局、保密局和检察院。若一个治理良好的国家——特别是拥有良好政治机构的国家——不能根据可确定的偏好或利益作出连贯一致的决定,这个国家显然不可能在国际舞台上顺畅地追求其主要目标。因此中国在力拓案中由检察机关最终所作的降格处理,反映了中国政府的一种节制。它向外界发出的信号清晰表明:中国正在形成一套特定的法律体制,在审视各种证据的基础上,妥善处理国内利益集团界定中国国际贸易国家安全政策的内涵。

(二) 中国新《外汇管理条例》对外贸的影响

2008年8月6日,经修订后的《中华人民共和国外汇管理条例》对外公布,并于公布之日起施行。修订后的新《外汇管理条例》是中国政府在外汇收支格

---

① 参见Kathrin Hille:《中国保密局:力拓对华从事间谍活动达6年》,载英国《金融时报》中文网2009年8月10日。

② 赵阳:《涉嫌侵犯商业秘密罪非国家工作人员受贿罪　胡士泰等4人被批准逮捕》,载《法制日报》2009年8月12日。

③ 参见《力拓案定性大降格 不是国家机密只是商业秘密》,载《长江日报》2009年8月14日。

局发生重大变化之后进行的顺应时势的举措,象征着中国外汇管理思路的重大转变。①

修订后的《外汇管理条例》的几大特点包括:

第一,加强了对外汇流入的监测和控制,尤其是对通过出口收汇和FDI结汇等渠道流入的热钱的控制。例如,要求经常项目外汇收支应当具有真实、合法的交易基础;要求资本项目外汇及结汇资金应当按照批准的用途使用;增加对外汇资金非法流入、非法结汇、违反结汇资金流向管理等违法行为的处罚规定;明确外汇管理机关有权对资金流入流出进行监督检查及具体管理职权和程序等等。

在人民币单边升值预期刺激大量短期国际资本流入的背景下,加强对资本流入的管理有助于增强中国货币政策的自主性,维护国家金融安全。2008年7月外管局、商务部和海关总署开始实施对出口结汇的联网核查,发改委出台了《关于进一步加强和规范外商投资项目管理的通知》,严防外汇资金通过FDI渠道的异常流入。

第二,提高了中国企业自主持有外汇收入的规模以及中国居民和企业进行海外直接投资的自由度,折射出从"藏汇于国"向"藏汇于民"思路的转变。新《外汇管理条例》取消了外汇收入强制性调入境内的要求,增设了境内主体从事境外证券投资和衍生产品交易(目前依然主要通过QDII渠道)、境内主体对外提供商业贷款等交易项目的管理原则,简化了境外直接投资外汇管理的行政审批。这一方面可以解读为央行为了缓解官方外汇储备上升的权宜之计,另一方面也可以解读为中国政府实施"藏汇于民"以及推动中国企业在人民币升值背景下实施海外直接投资的战略性举措。

第三,在一定程度上推动了中国资本项目的进一步开放。这包括增设境外主体在境内筹资的管理原则,以及简化了中国企业对外直接投资的行政审批、增设中国居民和企业对外证券投资和衍生品投资的管理原则等。对于中国这样一个发展中大国而言,通过资本项目开放而最终融入到金融全球化进程中去,是坚定不移的发展方向,是中国改革开放进程最终完成的标志。

(三)中国规范拉美非洲贸易投资的法律框架

在1998年金融危机之后,许多拉美国家一度放松对能源领域的市场准入限制。于是,中国政府利用与部分拉美国家的良好外交关系,顺利获得该地区的能源项目。非洲和拉美地区均蕴藏着丰富的石油资源,以后者为例,已探明的石油储量约为1200亿桶,2006年石油日产量超过1040万桶,石油储量和产量仅次于中东,均居世界第二位。

英国牛津大学教授Collier在其新书《最底层的10亿人》中,观察到所谓的

---

① 参见张明:《中国外汇不再"宽进严出"?》,载英国《金融时报》中文网2008年8月8日。

“自然资源陷阱”现象。[1] 其意指在全球最底层的10亿人社会中,石油资源丰富的贫困国多到不成比例:大约29%的人生活在财富资源占据国家经济优势的国家当中。简单说,石油等资源财富反而成为导致国家贫困和政治困境的原因。

按Collier教授的结论,石油资源丰富的国家往往遭遇诅咒和陷阱,反而沦为最贫穷的国家。因石油价格飙升而受益的,仅是这些国家的既得利益集团。如何削弱拉美国家既得利益集团的资源寻租能力,按IMF首席经济学家Rajan的观点,最有效的方法就是向国际竞争开放国内市场。[2] 其理由是当世界经济在整体上处于开放状态时,一个国家并没有动力单方面关闭国内市场。而开放则使得外来竞争者——利益集团不能通过政治手段约束这些外来者。保持对外开放的承诺迫使利益集团放弃用政治手段来维护自己的市场地位,而必须采取更硬的功夫——更有生产效率。由此,开放迫使政治当局在提高普遍的国民经济福利方面展开竞争。否则,当局可能会忽略不重要的大众,而集中服务于少数有影响力的人的利益。

台湾政治大学施文真教授在《能源安全、GATT/WTO与区域/自由贸易协定》中,对多边贸易框架规范能源贸易投资的前景作了微观分析。[3] 特别针对能源贸易中的关键议题,即石油出口国一致协调石油限产量达到出口管制的效果,该文梳理了GATT/WTO框架下对货物出口管制的规范,提出基于能源出口国所处的有利地位,出口国在采取出口管制措施时,不仅能援引种种合法例外,也能充分利用规范的模糊处或打擦边球,对其出口管制措施制造“正当化”理由。进口国则居于被动地位与不确定的风险之中,能源供给缺乏稳定预期与保障。况且许多重要能源出口国,如俄罗斯并非WTO成员,导致进口国的能源安全在多边贸易体制内更加脆弱。

对此,中国的立场应是积极倡导在多边贸易框架下,规范能源贸易。实践中,WTO框架下规范能源贸易的前景值得期待:

1. 诸如沙特阿拉伯等若干能源出口国最近加入了WTO,而其他能源出口国(例如俄罗斯以及阿尔及利亚、利比亚、伊朗、伊拉克等中亚国家)则正在进行入世谈判或已提出了入世申请。

2. 随着能源需求的增加,与国际管道相关的问题赋予过境通行条款以新的意义。

3. 能源部门的重组与技术的进步为私营企业创造了空间,从而使得能源服

---

① 参见〔英〕保罗·科利尔:《最底层的10亿人》,中信出版社2008年版,第34页。

② 参见〔印〕拉古拉迈·拉詹等:《从资本家手中拯救资本主义》,余江译,中信出版社2004年版,第255页。

③ 参见施文真:《能源安全、GATT/WTO与区域/自由贸易协定》,载《政大法学评论》2007年总第99期。

务可以成为多哈回合谈判的一项议题。

4. 贸易与气候变化之间的互动影响、生物燃料的地位，以及在更广泛意义上而言的能源需求的增加与对能源安全的关注，也促成多边贸易规则中能源谈判的份量。

WTO总干事拉米，于2007年11月15日在第二十届世界能源会议上发表演讲时指出，“更加确定、透明的贸易规则不仅对能源进口国有利，也对能源出口国有利”①。

归纳而言，中国在拉美非洲国际贸易的法律立场应是鼓励自由贸易，这样既可以帮助中国获取经济快速发展所必需的资源，又能以相对来说更好的方式促进这些地区经济的发展。注意到上述地区政治局势高度脆弱性随时可能影响中国公司作为贸易进口方的利益，我国应倡导将能源贸易纳入多边纪律的立场。

四、中国市场经济地位承认的法律政策问题

在晚近两次中美经济战略谈判中，中国的市场经济地位承认问题一直都是热点。美国每次都承诺将尽快承认，但却迟迟不见结果。本来坚持对外开放、坚持社会主义市场经济体制建设是中国的既定目标，并不需要别人承认。同时次贷危机也表明，即使在所谓市场经济很完善的体制下，也会产生诸多问题。所以，判断哪种经济体制更符合本国经济发展，作为过来人的中国似更有发言权。②

但是市场经济地位问题涉及贸易救济措施，与裁定倾销幅度时是否选择替代国问题有关。例如在近期欧盟对中国输欧铝合金轮毂发起的反倾销调查中，由于没有承认中国的市场经济地位，在测算过程中使用了与中国经济发展、市场竞争、行业现状不相符的土耳其作为替代国，而没有根据中国的实际、中国企业的正常生产经营成本来计算反倾销的具体指标，使测算的公正性大打折扣。

欧美对中国市场经济地位进行整体评估，本身就缺乏清晰和可操作的框架，因此对运用原则的解释和评估结果的认定，主动权完全不在中国。以美国评判市场经济地位(market economy status, MES)的标准为例，美国判定MES的标准体现在美国《1930年关税法》第771节18段，包括六大指标：(1) 一国货币自由兑换度；(2) 劳资双方通过自由讨价还价确定工人工资；(3) 针对合资企业设立或外国投资的限制程度；(4) 生产方式的国有或国家控制程度；(5) 政府对资源分配、企业产出和价格决策的控制程度；(6) 管理机构认为合适的其他标准。以如此宽泛的原则来评判，本身就足以使得被评估方难有应对的余地。

---

① Lamy, Doha Round Will Benefit Energy Trade, http://www.wto.org/english/news_e/sppl_e/sppl80_e.htm.

② 参见陈长缨：《为何美国要承认中国市场经济地位》，载《人民日报海外版》2009年8月14日。

在评判一国经济的市场化或自由化程度方面，最显而易见的缺陷在于，并无任何权威的国际组织对此拥有国际管辖权，这就使得欧美对中国市场经济地位的认定标准，在具体执行时具有非常大的任意性，甚至和 WTO 本身就贸易倾销和保障措施方面的规定并无关联。

次贷危机之后，我们对欧美对中国市场经济地位承认问题的判断是：该议题作为与中方谈判筹码的价值在萎缩。原因是在当前全球尤其是美国经济出现大衰退的背景下，美国在很多问题上需要与中国合作，因此也要满足中方长期关切的问题；加上目前有 97 个 WTO 成员承认了中国市场经济地位，而一些被美国给予市场经济地位的国家，其市场化程度并不及我国，因此美国继续拒绝给予我国市场经济地位的理由也越来越站不住脚；[①]而且按照我国加入 WTO 的协议，2016 年我国将自动获得市场经济地位，届时美国以市场经济地位作为谈判筹码的价值将越来越低。

但我们也应清醒地看到，美国贸易保护主义绝不会因承认中国市场经济地位而消失，还可能通过其他形式表现出来，如劳工标准和福利、环保标准、特别保障条款等。既然中国市场经济地位的承认迟早会实现，那这个属于中国经济转型过程的独特问题究竟有何深层次的理论价值？实质上它能提醒我们关注国际贸易法制中意识形态的影响。

非市场经济地位作为冷战时期的遗物，与当今中国经济现实的相关性日趋减弱。它的主要功能是作为经济领域“现实政治”的一种工具，也是对进口国保护主义游说的恩惠。有学者认为，GATT 继而 WTO 所期望的正是通过法律体制给全球资源的开发和经济利益的分配带来和平。如果说人权突破的是国家的政治主权，WTO 法律突破的则是国家的经济主权。可以乐观地预计，WTO 法律体制有可能为世界资源的开发和经济利益的分配找到和平的出路，因为法律制度作为民主的基础，为人们所共同接受。[②]

但中国市场经济地位逐步承认的曲折过程，伴随着欧美对中国的谈判要价，比如以放开中国金融业的市场准入作为交换筹码。现实主义的结论应是，GATT/WTO 的法律主义色彩确实在增强，但不应忽略强国因为利益一致或合作而自愿选择遵守裁决的博弈。[③] 次贷危机之所以让中国市场经济地位这个意识形态纠结的问题得到更快速的处理，是因为这场危机让人猝不及防地改变了欧

---

① 2002 年，美国和欧盟决定承认俄罗斯的市场经济地位。俄罗斯不仅还没有获得加入世贸组织的资格，其法制情况也不稳定，政府大规模没收了私有财产，其最大出口来源、规模庞大的能源行业听命于克里姆林宫。参见 Guy de Jonquières：《中国是市场经济国家吗》，载英国《金融时报》中文网 2006 年 5 月 8 日。

② 参见黄东黎：《去意识形态化——WTO 法律机制解决中美贸易摩擦策略思考》，载中国法学网。

③ See Jack L. Goldsmith & Eric A. Posner, The Limits of International Law, Oxford University Press, 2005. 参阅本书中译本《国际法的限度》，谈中正译，未发表，第 126 页。

美和中国之间的利益格局,而欧美在近期内作出承认的政策选择,符合当下三者共同的利益。

五、次贷危机后中国国际贸易救济的法律新发展

次贷危机蔓延期间,发生的两起案例凸显中国政府积极对待国际贸易救济的新态度,而这种态度转变与中国国家利益息息相关。

2009 年 8 月 13 日,就中美知识产品贸易争端,WTO 判美国胜诉。WTO 裁定,中国对美国书刊、电影和音乐实行的销售限制,违反了全球商业规则。专家组基本上支持美方的申诉,即中国让美国企业在华通过国有的或政府批准的企业销售版权保护的产品,如杂志、CD 和视频游戏。对此中国已正式决定提起上诉。

另一则消息是:“中国或首次向 WTO 告欧盟抗议对紧固件产品征高额反倾销税”。[①] 中国自 2001 年入世至 2008 年初,定位仍是世界工厂,最迫切的需求是寻求自由贸易,让中国出口更多的商品和服务。在这个过程中,虽屡有中国企业在国际贸易救济领域遭遇不公平待遇,但政府总体的态度仍是通过谈判协商,或者主动让步。

以中国具有相对优势的纺织品为例,由于中国纺织品特别保障措施条款用语松散,加之我们迟迟不寻求 WTO 法律体制澄清其正确运用,美国自 2003 年首次启动该条款以来,对该条款的运用已越来越偏离 WTO 的纪律约束。[②] 对此,中国政府别无选择,因为美国不愿沿用欧盟模式解决中美之间的纺织品贸易摩擦,从而使双方越来越逼近 WTO 法律解决双方纠纷这个最后的途径。这给了中国在国际上树立一个依照 WTO 法律规则开展正常贸易形象的良好机会。必须看到的是,已经成为“世界工厂”的中国,贸易争端“不可避免、无法转移”,因为中国经济结构纵深大,产业升级困难,贸易摩擦很难转移至他国。中国与其他 WTO 成员,尤其是欧美之间的贸易纠纷,短期解决几乎不可能,甚至会愈演愈烈。在这种情况下,完全依靠双方协商解决贸易纠纷,将使我们越来越陷入经济和政治上的被动。[③]

中国必然会接受这种转变,不过次贷危机加速了转变的速度。此中蕴含着深刻的理论和实践问题,且需从改革开放 30 年来中美双边贸易合作的大背景下

① 欧盟委员会 2007 年 11 月 9 日决定对原产于中国的钢铁紧固件发起反倾销调查。经过近一年半的调查,2009 年 1 月 31 日,欧盟委员会宣布,对来自中国的螺丝和螺栓加征最高额达 85% 的惩罚性关税(平均税率为 77.5%),征收期限为 5 年。相应地,商务部在 2008 年 12 月 29 日发出公告,对欧盟出口到我国的紧固件产品进行倾销调查,目前已经有 50 多家企业应诉。而商务部公平贸易局人士在 2009 年 8 月 24 日表示:“目前中欧正在进行磋商的成功可能性很小”。

② 参见黄东黎:《去意识形态化——WTO 法律机制解决中美贸易摩擦策略思考》,载中国法学网。

③ 同上。

分析。美国的 Goldsmith 和 Posner 教授在其书《国际法限度》中，提炼出国家进行双边合作的四种场合，为分析提供了理论模型。①

如下图所示，"利益一致"（coincidence of interest）是指各国各自单独追求自己利益，结果却出现利益相互一致；"强迫"（coercion）是一个强国或具有共同利益的国家联合体，胁迫其他国家从事某种行为；合作（cooperation）以双边"囚徒困境"最为典型，两个国家将获得长期的相对较高的回报，提前是能抗拒短期内的诱惑；"协调"（coordination）是指国家采取更同一或均衡的行为，会比不如此作为获得更大的回报。②

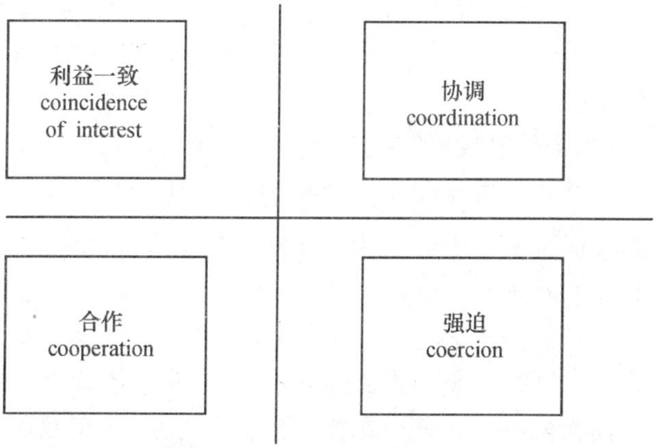

国家双边合作的四种理论模型

"协调"与"合作"的区别在于，前者一个国家已先有行动，甚至创立了行动标准。比如英国率先选定 1.435 米作为铁轨标准宽度，尽管也可以偏离，但各国最优策略就是遵照该标准与英国接轨；而后者各国行动几乎不分先后，保持同步。

须清醒地看到，中美国际贸易合作的复杂性决定了上述四个场合均将完整经历。首先，中美在各自拥有比较优势产品方面存在利益一致，比如美国的高科技产品和服务，以及中国独有的资源类产品，如稀土；其次，双方的协调，中国为入世与 GATT/WTO，主要是美国的谈判非常艰苦，当然不少议题都能双赢，最终双方得利，这主要涉及"协调"与"合作"场合；最后，在美国拥有战略性优势，而中国居民因收入悬殊无法购买的场合，如中国盗版光盘领域，美国微软公司在华损失严重，美国动用了包括单边、双边和多边贸易制裁的手段试图迫使中国就范。

① See Jack L. Goldsmith & Eric A. Posner, The Limits of International Law, Oxford University Press, 2005, p.12.

② Ibid.

随着30年来双方贸易规模的不断接近,Goldsmith和Posner教授提出了一个国际贸易法的假说:在贸易伙伴规模相近时,当遵守国际贸易规则所产生的联合收益超过联合成本时,国家就会遵守GATT/WTO裁决(当新情势导致收益不对称时,重新谈判或秘密补偿性支付就可能有必要)。遵守在此意味着:(1)不阻挠裁决;(2)裁决作出后即予遵守。[①] 因此,我们预计,未来中美双边贸易中的棘手案件提交GATT/WTO裁决的概率将增加,执行效率将取决于双方对成本收益的估算。无论如何,这都是个巨大的进步,因为这意味着双方各自拥有的棘手私人信息(private information)之透明化更有可能,原先这种私人信息往往冠之以反映政治文化、制度结构、时政局势、经济状况等难以量化和评估的伪装。预计次贷危机之后的中国将发现,越来越多地利用GATT/WTO体制将有利于中国的政治经济利益的维护。

下面这篇《英国金融时报》的文章,以一种诙谐的笔调反映了中国与主要贸易伙伴在贸易关系及其利用多边贸易体制的明显变化:

> 这一幕活像搬到全球舞台上的潘趣和朱迪(Punch and Judy)政治搞笑剧。美国和欧盟指责中国扭曲铝矾土和磷出口市场;中国则在禽类产品上予以反击。至于北京是否应该为自己辩护,那无关紧要。世界贸易组织成立14年来,已经审理了数以百计的故事,这些故事在本质上不外是背信弃义。被告多数都输掉了官司。真正意义重大的是,中国越来越多地接触最重要的国际审判庭。
>
> ……
>
> 这种关系从来就不是一帆风顺的:97个WTO成员承认中国的市场经济地位,但中国的主要贸易伙伴,包括欧盟、美国、日本和印度,却不承认。自2001年加入WTO以来,中国大多扮演"局外人"角色,应诉的案件比自己提交的案件多出两倍多。在私人利益团体活跃,且政府态度支持的国家中,两者数量应该是大致相当的。中国迄今提交四宗申诉(都是针对美国的,最近一宗申诉是在4月份提交的,涉及禽类产品进口),远低于印度自1995年以来提交的18宗,以及巴西的24宗。
>
> ……
>
> 在最初的五年,每当中国遇到起诉或面对法律行动的威胁,它都会逆来顺受地和解,把公开冲突与外交破裂联系在一起。此后,中国学乖了。2008年12月,中国在美国、欧盟和加拿大于2006年提交的汽车部件一案中上诉失败,标志着中国首次坚持到法律程序终结。在对付WTO方面经验丰富

---

① See Jack L. Goldsmith & Eric A. Posner, The Limits of International Law, Oxford University Press, 2005, p.12. 参阅本书中译本《国际法的限度》,谈中正译,未发表,第122页。

的新一代律师，正鼓励中国国有企业更有力地坚持自己的主张。这是好消息。一个有效的 WTO，需要全球第三大经济体的活跃参与。[①]

这并非是说遵守国际法将日益成为中国的偏好，而是在当前格局下积极利用 GATT/WTO 体制符合中国的理性选择。这种理性行事有助于谋取本国利益最大化。我们赞赏国际法中理性选择理论中的如下前提：内含于国家利益之中的对结果的偏好是连贯一致、齐整完全与流动可变的。

本章参考书目

1. 曹建明：《欧洲联盟法：从欧洲统一大市场到欧洲经济货币联盟》，浙江人民出版社 2000 年版。

2. 〔德〕马迪亚斯·赫德根：《欧盟法》，张恩民译，法律出版社 2002 年版。

3. 曾令良：《欧洲联盟法总论：以〈欧洲宪法条约〉为新视角》，武汉大学出版社 2007 年版。

4. 韩立余：《美国外贸法》，法律出版社 1999 年版。

5. 〔美〕约翰·杰克逊：《GATT/WTO 法理与实践》，张玉卿等译，新华出版社 2002 年版。

6. 〔意〕阿尔贝特·桑塔·马里雅：《欧盟商法》，单文华等译，北京大学出版社 2007 年版。

7. 吴嘉生：《美国贸易法 301 条款评析：智慧财产权保护之帝王条款》，元照出版有限公司 2001 年版。

8. Linda S. Spedding, Transnational Legal Practice in the EEC and the United States, Transnational Publishers, 1987.

9. Ralph H. Folsom, International Trade and Investment(影印版)，法律出版社 2003 年版。

10. Luo Changfa, The Legal Culture and System of Taiwan, Kluwer Law International, 2006.

---

① 《Lex 专栏：乐见中国打官司》，载英国《金融时报》中文网 2009 年 6 月 25 日。

第八章　管制国际贸易的国际法律制度

贸易自由化是指各国之间将关税与非关税壁垒降到最低限度，开放市场，消除贸易歧视与限制，以实现商品、技术、资金等要素在各国间的自由流通，它是经济全球化和市场化趋势在国际贸易中的具体体现之一。在贸易自由化过程中，国家享有参与贸易的权利，但同时，也要顾及国际社会的公共利益，承担相应的义务。实践中，各国通常通过谈判确立国际贸易规则和贸易秩序，限制和取消妨碍和阻止国家间贸易开展与进行的障碍，并通过透明度、非歧视待遇、取消非关税壁垒以及公平贸易等原则和措施，对国家参与贸易的权利及其相应义务予以规范化和制度化，这便是管制贸易的国际法律制度的主要内容。

第一节　国际贸易多边管制制度概述

国际贸易多边管制中的目标是为了实现最大限度的自由贸易，而允许适度的保护则是实现这一远景目标的现实路径。从国际贸易不断扩大开始，各国便力求通过多边管制制度的构建，在追求贸易自由和合理的贸易保护间取得平衡，从而使全世界各个国家和地区在相互协调、合作、一定程度妥协的基础上，促进贸易及经济全球化的发展。在该领域，迄今为止，各国间达成的涉及领域最广、取得成就最为突出的是 GATT 以及作为其后续发展的 WTO。GATT 产生和存在的 47 年及 8 轮多边贸易谈判以及 1995 年以来 WTO 作出的努力，都显现出在国际贸易管制领域贸易自由化程度逐渐加深的特征，也反映了各成员为维护自身利益，在谈判中尽力将本成员采取的某些保护性措施纳入 WTO 所允许的合理保护范围之内，从而力求运用 WTO 所规定的例外或紧急保障条款来保护本成员市场和产业发展的要求。

一、GATT/WTO 的发展历程

早在第二次世界大战结束之前，美、英等国商讨建立战后国际经济新秩序时就提出了重建国际贸易秩序的设想。他们认为，20 世纪 20 年代中期以后，各国相继推行的以邻为壑的保护贸易政策，破坏了正常进出口贸易的进行，并在一定程度上阻碍了经济的发展。战后，为了重建各国经济，加上各国也都认识到国际贸易协调与合作的重要性，建立一个监督、管理各国之间贸易的国际组织就显得

尤为必要。因此，当时的设想是在成立世界银行和国际货币基金组织的同时，构建一个国际性贸易组织，从而构建二战后"货币—金融—贸易"三足鼎立的结构。然而，主要由于美国国会的阻挠，建立国际贸易组织的努力没有取得预期的结果，各与会方只能通过变通的方式，将《国际贸易组织宪章》第4章单独作为一个文件，冠以"关税与贸易总协定"的名称，同时为了避免正式条约需要各国立法机关批准的程序，而拟定了《临时适用议定书》，使之成为事实上的世界贸易体制。

在其存续的47年间，GATT共成功地主持了8轮世界范围的贸易谈判，谈判参加国的数量从第一次谈判的23个增加到乌拉圭回合的123个，谈判内容从单一的关税谈判逐步拓展，在肯尼迪回合加入反倾销问题，东京回合涉及了各项非关税壁垒及架构性规约，而乌拉圭回合纳入的事项更是广泛，包括了知识产权、服务贸易以及与贸易有关的投资措施。通过8轮谈判，主要工业国家工业品的平均关税降低到20世纪90年代中期的低于4%，[①]保证了战后的国际贸易能够在一个比较自由的贸易环境下展开。同时，它创造了世界范围内受到公认的贸易管制制度，能够规范国际贸易朝着自由化的方向发展。由此，GATT的吸引力越来越大，但是，临时适用的性质使其处于不很稳定的状态。

因此，在美国、欧共体等贸易大国的支持下，《建立世界贸易组织协定》得到通过并与其他附件协议和部长宣言及决定共同构成乌拉圭回合谈判的一揽子成果，并于1995年1月1日正式生效。至此，WTO正式成立，总部设在日内瓦。它的建立标志着一个完整的、更具有活力和拘束力的多边贸易体制的诞生，它在监督、协调、管理未来的世界经济秩序和贸易格局以及多边贸易法律关系中，起着十分重要的作用。这个新的多边贸易体制不仅把长期游离于自由贸易体制之外的农产品和纺织品贸易纳入了体系之内，而且将全球贸易体制的管辖范围扩大到服务贸易、知识产权和国际投资这三个重要经济领域。同时，WTO作为一个正式的、永久的国际组织，在GATT原有的基础上为处理和协调成员之间的多边贸易关系提供了重要的框架，包括对各成员方的贸易政策评审机制和新的争端解决机制，从而进一步强化了多边贸易体系。截至2007年6月底，WTO共有151个成员方。中国是WTO的前身GATT的创始国之一，并于2001年12月成为WTO的正式成员。

较之于GATT，WTO的不同点在于：

1. GATT是一套规则，一个多边协议；而WTO是一个永久性的机构，具有法人地位，拥有自己的秘书处，并与国际货币基金组织、世界银行成为维护世界经

---

① See Understanding the WTO, http://www.wto.org/english/thewto_e/whatis_e/tif_e/utw_chap1_e.pdf.

济运行的三大支柱。

2. GATT 是建立在“临时性的基础”上的；而 WTO 的承诺是完整的、永久性的。

3. GATT 调整对象仅限于货物贸易；而 WTO 不仅要处理货物贸易问题，还要处理服务贸易和与贸易有关的知识产权、与贸易有关的投资措施等问题。

4. GATT 在东京回合中达成了若干复边贸易协议，只对签字方有效；而 WTO 达成的是对所有成员方有效的一揽子协议。

5. GATT 的争端解决机制，遵循协商一致的原则，对争端解决没有严格的时间表；而 WTO 的争端解决机制，采用反向协商一致的原则，裁决具有自动执行的效力，同时明确了争端解决的时间表，这表明世贸组织的争端解决机制较之关贸总协定更快、更有自动性，从而保证争端的解决更有效。

二、WTO 的宗旨和职能

减少贸易壁垒是促进贸易最有成效的手段之一。因此，WTO 的宗旨是促进经济和贸易发展，提高生活水平，保证充分就业，保障实际收入和有效需求的增长；根据可持续发展的目标合理利用世界资源、扩大货物和服务的生产；达成互惠互利的协议，大幅度削减和取消关税及其他贸易壁垒并消除国际贸易中的歧视待遇。作为处理国际间贸易事务的机构，WTO 涵盖了货物贸易、服务贸易以及知识产权贸易，其职责范围除了组织实施多边贸易协议以及提供多边贸易谈判场所和作为一个论坛之外，还负责定期审议其成员的贸易政策和统一处理成员之间产生的贸易争端，并负责加强同国际货币基金组织和世界银行的合作，以实现全球经济决策的一致性。

其中，组织实施 WTO 成员方所签署的各个协议是该组织的首要任务。在建立 WTO 的谈判中，各成员方曾签署一系列旨在推进商品和服务贸易自由化、国际贸易中的知识产权保护、与贸易有关的投资问题等方面的协议，并对某些议题作出具体承诺。这些协议的履行有赖于成员方的自觉遵守，同时也需要 WTO 的监督和组织实施。其次，组织成员方开展多边贸易谈判，并为此提供谈判的场所也是 WTO 的重要职能之一。在各国让渡主权有限的情况下，像 WTO 这样的国际组织的有效运行很大程度上取决于各成员方的协作与共同努力，及时沟通是一个非常重要的环节，磋商、消除误解、让步与妥协、合作与达成协定，是 WTO 在今后相当长时期内运行的基本程序，也是 WTO 保持生命力的原因所在。在 WTO 成立之前，GATT 进行的 8 轮贸易谈判，为推进贸易自由化作出了很大的贡献。而在 WTO 的框架下，这一谈判职能不仅没有被削弱，反而会加强。2001 年 11 月，WTO 第四次部长级会议在多哈举行，会议就一揽子谈判议程达成一致，这意味着新一轮全球多边贸易谈判终于启动。[1] 再次，审议各成员方制定的对外贸易政策，是为了确保各成员方所制定的对外贸易政策不与 WTO 的有关条款相抵触。而向发展中国家提供技术帮助和培训，是指对那些贸易或经济发展相对落后的发展中国家，由 WTO 通过研讨会、培训等方式，为其培养相关人员。最后，与其他国际组织的合作，主要是指 WTO 与联合国、国际货币基金组织、世界银行以及区域性的经济一体化组织进行多方面的合作，以保证组织之间的合作和协调。

三、WTO 对国际贸易的影响及其发展趋势

从 20 世纪末到 21 世纪初，经济全球化日益影响全世界的经济、社会生活。经济全球化尤其是贸易全球化固然促进了世界各国经济生活的密切渗透和日益融合，优化了全球的资源配置，但同时也加剧了国际竞争，加深了各国经济的不平衡发展。各国既纷纷实施更加开放的战略和政策，积极融入世界经济和国际分工体系，又更加重视维护和保障自身利益。各国一方面愿意加强谈判、磋商和协调来推进贸易自由化，实现国家经济主权一定程度的让渡；另一方面，又希望谈判的结果能使贸易自由化进程符合自身经贸发展的要求。在这种情况下，通过国际组织的成立来协调各国贸易管制政策就显得十分重要。而 GATT/WTO 的诞生是继 20 世纪 40 年代后期国际组织蓬勃发展以来多边化领域中一项最为引人注目的成就。它作为贸易措施的行为守则，包含了一整套规范成员方贸易政策的具体法律义务，并通过多边谈判的方式不断发展。它的产生，是自由贸易和贸易保护在对立和统一中发展的结果。而且，WTO 也一直遵循着倡导在适度的贸易保护中逐渐取消贸易壁垒，实现贸易自由化的路线。它一方面要求逐步削减关税和非关税壁垒，开放市场，取消国际贸易中的歧视待遇，以促进自由贸易的发展；另一方面也强调通过关税手段保护本国的生产，在不允许数量限制等政府的行政干预的同时，允许一些例外规则的存在。

GATT/WTO 成立后，通过各轮谈判使全球的关税水平大幅度地下降，极大地促进了贸易的发展。而 WTO 在反倾销与反补贴、投资、知识产权等方面作出的有利于贸易自由化和经济一体化的规定，为国际贸易的发展奠定了稳定的基础。其明确的机构职能、透明高效的运作机制及具有一定强制力的贸易争端解决机制和贸易政策评审机构，都对推动贸易自由化有重要作用。在 WTO 的框架下，各国贸易政策更多的是建立在“双赢”的基础上，“贸易保护”和“贸易制裁”的含义和影响都发生了很大的变化。WTO 并不追求超越现实的完全的贸易

---

① 新启动的多边贸易谈判又称“多哈发展议程”，或简称“多哈回合”。该轮谈判确立了 8 个谈判领域，即农业、非农产品市场准入、服务、知识产权、规则、争端解决、贸易与环境以及贸易和发展问题。

自由化,但却致力于促进开放、公平、无扭曲的竞争。WTO 规则建立了一整套对各成员方贸易管制立法有效的约束机制,使在国民待遇和最惠国待遇原则之上建立一个有效率的国际经济市场成为可能。WTO 所建立的以市场为导向的贸易管制制度也影响到各成员方的国内立法。随着国际经济的发展,各国经济开放程度和对外的经济依存度不断加强,国内、国际市场成为一个不可分割的整体,并在一定程度上适用相同的规则。更重要的是,作为国际条约,如果国内立法与其所承担的条约义务不符,国内立法通常情况下应作出相应修改,WTO 由此成为国际贸易管制中最主要的组织。

然而,WTO 的运行特点决定了它在推进贸易自由化道路上的发展不是一帆风顺的。作为一个国际经济组织,WTO 实质上只是各成员方利益妥协和分配的结果,不可能建设成一个真正强有力的超国家性质的组织机构。因此,WTO 在实际运作过程中总是力争遵循法律与现实相一致的途径,以期在多边法律秩序与各国贸易利益之间寻求一种微妙的动态平衡。而在这个过程中,起主导作用的是发达国家,许多发展中国家特别是最不发达国家逐渐被边缘化,不但享受不到贸易自由化的益处,反而受到损害。当然,发达国家也意识到部分发展中国家被排斥在多边贸易体制之外带来的问题,同时在发展中国家的压力下,将多哈回合确定为发展回合,尽量在今后的多边贸易谈判中切实考虑各方要求,重视贸易自由化所产生利益的不平衡性,重视谈判议题的平衡性,确保 WTO 成员尤其是发展中成员能够充分地参与讨论并得到实惠,在新的协议中充分反映各成员不同的经济发展水平的现实。另一方面,如何在推进贸易自由化的进程中,避免不公平贸易和新的保护主义,减少贸易摩擦与争端对 WTO 的未来发展也十分重要。国际经济的日益密切和相互融合并未消除各国间的利益冲突,国家层面上和区域层面上的经济合作在不断加强的同时,经济竞争也在日趋激化,各种贸易保护主义思潮仍然不时地出现,贸易摩擦与争端的发生更加频繁。特别是当世界经济减速、贸易增长放慢的时候,常常会伴随着贸易保护主义抬头,这不仅在工业化国家,而且在新兴市场国家都是如此。伴随贸易自由化进程的发展,关税普遍下降,非关税壁垒已成为世界贸易发展的最大障碍,一些以各种新标准实施的贸易壁垒不断涌现,如以过高的环保标准形成的环保壁垒、以名目繁多的技术标准形成的技术壁垒、以公平贸易出现的反倾销措施等。如何避免这些非关税壁垒对国际贸易造成负面影响也是 WTO 应关注的问题。

第二节　WTO 的规则体系和组织架构

1995 年 1 月 1 日诞生的 WTO 是一个管理全球多边贸易体制有序运行的政

府间国际组织。为保证 WTO 可以实施其作为具有法律人格[①]的国际组织的权力，各成员方都应给予 WTO 履行其职能所必需的特权和豁免，[②]且有义务在国内法上采取必要措施以满足 WTO 的法律能力。

一、WTO 的规则体系

（一）概述

鉴于 WTO 的目标是“建立一个完整的、更可行的和持久的多边贸易体制”[③]，WTO 的规则体系“包含了《关税与贸易总协定》、以往贸易自由化努力的结果和乌拉圭回合多边贸易谈判的全部结果”[④]。作为全球多边贸易体制的基石，WTO 以 1 个正文、4 个附件的“法典”[⑤]形式对各成员间货物、服务和知识产权贸易提供了完整的法律规范。“WTO 法典”的正文部分为《建立世界贸易组织的马拉喀什协定》（以下简称《WTO 协定》），其主要涉及 WTO 的目标宗旨、组织结构和加入退出等程序性规则；而调整全球多边贸易的实体法规则主要包含在《WTO 协定》的 4 个附件中。

1.《WTO 协定》

《WTO 协定》是 WTO 作为合法的国际组织得以成立的直接法律依据。协定在序言部分明确了建立 WTO 的宗旨是：提高生活水平，保证充分就业；保证实际收入和有效需求的大幅增长；扩大货物和服务的生产和贸易；坚持可持续发展的目标；考虑对世界资源的最佳利用；寻求既保护和维护环境，又以与它们各自在不同经济发展水平的需要和关注相一致的方式，加强对此采取的措施；同时要积极努力以保证发展中国家，特别是最不发达国家，在国际贸易增长中获得与其经济发展需要相当的份额，以此建立一个完整的、更可行的和持久的多边贸易体制。

为了有效地实现上述宗旨和目标，协定规定各成员方应通过达成互惠互利的安排，实质性削减关税和其他贸易壁垒，消除国际贸易关系中的歧视待遇；对发展中国家给予特殊的差别待遇，扩大市场准入、提高贸易政策和法规的透明度，从而协调各成员间的贸易政策，共同管理全球贸易。

---

① 《建立世界贸易组织的马拉喀什协定》第 8 条第 1 款规定：“WTO 具有法律人格，WTO 每一成员均应给予 WTO 履行其职能所必需的法定资格。”

② 参见《建立世界贸易组织的马拉喀什协定》第 8 条第 2 款。

③ 参见《建立世界贸易组织的马拉喀什协定》序言部分。

④ 同上。

⑤ 赵维田教授指出，“乌拉圭回合经历近八年的谈判，最后达成的一系列协议，是由《建立世界贸易组织的协定》（一般简称‘WTO 协定’）作正文，而将其余协议、谅解等一律作为它的‘附件’合成的。这个原文（英文本）长达 634 页的条约群堪称一部宏大的法典”。参见赵维田：《世贸组织（WTO）的法律制度》，吉林人民出版社 2000 年版，第 26 页。

除序言外,《WTO 协定》的正文共有 16 个条款,分别对 WTO 的建立、范围、职能、结构、与其他组织的关系、秘书处、预算和会费、地位、决策、创始成员资格、加入、特定成员间的不适用、接受、生效和交存,以及退出等组织机构与程序性问题作出了概要规定。

2. 4 个附件

对于调整国际贸易关系的实体性规则,主要包含在《WTO 协定》的 4 个附件中,分别是:附件 1:货物贸易多边协定、服务贸易总协定及附件、与贸易有关的知识产权协定;附件 2:关于争端解决规则与程序的谅解;附件 3:贸易政策审议机制;附件 4:复边贸易协定。

其中,附件 1、附件 2 和附件 3 所列协定及相关法律文件被称为"多边贸易协定",对全体 WTO 成员方均具有约束力;而附件 4 所列协定和相关法律文件被称为"复边贸易协定",虽然其也属于《WTO 协定》的一部分,但相关法律文件仅对接受的成员具有约束力,而对其他未接受的 WTO 成员方不产生任何法律效力。以下清单具体列明了《WTO 协定》4 个附件所包含的各项协定和法律文件,它们在总体上构成了 WTO 的规则体系下具体调整多边贸易体制的实体法规则。

《WTO 协定》附件清单:

附件 1:

附件 1A:货物贸易多边协定

《1994 年关税与贸易总协定》

《农业协定》

《实施卫生与植物卫生措施协定》

《纺织品与服装协定》

《技术性贸易堡垒协定》

《与贸易有关的投资措施协定》

《关于实施 1994 年关税与贸易总协定第 6 条的协定》

《关于实施 1994 年关税与贸易总协定第 7 条的协定》

《装运前检验协定》

《原产地规则协定》

《进口许可程序协定》

《补贴与反补贴措施协定》

《保障措施协定》

附件 1B:服务贸易总协定及附件

附件 1C:与贸易有关的知识产权协定

附件 2:关于争端解决规则与程序的谅解

附件3:贸易政策审议机制

附件4:复边贸易协定[①]

《民用航空器贸易协定》

《政府采购协定》

《国际奶制品协定》

《国际牛肉协定》

（二）WTO关于国际贸易的多边协定

1. WTO关于货物贸易的多边协定

在WTO的规则体系下，调整货物贸易的多边协定共有13个，其中规定WTO成员方在货物贸易领域中权利义务的最重要的协定为《1994年关税与贸易总协定》（简称GATT1994），同时，GATT1994也是WTO框架下最重要的规范关税与非关税措施的法律文本。此外，WTO关于货物贸易的多边协定还包括有关货物贸易的非关税壁垒协定、特定货物贸易领域的协定，以及与货物贸易相关领域的协定等。

（1）《1994年关税与贸易总协定》

① GATT1994的法律范畴

1994年关税与贸易总协定是乌拉圭回合谈判达成的重要法律文件之一，其是与1947年关税与贸易总协定（简称GATT1947）相对应的概念。1995年1月1日，WTO正式诞生，GATT1947同新诞生的WTO并行一年；1996年1月1日，GATT1994取代GATT1947，与《WTO协定》及其附件中的有关协定一起，规定WTO成员方在货物贸易领域中的权利与义务。[②] 实际上，GATT1994并非是“一个”协定，而是多个协定和法律文件集合体的概括统称，其中，GATT1947是GATT1994的主体部分。

GATT1994的法律范畴包括：

A：GATT1947[③]

B：《WTO协定》生效之日前在GATT1947项下已实施的下列文件：

（a）与关税减让相关的议定书和核准书；

---

① 《国际奶制品协定》和《国际牛肉协定》已于1997年年底终止。

② 参见曹建明、贺小勇：《世界贸易组织》（第二版），法律出版社2004年版，第85页。

③ GATT 1994所包含的第一部分为GATT 1947，指的是《联合国贸易与就业会议筹备委员会第二次会议结束时通过的最后文件》所附1947年10月30日的《关税与贸易总协定》的各项条款（不包括《临时适用议定书》），该协定历经《WTO协定》生效之日前已实施的法律文件的条款更正、修正或修改。参见乌拉圭回合多边贸易谈判结果法律文本之《1994年关税与贸易总协定》第1条（a）款。

(b) 加入议定书;[1]

(c) 根据 GATT1947 第 25 条给予的且在《WTO 协定》生效之日仍然有效的关于豁免的决定。[2]

C:乌拉圭回合达成的下列谅解:

(a) 关于解释 GATT1994 第 2 条第 1 款 b 项的谅解;

(b) 关于解释 GATT1994 第 17 条的谅解;

(c) 关于 GATT1994 国际收支条款的谅解;

(d) 关于解释 GATT1994 第 247 条的谅解 ;

(e) 关于豁免 GATT1994 义务的谅解;

(f) 关于解释 GATT1994 第 28 条的谅解。

D:《GATT1994 马拉喀什议定书》

② GATT1994 的主要内容概览

GATT1994 的核心内容或主体部分即为 GATT1947,由序言、正文和 9 个附件所组成。

A:序言

序言部分列明了包括中国在内的 23 个 GATT 原始缔约方成员,并明确 GATT 的宗旨和目标在于提高生活水平、保证充分就业、保证实际收入和有效需求的大幅稳定增长、实现世界资源的充分利用以及扩大货物的生产和交换。为此,通过达成互惠互利安排,实质性削减关税和其他贸易壁垒,消除国际贸易中的歧视待遇,从而为实现这些目标作出贡献。

B:正文

正文包含 4 个部分共 38 个条款。

第一部分为第 1 条至第 2 条。第 1 条是普遍最惠国待遇条款,此为关贸总协定乃至 WTO 的基石;第 2 条为减让表,规定了缔约各方承诺的实际关税减让,这些作为 GATT 附件的减让表,构成 GATT 第一部分的组成部分。

第二部分为第 3 条至第 23 条。第 3 条是关于国内税和国内法规的国民待遇条款;第 4 条为有关电影片的特殊规定;第 5 条为过境自由;第 6 条为反倾销税和反补贴税;第 7 条为海关估计;第 8 条为进出口规费和手续;第 9 条为原产

---

① 不包括:(a) 关于临时适用和撤销临时适用的规定;(b) 规定应在与议定书订立之日已存在的立法不相抵触的最大限度内临时适用 GATT 1947 第二部分的条款。参见乌拉圭回合多边贸易谈判结果法律文本之《1994 年关税与贸易总协定》第 1 条(b)款(ii)项。

② 本规定适用的豁免列入 1993 年 12 月 15 日 MTN/FA 号文件第二部分第 11 至 12 页脚注 7 中和 1994 年 3 月 21 日 MTN/FA/Corr. 6 号文件中。部长级会议应在其第一届会议上制定一份本规定适用的豁免的修改清单,增加在 1993 年 12 月 15 日之后至《WTO 协定》生效之日前根据 GATT1947 所给予的豁免,并删除届时将期满的豁免。参见乌拉圭回合多边贸易谈判结果法律文本之《1994 年关税与贸易总协定》第 1 条(b)款(iii)项的脚注。

地标记;第 10 条为贸易法规的公布和实施;[①]第 11 条为普遍取消数量限制;第 12 条为保障国际收支而实施的限制;第 13 条为数量限制的非歧视管理;第 14 条为非歧视原则的例外;[②]第 15 条为外汇安排;第 16 条为出口补贴条款;第 17 条为国营贸易企业;第 18 条为政府对经济发展的援助;第 19 条为对某些产品进口的紧急措施,即保障措施条款;第 20 条为一般例外;第 21 条为安全例外;第 22 条为磋商;第 23 条为利益的丧失或减损。

第三部分为第 24 条至第 35 条。第 24 条规定的是适用领土、边境贸易、关税同盟和自由贸易区;第 25 条为缔约方的联合行动;第 26 条为接受、生效和登记;第 27 条为减让的停止或撤销;第 28 条为减让表的修改、关税谈判;第 29 条为本协定与《哈瓦那宪章》的关系;第 30 条至第 35 条分别为修正、退出、缔约方、加入、附件以及本协定在特定缔约方之间的不适用。[③]

第四部分为“贸易与发展”,包括第 36 条至第 38 条。该部分是 1965 年在 GATT 第六轮多边贸易谈判(肯尼迪回合)中新增加的内容,主要涉及发展中国家的特殊需要。第 36 条为原则和目标;第 37 条为承诺;第 38 条为联合行动。

(2) 有关货物贸易的非关税壁垒协定

在 GATT1994 的基础上,为了建立更为系统全面的非关税壁垒管理机制,乌拉圭回合谈判还通过了《关于实施 1994 年关税与贸易总协定第 6 条的协定》、《关于实施 1994 年关税与贸易总协定第 7 条的协定》、《装运前检验协定》、《原产规则协定》、《进口许可程序协定》、《技术性贸易壁垒协定》、《补贴与反补贴措施协定》、《保障措施协定》8 个调整货物贸易非关税堡垒问题的协定。

(3) 特定货物贸易领域的协定

在 WTO 关于货物贸易的多边协定中,《实施卫生与植物卫生措施协定》、《农业协定》、《纺织品与服装协定》分别涉及为保护人类、动植物生命或健康而采取或实施的必需措施,以及农产品、纺织品等特定的货物贸易领域。

(4) 与货物贸易相关领域的协定

作为乌拉圭回合谈判新议题的最终成果之一,《与贸易有关的投资措施协定》(Agreement on Trade—Related Investment Measures,简称 TRIMs)是迄今为止国际社会制定和实施的第一个与投资措施相关的多边贸易协定,这将对各成员方在国际直接投资领域中实施可能对贸易产生扭曲或限制作用的投资措施产生重大影响。

---

① 第 4 条至第 10 条均为“技术性条款”,目的在于防止上述措施架空关税减让的利益。参见曹建明、贺小勇:《世界贸易组织》(第二版),法律出版社 2004 年版,第 87 页。

② 第 11 条至第 14 条主要规范的是数量限制措施。

③ 第 26 条至第 35 条主要是 GATT 本身的实施规则。

2. WTO关于服务贸易的多边协定

服务贸易总协定(General Agreement on Trade in Services,简称GATS)是在乌拉圭回合谈判中达成的第一部调整国际服务贸易的、具有法律效力的多边规则。

从体系上看,GATS由3个主要部分组成:第一部分为框架协定,规定适用于所有成员方的基本义务,即GATS的条款本身;第二部分是部门协议,是根据GATS第29条成为其有机组成部分的涉及各服务部门的特定问题和供应方式的附件;第三部分为WTO各成员方的市场准入承诺清单,是根据GATS第20条的规定附在GATS之后,并成为GATS重要组成部分的具体承诺表。除此之外,还有9项有关文书,包括部长决定和金融服务承诺谅解书,以及4项组织机构决定和1项关于服务贸易与环境的决定,它们均为GATS的组成部分。

GATS的条款本身由序言、正文及8个附件所组成。

在序言部分,GATS明确了其目标和宗旨是:期望建立一个服务贸易原则和规则的多边框架,以期在透明和逐步自由化的条件下扩大全球服务贸易,并以此为手段促进所有贸易伙伴的经济增长和发展中国家的发展;GATS指出,期望在给予国家政策目标应有尊重的同时,通过连续回合的多边谈判,在互利基础上促进所有参加方的利益,并保证权利和义务的总体平衡,以便早日实现服务贸易自由化水平的逐步提高;同时,认识到各成员方为实现国家政策目标,有权对其领土内的服务提供进行管理和采用新的法规,且认识到由于不同国家服务法规发展程度方面存在的不平衡,发展中国家特别需要行使此权利;GATS期望便利发展中国家更多地参与服务贸易和扩大服务出口,特别是通过增强其国内服务能力、效率和竞争力;为此,应该特别考虑最不发达国家由于特殊的经济状况及其在发展、贸易和财政方面的需要而存在的严重困难。

正文包含6部分共29个条款,前28条为框架协议,规定了服务贸易自由化的原则和规则,第29条为附件。其主要内容是:范围和定义、一般义务和纪律、具体承诺、逐步自由化、机构条款、最后条款等;核心是:最惠国待遇、国民待遇、市场准入、透明度、支付的款项和转拨的资金的自由流动。

8个附件分别为:关于第2条豁免的附件;关于本协定项下提供服务的自然人流动的附件;关于空运服务的附件;关于金融服务的附件;关于金融服务的第二附件;关于海运服务谈判的附件;关于电信服务的附件;关于基础电信谈判的附件。

GATS适用于各成员方采取的影响服务贸易的各项政策措施,[①]包括中央、

---

① 参见GATS第1条第1款。

地区或地方政府和主管机关及其授权行使权力的非政府机构所采取的政策措施。[①] GATS 规定的“服务”包括任何部门的任何服务，但在行使政府职权时提供的服务[②]除外。

协定规定的服务贸易具体包括 4 种方式：[③](1) 跨境交付(cross-border supply)，指服务提供者自一成员方领土向任何其他成员方领土提供服务；(2) 境外消费(consumption abroad)，指服务提供者在一成员方领土内向任何其他成员方的服务消费者提供服务；(3) 商业存在(commercial presence)，指一成员方的服务提供者通过在任何其他成员方领土内的商业存在提供服务；(4) 自然人流动(movement of natural persons)，指一成员方的服务提供者通过在任何其他成员方领土内的自然人存在提供服务。

根据协定的规定，WTO 成立了服务贸易理事会，负责协定的执行。此外，乌拉圭回合谈判所达成的 GATS 仅仅是一个开始，协定提出，要进行更多的谈判，并通过进一步谈判逐步实现服务贸易的自由化。

3. WTO 关于知识产权贸易的多边协定

《与贸易有关的知识产权协议》(Agreement on Trade-Related Aspects of Intellectual Property Rights，简称 TRIPS 协议)，是乌拉圭回合谈判新议题的最终成果之一，被认为是对传统多边贸易体制的重大突破。

TRIPS 协议的宗旨是：减少对国际贸易的扭曲与阻碍因素；促进对知识产权在国际范围内更充分、更有效的保护；确保知识产权的实施及程序不对合法贸易构成壁垒。其目的是：通过知识产权的保护与权利的行使，促进技术的革新、技术的转让和技术的传播，以有利于社会及经济福利的方式，促进生产者和技术知识所有者间互惠互利，并促进 WTO 成员间权利义务的平衡。[④]

TRIPS 协议由序言和正文的 7 个部分组成，第一、二、三、四部分规定了知识产权的效力、范围、使用标准、实施、知识产权的取得和维持的相关程序；第五、六、七部分则是争端的防止和解决、过渡性安排和机构组织、最后条款等。

TRIPS 协议将版权及邻接权、商标权、地理标志权、工业品外观设计权、专利权、集成电路布图设计和未披露信息专有权 7 大类知识产权纳入了协议的保护范畴。与以往的知识产权国际公约相比，TRIPS 协议有其自身的特点，具体为：(1) 保护水平高，TRIPS 协议在许多方面超过了现有的国际公约对知识产权的保护水平；(2) 内容涉及面广，TRIPS 协议几乎涉及知识产权的各个领域；

---

① 参见 GATS 第 1 条第 3 款(a)项。

② “行使政府职权时提供的服务”指既不依据商业基础提供，也不与一个或多个服务提供者竞争的任何服务。参见 GATS 第 1 条第 3 款(c)项。

③ 参见 GATS 第 1 条第 2 款。

④ 参见 TRIPS 协议序言部分。

(3) 将 GATT 和 WTO 中关于有形商品贸易的原则和规定延伸到对知识产权的保护领域,既充分肯定了 GATT 的基本原则,同时也尊重相关国际公约;(4) 强化了协议的执行措施和争端解决机制,在处理有关知识产权争端方面,扭转了过去国际公约的不足,特别强调法律的制裁和执行措施,规定适用 WTO 的争端解决程序,从而加强了协议的约束力。

(三) WTO 关于争端解决规则与程序的谅解

WTO 关于争端解决规则与程序的谅解(Understanding on Rules and Procedures Governing the Settlement of Disputes,简称 DSU),是 WTO 解决各成员方争端的法律依据。DSU 的达成,使得 GATT 从一个政治导向为主的贸易体系向法律规则导向为主的系统转变。尽管人们依然承认在 WTO 成立后,政治因素依然在多边贸易体制中发挥极其重要的作用,但 DSU 表明各成员方致力于建立一种综合救济的法律体系,在该体系中,成员方的权利与义务能够相互平衡。①

DSU 由正文和 4 个附件所组成。正文共有 27 个条款,分别规定了范围和适用;管理;总则;磋商;斡旋、调解和调停;专家组的设立;专家组的职权范围;专家组的组成;多个起诉方的程序;第三方;专家组的职能;专家组程序;寻求信息的权利;机密性;中期审议阶段;专家组报告的通过;上诉审议;与专家组或上诉机构的联系;专家组和上诉机构的建议;争端解决机构决定的时限;对执行建议和裁决的监督;补偿和中止减让;多边体制的加强;涉及最不发达国家成员的特殊程序;仲裁;非违反之诉;秘书处的职责。附件包括:本谅解的适用协定;适用协定所含特殊或附加规则与程序;工作程序;专家审议小组。

(四) WTO 贸易政策审议机制

WTO 贸易政策审议机制(Trade Policy Review Mechanism,简称 TPRM)的目的在于通过提高各成员方贸易政策和做法的透明度并使之得到更好的理解,有助于所有成员方更好地遵守在 WTO 框架下的各项承诺和义务,从而有助于多边贸易体制更加平稳地运行。为此,TPRM 设立贸易政策审议机构(Trade Policy Review Body,简称 TPRB),对各成员方的贸易政策及其对多边贸易体制的影响等问题定期进行全面审议,并提出相应的建议。

根据 TPRM 的规定,WTO 所有成员方的贸易政策和做法都应接受定期审议。各成员方对多边贸易体制运行的影响是确定审议频率的决定因素,而对多边贸易体制运行影响的大小则取决于该成员方在某一最近代表期的世界贸易中所占的份额来确定。依照这样的计算方式,前 4 个贸易实体(欧共体为一个实体)每 2 年审议一次,其后的 16 个实体每 4 年审议一次,其他成员方每 6 年审议

① See Andres F. Lowenfeld, Inernational Economic Law, New York: Oxford University Press, 2002, p. 150. 转引自曹建明、贺小勇:《世界贸易组织》(第二版),法律出版社 2004 年版,第 361 页。

一次，对最不发达国家成员方审议的周期可以更长。此外，如果某一成员方的贸易政策或做法的变更有可能对其贸易伙伴产生重大影响，则 TPRB 在进行磋商后，可要求该有关成员方提前进行下一次的审议。

为实现尽可能最充分的透明度，每一成员方应定期向 TPRB 报告其实施的贸易政策和做法，该报告应按照统一的格式进行。在两次审议之间，各成员方应在其贸易政策发生任何重大变更时提供简要报告；此外，每一成员方还必须按照统一格式提供最新的年度统计数据。最不发达国家成员方可在其提交的贸易政策报告中，详细说明其所面临的困难，以便 TPRB 在审议中予以特别考虑。

根据 TPRM 的规定，WTO 贸易政策审议的程序如下：首先，TPRB 应通过与直接有关的成员方进行磋商，确定每年的审议计划，同时完成其他审议前的准备工作。随后，TPRB 召开会议，审议接受评审的成员方提交的报告以及秘书处起草的报告。主席在与接受审议的一个或多个成员方磋商后，可选出讨论人，讨论人以个人身份行事，负责引导在 TPRB 中进行的讨论。任何与接受审议的成员方有利害关系的其他成员方均可出席审议会议，并对有关贸易政策和实践提出质询、批评或肯定。最后，接受审议方的贸易代表将针对各方的提问进行答辩。审议结束后，WTO 秘书处负责将成员方提交的报告、秘书处的报告以及 TPRB 会议记录等文件进行迅速公布。所有这些文件将送交部长级会议，部长级会议应对这些文件记录在案。

（五）WTO 复边贸易协定

复边[①]贸易协定（Pluri lateral Trade Agreement），又称为“诸边贸易协定”，为 WTO 规则体系中附件 4 的组成部分。与《WTO 协定》及另 3 个附件所包含的各项协定不同，复边贸易协定不属于一揽子接受的范畴，其生效与接受都依据其自身的规定。换言之，附件 4 所列的协定及其相关法律文件，对于接受的成员方才具有约束力，而对于未接受的成员方既不产生权利也不产生义务。[②]

在 WTO 成立之时，复边贸易协定共有 4 个，分别为《民用航空器贸易协定》、《政府采购协定》、《国际奶制品协定》和《国际牛肉协定》，这些协定除了对个别条款进行了调整或修改外，基本上承袭了东京回合 4 个守则的原样。[③] 随着《国际奶制品协定》和《国际牛肉协定》因期限届满而失效，目前 WTO 框架下仍然有效的复边贸易协定为 2 个，即《民用航空器贸易协定》和《政府采购协定》。

---

① 所谓“复边”（pluri lateral），指并非 WTO 全部成员都参加的“小多边”协议。参见赵维田：《世贸组织（WTO）的法律制度》，吉林人民出版社 2000 年版，第 29 页。

② 参见《WTO 协定》第 2 条第 3 款。

③ 参见曾令良：《论世界贸易组织的法律体系》，载《法学评论》1996 年第 2 期。

二、WTO 的组织架构

作为一个正式的国际组织，WTO 具有独立的法律人格，享有一般国际组织的外交特权和豁免权。[①] 为了促进其宗旨及职能的实现，WTO 设置了较为全面的组织机构，以管理、运用和实施 WTO 框架下的各项条约和协定。其中主要的有部长级会议、总理事会、各委员会、总干事和秘书处，以及临时机构等。

(一) 部长级会议

部长级会议（Ministerial Conference）是 WTO 的最高决策机构，由所有成员方的代表[②]组成。部长级会议有权对《WTO 协定》和所有多边贸易协定下的任何事项作出决策，也有权应成员方的请求，根据相关协议，对成员方的特殊需要作出决定。

部长级会议的主要职能是：任命 WTO 总干事并制定有关规则；确定总干事的权力、职责、任职条件和任期以及秘书处工作人员的职责及任职条件；[③]对世贸组织协定和多边贸易协定作出解释；[④]豁免某成员方对《WTO 协定》或任何多边贸易协定所承担的义务；[⑤]审议成员方对《WTO 协定》或附件 1 所列的多边贸易协定提出修改的提案；[⑥]决定是否接纳申请加入的国家或地区为 WTO 成员方；[⑦]决定《WTO 协定》及多边贸易协定生效的日期等。[⑧]

部长级会议应至少每 2 年召开 1 次会议，以履行 WTO 的职能，并为此采取必要的行动。[⑨] 截至 2008 年，WTO 一共召开了 6 次部长级会议。

第一次部长级会议于 1996 年 12 月 9 日至 13 日在新加坡召开。会议成立贸易与投资、贸易与竞争政策、政府采购透明度 3 个工作组，主要审议了 WTO 成立以来的工作及乌拉圭回合协议的执行情况，同时将贸易便利化纳入货物理事会的职责范围。这次部长级会议最后通过了《新加坡部长宣言》。

第二次部长级会议于 1998 年 5 月 18 日至 20 日在瑞士日内瓦举行。会议主要围绕乌拉圭回合各项协议的执行情况、下届部长级会议议程以及发动新一轮多边贸易谈判的准备工作等展开讨论。会议通过的《部长宣言》除总结了多边贸易体制在过去半个世纪中所发挥的作用之外，还就新一轮多边贸易谈判的

---

① 参见《WTO 协定》第 8 条。
② 一般为成员方主管外经贸的部长、副部长级官员或其全权代表。
③ 参见《WTO 协定》第 6 条第 2、3 款。
④ 参见《WTO 协定》第 9 条第 2 款。
⑤ 参见《WTO 协定》第 9 条第 3 款。
⑥ 参见《WTO 协定》第 10 条第 1 款。
⑦ 参见《WTO 协定》第 12 条。
⑧ 参见《WTO 协定》第 14 条。
⑨ 参见《WTO 协定》第 4 条第 1 款。

有关事宜作出安排。

第三次部长级会议于1999年11月30日至12月3日在美国西雅图召开。由于美国等少数西方国家企图将劳工标准等问题纳入新一轮谈判，受到了广大发展中国家的坚决抵制，且由于非政府组织的示威游行和干扰所产生的压力以及成员方在一系列重大问题上的意见分歧，会议未能启动拟议中的新一轮多边贸易谈判，以失败告终。

第四次部长级会议于2001年11月9日至14日在卡塔尔首都多哈举行。会议作出了启动新一轮多边贸易谈判，即“多哈发展议程”的决定；此外，会议审议并通过了中国和中国台北加入WTO的决定。[①] 会议最后通过了《部长宣言》、《关于乌拉圭回合协议执行问题的决定》和《TRIPS协定与公共健康多哈宣言》3个文件。

第五次部长级会议于2003年9月10日至14日在墨西哥坎昆举行。会议对WTO新一轮谈判进行了中期评估，发表了《部长会议声明》。由于与会各方对《部长宣言草案》存在巨大分歧，会议未取得实质性成果，最后无果而终。

第六次部长级会议于2005年12月13日至18日在中国香港举行。会议通过了《部长宣言》，规定发达成员和部分发展中成员2008年前向最不发达国家所有产品提供免关税、免配额的市场准入；发达成员2006年取消棉花的出口补贴，2013年年底前取消所有形式的农产品出口补贴。

（二）总理事会

部长级会议下设一个由所有成员方的代表组成的总理事会(General Council)，在部长级会议休会期间，执行部长级会议的各项职能。[②] 总理事会为常设性的机构，可在需要的时候随时召开会议，行使《WTO协定》赋予的各项职能，包括制定自己的议事规则和审批各委员会的议事规则。

除此之外，总理事会还同时履行DSU规定的争端解决机构的职责和TPRM中规定的贸易政策审议机构的职责。可见，总理事会实际上是“一身三职”，[③]除履行部长级会议休会期间行政管理的职权外，还可在需要时作为争端解决机构或贸易政策审议机构，解决成员方之间的争端或审查成员方的贸易政策。同时，根据《WTO协定》的规定，争端解决机构和贸易政策审议机构都有权设立自己的主席，并制定履行其职责所必需的程序和规则。[④]

总理事会下设货物贸易理事会(Council for Trade in Goods)、服务贸易理事

---

① 2001年11月10日，多哈部长级会议以协商一致的方式通过了中国加入WTO的决定。11月11日，中国台北以“台湾、澎湖、金门、马祖单独关税区”的名义加入WTO的决定也获得通过。

② 参见《WTO协定》第4条第2款。

③ 参见王贵国：《世界贸易组织法》，法律出版社2003年版，第29页。

④ 参见《WTO协定》第4条第3、4款。

会(Council for Trade in Services)和与贸易有关的知识产权理事会(Council for Trade-Related Aspects of Intellectual Property Rights),分别负责监督附件1中所列的货物贸易多边协定以及GATS和TRIPS的实施情况。为履行各自的协定和总理事会制定的职能,3个理事会应自行制定各自的议事规则,但需经总理事会的批准。各理事会应在必要时召开会议,其成员应从所有WTO成员方的代表中产生。①

(三)委员会

部长级会议设立贸易与发展委员会(Committee on Trade and Development)、国际收支限制委员会(Committee on Balance-of-Payments Restrictions)和预算、财务与行政委员会(Committee on Budget, Finance and Administration)。各委员会应行使《WTO协定》和多边贸易协定制定的职能,以及总理事会指定的任何附加职能。贸易与发展委员负责定期审议多边贸易协定中有利于最不发达国家成员方的特殊规定,并向总理事会报告以采取适当行动;国际收支限制委员会负责在一成员方根据GATT1994第12条和第18条为解决其收支平衡困难而采取贸易限制措施时,协调该成员方与其他成员方之间的关系;预算、财务与行政委员会负责WTO财政和预算方面的事务。各委员会的成员资格应对所有WTO成员方的代表开放。

此外,在必要的情况下,部长级会议还可为了履行某些职能设立其他委员会。② 例如目前已经设立的贸易与环境委员会、最不发达国家小组委员会、区域性贸易协议委员会、市场准入委员会、农产品委员会、动植物卫生检疫措施委员会、技术性贸易壁垒委员会、反倾销措施委员会、补贴与反补贴措施委员会、保障措施委员会、海关估计委员会、原产地规则委员会、进口许可委员会、与贸易有关的投资措施委员会、资讯科技协议委员会、金融服务贸易委员会、具体承诺委员会,以及民用航空器诸边委员会和政府采购诸边委员会等。

(四)秘书处与总干事

除上述机构外,WTO还有一个相对独立的、在总干事领导下负责处理日常事务的秘书处(Secretariat)。秘书处设在日内瓦,拥有约五百名工作人员,在日内瓦之外的其他地方不设分支机构。

秘书处的职责主要是为WTO的各种会议进行会务安排;应理事会和各委员会的要求准备背景资料;出版秘书处各种文件;此外,秘书处的经济学家对国际贸易和世界经济增长以及贸易政策进行分析,法律专家主要起草文件,协助组织会议、谈判及向代表团提供法律咨询,并且协助WTO争端解决机构解决各成

① 参见《WTO协定》第4条第5款。
② 参见《WTO协定》第4条第7款。

员方的贸易争端等。[①]

总干事(Director-General)是WTO秘书处的首脑,总干事由部长级会议任命,其权力、职责、服务条件和任期等均由部长级会议确定。目前,WTO的总干事由前欧盟委员会贸易委员帕斯卡尔·拉米(Pascal Lamy)担任,任期为2005年9月至2009年9月。[②] 前3位总干事分别为意大利前外贸部长雷那托·鲁杰罗(Renato Ruggiero,任期为1995.5—1999.5)、新西兰前总理迈克·穆尔(Mike Moore,任期为1999.9—2002.9),和泰国前副总理兼商业部长素帕猜·巴尼巴滴(Supachai Panitchpakdi,任期为2002.9—2005.9)。

(五)临时机构

除上述常设机构外,WTO还建立了一些临时性的机构,通常被称为"工作组"。工作组的任务是研究和报告有关事宜,特别是承担各个方面的谈判工作,并最终提交理事会作出决定。这些工作组包括货物贸易理事会下的国营贸易企业工作组和装船前检验工作组;服务贸易理事会下的专业服务工作组和服务贸易总协定规则工作组;部长级会议所设委员会下的加入WTO工作组、贸易与投资关系工作组、贸易与竞争措施相互关系工作组、贸易与环境关系工作组和政府采购透明度工作组等。

第三节　WTO的基本法律原则

世界贸易组织的基本原则贯穿于WTO的各个多边协定中,构成了多边贸易体制的基础。[③] 这些原则主要有非歧视、互惠、最惠国待遇、国民待遇和透明度等。虽然WTO的相关协定没有将非歧视和互惠原则单列出来,但从各协定关于市场准入、公平贸易、报复措施等条文中可以看出,非歧视和互惠原则是WTO赖以存在和发展的基础,而非歧视和互惠原则主要是通过最惠国待遇、国民待遇和透明度原则得以体现和执行的。[④]

一、最惠国待遇原则

根据1978年8月联合国国际法委员会的定义,所谓最惠国待遇(Most-favored-nation Treatment,简称MFN),是指给惠国给予受惠国或者与该受惠国有确

---

① 参见曹建明、贺小勇:《世界贸易组织》(第二版),法律出版社2004年版,第42页。

② 2009年4月29—30日,WTO总理事会举行会议,一致通过了现任总干事拉米的连任决定,任期为2009年9月1日至2013年8月31日。

③ 参见肖冰、何鹰编著:《国际经济法学》,科学出版社2004年版,第166页。

④ 或者说,最惠国待遇和国民待遇原则的主要目的就是为了执行非歧视和互惠原则而制定标准。透明度原则则是保证非歧视和互惠原则得以执行的手段。参见王贵国:《世界贸易组织法》,法律出版社2003年版,第38页。

定关系的人或物的优惠,不低于该给惠国给予第三国或者与该第三国有同样关系的人或物的待遇。

据此,WTO 最惠国待遇原则可以表述为:任一成员方在货物、服务贸易和知识产权领域给予任何其他国家(无论是否 WTO 成员方)的优惠待遇,应立即和无条件地给予其他各成员方。[①] 在 WTO 框架下,最惠国待遇原则主要体现在 GATT1994 第 1 条、GATS 第 2 条和 TRIPS 协议第 4 条中。

(一) 最惠国待遇原则的适用

1. 货物贸易领域

在货物贸易领域,GATT1994 第 1 条第 1 款规定了最惠国待遇原则:在对进口或出口、有关进口或出口或对进口或出口产品的国际支付转移所征收的关税和费用方面,在征收此类关税和费用的方法方面,在有关进口和出口的全部规章手续方面,以及在第 3 条第 2 款[②]和第 4 款[③]所指的所有事项方面,任何缔约方给予来自或运往任何其他国家任何产品的利益、优惠、特权或豁免应立即无条件地给予来自或运往所有其他缔约方领土的同类产品。

据此,我们可以归纳出,在货物贸易领域,WTO 最惠国待遇原则主要适用于以下几个方面:第一,进出口关税;第二,对进出口本身征收的任何形式的费用,如进口附加费等;第三,与进出口相关的任何其他费用,如海关手续费等;第四,对进出口国际支付与转账收取的费用;第五,征收关税和费用的方式;第六,与进出口有关的规则和程序;第七,国内税或其他国内费用,如销售税等;第八,任何影响产品在国内销售、购买、提供、运输、分销等方面的法律、规章及要求等。

此外,GATT1994 第 1 条第 1 款要求 WTO 成员方对任何第三国(无论其是否为 WTO 成员方)的产品所给予的"利益、优惠、特权或豁免"应"立即无条件地"给予来自或运往所有其他缔约方领土的同类产品。可见,其要求的是一种无条件的、自动适用于全体成员方的最惠国待遇原则。

2. 服务贸易领域

在服务贸易领域,GATS 第 2 条第 1 款规定,每一成员方对于任何其他成员方的服务和服务提供者,应立即和无条件地给予不低于任何其他国家同类服务和服务提供者的待遇。

该原则适用于成员方中央、地区或地方政府和主管机关所采取的措施,而且

---

① 参见曹建明、贺小勇:《世界贸易组织》(第二版),法律出版社 2004 年版,第 60 页。

② GATT1994 第 3 条第 2 款规定:任何缔约方领土的产品进口至任何其他缔约方领土时,不得对其直接或间接征收超过对同类国产品直接或间接征收的任何种类的国内税或其他国内费用。

③ GATT1994 第 3 条第 4 款规定:任何缔约方领土的产品进口至任何其他缔约方领土时,在有关影响其国内销售、标价出售、购买、运输、分销或使用的所有法律、法规和规定方面,所享受的待遇不得低于同类国产品所享受的待遇。本款的规定不得阻止国内差别运输费的实施,此类运输费仅根据运输工具的经济营运,而不根据产品的国别。

包括由中央、地区或地方政府或主管机关授权行使权力的非政府机构所采取的措施。[①] 可见,在服务贸易领域,最惠国待遇原则适用的范围是十分广泛的。

3. 知识产权贸易领域

在知识产权贸易领域,TRIPS 协议也将最惠国待遇原则规定为成员方必须普遍遵守的一般义务和基本原则。TRIPS 协议第 4 条规定:对于知识产权保护,一成员方对任何其他国家国民给予的任何利益、优惠、特权或豁免,应立即无条件地给予所有其他成员方的国民。也就是说,WTO 要求在知识产权保护方面,各成员方的国民应当享受同等的待遇,不能对任一成员方的国民实行歧视。

(二) 最惠国待遇原则的例外

在 WTO 框架下,最惠国待遇原则主要有以下例外:

1. 一般例外

GATT1994 第 20 条规定了最惠国待遇的一般例外,包括以下 10 项:(1) 为保护公共道德所必需的措施;(2) 为保护人类、动物或植物的生命或健康所必需的措施;(3) 与黄金或白银进出口有关的措施;(4) 为保证与本协定规定不相抵触的法律或法规得到遵守所必需的措施,如海关执法等;(5) 与监狱囚犯产品有关的措施;(6) 为保护具有艺术、历史或考古价值的国宝所采取的措施;(7) 为保护可用竭的自然资源有关的措施,如此类措施与限制国内生产或消费一同实施;(8) 为履行任何政府间商品协定项下义务而实施的措施;(9) 政府出于稳定目的,为保证国内工业需要而对某些原料采取的输出限制措施;(10) 在普遍或局部供应短缺的情况下,为获取或分配产品所必需的措施。

2. 安全例外

GATT1994 第 21 条规定了最惠国待遇的安全例外,包括关系国家基本安全利益信息的公布,[②]对核裂变物质、武器、弹药和作战物资的贸易、在战时采取的行动,[③]以及在《联合国宪章》项下维护国际和平与安全而采取的行动等,[④]均作为最惠国待遇原则的例外。

3. 边境贸易、关税同盟和自由贸易区例外

GATT1994 第 24 条规定任何成员方为便利边境贸易而给予毗邻国家的优惠,以及缔约方领土间形成关税同盟或自由贸易区成员之间给予的优惠,均不适用最惠国待遇原则。

---

① 参见 GATS 第 1 条第 3 款。
② 参见 GATT1994 第 21 条(a)项。
③ 参见 GATT1994 第 21 条(b)项。
④ 参见 GATT1994 第 21 条(c)项。

4. GATS 中的例外

除上述一般例外[①]、安全例外[②]、边境贸易例外[③]、关税同盟和自由贸易区(经济一体化)例外[④]等均适用于服务贸易领域外,鉴于服务贸易发展的水平参差不齐,GATS 允许少数成员方在 2005 年以前保留与最惠国待遇不符的措施,但要将这些措施列入一个例外清单。这些措施是暂时性的,在 2005 年之后取消。此外,在政府采购方面,最惠国待遇原则的规定不得适用于政府机构为政府目的而购买服务的法律、法规或要求,但此种购买不是为进行商业转售或供商业销售而在服务过程中使用。[⑤]

5. TRIPS 协议中的例外

在知识产权贸易领域,WTO 允许各成员方对下述权利不适用最惠国待遇原则:(1) 成员方在一般司法协助国际协定中享有的权利;(2) 依照《伯尔尼公约》(1971)或《罗马公约》的规定给予的权利;(3) 对 TRIPS 协定未规定的有关表演者、录音制品制作者和广播组织的权利;(4) 自《WTO 协定》生效前已生效的有关知识产权保护的国际公约所派生的权利。

二、国民待遇原则

国民待遇(National Treatment)通常是指一国给予外国人的待遇和给予本国人的待遇相同,即在同样的条件下外国人和内国人享有的权利和承担的义务相同,这是赋予与本国有特定关系的外国人享有与本国国民同等的民事权利的一种制度。

在 WTO 框架下,GATT1994 第 3 条、GATS 第 17 条和 TRIPS 协议第 3 条中都规定了国民待遇条款。相应地,WTO 的国民待遇原则是指,一成员方对其他成员方的产品、服务或服务提供者以及知识产权所有者和持有者所提供的待遇,不低于本国相同的产品、服务或服务提供者及知识产权所有者和持有人所享有的待遇。[⑥]

(一) 国民待遇原则的适用

1. 货物贸易领域

在货物贸易领域,GATT1994 第 3 条第 1 款规定:各缔约方认识到,国内税和其他国内费用、影响产品的国内销售、标价出售、购买、运输、分销或使用的法律、

---

① 参见 GATS 第 14 条。
② 参见 GATS 第 14 条之二。
③ 参见 GATS 第 2 条第 3 款。
④ 参见 GATS 第 5 条。
⑤ 参见 GATS 第 13 条第 1 款。
⑥ 参见曹建明、贺小勇:《世界贸易组织》(第二版),法律出版社 2004 年版,第 66 页。

法规和规定以及要求产品的混合、加工或使用的特定数量比例的国内数量法规，不得以为国内生产提供保护的目的对进口产品或国产品适用。

该条款明文规定了在 WTO 框架下适用国民待遇的两种情况：一是国内税费；二是国内规章。在国内税费方面，GATT1994 第 3 条第 2 款规定：任何缔约方领土的产品进口至任何其他缔约方领土时，不得对其直接或间接征收超过对同类国产品直接或间接征收的任何种类的国内税或其他国内费用。在国内规章方面，第 4 款规定了在有关影响产品的国内销售、标价出售、购买、运输、分销或使用的所有法律、法规和规定方面，进口产品所享受的待遇不得低于同类国产品所享受的待遇。此外，第 5 款和第 7 款具体规定了在产品加工方面的国民待遇原则：缔约方不得制定或维持与产品的混合、加工或使用的特定数量或比例有关的任何国内数量法规，此类法规直接或间接要求受其管辖的任何产品的特定数量或比例必须由国内来源供应；另，任何与产品的混合、加工或使用的特定数量或比例有关的国内数量法规，不得以在外部供应来源之间分配任何此种数量或比例的方式实施。

2. 服务贸易领域

在服务贸易领域，GATS 没有将国民待遇原则作为成员方的一般义务，而是将其规定在具体承担的义务部分。GATS 第 17 条规定，对于列入减让表的部门，在遵守其中所列任何条件和资格的前提下，每一成员方在影响服务提供的所有措施方面给予任何其他成员方的服务和服务提供者的待遇，不得低于其给予本国同类服务和服务提供者的待遇。①

可见，在服务贸易领域，国民待遇原则适用的对象不仅包括其他成员方的服务，而且包括其服务的提供者。另外，一成员方给予外国服务或服务提供者的国民待遇，以其在服务贸易减让表中承诺的条件和资格为准，对于没有列入该国减让表中的服务部门，不适用国民待遇原则。

3. 知识产权贸易领域

在知识产权贸易领域，TRIPS 协议第 3 条规定，在知识产权保护②方面，在遵守《巴黎公约》(1967)、《伯尔尼公约》(1971)、《罗马公约》或《关于集成电路的知识产权条约》中各自规定的例外的前提下，每一成员方给予其他成员方国民的待遇不得低于给予本国国民的待遇。就表演者、录音制品制作者和广播组织而言，此义务仅适用于 TRIPS 协定规定的权利。

---

① 根据本条承担的具体承诺不得解释为要求任何成员对由于有关服务或服务提供者的外国特性而产生的任何固有的竞争劣势作出补偿。

② "保护"一词应包括影响知识产权的效力、取得、范围、维持和实施的事项，以及本协定专门处理的影响知识产权的使用的事项。参见 TRIPS 协议第 3 条第 1 款注释 3。

(二) 国民待遇原则的例外

在 WTO 框架下,国民待遇原则主要有以下例外:

1. 一般例外和安全例外

GATT1994 第 20 条规定的一般例外和第 21 条规定的安全例外均构成 WTO 框架下国民待遇原则的例外。

2. 政府采购例外

GATT1994 第 3 条第 8 款(a)项规定了国民待遇原则不得适用于政府机构购买政府使用,不以商业转售为目的或不以用以生产供商业销售为目的的产品采购的法律、法规或规定。

3. 特定国内生产者补贴例外

GATT1994 第 3 条第 8 款(b)项允许成员方只给予某种产品的国内生产者补贴。这种补贴包括使用国内税费所得的收入,或通过政府购买国产品而向国内生产者提供的补贴。但这些补贴要符合《补贴与反补贴措施协议》以及《农产品协议》的有关规定。[①]

4. 有关电影片的特殊规定

值得注意的是,在国民待遇的例外中,GATT 允许成员方在一定条件下制定或维持已曝光电影片的国内数量法规,即成员方可要求本国电影院只放映特定数量的外国影片。[②]

5. GATS 中的例外

上述一般例外、安全例外和政府采购例外均构成 GATS 所规定的国民待遇原则的例外。同时,国民待遇原则是成员方经谈判而承担的一种具体承诺,而非所有成员方必须遵守的一般义务。可见,成员方可在各自的具体承诺表中列出构成 GATS 框架下国民待遇例外的各种情况。

6. TRIPS 协议中的例外

TRIPS 协议允许成员方保留《巴黎公约》(1967)、《伯尔尼公约》(1971)、《罗马公约》和《关于集成电路的知识产权条约》中规定的有关国民待遇的例外,[③]即此类知识产权国际保护公约中规定的国民待遇例外均构成了 WTO 框架下知识产权贸易的例外。此外,在司法和行政程序方面都存在着例外,但这些例外的实施不会对贸易构成变相的限制。[④]

---

① 参见肖冰、何鹰编著:《国际经济法学》,科学出版社 2004 年版,第 169 页。

② 参见 GATT1994 第 4 条。

③ 参见 TRIPS 协议第 3 条第 1 款。

④ 参见 TRIPS 协议第 3 条第 2 款。

三、透明度原则

所谓透明度原则(Transparency)是指 WTO 成员方所实施的与国家贸易有关的法律、法规、司法判决和行政裁定都应迅速公布,使各成员方政府和贸易商知晓。该规定同样适用于成员方之间缔结的影响国际贸易政策的协定。

实施透明度原则的目的,是为了防止成员方之间进行不公平贸易,从而对其他成员方造成歧视。该原则体现在 WTO 的各主要协定,如 GATT1994 第 10 条,GATS 第 3 条[①]和 TRIPS 第 63 条[②]中,其中 GATT1994 第 10 条关于"贸易法规的公布和实施"是透明度原则的主要规则。[③]

根据上述条款,WTO 成员方需公布有效实施的、现行的贸易政策法规,其中包括:(1) 海关法规,包括产品的海关分类或海关估价的规则,海关对进出口产品征收的关税税率和其他费用;(2) 进出口管理的有关法规和行政规章制度,如有关进出口商品征收的国内税、法规和规章,进出口商品检验、检疫的有关法规和规章,以及有关进出口货物及其支付方面的外汇管理和对外汇管理的一般法规和规章等;(3) 利用外资的立法及规章制度;(4) 有关知识产权保护的法规和规章;(5) 有关服务贸易的法规和规章;(6) 有关边境贸易、自由贸易以及出口加工区、经济特区等的法规和规章;(7) 有关仲裁的裁决规定;(8) 成员国政府及其机构之间所签订的影响贸易政策的现行双边或多边协议;(9) 其他影响国际贸易的国内立法或行政规章。

此外,透明度原则要求各成员方以统一、公正和合理的方式实施与贸易有关的各项法律、法规、判决和裁定。[④] 而且,各成员方应维持或尽快设立司法、仲裁或行政庭或行政程序,以便迅速审查和纠正与海关事项有关的行政行为。此类法庭或程序应独立于受委托负责行政实施的机构。[⑤]

---

① GATS 第 3 条规定,除紧急情况外,每一成员方应迅速公布有关或影响本协定运用的所有普遍适用的措施,最迟应在此类措施生效之时。一成员方为签署方的有关或影响服务贸易的国际协定也应予以公布。另外,每一成员方应迅速并至少每年向服务贸易理事会通知对本协定项下具体承诺所涵盖的服务贸易有重大影响的任何新的法律、法规、行政准则或现有法律、法规、行政准则的任何变更。而且,每一成员方还应设立一个或多个咨询点,以应请求就所有此类事项向其他成员方提供具体信息,并对其他成员方的请求予以迅速答复。

② TRIPS 协议第 63 条规定,一成员方有效实施的、有关本协议主题(知识产权的效力、范围、取得、实施和防止滥用)的法律、法规和普遍适用的司法终局裁决和行政裁定应以本国文字公布,或如果此种公布不可行,则应使之可公开获得,以使政府和权利持有人知晓。一成员方政府或政府机构与另一成员方政府或政府机构之间实施的有关本协定主题的协定也应予以公布。另,成员方应将此类法律法规通知 TRIPS 理事会,以便在理事会审议本协定运用情况时提供帮助。此外,在另一成员方进行书面请求的情况下,成员方还应对其提供此类信息。

③ 除此之外,WTO 框架下的大部分多边贸易协议都规定了"通知"条款,要求成员方将与贸易政策有关的情况通告给 WTO 秘书处。

④ 参见 GATT1994 第 10 条第 3 款(a)项。

⑤ 参见 GATT1994 第 10 条第 3 款(b)项。

在另一方面,为了提高成员方贸易政策和做法的透明度并使之得到更好的理解,WTO 还建立了贸易政策审议机制(TPRM),[①]该审议机制可以对各成员方的全部贸易政策和做法及其对多边贸易体制运行的影响进行定期的集体评价和评估。[②]

第四节 WTO 管制国际贸易的主要领域

在 GATT 乌拉圭回合中,国际贸易的内涵得到了极大扩展,不局限于传统的货物贸易,而是根据国际贸易实践的发展,扩大到服务贸易、知识产权以及与贸易有关的投资措施等。因此,WTO 更致力于综合性的贸易规则,不局限于国际货物贸易,并将最惠国待遇、国民待遇等原则逐渐适用于服务贸易、知识产权交易等领域。

一、管制货物贸易的法律制度

无论如何,作为传统的贸易载体,货物贸易是 WTO 调整的最主要的领域之一。除了通过降低关税促进货物进出口外,GATT/WTO 更多地将重点放在避免非关税壁垒的滥用,把农业、纺织品等游离于 GATT/WTO 体制外的货物重新纳入框架之下,同时开始涉足与贸易有关的投资措施等影响到贸易自由化的问题。

(一)贸易救济制度

贸易救济主要发生在国内产业受到或即将受到国际贸易损害时,主管当局会对已发生或即将发生的损害采取的补救或预防措施,包括反倾销、反补贴和保障措施等,其宗旨是为了保障实质性的贸易自由化的实现,维护国际层面的公平交易,保护成员方的长远利益,优化成员方贸易环境,增强其竞争能力。反倾销、反补贴和保障措施作为贸易救济的主要法律制度,从产生、发展到逐步趋于完善经历了较长的历史演变,反映了国际社会对贸易救济措施的一般要求:既要通过它作为维护正常国际贸易的武器,同时又不能让它不受约束地被滥用而成为贸易保护主义的工具。在国际贸易管制制度中,其发展保持了一定的演进路径:一方面,“行为、损害以及因果关系”的基本模式并未发生根本性的变化,因此,WTO 下的贸易救济规则以及各国据以实施贸易救济措施的基本要件也未发生改变;另一方面,GATT/WTO 一直视图在贸易领域系统地解决各国经济日益相互依存与政府干预本国经济以促进经济目标和国内福利实现的强烈倾向之间越来越大的冲突。因此,有关贸易救济措施多边纪律的内容日益丰富、完善,其调

---

① 关于 WTO 贸易政策审议机制的相关内容可参见本章第二节的第一部分。

② 参见《贸易政策审议机制》第 A(i)条。

整的范围也在不断扩大,同时约束力不断增强。这将保证各国贸易救济法律制度的协调和统一,并在一定程度上约束各国对贸易救济措施的滥用。

(二)《农业协定》

时至今日,虽然市场经济和自由贸易的理念已深入人心,农业贸易由于各国政府的高度干预仍然是多边贸易体制中最为复杂和敏感的问题之一。无论是在GATT近半个世纪的演进过程中,在承前启后的乌拉圭回合贸易谈判中,还是在决定多边贸易体制未来走向的多哈发展议程中,围绕农产品贸易制度安排而产生的争议始终是人们关注的焦点。特别是2001年11月启动的多哈发展回合,从2003年9月坎昆会议的无果而终,到2004年7月各方达成的"多哈框架协议",从2005年7月底因为协议初稿无法形成而再次陷入低潮,到2005年12月香港会议的召开,农业谈判因为涉及各方利益的进退取舍,始终一波三折、进展非常困难。

在WTO框架下,农产品的补贴规则迥异于《补贴与反补贴协定》的相关规定,这种差异在GATT时代,甚至在其之前就已经确立。[①] GATT第16条规定,不禁止旨在扩大初级产品出口的补贴,但补贴不应使该国在世界市场上占有不合理的份额。由于这种"不合理份额"难以衡量,因此在农产品贸易中,这条规定几乎作废,导致了各种补贴的滥用。1982年,GATT成立农产品委员会,专门讨论农产品贸易扭曲问题。1986年,随着乌拉圭回合的展开,农产品贸易成为谈判中的重要课题,并最终达成《农业协定》。《农业协定》由序言、正文和附件3部分组成,序言主要阐述各谈判方关于农业政策改革的基本共识,包括改革的目标、途径、应考虑的问题等。正文分为13个标题,共21条,确立了农产品贸易的一般纪律和规则,5个附件作为《农业协定》的有机组成部分,主要涉及若干正文条款的扩充解释,对于协定的实施具有重要的技术价值。

按照《农业协定》第1条的定义,出口补贴指"视出口实绩而给予的补贴,包括本协定第9条所列的出口补贴"[②]。而《农业协定》关于出口补贴的一般纪律则主要体现在第8条,即"每一成员方均不得以除符合本协议和其减让表中列明的承诺以外的其他方式提供出口补贴"。具体而言,《农业协定》第9条第1款所列的6种出口补贴只能向减让表中的产品提供,并受制于削减承诺,不能向减让表以外的产品提供;而第9条第1款所列之外的出口补贴可以向所有农产品提供且理论上不受削减承诺的约束,但此类出口补贴不得以规避出口补贴承

---

① 在GATT之前《国际贸易组织宪章》的起草过程中,美国不顾其他国家的反对,坚持将农产品贸易数量限制的例外写入宪章。国际贸易组织虽然中途夭折,此项例外却在GATT中保留下来。See Dale E. Hathaway, Agriculture and the GATT: Rewriting the Rules, Institute for International Economics, 1987, pp. 103—105.

② 《农业协定》第1条(e)项。

诺或产生规避出口补贴承诺之威胁的方式实施。[1]

与出口补贴类似,国内支持同样也是政府干预下经济资源向农业生产者的转移,但无需以出口实绩为条件。一般而言,国内支持是进口限制和出口补贴的根源,而进口限制和出口补贴则是国内支持的延伸,将国内支持直接纳入多边贸易体系可以防止其对市场准入和出口补贴承诺的侵蚀。《农业协定》对国内支持措施主要视其性质予以不同的规定。免于削减的国内支持措施包括"绿箱支持"、"蓝箱支持"、微量支持和发展性支持4类,除此之外的"黄箱支持"则受削减承诺的约束。其中,"绿箱支持"是指对贸易没有扭曲作用、对生产没有影响或只有最小限度扭曲作用和影响的国内支持措施,例如政府提供的一般服务、用于粮食安全目的的公共储备、国内粮食援助、对生产者的直接支付等等。由于"绿箱支持"的范围很宽,各成员方纷纷将本该削减的"黄箱支持"转化为"绿箱支持"措施。"蓝箱支持"是指限产计划下给予的直接支付,在符合"此类支付按固定面积和产量给予",或"此类支付按基期生产水平的85%或85%以下给予",或"此类支付按固定的牲畜头数给予"的前提下免予削减。而微量支持针对的则是"对特定产品的国内支持未超过该产品在相关年度内生产总值5%,或对非特定产品的国内支持未超过有关成员方农业生产总值5%"的情况。此外,发展中国家还可以援用发展性支持,保证发展中国家政府直接或间接鼓励农业或农村发展的援助措施免予削减。

但是对于《农业协定》中未予规定的内容,无论是《农业协定》还是WTO的争端解决实践都明确其可以适用WTO的其他协定。《农业协定》第21条第1款规定:"GATT1994和《WTO协定》附件1A所列其他多边贸易协议的规定应在遵循本协议规定的前提下适用。"例如加拿大乳制品案中,为判断争议措施是否构成补贴,上诉机构直接援引了《补贴与反补贴协定》第1条第1款关于补贴产生情形的规定。[2]

(三)与贸易有关的投资措施协定(TRIMS)

随着经济全球化的发展,贸易和投资之间的关系越来越紧密。一方面,国际直接投资和贸易都是为经济增长和发展服务,外国直接投资作为向国外市场提供货物和服务的主要方法以及组织国际生产的一项主要因素,日益影响着世界贸易的规模、方向和构成,而贸易和贸易政策又可以对外国直接投资流动的规模、方向和构成产生各种影响;另一方面,各国制定的投资政策和贸易政策通常是各自独立的,两套政策在政策目标和有效执行方面并不总是相互协调或相互

---

① 参见《农业协定》第8条、第3条第3款、第10条第1款。

② See Canada: Measures Affecting the Importation of Milk and the Exportation of Dairy Products, Report of the Appellate Body, WT/DS103/1B/R, para. 87.

支持的。因此，为了减少或避免各国投资政策或立法对国际贸易的扭曲性影响，多边贸易体制对国际投资的适度干预是必需的和可以接受的。WTO 体制虽然主要由管制国际贸易的多边规则所组成，但其中不少协议如 TRIMS、GATS、TRIPS 都与投资有着直接或间接的关系，从而对国际投资法产生了深远的影响。[①] 特别是 TRIMS，它通过对与贸易有关的投资措施规则的引入，期望促进世界贸易的扩大和逐步自由化，便利跨国投资，以便提高所有贸易伙伴，特别是发展中国家成员的经济增长，同时保证自由竞争。

（四）TRIMS 的制定过程

在乌拉圭回合谈判之前，贸易和投资问题在 GATT 中较少引起成员方的关注。1948 年的《哈瓦那国际贸易组织大宪章》将对外国投资者的待遇当作经济发展章节中的一部分，其中包含有关外国直接投资和限制性的商业惯例的内容。但是，这些内容并没有被纳入到后来的 GATT 中。在 GATT 存续期间，投资领域最重要的进展莫过于美加争端的解决（FIRA 案）。1984 年美国以加拿大实行的当地含量要求违反 GATT 规定为由，将加拿大诉诸于争端解决机制，GATT 专家小组进行了裁决，认为加拿大《外国投资评论法》中的当地含量要求与 GATT 第 3 条的国民待遇要求不符，但是出口绩效要求并不与 GATT 相违背。这一案件的重大意义在于，它确认 GATT 的一些基本原则对各国政府的扭曲贸易的投资措施还是有约束力的，同时也在一定程度下促使将投资问题纳入新的回合。

1985 年 11 月，GATT 秘书处成立了一个筹备委员会来制定新一轮多边贸易谈判（乌拉圭回合）的议程，在美国等发达国家的促成下，《埃斯特角部长宣言》规定，“在审议了 GATT 条款有关的投资措施对贸易的限制和扭曲作用的运作情况以后，谈判应视情况拟定为避免投资给贸易带来有害影响所必需的规定”。这就正式把投资措施问题纳入了乌拉圭回合多边贸易谈判议程。

（五）TRIMS 的主要内容

乌拉圭回合达成的 TRIMS 由序言、正文和附件组成，正文有 9 个条文，是对与贸易有关投资措施的具体规定。

1. 适用范围

TRIMS 第 1 条规定“本协定仅适用于与货物贸易有关的投资措施”，从而指出协定适用的范围，即 TRIMS 不调整与服务贸易和技术贸易有关的投资措施，

---

① 国际投资领域目前仍然没有一部全球性的综合性多边投资协定，这给国际投资法的发展带来了诸多不利影响。加之经合组织的《多边投资协议》的失败也使一些发达国家希望借助 WTO 强化多边投资立法。于是在多哈回合中，欧盟、日本、加拿大、韩国等发达国家和新兴工业化国家，要求建立一个以东道国投资政策自由化为目标的具有法律约束力的多边协定，包括开业和经营阶段的国民待遇、公正和公平待遇标准的确定，对直接投资有力的保护和有效的争端解决程序。也就是说，希望能在 WTO 框架下建立涉及投资方方面面的多边协议。这样的提议招致多数发展中国家的反对，它们担心这样的投资协议会不合理地增加发展中国家的义务，进而限制其将投资流动和国内发展目标结合的能力。

只适用于那些对货物贸易有限制和扭曲作用的投资措施。通过这样的措辞,协定将调整的范围大大地缩小,从而避免制定一套关于投资的广泛的多边规则。这反映了当时发展中国家的要求。

2. 国民待遇和数量限制

TRIMS 的第 2 条是该协定的核心条款。其第 1 款对“与贸易有关的投资措施”作了概括性的规定:“在不损害 GATT1994 项下其他权利和义务的情况下,各成员不得实施任何与 GATT1994 第 3 条(国民待遇)或第 11 条(取消数量限制)规定不一致的与贸易有关的投资措施。”该条第 2 款则与附件中的例示清单相对应,进一步说明第 1 款所指的投资措施列于附件中。而附件中所列举的 5 种必须明确禁止的投资措施包括两种在国民待遇义务下禁止的措施和 3 种在取消数量限制下禁止的措施,且这些措施必须是根据国内法律或根据行政裁定属强制性或可执行的措施,或为获得一项利益而必须遵守的措施:(1) 要求企业购买或使用当地生产的或来源于当地的产品,无论这种要求是以规定特定的产品、产品数量或价值形式提出,还是以规定该企业在当地生产的一定比例的产品数量或价值的形式提出;(2) 限制企业购买或使用进口产品的数量,并把这一数量与该企业的出口当地产品的数量或价值相联系;(3) 普遍限制企业对用于当地生产或与当地生产相关产品的进口,或将进口限制在与其出口的当地产品的数量或价值相关的水平;(4) 通过将企业可使用的外汇限制在与可归因于该企业外汇流入相关的水平,从而限制该企业对用于当地生产或与当地生产相关产品的进口;(5) 限制企业产品出口或供出口产品的销售,无论是按照特定产品、产品数量或价值规定,还是按照当地产品在数量或价值上所占比例规定。由此可见,TRIMS 采取的方式是概括式和列举式相结合的方法,同时为未来投资问题的谈判留下一定的弹性。

3. 例外规定

TRIMS 的例外规定包括两种情况:一是适用于所有成员方的例外规定,即 GATT1994 的所有例外规定也同样适用于 TRIMS;二是适用于发展中成员方的例外规定,发展中成员方可以援用国际收支平衡例外暂时背离 TRIMS 第 2 条的规定。它的意义在于,发展中成员方,尤其是最不发达成员方,可基于财政等的特殊需要对相关义务予以豁免。另一方面,TRIMS 第 5 条的过渡安排也给予发展中成员方更长的缓冲期,在要求各成员方取消与 TRIMS 不相符的投资措施时,发达国家的过渡期是 2 年,发展中国家为 5 年,而最不发达国家则为 7 年。

4. 通知与过渡性安排

TRIMS 第 5 条共 5 款,规定了各成员方取消投资措施的具体期限、步骤和方法。第 1 款规定,在《世界贸易组织协定》生效后的 90 天内,各成员方应向货物贸易理事会通知其所有正在实施与本协定规定不符的投资措施。在通知此类普遍或特定适用的投资措施时,应同时告知其主要特征。第2款和第4款规定了取消这类投资措施的期限,同时指出在《世界贸易组织协定》生效前180天之内开始实施且与TRIMS协定不符的投资措施不享受过渡期,应立即取消。第3款则要求货物贸易理事会应发展中国家成员方的请求,可以延长其过渡期限,但发展中成员方应证明执行该协定时的特殊困难。第5款最后规定,在过渡期内,为不使现有的受上述通知的任何投资措施约束的企业处于不利地位,可在过渡期内对一项新投资实施相同的投资措施,但必须具备两项条件:该类投资的产品与现有企业的产品同类,且为避免扭曲新投资与现有企业间的竞争条件所必需。此外,任何适用于新投资的投资措施应通知货物贸易理事会,并应与适用于现有企业的投资措施同时取消。

5. 透明度要求

TRIMS第6条规定:有关各成员方应重申其在GATT1994第10条(贸易条例的公布与实施)项下承诺的透明度和通知义务,并遵守1979年11月28日通过的《关于通知、协商、争端解决和监督谅解书》以及GATT1994《关于通知程序部长宣言》中所包含的"通知"和"透明度"义务。各成员方还应向WTO秘书处通知含有投资措施的出版物,包括各级政府所使用的相关出版物。但各成员方可以不公开有碍法律实施并对公共利益及特定企业的合法商业利益造成损害的信息。

6. 管理机构及其审查

按照TRIMS第7条的规定,WTO成立了对所有成员方开放的与贸易有关的投资措施委员会。该委员会的主要职责是管理TRIMS的运作和实施,并就此向货物贸易理事会提交年度报告;向各成员提供有关该协定运作和实施的任何事项的协商机会;负责执行货物贸易理事会指派的其他职责。同时,TRIMS第9条还要求在《世界贸易组织协定》生效的5年内,货物贸易理事会应审查本协定的运行情况,并在适当的时候向部长级会议提交文本形式的修改建议。在审查过程中,货物贸易理事会应考虑本协定是否需要补充规定关于投资政策和竞争政策的条款。

(六) TRIMS对国际投资法律体系的影响

TRIMS揭示了国际投资与国际贸易之间的密切关系,充分考虑了投资措施对国际贸易的影响,同时,它吸纳了国际贸易规范的基本原则,如取消数量限制、国民待遇原则、透明度原则等,从而丰富和发展了国际投资法的基本原则。另一方面,将投资问题置于WTO协定中,使其贯彻执行具有强有力的保证机制。与贸易有关的投资措施委员会负责TRIMS的执行,而DSB的普遍适用的效力又使其适用于WTO规则所涵盖的包括投资在内的所有领域。它为投资规则的有效实施提供了至关重要的程序保障。可以说,TRIMS的制定,第一次以成文规范的形式将某些与贸易有关的投资措施纳入 WTO 规则框架之下，也标志着多边贸易体制对投资措施问题的调整从 GATT 的个案调整转变为 WTO 下的普遍调整的方式。但是，TRIMS 的内容仍很有限，许多模糊之处也还未予以厘清，这将会在后续的谈判中加以明确。从这个意义上，TRIMS 更像是一个宣言，宣告 WTO 正式开始讨论投资问题，并将逐渐地促动国际投资领域规则的形成。

二、管制服务贸易的法律制度

20 世纪后期，随着新的产业革命的完成以及信息和知识经济的来临，越来越多的劳动者从实物生产转移到服务生产。与此相适应，国际服务贸易进入新的发展时期。但是，服务贸易与货物贸易不同，其所涉及的部门有相当一部分与国家主权、安全、军事、国防、历史文化传统息息相关，因此，无论发达国家或发展中国家都非常重视服务贸易规范，并尽量争取在制定国际服务贸易规则的过程中维护本国的利益。在乌拉圭回合服务贸易谈判的初期，发展中国家曾不希望 GATT 谈判的议程中列入服务贸易内容，后又争取确定服务贸易的定义，并尽可能缩小定义范围，同时期望解决服务贸易分布问题。发展中国家的目的在于使各国明确服务出口和进口的流向，在谈判减让中又可以此为参考标准，从而减少开放一些服务贸易的市场，避免发达国家仅以少数国家权益出发规定不利于发展中国家发展的限制性规定。发达国家则持相反观点，虽然发达国家之间也曾在服务贸易制度内容上存在着各种分歧。最终，在各成员方的针锋相对和妥协下，《服务贸易总协定》达成，成为 WTO 协定中的三大支柱之一。

（一）GATS 的主要内容

应该说，GATS 谋求服务贸易自由化的方式是逐步减少乃至取消对服务贸易的限制，而不是取消成员方的国内规制权力。因此，GATS 承认成员方规制的权力，但同时要求减少有关措施对贸易的限制。GATS 在序言中承认成员方为了满足国家政策目标有权规制其领土内的服务提供，同时鉴于不同国家的服务规制水平存在差异，承认发展中国家尤其需要行使这一权利。同时，GATS 又认为“服务贸易对于世界经济的增长和发展日益重要”，提出要“建立一个服务贸易的原则和规则的多边框架，以利于此类贸易在透明和逐步自由化的条件下得到扩大”，并在第 6 条中对成员方国内规制作出了专门规定。GATS 包括 3 个层面的规定：6 部分 29 条主体规范，8 个附件，以及各成员的具体承诺减让表。

1. 范围和定义

GATS 的第一部分明确了协定的适用范围，即适用于各成员服务贸易的措施，同时对“服务贸易”、“成员的措施”等概念进行定义，其中“服务贸易”包含跨境提供、境外消费、商业存在、自然人流动 4 种形式。可以说，这 4 种方式基本涵盖了通过资本和人员这两大要素流动进行的服务贸易。在目前国际服务贸易格局中，发达国家的主要优势是资金和技术，发展中国家的主要优势是劳动力，将以这两大要素为媒介的服务贸易纳入GATS的适用范围无疑是兼顾各方利益的举措。

2. GATS协定中成员方应承担的义务

GATS中的义务性规范直接决定了缔约方的行为要受到什么样的约束，按照该部分的规定，每一成员方应给予任何其他成员方的服务或服务提供者以最惠国待遇；各成员方在服务贸易领域中的各种法律与管制措施应具有透明度；在已作出具体承诺的部门中，成员方应保证所有影响服务贸易的普遍适用的措施以合理、客观和公正的方式实施，各成员方应根据其具体承诺减让表履行市场准入和国民待遇义务。其中，最核心的内容是最惠国待遇义务和国民待遇义务的规定，因为GATS约束各成员政府行为的出发点和归宿就是保证外国服务和服务提供者能够享受公正平等的待遇，能够在内国服务市场上免受歧视。从这个意义上来讲，所有GATS规范其实都可以归结为外国服务和服务提供者的待遇标准规范。

(1) 最惠国待遇

GATS对最惠国待遇的一般规定出现在第2条，即对于任何其他成员的服务和服务提供者，无条件和立即地给予不低于其给予任何其他国家类似服务和服务提供者的待遇。最惠国待遇具有多边化的效应，一旦一国给予另一国服务或服务提供者以更高的标准，那么其他成员方将有权获得这样的更高待遇。但是，这种一般义务的承担并不是绝对的，GATS为其设定了数项重要例外，包括边境贸易例外、经济一体化例外和各成员的"自我豁免"。其中影响最大的就是各成员的"自我豁免"——GATS第2条第2款规定："一成员可维持与第1款不一致的措施，只要该措施已列入《关于第2条豁免的附件》，并符合该附件中的条件。"从《关于第2条豁免的附件》的内容来看，并没有对各成员方采取这种豁免的行为施加任何实质性限制：各成员方可在GATS生效时，列出其拟采取的与最惠国待遇义务不符的措施，若此种不符措施将持续5年以上，则服务贸易理事会将在WTO协定生效后对其进行审查；原则上，此种不符措施的维持不应超过10年。从各国最惠国待遇豁免清单的结构来看，一般由以下5部分内容构成：豁免所适用的服务部门及分部门、需要援引豁免的措施、豁免所针对的国家、豁免的期限和产生豁免必要性的情形。

(2) 国民待遇和市场准入

GATS国民待遇标准的规定出现在第17条，该条要求每一成员方在其承诺表所列的服务部门中，根据该表所列的各种条件和资格，在影响服务提供的所有措施方面，给予任何其他成员方的服务和服务提供者的待遇，不低于其给予本国相同的服务和服务提供者的待遇。不论这些待遇在形式上是否相同，只要不对其他成员方的服务和服务提供者造成事实上的歧视,就不属违反国民待遇;反之,如果形式上相同或不同的待遇改变了竞争条件,使其有利于本国服务和服务提供者,即被认为实施了歧视待遇而违背了该条款。由此可见,GATS 国民待遇的概念从传统的贸易领域的无条件改变为有条件,从普遍性义务改变为特定义务,以适应将国际服务贸易纳入多边贸易体制的新情况。

另一方面,在多边服务贸易制度下,各成员方的国民待遇义务取决于其作出的具体承诺,即市场开放的内容和条件。具体承诺可以限定在某些领域或部门。在已经承诺开放市场的领域或部门,相关成员方还可以进一步限制境外服务提供者的数目和提供服务的方式。鉴于每个成员方可自由就市场准入作出或不作出承诺,或自行决定哪些领域和部门开放,因此,不同成员方所作的承诺不尽相同。按照 GATS 第 20 条的规定,每一成员方的具体承诺应列明:市场准入的条款、限制和条件;国民待遇的条件和资格;与附加承诺有关的承诺;在适当时,实施此类承诺的时限;此类承诺生效的日期。也就是说,服务贸易减让表采取的是积极列举与消极列举相结合的方式来确定成员方应承担的国民待遇义务。

当然,为了推动服务贸易自由化的实现,GATS 在最惠国待遇和国民待遇上的限制是暂时的,协定要求各成员方应不迟于 WTO 协定生效之日起 5 年开始并在此后定期进行连续回合的谈判,以期逐步实现更高的自由化水平。此类谈判应针对减少或取消各种措施对服务贸易的不利影响,以此作为提供有效市场准入的手段。同时,自由化进程的进行应适当尊重各成员方的国家政策目标及其总体和各部门的发展水平。个别发展中国家成员应有适当的灵活性,以开放较少的部门,放开较少类型的交易,以符合其发展状况的方式逐步扩大市场准入,并在允许外国服务提供者进入市场时,对此类准入附加旨在实现第 4 条所指目标的条件。

3. 附件

由于不同服务部门在经济禀赋等诸多方面存在实质性差别,一个适用于所有服务部门的框架性协议对各个部门的特殊情况不可能照顾得十分周详,具体服务部门规范的重要性是不言而喻的。1986 年 9 月《乌拉圭回合部长宣言》为服务贸易谈判所规定的目标之一便是"在各个部门制定可能的规则"。因此,GATS 在普遍适用的一般规则之外还有适用于某个部门、某事项的特别规范,包含 8 个附件:(1) 对 GATS 规范适用的除外性规定。其中,《关于第 2 条豁免的附件》豁免了成员在 GATS 生效时承担的给予最惠国待遇的义务。《关于空运服务的附件》则将空运业务排除在 GATS 适用范围之外。《关于本协定项下提供服务的自然人流动的附件》主要明确了 GATS 不适用于影响寻求进入一成员就业市场的自然人的措施和在永久基础上有关公民身份、居住或就业的措施。(2) 针对具体服务部门或服务提供方式的特殊情况作出的概要性规定。《关于金融服务的附件》对 GATS 在金融服务领域适用时涉及的重要概念、规则作出了符合该部门特点的解释，明确了 GATS 所调整的金融服务包括银行、证券、保险服务，并允许各成员方为维护国内金融稳定而采取审慎措施。《关于电信服务的附件》则对有关电信服务的范围、定义、透明度、公共电信传输网及其服务的进入和使用、技术合作以及有关国际组织和协议等作了规定，核心内容是要求成员方在公共电信传输网及其服务的准入和使用方面承担合理和非歧视性的义务，为 GATS 在电信服务部门的适用提供了补充性规定。(3) 对具体服务部门后续谈判的进一步安排，包括《关于金融服务的第二附件》、《关于基础电信谈判的附件》和《关于海运服务谈判的附件》。

（二）GATS 的影响及发展趋势

GATT 产生四十多年来，商品贸易自由化取得了突破性的进展，但服务贸易的相关规则因为成员方间利益的冲突和分歧未能形成统一的规范。而当代国际间服务贸易迅速发展，无论在形式和内容上都有日新月异的变化，使得各国对具有约束力的服务贸易规则的要求越来越迫切。GATS 的出现填补了这一空白，为各国参与国际服务贸易提供了可供遵守的国际准则，使传统的多边贸易管制体制由货物贸易延伸到服务贸易领域，同时也标志着当代国际贸易体制的日趋完善。而且 GATS 采取“逐步自由化”的方式，在遵守一些基本原则的基础上，其自由化的进程取决于各缔约方相应的政策目标、整体和个别服务部门的发展水平，一定程度上考虑到各成员方在国际服务贸易中所处的不同地位和不同的利益需要。

另一方面，服务贸易的谈判也被纳入多哈回合的谈判内容。无论这场新的服务贸易谈判能够取得多大的成果，国际社会普遍认为，它对进一步加强多边贸易体制对服务贸易的约束和协调功能，加快全球服务贸易自由化的进程，以及促进世界服务业的发展意义重大。同时，也会对各国特别是许多发展中国家服务业的发展产生十分复杂和深远的影响。随着各已有协议的落实和新的协议的达成，一方面，将有效减少或消除现存种种服务贸易壁垒和歧视，进一步提高许多服务领域和部门的市场开放程度，刺激新兴服务产业的加速发展，并在一定程度上也能照顾到发展中国家的利益和要求，刺激和扶持其服务业及服务贸易的发展和壮大；另一方面，会进一步增大许多国家特别是发展中国家的金融和经济风险，削弱政府的调控能力，减少其财政收入和就业机会，引发经济波动加大和国际收支失衡，使许多发展水平相对落后的服务行业、竞争能力较为薄弱的服务企业面临更直接的生存危机，国家安全也面临更多的威胁。[1] 对此，包括我国在内

---

① 参见赵仁康:《全球服务贸易自由化态势研判——以多哈回合服务贸易谈判为视角》，载《国际贸易问题》2006 年第 9 期，第 128 页。

的广大发展中国家必须要有充分的思想准备和有效的应对措施。

三、与知识产权有关的法律制度

20世纪经济全球化的发展不仅表现为商品、服务贸易以及国际资本跨国流动规模和形式的增加，同时也表现为信息、技术和知识的传播速度与自由度的不断增快和交换关系的加强。更重要的是，随着国际知识经济社会的不断发展，知识在商品或者服务中的含量从无到有，从低到高，甚至超过商品或者服务本身的价值。因此，对知识产权进行国际保护的需求甚至超过了传统的物权的保护需求，这种变化也反映在GATT乌拉圭回合的谈判中。以美国为代表的发达国家，认为世界知识产权组织（WIPO）框架下的知识产权条约对知识产权的保护标准不高，而且缺乏强有力的执行机制和争端解决机制，因此，希望通过GATT/WTO的争端解决机制保护本国的知识产权不受侵犯。而多数发展中国家则持反对态度。它们提出，GATT所管辖的是有形商品贸易的自由化，保护知识产权的规则，应属于世界知识产权组织的职权范围，应当把制止假冒商品贸易与广泛知识产权保护区别开来。而且，如果发展中国家承担与发达国家一样的保护义务，则会丧失按社会发展和经济发展水平建立适合本国发展的知识产权制度的权利，过高的保护标准会给发展中国家造成沉重的财政和行政负担。最后，TRIPS在两大阵营国家的妥协下最终达成，并成立知识产权理事会，监督TRIPS的实施。

（一）TRIPS的主要内容

TRIPS在序言中强调，其立法宗旨是本着减少国际贸易中的扭曲及障碍的愿望，考虑到有必要促进对知识产权有效和充分的保护，以及确保实施保护产权的措施及程序本身不致成为合法贸易的障碍，制定新的规则和规范，认识到建立应对国际仿冒商品贸易的原则、规则及规范的多边框架的必要性；认识到知识产权为私有权；认识到保护知识产权的国家体制基本的公共政策目标，包括发展和技术方面的目标；还认识到最不发达国家成员方为建立一个稳固可行的技术基础而在国内实施法律和条例方面对最大限度的灵活性具有特殊需要；强调通过多边程序为解决与贸易有关的知识财产问题争端作出更加有力的承诺以缓解紧张局势的重要性；并希望在WTO及WIPO之间建立一种相互支持的关系。TRIPS协定分为7部分，规定了TRIPS的总则和基本原则，知识产权的效力、范围、使用标准，知识产权的实施，知识产权的取得和维持的相关程序，争端的防止与解决，过渡性安排，机构、组织和最后条款。

1. TRIPS的基本原则

TRIPS协议较之以往知识产权国际公约的一个较为显著的特点是对GATT基本原则的吸纳。TRIPS将GATT/WTO关于有形商品贸易的原则和规定延伸到知识产权的保护领域，既充分肯定了GATT/WTO的基本原则，同时也尊重了相关的国际公约。国民待遇和最惠国待遇是GATT/WTO在有形货物贸易管制领域最重要的原则,也同样适用于TRIPS。同时,TRIPS还强调这些基本原则和其他知识产权保护公约规则的协调。例如,在国民待遇的规定上,TRIPS第3条要求“在服从分别在《巴黎公约》(1967)、《伯尔尼公约》(1971)、《罗马公约》或《有关集成电路知识产权条约》中已作的例外规定的条件下,在保护知识产权方面,每一成员方应给予其他成员方的待遇及优惠不得少于它给予自己国民的优惠。对于录音及广播机构的表演者、制作者,本项义务只对本协议中规定的权利适用。任何利用由《伯尔尼公约》(1971)第6条或《罗马公约》第16条第1款第(2)子款所规定之可能性的成员方均应向与贸易有关的知识产权理事会作出在那些条款中预知的通报”。而第4条对最惠国待遇的规定则要求在知识产权的保护方面,由一成员方授予任一其他国家国民的任何利益、优惠、特权或豁免均应立即无条件地给予所有其他成员方的国民。但成员方可享受以下豁免:得自国际司法协助协定或一种一般性的并非专门限于保护知识产权的法律实施的;按照认可所给予的待遇,只起在另一国所给予的待遇的作用,而不起国民待遇作用的《伯尔尼公约》(1971)或《罗马公约》的规定授予的;有关本协议未作规定的录音与广播组织的表演者及制作者权利的;得自世界贸易组织协定生效之前已生效的与知识产权保护有关的国际协定的,条件是此类协定已通报与贸易有关的知识产权理事会,并且不得构成一种对其他各成员方国民随意的或不公正的歧视。

除此之外,TRIPS还规定了一些知识产权保护领域特有的原则,如对权利的合理限制原则,要求知识产权的保护和实施应当对促进技术革新以及技术转让和传播作出贡献,对技术知识的生产者和使用者的共同利益作出贡献,并应当以一种有助于社会和经济福利以及有助于权利与义务平衡的方式进行;各成员方在制定或修正其法律和规章时,可采取必要措施以保护公众健康和营养,并促进对其社会经济和技术发展至关重要部门的公众利益,只要该措施符合本协议规定。再如最低保护标准原则要求各成员应履行TRIPS协定的义务,对于超过协议标准的保护,成员方可以实施,但这并非成员方的义务。

2. TRIPS管辖的知识产权的范围

较之以往有关知识产权方面国际公约多是针对某类知识产权规定的保护制度,如《巴黎公约》只规定了工业产权的保护制度,《伯尔尼公约》只规定了版权的保护制度,《关于集成电路的知识产权条约》只规定了集成电路布图设计的保护问题,TRIPS第二部分囊括了各种类型的知识产权,包括版权和邻接权、商标权、地理标志、工业品外观设计、专利权、集成电路布图设计和未披露信息的保护。同时,TRIPS在继承其他知识产权公约的基础上,提高了对知识产权保护的力度。例如,在专利权的保护上,对专利强制许可规定了较多的限制条件,规定了20年的专利保护的最低期限。在商标权的保护上,对商标注册规定了申请商标注册必备的条件、商标注册的公告和异议制度;对驰名商标的保护,扩大了受保护驰名商标的范围,扩大了禁止冒用驰名商标的商品和服务的范围,对认定驰名商标所应考虑的因素作了原则性的规定;同时,还增加了“贸易中的特殊要求”,针对有关国家和地区对商品贸易和服务贸易的特殊要求可能会给注册商标的使用造成障碍,从而影响注册商标所有权人的利益,TRIPS虽然没有禁止各成员方根据自己的情况规定某些特殊要求,但从保护注册商标所有权人的正当权益出发,作了一定的限制,如要求将注册商标与另一商标一起使用、要求以特殊形式使用注册商标、要求的使用方式有损于辨别一个企业与另一个企业的商品或服务的能力等,这些特殊要求如果对商标的使用构成了不合理的妨碍,就应当被禁止。在版权及邻接权的保护上,TRIPS扩大了《伯尔尼公约》的适用范围,增设了计算机程序和数据库的保护制度,同时加大了邻接权的保护力度。

3. 知识产权的实施

TRIPS第三部分对知识产权的实施作了十分详细的规定,涉及民事、行政、刑事程序、临时措施和边境措施等,是对各成员方知识产权执法体系和实施机制提出的标准和要求。协议首先明确了有关执行程序必须“公平”,进而又明确各成员的执法不得“无障碍拖延”,同时还要求,在任何情况下,对行政部门的终局裁决和决定都应给予当事人诉诸法律的权利。在民事司法程序的规定中,TRIPS要求程序公平合理,并对证据、禁令、损害、其他补救、告知权、被告的赔偿等问题作了规定。在行政程序上,TRIPS规定如能够以任何民事补救作为关于一案件案情实质的行政程序之结果的范围内,此类程序应遵守与本节中所规定的那些原则大体相等的原则。在刑事程序上,TRIPS要求成员方应规定刑事程序和惩罚,至少适用于具有商业规模的故意的商标仿冒和盗版案件。可资利用的补救措施应包括足以构成一种威慑的与对相应程度的刑事犯罪适用的处罚水平相同的监禁和/或罚款措施。在适当的案件中,可资利用的补救措施还包括对侵犯货物及在从事此种违法行为时主要使用的材料和工具予以扣押、没收和销毁。成员方可规定适用于其他侵犯知识产权案件的刑事程序和惩罚,特别是对于故意和具有商业规模的侵权案件。

另一方面,临时措施允许在适当的情况下,特别是在任何延迟可能会给权利人带来不可弥补的损害或证据极有毁灭危险的情况下,司法当局采取适当的措施,阻止对知识产权侵权行为的发生,特别是阻止包括刚刚结关的进口商品在内的侵权商品进入其司法管辖区内的商业渠道,保护关于被断言的侵权行为的有关证据。而边境措施则要求成员方应使有确凿根据怀疑仿冒商标商品或盗版商品的进口可能发生的权利人,能够以书面形式向主管的行政或司法当局提出由海关中止放行该货物进入自由流通的申请。成员方还可规定海关中止放行从其境内出口的侵权货物的相应程序。这两种措施把侵权活动制止在未发生或初发阶段,阻止其进一步扩展从而保障权利人的利益。

4. 知识产权的取得和维持的相关程序

TRIPS 第 62 条规定了知识产权取得和维持的相关程序:

(1) 成员方可要求遵循合理的程序和手续,以此作为第二部分第 2 节至第 6 节所规定的知识产权的取得和保持的一项条件。此类程序和手续应符合本协议的规定。

(2) 若知识产权的取得以知识产权被授予或登记为准,则成员方应确保在符合取得知识产权的实质性条件的情况下,有关授予或登记的程序允许在一段合理时间内授予或登记权利,以避免保护期限被不适当地缩短。

(3)《巴黎公约》(1967)第 4 条应在对细节作必要修改之后适用于服务标记。

(4) 有关知识产权之取得和保持的程序、有关行政撤销的程序(若成员方的法律规定了这样的程序),有关诸如抗辩、撤销和废除等的程序,应服从第 41 条第 2 款和第 3 款规定的总原则。

(5) 上述第 4 款所涉及的任何程序中的最终行政决定应接受司法当局或准司法当局的审查。然而,在抗辩和行政撤销不成功的情况下,假若此类程序的基础可能成为程序无效的原因,则没有任何义务为对裁决进行此类审查提供机会。

5. 争端的防止与解决

将争端解决纳入 WTO 争端解决机制是 TRIPS 增强知识产权保护最有效的措施之一,它实现了在国际层面上解决争端的可能性,也为各成员方国内执法公正性的国际监督提供了有效保证。通过协议第 64 条的引入条款,机制被纳入 WTO 争端解决机制的总框架,争端事项只限于与贸易有关的知识产权争端。协议第 64 条第 1 款规定,与贸易有关的知识产权争端依 GATT1994 第 22 条、第 23 条和乌拉圭回合达成的 DSU 的原则、规则和程序解决。协议包含于 DSU 第 1 条的适用范围之内,且协议本身未规定特别的程序。据此,该协议项下的争端由 WTO 争端解决机构裁决,与 WTO 其他协定适用同一套机制。

(二) TRIPS 的影响及发展趋势

TRIPS 协议的诞生标志着知识产权的国际保护进入了一个新的阶段。该协议不仅加强了知识产权的实体法规则,大规模提高了知识产权保护标准,而且增加了知识产权的程序法规则。更重要的是,该协议首次使知识产权问题进入到以 WTO 为代表的多边贸易体制的管辖范围。WTO 强有力的争端解决机制,确保了 TRIPS 协议所确立的知识产权保护规则能够在 WTO 的 151 个成员方得到有效遵守。而 WTO 成立以前,知识产权的国际保护只能依赖 WIPO 体系下的一系列知识产权国际条约,这些条约缺乏有效的争端解决机制作为监督执行的保障,对知识产权的保护显得软弱无力。从这一点来看,TRIPS 协议将知识产权问题纳入 WTO 调整范畴,的确使知识产权的国际保护进入了新的阶段。

另一方面,TRIPS 协议对发展中国家的影响也包括挑战和机遇两方面。从挑战方面来看,WTO 和 TRIPS 协议确实对发展中国家知识产权的保护标准提出了更高的要求,在一定时间内会给这些国家的企业造成一些压力,对民族产业有一定的冲击。但是从长远来看,加强知识产权的保护,也会鼓励本国的发明创造,吸引更多的外国投资,而且控制假冒商品的生产和贸易,从根本上是符合发展中国家的国内生产者和消费者的利益的。

第五节　世界贸易组织争端解决机制

一、WTO 争端解决机制概述

世界贸易组织争端解决机制是在原关贸总协定的基础上建立起来的。该机制是以《关于争端解决规则和程序的谅解书》(DSU)为法律依据,并形成了以此为核心的 WTO 争端解决机制。

四十多年的实践证明,原关贸总协定关于争端解决的法律规定,不仅是 WTO 争端解决机制赖以建立的基础,而且仍是该机制的重要组成部分。与 WTO 相比,GATT1947 的争端解决机制有以下两个突出特点:

第一,GATT1947 没有统一的争端解决程序,[①]或没有太多的国际贸易争端解决的实践经验,整个机制是由在长期的实践中逐步发展起来的零碎分散的部分组合而成。据统计,GATT1947 有 30 余种争端解决程序,其中有 19 个条款规定缔约方有义务就具体争端进行磋商。[②]

第二,GATT1947 在长期的实践中逐渐形成了多种争端解决手段,如双边和多边磋商、斡旋、调解、工作组、专家小组、主席裁决、独立专家小组调查、理事会决定以及其他双方同意的办法等。[③] 根据当时的争端状况,GATT1947 的争端解决机制更大程度上依赖于传统的外交手段。因此,在实践中,贸易争端的解决多与贸易谈判的进程相互交织在一起。

WTO 法律文件中对争端解决程序进行规定的法律文本和法律条款已构成了 WTO 争端解决机制的法律渊源。例如, GATT1947 争端解决程序核心条款的第 22 条和第 23 条,以及在这两个条款基础上发展起来的一系列有关争端解决

① 参见李双元、蒋新苗主编:《世贸组织(WTO)的法律制度——兼论中国"入世"后的应对措施》,中国方正出版社 2001 年版,第 481 页。

② 参见曾令良:《世界贸易组织法》,武汉大学出版社 1996 年版,第 95 页。

③ 参见李双元、蒋新苗主编:《世贸组织(WTO)的法律制度——兼论中国"入世"后的应对措施》,中国方正出版社 2001 年版,第 481 页。

的谅解、决议和决定等构成 GATT1994 的一部分而继续适用,从而成为 WTO 争端解决机制的法律渊源之一。

《WTO 协定》附件 2 的 DSU 关于争端解决的专门法律文件,在整个 WTO 争端解决机制中占据核心地位,因此是最重要的法律渊源。DSU 一共包括 27 个条款和 4 个附件,对 WTO 争端解决机制的适用范围、管理机构、目的与基本原则、基本程序、建议与裁决的实施和监督、补偿与减让的中止、对最不发达国家成员的特殊待遇、秘书处的职责、专家小组工作程序以及建立专家审议组的规则与程序等分别作出了较为系统的规定。

二、争端解决法律适用范围

DSU 对争端解决程序的适用范围,又称"管辖范围",是指何种争端应该适用它来解决。可以从以下三方面进行界定:

(一) 对人的适用范围

DSU 确立的争端解决程序适用于成员方之间的争端解决。但是,根据《WTO 协定》第 13 条——"多边贸易协定在特定成员方之间的不适用",在以下两种情况下,DSU 在相关方之间不适用:(1) GATT1947 第 35 条——"本协定在特定缔约方之间的不适用",在《WTO 协定》生效时对有关各成员方仍然有效;(2) 有关成员方在部长级会议批准加入议定书之前已经将"互不适用"事宜通知了部长级会议。

(二) 对事的适用范围

适用 DSU 确立的争端解决程序的争端范围相当广泛,几乎涵盖了成员方之间因解释和适用 WTO 体系内所有法律文件的各种争端。我们将从协定范围和争端(诉由)类型两个方面进行界定。

1. 协定范围

主要涉及:(1)《WTO 协定》及多边贸易协定。例如,《货物贸易多边协定》,《农业协定》,《技术性贸易壁垒协定》,《原产地规则协定》,《装运前检验协定》,《进口许可程序协定》,《补贴与反补贴措施协定》,《保障措施协定》,《服务贸易总协定》,《与贸易有关的知识产权协定》等。(2) 诸边贸易协定。例如,《民用航空器贸易协定》,《政府采购协定》,《国际奶制品协定》,《国际牛肉协定》。①

只有成员方参加上述协定,争端解决程序才适用于解决产生于诸边贸易协定的争端。

---

① 后两个协定已于 1997 年并入《农业协定》,而不再作为诸边贸易协定。

2. 争端类型

(1) 违反之诉(violation complaint)

违反之诉,是指起诉方认为其依照 WTO 某适用协定直接或间接享有的利益由于被诉方违反该协定规定的行为或措施正在蒙受损失而提出的起诉。

(2) 非违反之诉(non-violation complaint)

非违反之诉,是指起诉方认为被诉方采取的不与 WTO 某适用协定抵触的措施,正在对其依照该协定直接或间接享有的利益造成丧失或损害,或正妨碍该协定任何目标的实现而提出的起诉。

(三) 时间效力

DSU 确立的争端解决程序只适用于《WTO 协定》生效后成员方之间因适用上述协定发生的争端。在《WTO 协定》生效前,发生的争议应继续适用《WTO 协定》生效前有关争端解决规则和程序。因此,DSU 确立的争端解决程序不具有溯及力。

三、争端解决机制的基本原则

WTO 争端解决机制的基本原则是贸易争端解决的基础规定,具有指导意义。这些基本原则主要包括:

(一) 确立 WTO 争端解决机制适用的排他性

争端发生后,DSU 要求争端各方只能适用 WTO 争端解决程序处理纠纷,而不能诉诸国际法院或其他机构,也不能采取单边制裁措施。DSU 第 23 条第 1 款特别强调:"若各成员方谋求排除适用协定的义务或其利益的丧失或损害的一项行为或事项或排除实现各该项适用协定任何目标的一项障碍,它们应诉诸且遵守本谅解的各项规则和程序。"

(二) 维护 WTO 的有效运转和保持成员方权利和义务的平衡[①]

在国际贸易活动中,成员方认为其利益因另一成员方行为而受到阻碍和损失时,只有迅速解决争端才能维护 WTO 的有效运转和保持成员方权利和义务的适当平衡。可以依据适用的协定提出争端解决办法,任何解决方式都必须与这些协定相一致,而不得使任何成员方根据这些协定获得的利益丧失或减损,也不得妨碍这些适用协定任何目标的实现。

(三) 谨慎、善意地使用 WTO 争端解决机制

国际贸易争议起于各种原因,如果因经济贸易问题而形成一种不公正,甚至滥用一些行为处置争端,会导致国际交往的不良后果。因此,DSU 要求成员方本着谨慎和善意的态度诉诸争端解决程序,使争端解决机制真正成为处理纠纷

① 参见 DSU 第 3 条第 2、3、4、5 款。

机制。

（四）对发展中国家成员给予特别考虑

国际贸易争端发生在发展中国家成员对发达国家成员起诉时，发展中国家成员有权援引1966年4月5日缔约方全体通过的《关于补充总协定第23条的决议》。秘书处可能还需在争端解决方面向发展中国家成员提供额外的法律建议和协助。这种协助可以来自WTO技术合作部门一名合格法律专家。该专家在协助发展中国家成员时应保证秘书处继续保持公正。[①] 按DSU的规则和程序解决涉及发展中国家成员的争端时，DSU在程序的各个阶段都对发展中国家成员作了特殊安排。这种安排包括：磋商过程中，各成员方应注意发展中国家成员的特殊问题和利益；[②]期限延长问题；[③]专家成员中至少有一名成员来自发展中国家成员；[④]待遇问题；[⑤]等等。

四、争端解决机构

（一）主管机构

WTO争端解决机制相较于GATT1947的重大创新之一就是设立了主管争端解决的常设机构——争端解决机构（Dispute Settlement Body，DSB），从而为争端解决机制的规范化提供了必要条件，也为及时解决争端、促进国际贸易顺利发展提供了保障。

1. DSB的组成

《WTO协定》第4条第3款规定："总理事会应酌情召开会议，履行DSU规定的争端解决机构的职责。争端解决机构可有自己的主席，并制定其认为履行这些职责所必需的议事规则。"

2. DSB的职能

根据DSU第2条第1款，作为WTO争端解决的最高权力机构，DSB的职能是统一管理WTO争端解决的规则和程序。因此，它有权设立专家小组，通过专家小组和上诉机构的报告，监督裁决和建议的执行，以及授权中止适用协定项下的减让和其他义务。另外，DSB主席在涉及发展中国家成员（包括最不发达国家成员）的争端解决中能够发挥特殊作用。[⑥]

---

① 参见DSU第27条第2款。
② 参见DSU第4条第10款。
③ 参见DSU第12条第10款。
④ 参见DSU第8条第10款。
⑤ 参见DSU第12条第11款。
⑥ 参见本节第三部分第四项。

3. DSB 的工作规则

DSB 的决策以"反向协商一致"为一般原则,[①]即在作出决定的 DSB 会议上,若没有成员正式反对拟定的决定,即视为经协商一致就提请其审议的事项作出了决定。

（二）参与机构

除了主管机构 DSB 之外,参与 WTO 争端解决程序的还有专家小组、上诉机构、WTO 秘书处等机构。

五、争端解决程序

DSU 作为规范争端解决的专门法律文件,规定了 WTO 中可普遍适用的争端解决的基本程序。WTO 许多适用协定还规定了适用于自身领域内争端解决的特别程序。

（一）基本程序[②]

在 GATT1947 争端解决基本程序的基础上,WTO 争端解决机制发展了一套更完备、更有效、更有法律依据的基本程序,构成了 DSU 的核心内容。该基本程序主要包括下列各阶段:

1. 磋商(consultation)

磋商是 GATT1947 争端解决机制确立并长期奉行的解决成员方之间贸易争端的首选方式,已成为 WTO 争端解决程序的首要阶段。DSU 第 4 条第 1 款指出:"各成员方确认决心加强和提高各成员方适用的磋商程序的有效性。"DSU 磋商主要内容包括:

（1）对磋商程序的进行规定了较明确的期限。被请求磋商方应在收到请求之日起 10 天内对该请求作出答复,并在收到请求之日起不超过 30 天的期限内真诚地进行磋商,除非双方另有约定;若被请求方未在规定期限内答复,或者在收到磋商请求之日起 60 天内通过磋商未能解决争端,或者在 60 天期限内,各当事方共同认为磋商已不能解决争端,则起诉方可以要求设立专家小组。

（2）对磋商行为进一步规范化。所有磋商请求应由请求磋商的成员方通知 DSB 及有关理事会和委员会。

（3）对第三方参与磋商程序提供了更明确的规则。

---

① 参见 DSU 第 2 条第 4 款。

② DSU 中对发展中国家成员(包括最不发达国家成员)的特殊规定已在本章第二节有详细介绍,故本节不再重复。

2．斡旋、调解和调停(good offices，conciliation and mediation)

斡旋、调解和调停是经争端当事各方同意而自愿采取的程序，[①]而不是WTO争端解决的必经程序。1979年《关于通知、磋商、争端解决与监督的谅解》规定在“磋商未果”的情况下，争端各方才能提出斡旋、调解和调停；但DSU第5条对斡旋、调解和调停的适用没有规定任何先决条件。争端任何一方可随时请求进行斡旋、调解和调停；此程序可以随时开始，随时终止。

3．专家小组(panel)

在GATT的长期实践中，专家小组程序一直发挥着重要作用。基于其在WTO争端解决机制的核心地位，DSU第6条至第16条对该程序进行了详细的规定，并得到进一步改进和完善。专家小组工作分为两个阶段：开始阶段和进行阶段。

开始阶段主要包括：(1) 专家小组的设立。作为程序规范化的要求，设立专家小组的请求应以书面形式提出。该请求内容一般包括是否已进行磋商、确认争端中的措施、足以支持其起诉的法律依据概要。(2) 专家小组的组成。应符合DSU第8条对成员的任职资格的规定，以保证专家小组成员的合格性、独立性和公正性；专家小组应由3名成员组成，除非DSB同意可由5名成员组成；DSU第8条规定了广泛的专家任职资格，不仅有通晓国际贸易、参加过GATT事务的资深政府或非政府人员，还包括“曾讲授或出版国际贸易法或政策著作的人员，以及曾任一成员方高级贸易政策官员的人员”；挑选专家的指导原则是确保这些成员具有“独立性、完全不同的背景和丰富的经验”。

运行阶段主要包括：(1) 专家小组的职能。DSU第7条规定了专家小组的职权范围，第11条又规定了专家小组的职能。二者的区别在于：“职权”是指专家小组的权限，即它“可以”做什么；“职能”是指专家小组的作用，即它的工作要达到的目的。专家小组的职能有：对其审议的事项作出客观评估，包括对案件事实及有关适用协定的适用性和与有关适用协定的一致性的客观评估，并作出可协助DSB提出建议或作出裁决的其他调查结果。(2) 专家小组的工作程序。该阶段主要内容有：专家小组确定工作时间表；争端各方提交陈述；专家小组提交报告；专家小组工作期限。(3) 中期审议阶段。该阶段由专家小组向各方送交其报告，报告是有关事实和论据的叙述部分；各方按期提交各自的书面意见；在该设定期限届满后，专家小组向各方提供一份包括叙述部分和调查结果及结论的中期报告；在专家小组设定的期限内，一方可书面请求专家小组在将最终报告散发给各成员之前审议中期报告中的具体方面；专家小组就书面请求中所提问题与各方再次召开会议进行进一步讨论，对争端当事方主张的讨论应载入最

---

① 参见DSU第5条第1款。

终报告。中期审议阶段是 WTO 争端解决机制在专家小组程序中引入的新机制。它的初衷在于保证专家小组报告的客观准确性和明晰度,通过争端当事方对专家小组报告的介入有可能澄清报告中的模糊问题,使得争端当事方乐于接受报告,从而减少上诉的发生。[①] (4) 专家小组报告的通过。为保证各成员方有充裕时间考虑专家小组报告,在报告散发至各成员方之日 20 天后,DSB 才可考虑通过该报告。若成员方对报告有反对意见,应至少在 DSB 开会讨论前 10 天提交解释其反对意见的书面理由。

(二) 上诉审议(appellate review)

上诉审议程序是 WTO 争端解决机制增设的一项新程序,而且被普遍认为是 WTO 在争端解决领域的最大创新和 WTO 争端解决程序司法化的重要标志。

1. 常设上诉机构

(1) 机构组成

为受理争端当事方对专家小组案件提出的上诉,DSB 应设立一个由 7 人组成的常设上诉机构。任何一个上诉案件应由其中 3 人组成上诉庭审理。上诉机构成员对个案的任职应按该机构的工作程序轮换。DSB 任命上诉机构成员,任期为 4 年,可连任一次。

上诉机构成员必须具备以下任职资格:① 公认的权威性:在法律、国际贸易和各适用协定所涉主题方面具有公认的专门知识;② 身份的国际性:不隶属于任何政府;③ 广泛的代表性:成员资格应能够广泛地代表 WTO 成员资格;④ 服务的便捷性:随时待命,能在任何时候参加上诉机构的工作,并应随时了解争端解决活动和 WTO 的其他有关活动;⑤ 冲突的回避性:不得参与审议任何会产生直接或间接利益冲突的争端。

(2) 机构职能

上诉机构只对专家小组报告所涉及的法律问题和专家小组所作的法律解释进行审议,可以维持、修改或撤销专家小组的法律调查结果和结论。

2. 上诉程序

(1) 上诉主体

只有争端当事方,而非第三方,有权对专家小组报告提出上诉。

(2) 程序期限

整个上诉程序自争端当事方正式通知其上诉决定之日起至上诉机构散发其报告之日止通常不得超过 60 天。在 60 天内提交报告,应书面通知 DSB 迟延原因及提交报告的估计期限。但无论在什么情况下,上诉程序不得超过 90 天。

---

① 参见曹建明、贺小勇:《世界贸易组织》,法律出版社 1999 年版,第 387 页。

3. 上诉机构报告的通过

DSB 通过上诉机构报告也适用“反向协商一致”原则，即除非 DSB 在向各成员方散发上诉机构报告后 30 天内协商一致决定不通过该报告，否则该报告应由 DSB 通过且应得到各争端当事方的无条件接受。

近些年随国际贸易争端解决机制的发展，WTO 解决争端的能力以及对其信任度逐步地提高了。从解决争端的案件量可以看出，WTO 建立以来受理的案件比原 GATT 四十多年受理的案件还多。这些突破性的发展证明了 WTO 司法解决争端的公正性和合理性。尽管 WTO 争端解决机制已经取得了举世瞩目的进展，但是，该机制在实际运作中还存在各种不足之处，随着世界经济的不断发展，WTO 争端解决制度也会随之不断地完善，从而更好地为世界多边贸易发展作出贡献。

本章参考书目

1. 彭岳：《贸易补贴的法律规制》，法律出版社 2007 年版。

2. 李晓玲：《WTO 框架下的农业补贴纪律》，法律出版社 2008 年版。

3. 李娟：《WTO 框架下的特别保障措施制度比较研究：以针对中国产品之特保机制为中心》，北京大学出版社 2008 年版。

4. 马忠法：《国际技术转让法律制度理论与实务研究》，法律出版社 2007 年版。

5. 曾令良：《世界贸易组织法》，武汉大学出版社 1996 年版。

6. 〔美〕约翰·杰克逊：《GATT/WTO 法理与实践》，张玉卿等译，新华出版社 2002 年版。

7. Douglas A. Irwin, Petros C. Mavroidis & Alan O. Sykes, The Genesis of the GATT, Cambridge University Press, 2008.

8. Michael J. Trebilcock & Robert Howse, The Regulation of International Trade, 3rd ed., Routledge, 2005.

9. Jackson, John H., Sovereignty, the WTO, and Changing Fundamentals of International Law, Cambridge University Press, 2006.

10. Daniel Kennedy & James Southwick (ed.), The Political Economy of International Trade Law, Cambridge University Press, 2002.

第九章　国际贸易救济制度

第一节　保障措施法

国际贸易中的保障措施是指进口国基于进口产品给国内市场造成混乱、对本国工业造成,而采取的进口限制措施。这种措施名称较多,一般称为“保障条款”(safeguard clause)。比较法上,还有“脱身条款”(escape clause)、“逃避条款”、“免责条款”和“市场防卫条款”等称谓。①

保障措施在《关贸总协定》时代已经存在,有论者认为该措施与出口自动限制安排有异曲同工的作用。不同之处在于,前者在多边贸易体制内运作,后者是在双边层面实施。② GATT/WTO 框架下规范保障措施的法律文件,主要是《关贸总协定》第 19 条和《保障措施协议》,以下依次介绍。

一、GATT 框架下的保障措施

根据《关贸总协定》第 19 条第 1 款 a 项,如果一个成员某种产品的进口发展超出预料之外,且进口增加源于本协议施加的关税减让等义务,并对进口成员的国内产业造成严重损害,或严重损害威胁,则进口成员可采取进口限制措施。

根据保障措施构成要素,除了要举证进口数量的增加外,还必须证明这种增加是由于进口国所承担的《关贸总协定》义务引起,及源于未预见发展。诸多前提条件中,进口数量的增加也许是最明显和最易掌握的,但如何证明进口的增加是源于未预见的发展,《关贸总协定》并不明确。这些因素的存在很可能是一种偶然,而非必然。王贵国教授评论,《关贸总协定》实践倾向于将上述各种因素存在的偶然性解释为必然。《关贸总协定》时代,保障条款的最大问题是如何解释或证明某种情形是未预见的发展。③

GATT1947 的相关条款相对模糊,只是大体上为保障机制确定了一个框架。一方面,在谈判《关贸总协定》之初,各国没有也不可能针对“未预见发展”、“严重损害”作出具体的规定,该条款固有的宽松性使其“安全阀”效应被滥用;另一方面,20 世纪 70 年代以来出现大量逃避 GATT 多边纪律约束的“灰色区域措

---

① 参见罗昌发:《美国贸易救济制度》,中国政法大学出版社 2003 年版,第 51 页。

② 参见王贵国:《国际贸易法》,北京大学出版社 2004 年版,第 284 页。

③ 同上。

施”,如选择性保障措施、有秩序销售安排等实践挑战,[①]迫切要求将改革保障制度提上议事日程。

二、保障措施协议

乌拉圭回合达成的《保障措施协定》由前言、14个条款与1个附件组成。它是《关贸总协定》不可分割的部分,是以执行《关贸总协定》第19条为目的。因此,《保障措施协定》下的措施应是1994《关贸总协定》第19条所规定者。

在“欧盟与韩国对某些奶制品的最终保障措施案”和“阿根廷鞋类产品进口案”中,世贸组织争端解决机构裁定,《保障措施协定》和《关贸总协定》的保障机制并行不悖。任何保障措施都必须符合《关贸总协定》第19条和《保障措施协定》第2条。鉴于两者在具体规定上有一定差异,这无论对进行保障措施调查的进口成员还是产品被调查的出口成员都具有重要影响。

三、WTO保障措施争端的关键议题

(一)未预见发展

未预见发展,是指进口国在接受贸易自由化时没有预见到的情况。保障措施,是在贸易自由化给国内产业带来超过预想损害的情况下,才能利用的保护国内产业的“安全阀”。在损害不超过预想范围的情况下,不论贸易自由化带来如何严重的损害,进口国只能通过实施产业结构调整计划来克服困难。

1947年起草《国际贸易宪章》时,美国代表极力主张应包括其贸易法中的“逃避条款”。理由为:“这可以使各国在执行第四章时有更多的灵活性,使各国在遇到紧急情况时可以跳出国际协定束缚的桎梏。逃避条款可使各国在特殊情况下,临时修改其所承担的义务,为避免对该项权力的滥用,逃避条款必须规定各国在采取行动前通知国际贸易组织,并与该组织和其他国家进行磋商。”由此,GATT1947第19条就诞生了,它基本上是1942年《美墨互惠贸易协定》第11条的翻版。[②]

《保障措施协定》并不包括GATT所规定的“未预见发展”这一术语。尽管草案中曾经包括了“未预见发展”,谈判成员方有意删除这一要件,但却未作说明。于是有人认为这一要件本身已被删除。但在“韩国乳制品案”、“阿根廷鞋类产品进口案”中,上诉机构指出,协定成立后,作为法律要件的“未预见发展”仍有必要加以保留。[③]

---

① 参见曹建明、贺小勇:《世界贸易组织》(第二版),法律出版社2004年版,第165页。

② 参见陈立虎、杨向东:《论“未预见的发展”作为启动保障措施的条件》,载《时代法学》2004第1期。

③ See WT/DS98/AB/R, paras. 79—82; WT/DS121/AB/R, paras. 81—89.

(二)严重损害

关于国内产业的"严重损害",《保障措施协定》第4条第1款(a)项将其定义为"国内产业状况的重大全面减损";关于"严重损害威胁",该协定第4条第1款(b)项规定为,"明显迫近的严重损害",并规定对其确定应根据事实,而非仅凭指控、推测或极小的可能性。

在确定增加的进口是否对一国国内产业已经造成或正在威胁造成严重损害的调查中,国内主管机关应该评估该产业状况的所有客观和可量化的相关因素。协定第4条第2款列举了应该评估的经济指标,包括增加的进口所占国内市场的份额、销售水平、产量、生产率、设备利用率,利润和亏损及就业的变化等。

而在WTO争端解决程序中,就"严重损害"的认定,专家组在尊重国内主管机关判断的同时,还对调查程序进行严格的审查。如在"阿根廷鞋类产品进口案"中,专家组裁定,保障措施调查不应只比较两个年份的进口额,而应考虑过去5年的整体进口趋势。该案上诉庭基本同意专家组的意见,但不同意其考虑过去5年进口趋势的观点。上诉庭指出,《保障措施协定》第2条第1款的"进口"一词是现在式,因此调查机构应研究最近的进口,因为该条要求相关进口增长是突然的,且是最近发生的。①

(三)因果关系

《保障措施协定》第4条第2款(b)项规定,必须依据客观证据来证明因果关系的存在;该款还进一步规定,若进口增加以外的因素正在同时对国内产业造成损害,则此类损害不得归因于进口增加。

例如,需求的变化和衰退,国内产业结构的变化均属于进口增加以外的因素。关于在法律上如何处理进口增加以外的因素,2000年"美国麦面筋案"非常重要。该案专家组指出,必须证明进口增加单独成为造成国内产业严重损害的原因。但同案上诉庭推翻了专家组的解释,指出必须证明"包括真正、实质性的原因与结果间的关系"。

1998年1月15日,美国国际贸易委员会裁定,麦面筋进口数量的增加致使美国麦面筋工业遭遇严重损害。该委员会指出,如非进口的增加,1997年美国麦面筋工业的开工率或设备使用率可达到61%,该比率对麦面筋作为一个整体而言便有利可图。美国该行业消费量在1993年至1997年间增加了18%。委员会的上述论点是以假定所有18%的消费量增长都是由美国国内产业提供为基础。这就必须假定进口产品的市场占有率从1991年的51.4%下降至43.5%。②

---

① See Argentina—Safeguard Measures on Imports of Footwear, WT/DS121/AB/R (1999), para. 121.

② See United States—Definitive Safeguard Measures on Imports of Wheat Gluten form the European Communities, WT/DS166/AB/R, 2001, paras. 68—70. 转引自王贵国:《国际贸易法》,北京大学出版社2004年版,第299页。

美国认为,国内生产设备的增加主要发生在1995年前,从而生产能力的提高只是背景情况而非相关因素。但上诉庭指出,1995年6月30日至1997年6月30日间,美国国内麦面筋工业的生产能力仍在增加,只不过增速低于1993年至1995年同期的水平。这就是说,进口增长与美国国内生产能力的增加同时发生。那么,国内生产能力的增加是否是第4条第2款(b)项所规定的"相关因素"呢?上诉庭认为这要看生产能力的增加是否与进口增加同时导致损害的发生。至于生产能力的增加是否是"相关因素",不是要审查生产能力增加的那一刻,而是应审查其发生影响的时间。基于上述分析,上诉庭裁定美国国际贸易法委员会的结论错误。

四、保障措施的法经济分析

Alan Sykes教授分析了保障措施正当化的各种理由,并对绝大多数理由表示反对。本质上,针对遭遇外国同业竞争、陷入困境的国内产业,政府通过保障措施赋予保护的结果是,延宕了这些产业收缩的进程,阻碍资源从已经衰微的行业流入更具比较优势的产业。因此,保障措施乍看起来似乎不符合效率原则。①

面对进口竞争所带来的压力,首当其冲的是失去竞争力的国内产业,它们将经常呼吁政府采取保障措施,给陷入困境的产业一个短暂的调整期,为增加新投资获得融资赢得时间,以重铸竞争力。实践中,在发达国家,失去竞争力的夕阳产业已经确立极强的组织性,从而能对政府决策施加强有力的影响。比较而言,对于消费者和有竞争力的产业而言,政府采取进口限制政策带来的影响是分散或间接的,因此它们影响力的合力效应远不如夕阳产业那般强烈。②

从经济效率的角度看,既然保障措施的负面效应如此明显,为何WTO体制明确赋予保障措施实施的合法性呢?Sykes教授从以下三方面,运用法经济学原理,论证了保障措施的合理性。③

第一,保障措施的补偿功效。必须承认,贸易自由化成本的分配结果并不均衡。贸易自由化的利益分散于消费者和生产消费企业,与此相反,自由化所引起的损失和成本却集中在与进口产品进行竞争的国内行业。在通常情况下,政府通过产业调整等财政支出手段帮助这类国内产业,以补偿集中在其身上的损失,结果便是由全体国民来负担自由化所带来的成本。超过预期的进口增加给国内产业造成严重损害的情况下,受害产业将要承担超出预期的成本。在此情况下采取进口限制措施,将限制消费者和生产消费企业所享有的自由化利益,这间接

---

① See Alan O. Sykes, Trade Remedy Laws, http://ssrn.com/abstract_id=698381, pp. 3—6.

② 参见〔日〕中川淳司等:《国际经济法》,白巴根译,北京大学出版社2007年版,第101页。

③ See Alan O. Sykes, Trade Remedy Laws, http://ssrn.com/abstract_id=698381, pp. 3—6.

意味着他们在承受额外成本。

第二,调整成本与有序收缩。保障措施的支持者认为,陷入困境产业确实需要一段短暂的保护期,否则会出现不必要的大规模失业以及资源废弃。Horn 和 Mavroidis 教授专门分析了由此引发失业因素的成本。[①] 如某夕阳产业每月有 12000 名工人失业,而新兴行业每月新增就业岗位仅 6000 人。如能诉诸保障措施,使每月失业人数减至 6000 人,将降低夕阳产业进行结构调整的"阵痛"。

尽管贸易自由化带给国内产业不利影响,乃是预料之中的事情。一般场合,可通过调整产业结构来应对进口增加所带来的困难,以支援国内产业。但在发生超出预期严重损害的情况下,产业调整政策很难顺利得以实施,甚至会引发社会大规模的动荡不安。显然,顺利推进产业结构调整需要保障措施的护航。

第三,保障措施的政治经济理性。Bagwell 和 Staiger 教授指出,之所以 WTO 会容许保障措施存在,根源于政治经济现实。WTO 相关条约乃合同的一种,直接利益的当事人就是政界官员,他们发起、谈判和批准这些合同,自然期盼条约中的规定符合共同的政治利益,如能再与经济利益相契合则更好。由于条约签署时存在许多不确定性,许多情况无法预料,一旦履行条约中规定的义务成为政治"毒药",条约中应有相关条款允许其就原先的报价进行调整。正如私人交易中,一旦履行合约义务,将对一方当事人产生经济上不可接受的后果,则应允许其背离当初的承诺。

实践中,每一国政府都可能遭遇源于国内政治压力的不确定性,因此如能建立一种机制,使其能暂时背离原先贸易条约所设定的义务,可能符合贸易条约各方当事人的共同利益。问题在于,这种机制被当事成员方投机性滥用的几率偏高,毕竟一国国内的政治压力很难被外国观察。对此,Bagwell 等教授提出的解决方案是:针对特定产业,一国政府应被限制允许背离条约义务的次数,从而弱化一国政府试图欺骗贸易伙伴国的心理倾向。[②]

第二节 反倾销措施法

一、反倾销法的起源

倾销和反倾销在国际贸易中并非新议题。反倾销的非关税壁垒作用也是公开的秘密。最早的多边反倾销规范是《关贸总协定》(GATT)。GATT 第 6 条第

---

① See Henrik Horn & Petros C. Marroidis, United States—Safeguard Measures on Imports of Fresh, Chilled or Frozen Lamb Meat from New Zealand and Australia: What Should be Required of a Safeguard Investigation? http://www.econ-law.se/Papers/Horn-Mavroidis%20on%20US-lamb.pdf.

② See Kyle Bagwell & Robert W. Staiger, Enforcement, Private Political Pressure, and the GATT/WTO Escape Clause, Journal of Legal Studies, Vol. 34, No. 2, June 2005, pp.471—513.

1 款宣布,用倾销的手段将产品以低于正常价值的办法输入到其他国家,并因此对后者领土内的产业造成实质性损害或实质性损害威胁,或实质性阻碍后者境内产业的新建,则倾销应予以谴责。[①]

GATT 第 6 条第 2 款第 2 项规定,授权缔约国可以对倾销的产品征收数额不超过该产品"倾销幅度"(margin)的反倾销税。《关于实施 GATT1994 第 6 条的协定》(又称《反倾销协定》,简称 ADA)对此作出了具体规定。

二、GATT 与 ADA 框架内反倾销的定性与定量

征收反倾销税是对付倾销的合法手段。而反倾销税的征收取决于反倾销调查的结果,即是否认定倾销存在、进口国产业是否遭到损害以及倾销与损害之间是否有因果关系。其中,倾销是否存在最为关键,是进口国采取措施的前提和基础。

《反倾销协定》第 2 条规定了几种方法审议倾销存在与否。[②] 最直截了当的方法是比较出口国国内市场的正常贸易价格和进口国市场的价格。而反倾销实践中甚少可以简单、直接确定产品正常价格的情况,遇有两类价格无法比较的场合,就可通过比较产品原产国的"推定价格"(constructive price)——生产成本加合理金额的管理、销售和一般费用及利润,来确定产品的正常价格。

如果正常价值无法通过推定的方法确定,则依据《反倾销协定》第 2 条第 2 款第 2 项,进口国调查机关授权可依照另外三种方法确定。[③]

实践中,诸多争议的焦点围绕着价格的可比性展开。比如在计算费用时,关于出口价格和国内价格适用不同的标准、采用推定价格时任意设定费用和利润的比率,或在进行价格比较时将个别出口价格与加权平均的正常价值进行比较,利益利用"归零法"无视负值倾销幅度(dumping margin)而计算出倾销幅度等,利用种种方法人为或任意地提高倾销幅度的计算方法。

不公平价格比较实例("归零法")

	国内价格(美元)	出口价格(美元)	产品倾销幅度
产品 A	115	95	20
产品 B	80	70	10
产品 C	100	150	-50(归零计算)
产品 D	105	85	20

显然,在不使用"归零法"的情况下,计算出的倾销幅度(DM)是 0%;而"归

① 参见王贵国:《国际贸易法》,北京大学出版社 2004 年版,第 241 页。
② 同上书,第 268 页。
③ 同上书,第 269 页。

零法”使用的场合，倾销幅度是12.5%。[1] 在“欧共体对印度床单征收反倾销税案”中，上诉机构明确提出，虽然允许对加权平均正常价值与个别出口价格进行比较，但原则上禁止上述归零计算方法。[2]

此外，关于“影响价格可比性的差异”，《反倾销协定》第2条第4款详细列举了具体差异。关于“货币换算”，《反倾销协定》规定，应按照销售之日的汇率。

三、ADA/SCMA框架内损害标准

关于进口国国内产业遭受损害的确定，《反倾销协定》第3条第4款规定了调查机关需考虑的15个方面经济指标。但这种考虑的深度应至何种程度，2003年“阿根廷家禽案”有一定的参考价值：[3]

> 巴西指责阿根廷没有考虑生产力问题。阿根廷国家外贸委员会在报告中写道：一般而言，产量增加但雇佣人员却相对稳定的情况，往往显示劳动强度的提高，而这很可能是使用前述新技术的结果。

本案专家组认为，这说明阿根廷在审查损害时考虑了生产力问题，满足了《反倾销协定》的要求。如王贵国教授评价，总结该案及相关案例，世贸组织成员在第3条第4款下的义务主要是必须逐一分析各相关方面，分析的深度则没有强制性要求。但也并非完全没有标准，DSB的标准是：面对相关证据，一个无偏见和客观的调查机关会否作出不同的结论。[4]

四、反倾销的法经济分析

美国的Jocob Viner教授对反倾销法之经济分析，著作丰硕。他区分“偶发性”、“短期”和“长期”三类倾销分别论述其效果。偶发性倾销旨在出清积压的库存，这被认为授人恩惠。而长期倾销一般持续若干年，尤其是母国市场已充分竞争，但在海外市场该产品具备竞争力，Viner认为此时消费者所得收益将超过国内公司的损失。针对短期倾销，即持续时间并不确定而效果显著的倾销，Viner断定被倾销国内产业的损害，会超过消费者所得收益，特别当国内同业被消灭或驱逐干净，产品出口商逐渐占据垄断地位时，之前暂时的损失是作为获取长期收益的手段，才被接受。但Viner并不肯定短期倾销一定有害，他提出在倾销停止后，即便价格没有升至之前的水平，净损失仍会产生，因为进口国内的公司和工人会干坐着，等待倾销的结束。

---

① 参见楼夷：《美国调整反倾销尺度》，http://www.caijing.com.cn/2006-03-10/10007763.html。

② See WT/DS141/AB/R, para.55.

③ See WT/DS241/R, para.7.303.

④ 参见王贵国：《国际贸易法》，北京大学出版社2004年版，第280页。

Viner 将实践中绝大多数的倾销归类于短期倾销，他正确地指出销售价格长期低于生产成本绝对不可持续。通过举证，他令人信服地断定歧视性的价格倾销之性质也是暂时的。

现代经济学认为，刻意而非偶然地实施歧视性的价格倾销，主要发生在需求弹性较大的市场，而在需求弹性不强的市场，出口方反而能卖出更高的价格。当进口国维持对某类产品的高关税时，产品出口商则可定更高的价格，此时并没有理由认为这种格局只是短期存在。然而，Viner 教授根据两个经典论断——短期倾销对进口国有害、大多数倾销归为短期倾销，得出结论：总体而言，倾销应被谴责。[①]

现代经济学家对 Viner 的推演提出质疑：当产品要素市场是以竞争性价格运转，并理性预料倾销的持续时间，则除非实施倾销将使资源获得最佳利用之效果，否则资源市场会冷漠应对企业的倾销行为。此时，资源性产品所有人的损失将低于消费者的收益，即在竞争性均衡市场中实现了效率。Viner 的论证缺陷在于：他认为“针对市场中存在的不完善甚至错误行为，市场无法对廉价进口品进行有效率的调整”，但又给不出为何不能调整的理由。同样的，政府如能判断哪些行业正遭遇市场失灵的困境，它将有能力主动采取矫正措施。举例而言，当劳动力市场发生市场失灵，即劳动力失业持续很长时间，现代经济学的研究成果是，由政府直接干预市场，如采取工资补贴将是合适的政策。[②]

Viner 研究之后，针对倾销和反倾销措施，诉诸实证经济学和规范经济学，学界已取得丰硕成果。实证层面，倾销存在的理由获得新的挖掘，如 Ethier 基于市场弥漫的不确定性，提出：“在充满不确定性以及缓慢调解的世界中，倾销是国内要素市场和国际商品市场之间关系的一个整体部分。这一理论中阐述的关键决定因素包括：不确定需求的模式；未就业要素的其他选择；在不同契约安排下的要素相对禀赋。”同一时期还包括 Gruenspecht(1988)和 Dick(1991)的研究，都集中于探讨：在出口市场以低于边际成本的价格销售商品导致倾销的可能性。并通过研究指出为什么商品可以在世界市场低于边际成本销售的三个原因：处于不确定的环境中；追求经营管理的目标；战略进入障碍。[③]

规范分析层面，学者质疑反倾销法扮演的多余角色，因为从效率角度看，如果反倾销法的宗旨仅是避免掠夺性定价和外国公司垄断进口国市场，该目标完全可诉诸反垄断法完成。因此必须深入探讨反倾销的真正价值。

实践中，蓄意实施歧视性价格倾销，并非基于掠夺意图。在需求较弱或新的

---

① See Jacob Viner, Dumping: A Problem in International Trade, University of Chicago Press, 1923. Cited from Alan O. Sykes, Trade Remedy Laws, http://ssrn.com/abstract_id=698381, pp. 42—45.

② Ibid.

③ Ibid.

竞争者试图进入该市场的场合,低于"推定价格"进行销售的情况将很普遍。显然,反倾销调查机关绝不可能找出倾销实施者试图垄断市场的意图。相似的情况是,如确有垄断图谋并有成功可能的话,该产业须维持着市场准入的高度限制。代表性学者包括 Barcelo、Deardorff、Hindley 和 Sykes 等。

当现代反倾销法专注处理"诚信"(bona-fide)议题时,则反倾销税将偶发性地产生经济收益。以下三种场合下产生的利益值得分析:

第一,从全球福利角度看,反倾销税在某种程度上能抵消国际价格歧视的影响。诚如不完善之国内价格歧视对国内福利的影响不确定一样,[①]跨越国境的场合同样如此。针对拥有市场优势地位的企业,反倾销政策的实施鼓励该类企业扩大产量,从而提升全球福利。当然,相反的结果也有可能。

第二,从一国福利角度看,反倾销税将助益没有收取"最优关税"(optimal tariff)的大国。原因在于大国往往拥有垄断性权势,通过劝诱外国出口公司降低价格,这类国家可通过关税进行寻租。对进口大国而言,此时征收反倾销税可能产生福利性结果。自然,相反的结果也有可能。

第三,根据 Gruenspecht(1988)、Dick(1991)的研究,针对特定具有战略意义的产业,普遍认为对其保护能强化国内经济福利。尽管并无理由认为,现行法下根据倾销幅度征收的反倾销税就是最佳关税,而规范反倾销的法律覆盖了所有行业,其中许多也不属于具有战略性价值的行业。但无可否认的是,反倾销税在以上三种场合可能产生收益。[②]

有学者从政治角度分析了反倾销政策的功能,Bhagwati 教授指出,一旦贸易被观察到具有"不公平"性,政府就有冲动去矫正或限制它。无论怎样,专注于消灭这种不公平性的措施总比目标更复杂的其他措施要好。但问题在于,这种学说首先得解决倾销被观察"不公平"的确定性难题,毕竟许多倾销行为真是规范的理性商业实践。[③]

另一种观点与此相关,尽管表面不同。即反倾销措施是重新定向压力源,从立法机关转入行政机关主导的过程。Boltuck 和 Litan 指出,国内利益集团寻求不公平贸易救济的主渠道原先仅是国会通过的法律,但该"安全阀"运作透明度极高的特点不利于暗箱操作,而诉诸行政机关给利益集团更多斡旋空间。[④]

---

① 参见罗昌发:《贸易与竞争之法律互动》,中国政法大学出版社 2003 年版,第 41—45 页。

② See Alan O. Sykes, Antidumping and Antitrust: What Problems Does Each Address? Robert Z. Lawrence (ed.), Brookings Trade Forum 1998, pp. 1—53.

③ See Jagdish Bhagwati, Protectionism, Cambridge MA: MIT Press, 1988. Cited from Alan O. Sykes, Trade Remedy Laws, http://ssrn.com/abstract_id = 698381, p. 46.

④ Richard Boltuck & Robert E. Litan, Down in the Dumps: Administration of the Unfair Trade Laws, The Brookings Institute, 1991.

第三节　反补贴法

WTO 规范补贴的路径是双轨制：其一是通过《补贴与反补贴协定》（SCMA）协定和《农产品协定》，设置实体的国际规范，禁止某些种类的政府补贴；其二是 GATT/WTO 法历来允许进口国政府对接受补贴的进口货物课征平衡税（countervailable duty）。①

由于补贴规范框架内关于损害、可采取的相应措施等要件，均与反倾销实质相同，本处不再赘述。接下来详细分析可课征平衡税补贴的构成、补贴如何计算以及反补贴税的经济分析。

一、WTO 框架下可被课征平衡税的补贴

美国法下，平衡税的立法最早可追溯至 1897 年。1930 年《关税法》授权海关当局就进口产品征收平衡税，当时主要集中于出口补贴；1979 年修正的《补贴法》区分出口补贴和国内补贴，明确规定两者均可受平衡税法的规范。即出口补贴与国内补贴均可成为“可被课征平衡税的补贴”。②

1. SCMA 协议下补贴的概念

SCMA 协定第一次规定了补贴的概念。该协定第 1 条规定：“补贴是指在一成员领土内，由政府或任何公共机构提供的财政资助、任何形式的收入或价格支持，从而向接受者授予利益。就财政资助而言，作为补贴，其应满足下述条件：(1) 涉及由政府进行的资金的直接转移（如贷款担保）；(2) 政府放弃或未征收在其他情况下应征收的税收、包括税收抵免等；(3) 政府提供除一般基础设施外的货物或服务，或购买货物；(4) 政府向筹资机构付款，或委托或指示私营机构履行前述(1)至(3)项所列举的应属于政府的职能。”

综合言之，构成补贴包括三个要素：财政资助、由政府或公共机构提供利益及利益的获得，缺一不可。必须指出，财政资助的形式多样，除了授予利益外，在“美国外国销售公司案”中，针对欧盟对美国《境外所得免税法》授予补贴的指控，上诉庭裁定，允许纳税人选择根据该法计算税务，则其应缴税很可能低于根据国内税法的税务，从而构成 SCMA 第 1 条第 1 款第 1 项第 1 目第 2 段的“放弃

---

① 语言层面，考虑到“可被课征反补贴税的补贴”措辞比较别扭，此处采用我国台湾地区学者罗昌发的观点，译为“可被课征平衡税的补贴”。参见罗昌发：《美国贸易救济制度》，中国政法大学出版社 2003 年版，第 90 页。

② See Andrew T. Guzman & Alan O. Sykes（ed.）, Research Handbook in International Economic Law, Edward Elgar Publishing, 2007, pp. 101—102.

或未征收本应征收的政府税收”。[①]

SCMA将补贴分为禁止性补贴和可诉性补贴两种。只有构成专向性(specificity)才属于禁止性和可诉性补贴。专向性的问题,源于美国法在1979年修正《补贴法》时规定对“某一特定企业或产业,或某些特定企业或产业”提供国内补贴之用语而来。SCMA第2条对专向性补贴进行了规范,且涵盖了事实上的专向性补贴,即虽然从法律上和表面上看不是专向性补贴,但根据如下因素在事实上应属于专向性补贴,包括:有限数量的某些企业使用补贴计划、某些企业主要使用补贴、给予某些企业不成比例的大量补贴以及授予机关在作出给予补贴的决定时行使决定权的方式,以及申请被拒绝或批准的频率等。

针对“专向性”概念的界定,WTO现行法制仍没有解决最关键的问题,即何谓“某些企业或产业”(group of enterprises or industries)?现今为止,现行文本和争端解决机构的实践,并不能对该解答问题提供有价值的指引。

2. 补贴计算的法律争议

在加拿大民用飞机出口措施案中,WTO争端解决机构指出,SCMA第1条第1款第2项“利益”(benefit)的规定并不是抽象的,而是指由受益人接受及享有的利益。同时,利益暗示了某种程度的比较,而市场基准(market benchmark)便是适当的比较标准。[②] 换句话说,利益存在与否取决于受益人所接受的利益,是否较市场其他参加者的条件为好。

在“美国软木案”中,[③]上诉庭重点分析了衡量利益幅度的标准。这一问题之所以重要是因为,仅确定了利益的存在并不能证明相关成员提供了补贴。只有当取得利益的代价,即利益的价格低于应支付的市场价格时,利益才被确定为补贴。低于的部分便是补贴幅度,本案如何确定加拿大提供采伐权的补贴幅度呢?

> 加拿大援引SCMA第14条第4款,“应参照所涉货物或服务在提供国或购买国现行市场的情况”。[④] 本案专家组支持加拿大的意见,论据是加拿大森林采伐权市场存在私人交易,而该私人交易便是确定市场价值的标准。美国质疑该论据,并提出提供货物成员国的市场在多大程度上受到政府的影响或有效的控制。上诉庭认为,在判断补贴是否存在时不应将相关市场,

---

① 参见“美国外国销售公司案”,第31—32页。转引自王贵国:《国际贸易法》,北京大学出版社2004年版,第214页。

② 参见“加拿大民用飞机上诉案”,第37—40页。转引自王贵国:《国际贸易法》,北京大学出版社2004年版,第211页。

③ See United States—Final Countervailing Duty Determination with Respect to Certain Softwood Lumber from Canada, WT/DS257/AB/R, 2004.

④ 参见王贵国:《国际贸易法》,北京大学出版社2004年版,第217页。

视为完全不受政府干预或100%公平的市场。

在"美国对从英国进口的热轧铅和比斯麻斯碳化钢征收反补贴税案"中,[①]重点分析了补贴的承受(pass-through)。1977年至1986年间,英国政府向其国营企业——英国钢铁公司(BSC)注资,之后在私有化过程中,BSC的资产、权利和义务,包括BSC在合营公司的股权,全部由英国钢铁上市公司(BSP)继承。该案上诉庭指出:

> 考虑到合营公司和英国钢铁上市公司都是以市场价格取得BSC的铅棒生产机器,因此它们没有继承BSC在1977年至1986年获得的补贴,从而裁定美国从1993年起征的反补贴税,违反了SCMA协议第21条。

针对补贴所授予利益的计算,SCMA规定,负责调查的主管机关所依据的计算方法,必须由相关成员的国内法或实施细则具体规定,且此类规定的实施必须有较高的透明度。此外,各成员国内法不得将下列诸项视为授予利益:(1)政府提供股本,除非相关投资决定与该成员领土内私营投资者的通常投资做法(包括风险资金)不一致;(2)政府贷款或贷款担保,利率低于可比商业贷款利率者或担保条件优于可比商业贷款担保者除外;(3)政府按市价提供货物或服务或购买货物。[②]

二、反补贴措施的法经济分析

Alan O. Sykes教授主张补贴能提升一国福利,理由是受补贴的进口品对进口国而言,意味着授予后者利益,它大大超过潜在损害。因此进口国政府最佳的反应是给补贴产品出口的政府寄去一封"致谢函"(letter of thanks),别的什么都不应做。[③] 退一步分析,即便反补贴在有些场合仍对进口国有益,如在本国公司拥有市场支配地位的大国,可通过课征反补贴税抽取垄断性租金,或对具有战略价值的部门给予保护。这两种场合下反补贴的功效与倾销类似,如前所论证并无助于全球经济福利。

John H. Jackson教授作为反倾销税的支持者,赞许反补贴税有助于制止无益的浪费,对夕阳产业越保护,政府就越深陷泥潭。因为补贴的提供给企业带来与经营效率无关的人为竞争力,或给效率低下的企业过剩配置资源,从而妨碍资源的最佳配置,降低世界福利的水准。此外,实施反补贴措施,还可对试图补贴

---

① See United States—Imposition of Countervailing Duties on Certain Hot-rolled Lead and Bismuth Carbon Steel Products Originating in the United Kingdom, WT/DS138/AB/R, 2000.

② 参见王贵国:《国际贸易法》,北京大学出版社2004年版,第237页。

③ 参见〔美〕约翰·杰克逊:《GATT/WTO法理与实践》,张玉卿等译,新华出版社2002年版,第100页。

的政府冲动发挥威慑预警功效,从而对世界福利提升有益。①

Sykes 针对这种乐观的意见提出 6 项质疑:②

第一,如何在"动真格"实施反补贴措施与威慑使用间,找到平衡。

第二,如果仅是某个进口国征收反补贴税,对全球福利的影响甚微。基于受补贴的产品由于价格低廉仍拥有广阔的国际市场,因此反补贴税支持者所标榜的"有助于提升全球福利"似乎没有现实基础。

第三,试图制止"浪费型"补贴,必然涉及补贴的界定。基于"专向性"标准极不明确,如对整个农业授予补贴,受益者乃是一个群体。

第四,Bagwell 的研究证明,③补贴有助于鼓励出口,确实有助于提升贸易总量,从而提升全球经济福利。

第五,现实情况下,进口国政府往往是在隔绝状态下审视反补贴计划,但实践中的公司会受到复杂税制、政府监管等各种因素的影响,如何确定政府影响的净收益为正,非常困难。

第六,WTO 法并不要求进口成员国在征收反补贴税前,应证明对国内同业造成损害。其标准是:证明存在利益的授予、符合专向性,以及受补贴的进口产品造成损害。这将导致反补贴税被不当运用,在没有产生跨国境影响的场合,如一国政府通过支付金钱补偿的手段,达到降低某产品生产量的目标。由于供应量减少,该产品市场价格上涨,使得外国同业受益。

为避免这种场合,Goetz、Granet 和 Schwartz 倡议改革反补贴法制,通过计算补贴计划低于边际成本的幅度,保证反补贴税的目标仅限于抵消补贴计划产生的跨境不利影响。④ 尽管学者观点仍没有得到实践权责机关的热烈响应,但 WTO 下《农业协定》强调区分"具有贸易扭曲效果"及"无扭曲效果"的补贴,应是朝着上述改革倡议方向取得的重要进展。

第四节 国际贸易救济法制改革的正义

一、国际贸易救济与发展中国家

1. SCMA 与发展中国家

尽管 SCMA 将禁止制成品出口补贴扩大及于发展中国家,也禁止进口替代

① 参见〔美〕约翰·杰克逊:《GATT/WTO 法理与实践》,张玉卿等译,新华出版社 2002 年版,第 108 页。

② See Alan O. Sykes, Trade Remedy Laws, http://ssrn.com/abstract_id = 698381, pp. 42—48.

③ See Kyle Bagwell & Robert W. Staiger, The Economics of The World Trading System, MIT Press, 2002.

④ See Charles Goetz, Lloyd Granet & Warren F. Schwartz, The Meaning of Subsidy and Injury in the Countervailing Duty Law, International Review of Law and Economics, Vol. 6, 1986, pp. 17—32.

补贴,[1]但对于发展中国家而言,补贴无论是在国内经济发展还是出口贸易方面,都可能是无法替代的。如中国入世时承诺将农业生产补贴限制在农业产值的8.5%;印度政府为某些出口导向企业提供免税期,并对化肥行业给予巨额补贴。[2]

基于补贴的这一特点,SCMA规定禁止出口补贴不适用于联合国指定的最不发达国家,也不适用于列入SCMA附件7(b)节中的那些国家,直到其年人均国民生产总值达到1000美元。无论中国还是印度都没有资格享受这种例外。对于那些没有资格享受这种例外的发展中国家,SCMA授予8年的过渡期,如今这种过渡期已经结束。所以,印度和中国都被禁止使用制成品出口补贴。

王贵国教授质疑SCMA授予发展中国家特殊待遇的有效性。在"巴西飞机出口融资案"中,加拿大认为巴西对飞机出口商提供的补贴与其本国经济的发展需要不一致,因此不能根据SCMA第27条第2款第2项,享有发展中国家为期8年的对出口补贴免责的待遇。上诉庭指出,从第27条的标题和内容看,很清楚该条是为发展中国家提供特殊和差别待遇,因此其规定的是发展中成员的权利,而非抗辩理由,所以加拿大负有举证责任。[3]

SCMA框架下的举证责任对发达国家很沉重,但同时上诉庭亦认可SCMA第27条第4款对发展中国家施加的3项条件:(1)不应提高出口补贴的水平;(2)应在8年内逐步取消出口补贴;(3)如果相关出口补贴不符合国家的发展需要,便应取消。本案最终裁定,巴西在飞机出口融资计划下提供的补贴超过了原先的水平。从中可以看出,在世贸组织制度下,几乎发展中国家成员享有的每一项权利都有一定的条件。

2. 保障措施与发展中国家

在《保障措施协定》下,发展中国家享有一定的特殊权利。根据该协定第9条第1款,对于来自于发展中国家的产品,只要其不超过进口成员进口份额的3%,任何成员不得对之实施保障措施。但实践中,与补贴一样,该特殊待遇同样负有一定的条件,使其效果大打折扣。

如该协定规定,即使单个发展中国家的进口份额未超过3%,但所有出口相关产品的发展中成员所占进口份额超过该产品总进口量的9%,则进口成员可以在通知保障措施委员会后,对之实施保障措施。

在"美国焊线管保障措施案"中,原诉方韩国指控美国违反了《保障措施协定》第9条第1款,理由是美国规定的标准是年进口量9000吨以下免征附加关

---

① 参见〔美〕Joel P. Trachtman:《WTO与中印发展政策》,韩秀丽译,载陈安主编:《国际经济法学刊》(第13卷第4期),北京大学出版社2007年版,第49页。

② 同上书,第56页。

③ 参见王贵国:《国际贸易法》,北京大学出版社2004年版,第224页。

税,无论产品来源地是发达国家,还是发展中国家。根据专家组掌握的证据,美国给予的年进口量9000吨配额只相当于总进口量的2.7%。证据显示,只有当该配额达到1万吨时才相当于美国进口总量的3%。上诉庭认为:第9条第1款所规定的是发展中国家应享有的最低待遇;鉴于美国没有采取措施对低于进口总量3%的来自于发展中国家的进口给予免征附加关税的待遇,从而判定其违反该条。①

从该案可以看出,相关进口成员是否履行了关于发展中国家特殊待遇的义务不仅仅是原则问题,其实涉及很详细的计算。同时如果进口成员如美国,将免受保障措施的进口量一视同仁地适用于所有相关产品的生产成员或出口成员,其便满足了第9条的规定。但结果是发展中国家和发达国家事实上受到同样的待遇。王贵国教授评论,这又是《世贸组织协定》对实际保护发展中国家的利益甚为不利的证据。②

二、国际贸易救济与中国非市场经济地位

在《中国加入WTO议定书》和《中国加入WTO工作组报告》中,有4项特殊的条款特别引人注目。它们是:(1)反倾销和反补贴措施中为期15年的正常价值特殊确定标准;(2)为期12年的特定产品过渡性保障机制;(3)为期8年的纺织品过渡性保障措施;(4)为期10年的过渡性报告审议机制。③ 诚如曾令良教授所评价的,这些条款的根本原因是中国的市场经济地位问题。④

美国和其他世界贸易强国或国家集团怀疑和不承认中国的市场经济地位,是上述特定产品过渡性保障机制的症结所在。从历史上看,在20世纪60年代末、70年代初,当时东欧的波兰、罗马尼亚、匈牙利在加入GATT议定书时,也曾因为非市场经济地位而被迫接受了“特殊保障措施条款”。

尽管有中国学者评价这种“特保机制”是一种歧视性的、变相的“灰色领域措施”,它在WTO法律体系中的合法性和有效性在理论上并非不可争议,但无论如何,重视并有效改善美欧对中国非市场经济地位的看法,乃是绕不过的现实挑战。

晚近美欧在中国非市场经济问题上,都认识到中国在市场经济改革中取得

---

① 参见王贵国:《国际贸易法》,北京大学出版社2004年版,第224页。

② 同上书,第306—307页。

③ 相关文件条款分别是:[1] Protocol on the Accession of the People's Republic of China, Article 15. [2] Protocol on the Accession of the People's Republic of China, Article 16.《中华人民共和国加入WTO工作组报告》,第245—250段。[3]《中华人民共和国加入WTO工作组报告》,第241—242段。[4] Protocol on the Accession of the People's Republic of China, Article 18.

④ 参见曾令良:《中国特定产品过渡性保障机制的有效性与合理性问题》,载《法学评论》2005年第5期。

的重大成就。相应地,在反倾销调查中,也不再顽固地坚持无条件地采取替代国方法,或一国一税的原则。2004 年 6 月,欧盟公布《中国:贸易保护调查中的市场经济地位》。该份初步评估报告提出,如果中国能在下述 4 项议题上有所改进,欧盟将会认真考虑中国的完全市场经济地位:[1]

第一,减少国家影响。如通过减少政府干预以确保所有公司享有平等的待遇。

第二,公司治理。为确保贸易保护调查中信息的可得性和可比性,中国应更多遵循国际通行会计准则。

第三,通过《财产法》和《破产法》。

第四,金融部门应置于市场规制下,取消歧视性障碍。

客观而言,欧盟的这几项关键议题对衡量中国完全市场经济并非没有启迪。[2] 按我国原先的体制,企业资不抵债欲寻求破产保护,却要向主管部门和地方政府申请破产指标,理由正是我国《企业破产法(试行)》存在诸多不完善之处。2006 年以来,中国新《企业破产法》、《物权法》相继颁布。

对应第四项,截至 2009 年 7 月底,沪深股市总市值 23 万多亿元人民币,全球排名第三位。2009 年 6 月在英国《银行家》杂志评出的"最赚钱银行"榜单中,来自中国的银行占据了前五名中的三席,而中国工商银行更以 213 亿美元的净利荣膺全球最赚钱银行之首。其后是中国建设银行,后者的盈利为 175 亿美元;中国银行也以 126 亿美元的盈利进入前五。关于中国市场经济地位承认的政治问题,请参阅本书第七章的相关论述。

三、国际贸易法制的全球正义

1. 罗尔斯的原初状态与作为公平的正义

根据 Eric Reinhardt 和 Marc Busch 的研究,"发展中国家在 WTO 体制中对发达国家提出申诉的数量比 1989 年后 GATT 体制下少了 1/3。与之相比,发展中国家成为申诉对象国的可能性却提高了 5 倍。""发展中国家在贸易救济争端解决程序中被边缘化的主要原因有三:第一,援用争端解决机制的成本太高;第二,即便当发展中国家的确涉入某些对自身意义重大的案件,它们也是'一次性'而非'反复'参与其中;第三,WTO 裁决执行依赖贸易报复而非补偿性支付,这对发

① 参见陈力:《国际贸易救济法律制度中的非市场经济规则:以美国欧盟为视角》,上海人民出版社 2007 年版,第 224 页。

② See Changho Sohn, Treatment of Non-market Economy Countries under the World Trade Organization Anti-dumping Regime, Journal of World Trade, Vol. 39 (4), 2005, pp. 763—786.

展中国家不利。”[①]由此可见,国际贸易救济集中体现了发展中国家作为弱势群体的整体格局。所谓“牵一发而动全身”,要从根本上解决提高发展中国家特殊待遇的实际效果、改善中国非市场经济歧视等议题,必须启动国际贸易法制的正义改革。国际贸易的哲学基础乃是美英等贸易大国所信奉的自由主义,[②]而自由主义学派中,哈佛大学教授罗尔斯更以其“作为公平的正义”(justice as fairness)的理念,系统研究了区分国内和国际场合,如何重建正义。美国波士顿大学教授 Frank Garcia 则援引罗尔斯的哲学体系,提出国际贸易法制的全球正义,启示良多。[③]

罗尔斯十分关注社会基本品(social primary goods)分配不公之现实挑战。他认为分配正义的根本问题,源于自然基本品(natural primary goods)的分配不平等,而在既存社会制度的运作下,自然导向权利、财富、收入与机会等社会基本品的分配不公。国内场合如此,国际社会同样有自然禀赋的不平等,诚如人智力、健康和想象力不同,国家也有地理、气候和自然资源的差异。具体至国际贸易领域,也有规模大小的区分。规模较小的经济体,参与国际贸易困难重重,[④]最终影响国家经济增长、政策选择和发展潜力。

套用罗氏哲学术语,规模较小的经济体乃是“自然和社会禀赋不平等的混合体”,尽管一国承继不同的自然禀赋本身,在道德层面是中性的。综上,考虑到国家自然禀赋不平等、分配过程任意、社会结果不公等现实因素,要重建国际正义须回到罗氏构想的“原初状态”(original position),并让代表自主选择相应的分配原则。相应地,原则应区分国内和国际两种场合。在国内场合可提炼出两项原则,即“平等式自由”和“分配正义”;至于这两项原则能否扩及国际场合,罗氏对“分配正义”被实质性接纳的前景表示悲观。[⑤] 其中第一项平等式自由原则的基本观点是:为实现“作为公平的正义”,社会资源的分配应最有利于优势最小(least-advantaged)的人,国家应通过立法重置资源分配过程,向这类人倾斜利益。

2. 国际贸易发展法哲学的三条原则

推广罗氏理论至国际贸易法,[⑥]Frank Garcia 提出国际贸易体制正义原则的

---

① 〔英〕Amrita Narlikar:《权力、政治与 WTO》,陈泰锋等译,外语教学与研究出版社 2007 年版,第 237—238 页。

② See Anne Marie Slaughter, International Law in a World of Liberal States, 6 European Journal of International Law 1, 1995, pp. 5—10.

③ See Frank J. Garcia, Global Justice and the Bretton Woods Institutions, 10 J. Int'l Econ. L. 461, 2007.

④ See Dermot McCann, Small States in Globalizing Markets: The End of National Economic Sovereignty, 34 New York University Journal of International Law & Policy 281, 2001.

⑤ See John Rawls, A Theory of Justice, Belknap Press, 1971, pp. 152—157.

⑥ 由于国际场合的基本单元“国家”和国内场合的基本单元“自然人”,仍有根本之不同,所以不少学者质疑罗氏《万民法》一书,将国内“原初状态”扩大至国际场合,演绎正义论的可行性。See Charles R. Beitz, Political Theory and International Relations, Princeton University Press, 1979, p. 151。

"三段论"标准。[①]

第一,国际社会和经济体制的不平等,仅当能对所有国家产生补偿利益,并有利于最小优势国家时,才具有正当性。一旦选定原则,接下来就是选择宪法和立法机构。在国际贸易法领域,GATT/WTO 条约群发挥着宪法功能,而立法机构则是成员方派出参与贸易谈判的外交代表。

现行国际贸易体制的基石乃是强调自由贸易,而遵循比较优势原则确实能提升世界整体福利,即对所有国家产生补偿利益,但仍无助于最小优势国家的利益。因为公平贸易并不等同于自由贸易,在自然资源丰富、人力资本充足和技术高度发达的经济体,将催生出强大的国内消费市场。反之,最小优势国家由于自然资源贫瘠、人力资本和技术高度落后,自然仅有孱弱的国内消费市场。因此"市场准入"就成为解决不平等方案中的关键变量。自然地,Frank Garcia 提出改善贸易市场准入的原则。

第二,基于经济体市场规模的不平等,国家应确保经济市场准入有利于最小优势国家。如果贸易市场准入按照原先的互惠模式(reciprocal model)运作,"你开放你的,我开放我的",这对最小优势国家并无任何益处。于是国际贸易法提出"特殊且有差别待遇原则"(special & differential treatment, S&D),晚近欧盟甚至提出,对最不发达国家的产品进口秉持"除武器外一切放行"的理念。[②] 但考察当代国际法的实践,"S&D 原则"的理念并没有真正落至实处:它允许发达国家单边撤回、放行清单往往排除发展中国家最具竞争力的产品以及施加了非贸易的条件。[③] 显然,需要重新审视"S&D 原则",毕竟正义不是可选择和可单边撤回的。

第三,国际贸易体制应为最小优势国家提供优惠的市场准入机会,特殊且有差别待遇原则应是有约束力、非排他和无条件的。

第五节　中国对外贸易救济法制及其实践

一、中国反倾销立法及其实践

(一) 中国反倾销立法沿革及实践

我国早在 1994 年颁布的《对外贸易法》第 30 条规定:"产品以低于正常价值的方式进口,并由此对国内已建立的相关产业造成实质损害或者产生实质损

---

① See Frank J. Garcia, Global Justice and the Bretton Woods Institutions, 10 J. Int'l Econ. L. 461, 2007, p.466.

② 参见〔法〕帕斯卡·拉米:《以欧洲的名义》,苗建敏译,中信出版社 2004 年版。

③ See Frank J. Garcia, Trade and Inequality: Economic Justice and the Developing World, 21 Michigan Journal of International Law 925, 2000, pp.155—168.

害的威胁，或者对国内建立相关产业造成实质阻碍时，国家可以采取必要措施，消除或者减轻这种损害或者损害的威胁或者阻碍。”

根据我国《对外贸易法》的规定，并参照世贸组织和相关国家的立法实践，我国于1997年3月25日由国务院颁布实施《反倾销和反补贴条例》，这是我国关于反倾销的第一部专门法规。根据该条例，应国内9家造纸企业申请，原外经贸部于1997年12月10日对自美国、加拿大和韩国进口的新闻纸发起我国历史上的首例反倾销调查。

2001年11月26日，在我国入世前夕，国务院颁布《反倾销条例》，自2002年1月1日起施行，原先的《反倾销和反补贴条例》中关于反补贴的规定同时废止。2004年3月31日对该条例进行了少量修改，主要是统一了反倾销的主管机构，即反倾销调查以及复审均由商务部负责；增加了征收反倾销税和接受价格承诺应对符合公共利益的条款；增加了有利于追溯征税措施的规定。①

2004年，第十届全国人大常委会第八次会议对《对外贸易法》进行了修订，新法中与反倾销相关的条文主要有4条：第一，第41条重申了旧法第30条内容；第二，第42条增加了请求第三国代为采取反倾销措施的规定；第三，第50条确定对规避该法规定的对外贸易救济措施（包括规避反倾销行为）可以采取必要的反规避措施；第四，第66条规定可以对反倾销措施等外贸管理行政行为提起行政复议或行政诉讼。②

对于反倾销行政诉讼，2002年最高人民法院专门颁布《关于审理国际贸易行政案件若干问题的规定》和《关于审理反倾销行政案件应用法律若干问题的规定》。根据这两项规定，涉及反倾销的行政诉讼案件，一审法院为北京市高级人民法院或其指定的中级人民法院。关于反倾销行政案件的法律适用，法院依照行政诉讼法及其他有关反倾销的法律、行政法规，参照国务院部门规章，对被诉反倾销行政行为的事实问题和法律问题进行合法性审查。换句话说，人民法院审理反倾销、反补贴行政案件，不适用地方性法规，这是由外贸政策的统一性以及反倾销、反补贴行政案件的特点所决定的。③

根据商务部的统计，截止2007年6月应国内产业申请，我国对进口产品发起反倾销调查案件共48起（按WTO“被调查产品所涉国别数量”进行统计，立案数量为150起），覆盖全国26个省区市的136家申请企业，其中包括中石油、中石化、宝钢、武钢等大型生产企业和一批中、小型企业。经过调查，最终采取反倾销措施的案件有36起；在最终未采取反倾销措施的9起案件中，因证明国内产

① 参见贺小勇主编：《国际经济法学》，中国政法大学出版社2008年版，第190页。
② 同上。
③ 参见徐来：《依法认真审理反倾销反补贴行政案件——访最高人民法院副院长李国光》，载《法制日报》2002年12月6日。

业没有受到实质损害终止调查的4起,因微量倾销终止调查的1起,因申请人撤诉终止调查的3起,因行政复议撤销反倾销措施的1起。在采取措施的案件中,有的应诉企业获得零税率,有的世贸成员因其进口量可忽略不计而终止调查。

(二)中国反倾销立法可跟进国际立法的新发展

我国反倾销立法持续更新的一个可行路径是跟进多哈回合修订反倾销规则的新发展。鉴于当前反倾销措施的普遍使用以及其对全球自由贸易体制产生的消极影响,特别是"归零法"、"非归因性要求"(即确保其他因素造成的损害未归咎于倾销进口产品)、"反规避"和"日落复审"等具体问题的争议仍没有定论,针对如何改革或完善现行的WTO反倾销规则的问题,主管反倾销谈判工作的规则谈判工作组主席、乌拉圭常驻WTO大使加尔米斯先生(Guillermo Valles Galmés)于2007年11月30日公布的"《反倾销协定》修订草案"(简称"主席文本")值得参考。①

除触及前述反倾销几大难题外,主席文本还在提高反倾销程序的透明度、增加公共利益条款、不得针对同一产品在一年内重复启动反倾销调查、建立反倾销措施委员会的定期审查机制等方面提出了重要的修订意见,对于限制和规范反倾销措施的采用具有积极意义。但是主席文本在某些方面也难言令人满意,例如对于发展中成员普遍反映的应强制适用"轻税征收"、澄清或改革有关发展中国家特殊待遇的第15条等意见未予回应。

此外,韩国学者Sungjoon Cho在《贸易救济的救济》文中提出以反垄断法作为彻底改革反倾销的思路,可资参考。② Sungjoon Cho用"诡异"来形容认定倾销中"损害"和"价格"的过程,并论证其间程序负担的不正义,从而提炼出反倾销制度的两大失败:经济派系之麦迪逊式失败(economic factionism: a madisonian failure);助长寡头定价的卡特尔化、阻隔反垄断的作用(cartelization: an antitrust failure)。

于是他提出改革反倾销制度的三条路径:第一,对现行反倾销规则进行修补甚至废除。第二,若废弃反倾销规则,则以反垄断作为备选项,有三种具体路径:(1)行政裁决,具体至中国就由商务部反垄断主管机关负责;(2)"法庭之友"(amicus briefs)发挥作用;(3)向法院提起诉讼。第三,参考美国Noerr-Penning-

---

① 参见刘勇:《多哈回合反倾销规则改革的最新成果探析》,载《世界贸易组织动态与研究》2008年第8期。

② See Sungjoon Cho, Remedying Trade Remedies, SSRN, March 8, 2007, http://papers.ssrn.com/sol3/papers.cfm?abstract_id=969387.

ton 判例法原则(豁免请愿行为)对反垄断实践进行限制。[①]

二、中国反补贴立法及其实践

(一) 中国反补贴形势及其法律实践

与反倾销调查相比,长期以来,中国产品很少受到国外反补贴调查,原因在于许多国家把中国视为非市场经济体,又一直实行不对非市场经济国家产品适用反补贴措施的政策。例如,自 20 世纪 80 年代以来,美国商务部一直坚持不对非市场经济国家的出口产品发起反补贴调查的政策。这可追溯到 1984 年美国商务部对"乔治城公司和大陆钢铁公司诉捷克斯洛伐克和波兰钢丝绳出口补贴案"的认定。[②]

但随着中国市场经济体制的完善,越来越多的国家对我国市场经济地位予以承认,反补贴调查将成为中国产品出口面临的一个新问题。特别是,国际金融市场潜在风险增大,国际石油和粮食等价格持续走高,WTO 多哈回合谈判受阻,国际经贸摩擦增多,贸易保护主义和投资保护主义加剧;国际贸易摩擦的领域不断延伸,由飞机、钢铁制品到芯片、玉米,贸易保护的工具也由最为频繁的反倾销调查,变为反倾销、反补贴的合并调查。[③]

2007 年 2 月 2 日,美国在 WTO 要求与中国给予在中国的企业退还、减少或者免除政府应收税收或其他费用的某些措施进行磋商,涉及外商投资企业享受所得税减免、购买国产设备享受增值税退税和所得税抵免、内资企业因技术改造购买国产设备抵免企业所得税等,认为这些减免税费违反了《补贴与反补贴协议》第 3 条规定的"禁止性补贴",以及《中国入世议定书》第 10 条及《中国工作组报告书》第 167 与 168 段的要求。[④] 2 月 27 日,墨西哥、欧盟、日本、澳大利亚也相继参加了磋商。[⑤]

2007 年 11 月 29 日,中国与美国、墨西哥在日内瓦就此案签订了谅解备忘录,在备忘录中向美、墨澄清所谓外商投资企业免缴职工物价补贴的政策早已不再实施,有关采购国产设备退增值税的政策并不构成 WTO 禁止的补贴,争端涉及的其余所得税优惠政策则已经或即将随着新《企业所得税法》的实施废止等。

---

① Noerr-Pennington 学说由美国最高法院确立,其名称来源于该院的两个案例: Eastern Railroad Presidents Conference v. Noerr Motor Freight, Inc. (1961) 和 United Mine Workers of America v. Pennington. (1965)。所谓请愿行为,是指企业或企业联合组织要求联邦政府或州政府采取措施限制贸易等游说行为。最高法院判决指出,仅仅请愿游说企图影响法律的通过和实施的行为没有违反美国《谢尔曼法》。

② 参见贺小勇主编:《国际经济法学》,中国政法大学出版社 2008 年版,第 200 页。

③ 参见单一:《WTO 框架补贴与反补贴法律制度与实务》,法律出版社 2008 年版,曹建明序言。

④ WT/DS358/1.

⑤ 参见纪文华:《2007 年 WTO 争端解决活动及中国参与情况述评》,载陈安主编:《国际经济法学刊》(第 15 卷),北京大学出版社 2008 年版,第 293—294 页。

备忘录的签署标志着争端方就本案达成解决办法。

2007年3月27日,美国著名国际贸易专家巴格瓦蒂在向国会参议院财政委员会对"美国贸易政策——中国问题"作证中指出:当今美国贸易政策中存在两大问题,其一是"中国问题",其二是美国面临的"出口保护主义"。[①] 在这种背景下,美国行使其贸易救济权利,监督中国履行《入世议定书》与《工作组报告书》下的补贴义务之实践,充分证明美国正在实施以贸易权利为导向的新型的对华贸易政策,这将考验中国政府履行复杂入世承诺的能力。

无论是美国对中国自铜版纸反补贴案之后发起的一连串"反倾销反补贴合并"案件,还是利用WTO争端解决机制控告中国知识产权保护不力、出版物与音像制品市场准入等案件,均说明美国真正开始与中国在"不平衡"的贸易关系发展中展开较量。而美国对中国实施"双轨制反补贴措施",对中国的可诉性补贴与禁止性补贴左右开弓恰恰正是在这场较量进行之中,有学者分析这是美国刻意选择的突破口。[②]

(二) 中国反补贴立法之修改与完善

从1994年《对外贸易法》对反补贴问题作出初步规定,到2004年国务院对《反补贴条例》进行修改,我国已初步建立了以《对外贸易法》为指导、以《反补贴条例》为核心,包括诸多行政规章和《关于审理反补贴行政案件应用法律若干问题的规定》等司法解释的反补贴立法体系。但是,与国际上先进的反补贴立法相比,我国的反补贴立法还存在着较多缺陷和不足,与WTO《反补贴协议》的差距也较明显。[③]

三、中国纺织品到轮胎特殊保障案的发展及法律问题

(一) 中国纺织品特保条款"市场扰乱"之澄清

在2005年以前,纺织品特保措施在中国几乎没有受到多少公众注意。随着《纺织品与服装协定》(Agreement on Textiles and Clothing)于2005年1月1日起失效和欧美等国家在该协定失效后对中国纺织品采取特殊保障措施所实施的限制,《中国加入工作组报告》(Report of Working Party on the Accession of China)第242条(或译为第242段)的解读和适用成为中国政府、纺织界和法律界所关注的重要问题之一。[④]

---

① 参见陈利强:《WTO协定下美国贸易权利论——以美国对中国实施"双轨制反补贴措施"为视角》,载《法律科学》2008年第2期。

② 同上。

③ 参见徐来:《依法认真审理反倾销反补贴行政案件——访最高人民法院副院长李国光》,载《法制日报》2002年12月6日。

④ 参见莫世健:《针对中国的纺织品特保条款"市场扰乱"概念解析》,载陈安主编:《国际经济法学刊》(第13卷),北京大学出版社2006年版,第158—159页。

在中国加入世贸组织时，由于部分 WTO 成员，特别是欧美国家的坚持，《中国加入工作组报告》第 242 条对 2005 年 1 月 1 日至 2008 年 12 月 31 日期间中国纺织品的出口作出了限制性规定，即允许其他 WTO 成员按照第 242 条所设立条件限制中国纺织品的进口总量。第 242 条被普遍认为是 1997 年《中美双边纺织品协定》(Sino-US Bilateral Textiles Agreement)中的特保措施的翻版或者延续。它实际上是在全球化的纺织品与服装限制过渡期结束后对中国纺织品特别实施的过渡性限制措施。①

2005 年，欧盟和美国率先对中国纺织品采取了第 242 条所规定的特保措施，即欧盟于 2005 年上半年开始对原产于中国的 10 类纺织品(包括棉布、T 恤衫、套头衫、裤子、女式衬衫、床单、女连衣裙、胸衣、桌布、亚麻纱)启动了特保措施调查程序，美国则于 2005 年 5 月宣布增加受限制调查的中国纺织品。中欧之间的纺织品争议由 2005 年 6 月 10 日达成的《中欧纺织品协定》加以解决。中美之间的纺织品争议则于 2005 年 11 月 8 日通过签订《纺织品和服装贸易的谅解备忘录》而解决。这就是 2005 年中欧和中美纺织品争议的由来。由于欧盟和美国市场对于中国纺织品的重要性，2005 年的纺织品争议及其解决成为中国 2005 年重大贸易纠纷之一。②

虽然纺织品特保条款的适用时限是 2005 年 1 月 1 日至 2008 年 12 月 31 日，换句话说，它不再适用于 2009 年以后的纺织品贸易，但探究这场由欧盟率先发起、美国作为主力参与的纺织品争端的法律问题，对分析 2009 年 9 月中方主动对美向 WTO 提出申诉的轮胎特保案具有极强的实践参考价值。

在纺织品特保案中，中国和其他 WTO 成员之间对第 242 条适用要件和程序存在着不同解释。例如欧盟发布的《对中国纺织品实施特保措施指南》规定，可以为保护其他欧盟纺织品市场传统出口商而援用纺织品特保措施；美国则以实质性损害标准认定市场扰乱以启动第 242 条程序。③

事后反思这场中美欧的纺织品特保争端，有学者提出不应简单化处理第 242 条的解释和适用，要运用国际法通用解释规则对第 242 条进行解释，达到既能妥善处理中国和限制进口方之间的利益冲突，又可以最大限度地保护自己利益。为此需要明确以下几点：④

第一，第 242 条必须独立于《中国入世议定书》第 16 条体系之外解释，并参

① 参见莫世健：《针对中国的纺织品特保条款"市场扰乱"概念解析》，载陈安主编：《国际经济法学刊》(第 13 卷)，北京大学出版社 2006 年版，第 158—159 页。

② 参见柯象中：《纺织品贸易争端 世贸框架内寻求解决之道》，载《中国财经报》2005 年 5 月 31 日。

③ 参见莫世健：《针对中国的纺织品特保条款"市场扰乱"概念解析》，载陈安主编：《国际经济法学刊》(第 13 卷)，北京大学出版社 2006 年版，第 158—159 页。

④ 同上。

考类似条款在国际贸易领域和 WTO 框架内的演进过程加以解释。

第二,第 242 条是《纺织品与服装协定》第 6 条特保措施的延续,不是第 16 条在纺织品贸易上的细化。由于第 16 条完全可以适用于纺织品贸易,所以第 242 条进一步细化纺织品方面的限制缺乏合理性。

第三,第 242 条的启动是以进口方自己的判断或信念为基础的,但进口方有义务提供现行数据证明其判断或信念的合理性。

第四,市场扰乱和贸易有序发展为不同概念,但两个概念密切相关,且市场扰乱的存在应当是阻碍贸易有序发展的原因。

第五,纺织品贸易市场有序发展必须仅以国内企业构成的市场为判断基础。第 242 条不可能也不应该保护其他 WTO 成员的纺织品企业。WTO 体系中根本没有明确地为保护第三方出口商利益而限制某国纺织品进口的保障措施范例。

第六,进口方在提起磋商请求时必须提供确信的数据和理由,以及提起磋商的法律依据。

第七,中国在入世时已经同意,只要 WTO 一成员按照第 242 条启动磋商程序,该成员即有权按照 6% 或 7.6% 的增长率,以提起磋商请求当月前的最近 14 个月中前 12 个月的进口数据为基础限制中国纺织品的进口。

第八,除非中国同意,每次启动纺织品特保措施的实施期最多不超过 1 年。但进口方有权在一年实施期结束后,按照第 242 条再次实施纺织品特保措施。必须强调允许再次实施,并不等于允许连续实施。进口方有义务按照第 242 条的标准和程序证明市场扰乱和阻碍贸易有序发展威胁的存在,作为再次实施纺织品特保措施的前提。①

2009 年 9 月 11 日,奥巴马政府决定对中国输美轮胎加征 30% 进口关税实施特保后,中国方面迅速作出了强烈反应,威胁要通过对进口自美国的汽车产品和鸡肉加征关税予以报复。在次贷危机重创全球经济的当下,奥巴马政府对华轮胎实施特保极易挑起贸易保护战,因为美国的所谓技术性措施是难以与纯粹的保护主义措施区分开的,特别是在公众眼里。因此,显示对华采取强硬立场的象征性措施,其主要作用只能是为中国自己采取明确的保护主义措施,或者将原本暗中实施的保护主义措施公开化提供借口。②

事实上,美国已经违反了两国及二十国集团其他国家领导人在各类峰会上的承诺,即要避免采取保护主义措施。针对美国在其财政刺激法案中加入的“买美国货”条款,中国也在自己的经济刺激方案中加入了“买中国货”条款。在美国钢

① 参见莫世健:《针对中国的纺织品特保条款“市场扰乱”概念解析》,载陈安主编:《国际经济法学刊》(第 13 卷),北京大学出版社 2006 年版,第 158—159 页。

② 参见 Eswar Prasad :《危险的“鸡战”游戏》,载《华尔街日报》(中文版)2009 年 9 月 15 日。

铁工人工会和国内一些钢管制造商的敦促下,美国最近决定对进口自中国的某些钢管加征关税。所有这些措施都几乎不会给普通美国人和中国人带来任何好处。[①]

结合前述纺织品特保案的经验教训,要妥善处理中美轮胎特保案首先须明确双方的利益所在,再分别分析双方的法律争点及其有利于己方的法律解释,最后回到政治的谈判桌前为政经利益的权衡寻找契机和突破口。而一位美国律师在我国《南方周末》上发表的文章,从正反两方面分析了中国的利弊,尤其是他分析了中国诉讼策略应对的失误,值得参考。[②]

(二)中美轮胎特保案的法律及政治难题

1. 轮胎案的法律难题

根据美国《1974年贸易法》421条款提出诉求的是美国钢铁工人联合会(简称"钢铁工会"),[③]它认为中国对美国出口的商用轮胎数量大幅增长导致了市场混乱,希望限制从中国进口轮胎。但自2009年4月该事件展开以来,没有任何一家轮胎制造商参与提出该诉求。

由于是钢铁工会,而非一家轮胎制造商提出诉求。因此,轮胎产业的调整计划并不存在。而没有产业调整计划,特保就没有任何意义。即便钢铁工会能拿出一项计划,也无法付诸实施。因为只有轮胎制造商才能这么做。于是这次特保看起来更像是对付中国轮胎进口大增的一项措施,而不是为受影响产业制定的一项过渡措施。

虽然旨在阻止中国向美出口轮胎,但辅之以相关产业调整计划对特保非常关键。第421条虽对此没有正式要求,但美国国际贸易委员会(ITC)认为,如果没有产业调整计划,特保救济措施等于没有任何意义。

从法律上分析,一般情况下《1974年贸易法》第201条(即美国贸易法中在非歧视原则基础上对所有出口国的同一出口产品实施的保障措施)都强调产业调整计划的必要,1998年美国对面筋粉实施3年特保就是适例,[④]何况特殊情况

① 参见Eswar Prasad:《危险的"鸡战"游戏》,载《华尔街日报》(中文版)2009年9月15日。

② 参见Eliot J. Feldman:《中美轮胎特保案的法律及政治难题》,载《南方周末》2009年9月17日。

③ 美国《永久性正常贸易关系法案》(PNTR法案)修改了美国《1974年贸易法》,规定在对华贸易关系中,中止第406条对中国的适用,而在美国《1974年贸易法》第四部分加入第二章"进行贸易救济、避免美国市场遭受市场扰乱和贸易转移",其中第421节为"针对市场扰乱采取的措施"(俗称"421条款"),第422节为"应对贸易转移的措施",第423节为"规则与条款的终止日期"。

④ 1998年5月30日,美国发布第7103号通告,"为了促进积极调整以对抗来自进口面筋粉的竞争"。虽然美国国内产业因来自欧洲的面筋粉进口量大幅上涨受到沉重打击,当时欧洲的小麦淀粉产量突然增长(面筋粉是小麦淀粉生产过程中产生的一种副产品),国内面筋粉产业还是提出了一项计划,制定出时间表,并定期公布计划的进展情况,这样做既是为了最初申请保护,也是为了让总统授予的进口配额延续3年。面筋粉计划是让整个产业从生产面包面筋粉转变成生产更高价值和不同类型的产品。这个产业发展起来了,例如,环保的生物可降解帐篷桩子和面筋粉制成的高尔夫球座,以及食品如热狗和煎饼。产业代表会介绍新产品,有时会在美国贸易代表办公室、美国国家农业部和其他感兴趣的联邦机构,为官员进行厨艺示范,以说服他们调整计划是真实的和可行的。按照律师的观点,如果没有调整计划,克林顿总统不会签署同意任何保护申请,更不要说对小麦面筋粉的三次保护申请了(包括每年的重申)。

下的第421条(即专门针对中国这个美国认为是非市场经济国家的贸易保障措施)。

在轮胎案中,轮胎产业自身没有提出任何要求,奥巴马总统仍被钢铁工会要求针对中国商业轮胎进口增长提供救济。工会要的是借轮胎制造提高就业率,根据钢铁工会经济顾问所言,"实施保护主要是防止更多的美国轮胎厂关闭和该产业仍然庞大的就业机会的丧失"。然而,美国轮胎公司并不希望制造那些工会成员曾经被雇用来制造的旧款的轮胎,因此能否让生产旧款轮胎的工厂继续开着仍是问题。由此,减少或限制从中国进口商业轮胎的补救措施不能使工会得到长期的救济,对国内的轮胎产业亦如此。

2. 中国特保申辩中政经与法律准备失衡

在特保案辩护中,中国作了一系列的战略选择,其中有两点最为突出。首先,中国方面(指中国五矿化工进出口商会和中国橡胶工业协会,它们也获得了美国轮胎自由贸易联盟的鼎力支持,美国轮胎自由贸易联盟是在美国的中国轮胎主要客户专为此案成立的组织)更多地强调经济而非法律。它们没有依赖法律参考、法例释义、谈判历史、判例,而是主要依赖所雇用咨询公司的经济分析。在美国贸易代表办公室牵头的跨部门贸易政策工作委员会的公开听证会上,它们甚至几乎没有引用法律。

很多经济分析,无论对错,取决于对ITC经济分析的尖锐批评。这一选择低估了ITC的法律权威性,也低估了ITC的政治性,事实上它主要由和总统同一党派的官员主导。一位美国律师认为:"中国采取的经济与政治层面之组合辩护,而不是基于法律解释和判例的策略,让奥巴马总统很难在此案中为中国利益决策,毕竟他曾经是一名律师和宪法学教授。他容易受到强大法律辩护的影响。如果他确实有意拒绝ITC的特保建议的话——无论出于国家的经济利益、与中国关系或者所采取措施的无效性——他都需要,而且会喜欢基于他可以信任的强大的法律辩护。"①

这位律师还认为:"中国方面的辩词,其精髓是一种共和党立场,即力劝奥巴马接受轮胎制造业的这样一种选择,即将关闭工厂、解雇工人作为全球成本策略的一部分。这一辩词在布什时期或许能引起共鸣。然而,在定义美国政治的两党体系中,那些忠诚于中国方面所宣扬的立场的人,已经在选举中失败了。他们试图对奥巴马如何保护工作机会的指导在经济危机的当下显得尤其空洞,因为在民众看来,正是他们制造了这次危机。因此,政治层面的辩护辅以经济分析,不太可能会打动奥巴马,反而可能会取得加强工会立场的效果。"②

① Eliot J. Feldman:《中美轮胎特保案的法律及政治难题》,载《南方周末》2009年9月17日。
② 同上。

3. 中国轮胎特保案的应对思路

轮胎特保案发生的时机特殊、政治敏感度极高,需要中美双方审慎应对。尽管前述提到特保听证会上中方申辩对法律的援引不足,但在奥巴马总统对轮胎特保作出正式决策后,有学者主张随后的应对仍应着眼于政治游说和对法律程序的娴熟掌控。

从性质上分析,特保措施属于行政性措施,一般具有三项共性特征:(1) 易政治化;(2) 变数较多、容易妥协;(3) 有政治游说的空间。

首要策略是"去政治化"应对。虽然特保所含政治利益多变,美国总统拥有极强的自由裁量权。就像 John H. Jackson 教授曾例证这种政治因素:几年前,我在与某欧洲国家的高级贸易官员深入讨论贸易政策时,该官员坦率地说:"只要我们为了政治需要,总是可以发现'损害'的"。① 但在当前贸易保护主义不得人心的国际大环境下,在中美战略合作利益多于对抗的当下,避免被贴上"贸易保护总统"的标签也是各国领导人所忌讳的政治考量。在诸多冲突政治利益的作用下,美国总统也会青睐"去政治化"的处理思路。布什总统任内发生的 6 起"421 条款"争端中,其中 2 起在第一阶段即因美国国际贸易委员会的消极裁决而胎死腹中,其余 4 起则全数遭到美国总统的否决。

其次是努力到特保的最后一项程序缓解,不放弃特保回转的机会。根据《中国入世议定书》第 16 条第 1 款规定,受市场扰乱影响的 WTO 成员"可请求与中国进行磋商,以期寻求双方满意的解决办法"。可见,对于特保措施,中国可以通过双边磋商获得回旋余地。例如轮胎特保案就藏转机,奥巴马总统 6 个月后或"改口"。根据 421 条款,奥巴马 6 个月以后有权利重温本案,对美国国际贸易协会作出回复,决定是否修改或撤销这项关税。

最后,针对"三股势力"开展政治游说。这种游说能够对政府的行政性行为以及贸易救济措施的实施产生非常重要的影响。有中国学者提炼美国对华政策背后的"三股主要势力",即美国产业、国会和行政部门,所谓"国会山合唱"、"工厂呼喊"和"白宫行动"。② 但现实是这三者并非铁板一块,一旦特保措施的反对者,例如美国轮胎厂商加入其中的话,便可以有机会寻求放弃或者改变特保措施。布什总统在那次著名的对进口钢铁采取特保措施后,同样又在众目睽睽之下,在贸易伙伴、WTO 和国内钢材消费者(主要是下游产业)的压力下放弃了这一措施。

---

① 参见〔美〕John H. Jackson:《世界贸易体制——国际经济关系的法律与政策》,张乃根译,复旦大学出版社 2001 年版,第 10 页。

② 参见杨国华:《美国外贸政策的台前幕后》,载陈安主编:《国际经济法学刊》(第 15 卷第 3 期),北京大学出版社 2007 年版,第 1—17 页。

四、中国贸易救济的效率违约与企业利益保护的成本收益

WTO 中国专家组成员张玉卿教授等分析了我国 1997—2008 年 6 月间的对外反倾销情况,初步结论是反倾销措施的贸易救济效果非常明显。[①]

通常在立案调查当年,被调查产品的进口量和进口份额都会同时下降;反倾销提高了涉案产品的进口价格和国内同类产品价格,使一些亏损企业甚至停产企业的生产经营得以较快恢复和发展;反倾销的贸易转移效应在一定程度上降低了反倾销税的保护效果;个别产品的反倾销可能会引起下游产业的继发性保护。[②]

据此,他主张我国可充分利用反倾销的贸易救济功能保护国内受损产业。反倾销作为一种贸易救济措施,自其产生以来已经经历了百年发展,目前世界上大多数国家均建立了自己的反倾销法律制度,有关反倾销的国际多边规则也日益成熟。虽然有各种各样的因素会导致反倾销的贸易救济效果的弱化,但应当肯定的是,我国的对外反倾销基本上达到了抑制倾销进口、救济国内产业的主要目的。因此,今后我们在尽量克服反倾销的不利影响的前提下,仍应充分利用反倾销这一为世界各国普遍采用的贸易救济手段,实现维护公平贸易秩序、保护国内受损产业的目标。

我国虽然实施反倾销的时间不长,但目前已经成为应用反倾销措施较多的国家之一。而反倾销本身也是一柄"双刃剑",在保护国内相关产业利益的同时,也会带来增加下游产业成本、提高消费价格水平等不利影响,而较多地使用反倾销措施不仅会在国际上造成不利的影响,甚至会引起其他国的报复(当然这种报复也可能是以非反倾销的形式出现)。因此我国在实施反倾销方面也应当做到有节制地使用。而如何衡量节制的场合,可以参考效率违约(efficient breach)的法经济学分析。

"效率违约"本是国内合同法上的一个概念,Alan Sykes 等美国学者将其移植到国际层面,提出国际经济法上的效率违约理论。他们通过对双边和多边国际经济条约具体条款的考察,认为许多都暗含了效率违约理论,进而认为国际经济法是允许效率违约的,只要支付了损害赔偿,即可终止履行国际经济条约的义务。[③] 效率违约的一个理论前提是把国家视为理性行为体:国家在何种情况下

---

① 参见张玉卿、杨荣珍:《我国对外反倾销贸易救济效果评估》,载《世界贸易组织动态研究》2008 年第 11 期。

② 同上。

③ See Alan O. Sykes, Protectionism As a "Safeguard": A Positive Analysis of the GATT "Escape Clause" with Normative Speculations, 58 University of Chicago Law 1991, pp. 274—280.

选择违约而非履行条约义务,取决于违约的成本和收益比较。[①]

必须承认,自成本收益分析法进入法学领域以来,它就备受“学院道德派”法学家的批评。[②] 最大的争论点仍是成本和收益量化的困难。[③] 那为何还要进行成本收益分析呢？Cass Sunstein 教授的观点是:“在美国,对是否将监管措施的选择建立在成本收益分析基础上的激烈讨论,已经到了尽头。这场‘第一代’讨论以成本收益分析支持者的实质性胜利而告终。实际上各方已经形成了支持这种基本方法的一致意见。”[④]

这个共识包括以下三项要点:首先,政府应当尽量使用量化评析方法来评估自己试图解决问题的规模,即政府必须探究这个问题是大还是小。

其次,政府应当通过管制措施的成本,来考虑如何权衡(Trade-off)。若可能,应尽量使用量化术语。考虑设定标准、强制信息披露和强化执行密度对达到目标的效果。权衡的作出应当是清晰和自觉的。实际上,对权衡必要性本身的考虑,可能会产生创造性的解决办法,以避免对权衡的正反两面均造成严重的风险。

最后,政府应当使用既有效又便宜的调节工具。现存的“高灵敏度工具”中最重要的包括:标准公开、经济激励、风险控制合同和金融自由市场主义。因为这些工具确保了管制措施会较为便宜,它们能够弱化对降低风险政策的抵制,并且有助于这种政策的实施。灵敏工具的特别收益就是,它们实现了政府负担的最小化,从而通过缩小政府计划范围的方式降低了风险。

这三条原则虽然简单但是相当有效。如果它们被谨慎采取并正确实施的话,将对风险规范产生相当重要的影响,并具有节约巨额资金的潜力。从实务目标的角度考察,成本收益分析运动应被视为一种努力——在清晰地意识到其对监管对象的影响后再实施监管措施——而不是替公司省钱或减少监管措施的数量。

再套用 Sunstein 教授的结论:“成本收益分析方法反对的并不是‘监管’本身,而是毫无信息情况下的盲目行动。我主张成本与收益的衡平应当在一个真正的协商式民主社会(deliberative democracy)里扮演中心角色,它能够将政治责

---

① See Alan O. Sykes, Protectionism As a “Safeguard”: A Positive Analysis of the GATT “Escape Clause” with Normative Speculations, 58 University of Chicago Law 1991, pp. 274—280.

② 参见〔美〕罗纳德 · 德沃金:《原则问题》,张国清译,江苏人民出版社 2005 年版,第 305—380 页。

③ See Howell E. Jackson, Variation in the Intensity of Financial Regulation: Preliminary Evidence and Potential Implications, 24 Yale J. on Reg. 253, 2007, pp. 258—260.

④ 〔美〕Cass R. Sunstein:《风险与理性——安全、法律及环境》,师帅译,中国政法大学出版社 2005 年版,第 6 页。

任与深思熟虑很好地结合起来”①。

这种情况下,成本收益分析的主要优势就体现在能够将各种措施的效果清晰地显示出来。如果在成本超过收益的情况下,利益集团还要继续行动下去,那么除非给出某种理由,否则政府是无权这样做的。

本章参考书目

1. 陈力:《国际贸易救济法律制度中的非市场经济规则——以美国欧盟为视角》,上海人民出版社 2007 年版。

2. 单一:《WTO 框架补贴与反补贴法律制度与实务》,法律出版社 2008 年版。

3. 张亮:《反倾销法损害确定问题研究》,法律出版社 2006 年版。

4. 周汉民主编:《中国外贸救济与外贸调查制度》,上海交通大学出版社 2005 年版。

5. 陈立虎、黄涧秋:《保障措施法比较研究》,北京大学出版社 2006 年版。

6. Kyle Bagwell and Robert W. Staiger, The Economics of The World Trading System, MIT Press, 2002.

7. Jagdish Bhagwati, Protectionism, MIT Press, 1988.

8. Gary Clyde Hufbauer, Subsidies in International Trade, Institute for International Economics, MIT Press, 1984.

9. Lee Yong-Shik, Safeguard Measures in World Trade: The Legal Analysis, 2nd ed., Kluwer Law International, 2005.

10. Alan O. Sykes, The WTO Agreement on Safeguards: A Commentary, Oxford University Press, 2006.

① 〔美〕Cass R. Sunstein:《风险与理性——安全、法律及环境》,师帅译,中国政法大学出版社 2005 年版,第 7 页。